本书为国家社科基金青年项目"近代中日应对西方茶叶贸易质量规制的路径比较研究"（项目批准号：16CSS012）最终成果

近代中日应对西方茶叶贸易质量规制的路径研究

宋时磊　著

人民出版社

目　　录

绪　　论

一、问题的提出

茶叶是中国、日本两国近代最重要的出口商品,也是英国、美国、俄国等西方国家梦寐以求的日常消费品以及本土无法生产和进口替代的大宗货品。对出口国而言,茶叶贸易的崛起和繁荣,带动了乡村经济的发展、城乡流通渠道的拓展、通商口岸的成长,为政府提供了稳定的税源和外汇,为产业发展带来了原始积累资本。近代中国"开眼看世界"的先驱和启蒙家林则徐、魏源等人,对此有深刻观察:"贸易中货物之利于人并利于税饷,舍茶叶外断无胜于此者。"①在欧美接受高等教育的政治家、外交家和宗教家、记者松本君平在马关条约签订后,对美国市场的日本茶作详细调研,编成《海外制茶贸易意见》一书,他在该书序言中称:"且夫生丝、茶乃日本海外贸易两大重要商品,

---

① 《论茶叶》,该文系林则徐在广东查禁鸦片期间组织翻译的文章,刊登于《澳门月报》第2辑,魏源又将其收入《海国图志》,题为林则徐译。据考证,原作者为美国汉学家卫三畏(Samuel Wells Williams),1839年10月19日《广州周报》转载了卫三畏《论茶叶》的最后一部分,林则徐的翻译人员又把《广州周报》所刊登的这部分内容翻译出来,刊登在《澳门月报》第2辑。《澳门月报》按照《论中国》、《论茶叶》、《论禁烟》、《论用兵》、《论各国夷情》的顺序来编排内容,茶叶被放到《论中国》之后《论禁烟》之前论述,足可见编译者对其看重程度。林则徐全集编辑委员会编:《林则徐全集译编卷》第10册,海峡文艺出版社2002年版,第5106页;魏源:《海国图志》第3册,山东画报出版社2004年版,第1210页。相关考证参见吴乾兑、陈匡时:《林译〈澳门月报〉及其它》,《中国近代史研究》1980年第3期。

此业之盛衰消长,系国家富强、百姓生计攸关所在,这自不必待言。"① 由此可见,中日两国的知识界人士都充分意识到茶叶在两国经济和贸易中的重要性。

鸦片战争之前,中国茶叶对外贸易主要有两个途径:一是通过广州行商转售给荷兰、英国、瑞典等国商人,并贩运至欧洲或各殖民地;二是由晋商等通过陆路运输至恰克图,与俄商交易。鸦片战争后,中国被迫开放更多的通商口岸,中国茶叶贸易迎来了黄金时代。福建、浙江以及内陆之湖北、湖南、安徽、江西等产茶区之茶叶,可就近运输至上海、汉口、九江、福州等口岸与洋商交易,便利性大大增强。与此同时,英、美、俄等国茶叶消费快速增长,国际市场对华茶需求旺盛。② 1848 年英国从中国进口茶叶为 6500 万磅,1862 年便增长至 1.1 亿磅,14 年间增幅为 130%。③ 19 世纪 80 年代以前,茶叶输出占清政府出口总额的 50%—60%,货值维持在 3000 万—4000 万海关两的高位。鸦片战争以前,茶叶输出最高纪录是 40 万担,1886 年华茶输出达到峰值,即 221.7 万担,增长达 5.5 倍。④ 而日本绿茶出口的时间也较早,1610 年已有被荷兰商人贩运的记录。但日本绿茶真正走向国际市场是"黑船来航"后的安政末期。日本茶叶甫经入场,便显示出竞争姿态,在美国等市场上迅速危胁到华茶传统优势地位,这令中国爱国人士愤慨而无奈:"夫中国之茶,在美国固认为佳品,但不能与日本之茶争上下,而竟在商战上处失败之地位……此固中国茶业上之耻辱,亦茶业前途之悲观景象也。"⑤ 将中国与日本茶叶竞争之失败归于商战,不过是对其表面现象和最终结果的一种概括和陈述,并未分析兴衰背后的深层次原因。

---

① 松本君平:《海外製茶貿易意見》,東京:経済雑誌社 1896 年版,第 1 頁。

② 中国最大茶叶进口国英国茶叶消费情况,参见 Féidhlim Mcgowan, "Brewing Up a Storm-Investigating British Tea Prices from 1690–1914", *Student Economic Review*, Potters Bar: Brunswick Press Ltd., 2015, pp. 17–26; John Burnett, *Liquid Pleasures: A Social History of Drinks in Modern Britain*, New York: Routledge, 2012, pp.57–58.

③ *Observations*, Hansard, Deb 06 July 1863, Vol.172, p.296.

④ 钱承绪:《华茶的对外贸易》,《经济研究》1941 年第 2 卷第 11 期。

⑤ 李卓吾:《中国机器制茶之新事业》,《新农业季刊》1924 年第 34 期。

其实,华茶不仅在以绿茶消费为主的美国市场上被日本茶叶所压迫,在英国、俄国、加拿大、澳大利亚、新西兰以及中亚等以红茶消费为主的国家和地区,也被印度、锡兰(斯里兰卡)、爪哇(印尼)等地的红茶所侵夺。从数量、价格和货值等方面看,近代中国茶叶国际贸易经历了快速走向峰值、迅速走向衰退的倒"U"形发展轨迹,这一转折点发生在 1886 年前后。① 茶叶外贸的速荣速衰是一个备受关注的现象,而衰落的临界点,恰是中国国运下滑、陷入泥沼和丛林的开始,也是救亡图存、谋求激烈自救变革的肇始。为此,中国茶叶对外贸易的速兴速衰引起学者的研究兴趣,并提出不同的学术观点,目前研究成果可归为四类:一是认为洋商控制运输权和消费市场把控华商和中国茶市是导致华茶贸易衰退的根本原因,②诠释话语多为"掠夺"、"操纵"、"压榨"等;二是认为印度、锡兰、日本等新兴产茶国崛起并与中国激烈竞争,市场环境从卖方市场转为买方市场是导致华茶衰落的外部原因;③三是中国茶叶种植、加工、包装、运输等方面的落后以及茶税盘剥严重,导致茶叶质量下降、价格较高,竞争优势丧失是华茶衰落的重要原因;④四是认为从税收、中间商、公会等制度变迁与均衡等方面,才能真正理解华茶衰落的内在原因。⑤

① 袁欣:《1868—1936 年中国茶叶贸易衰弱的数量分析》,《中国社会经济史研究》2005 年第 1 期。

② 陈钧:《十九世纪沙俄对两湖茶叶的掠夺》,《江汉论坛》1981 年第 3 期;陈椽:《中国茶叶外销史》,碧山岩出版公司 1993 年版;林齐模:《近代中国茶叶国际贸易的衰减——以对英国出口为中心》,《历史研究》2003 年第 6 期。

③ 陈慈玉:《近代中国茶业的发展与世界市场》,"中央研究院"经济研究所 1982 年版;汪敬虞:《中国近代茶叶的对外贸易和茶业的现代化问题》,《近代史研究》1987 年第 6 期。

④ 戴鞍钢:《近代中国植茶业的盛衰》,《史学月刊》1989 年第 1 期;胡赤军:《近代中国与西方的茶叶贸易》,《东北师大学报》1994 年第 1 期;陶德臣:《伪劣茶与近代中国茶业的历史命运》,《中国农史》1997 年第 3 期;仲伟民:《茶叶与鸦片:十九世纪经济全球化中的中国》,生活·读书·新知三联书店 2010 年版,第 77—79 页;任放:《论印度茶的崛起对晚清汉口茶叶市场的冲击》,《武汉大学学报》(人文科学版)2001 年第 4 期。

⑤ 姜修宪:《制度变迁与中国近代茶叶对外贸易——基于福州港的个案考察》,《中国社会经济史研究》2008 年第 2 期;张跃:《利益共同体与中国近代茶叶对外贸易衰落——基于上海茶叶市场的考察》,《中国经济史研究》2014 年第 4 期;张跃、董烈刚、陈红兵:《中间商与近代中国对外贸易制度——以近代华茶对外贸易为例》,《财经研究》2014 年第 7 期。

　　这些研究涉及市场垄断、外部竞争环境、内部产业模式、交易制度变迁等问题,这些维度对该问题的探讨逐步推向深入。概而言之,尽管这些观点的切入和分析视角不同,但总体上都可放置于"冲击—回应"的逻辑分析框架中。英国、荷兰等资本主义国家在其殖民地实现生产替代,在种植和栽培、生产和制造、交通和贩运、资本运营和税收等产业链各环节全面改造,开始建立一套现代的资本主义茶叶生产制度。相形之下,中国封建社会小农经济的弊端和落后彰显无遗,这对中国茶叶传统的经营模式造成严重冲击,于是进行自我改革,建立一套与西方资本主义经营制度相抗衡的制度势在必行。20 世纪 30 年代,吴觉农、胡浩川、傅宏镇等人提出轰轰烈烈的"中国茶业复兴计划",便是"冲击—回应"模式下所出现的代表性成果。也就是说,中国茶业经营的落后,是相对而言的,即相对于新兴的生产方式而言的。用通俗的话说,中国茶业的衰落,不是自身不争气,而是外部环境变化太快所致。如果没有西方的介入以及随之而来的茶叶生产的全球扩散,那么华茶或许可以继续垄断货源,而不会出现衰落问题。因此,对华茶贸易衰落问题的探讨,实质上是对中国落后原因及其现代化努力的追索。

　　20 世纪 80 年代以来,费正清的"冲击—回应"模式遭到"西方中心论"的抨击,保罗·柯文的"中国中心观"受到追捧,在中国历史学界尤甚,"在中国发现中国"一时间成为时髦学术口号。这一新的观念补足了之前历史研究的缺憾,催生了研究中国城市史、区域史和公共空间等方面的研究。但实际上,"冲击—回应"和"中国中心观"并不是新陈代谢、非此即彼的关系,不是互为否定的两端,而应是同时共存的不同模式,并行不悖。① 不可否认,在近代经济和贸易领域,"冲击—回应"模式有着较强的说服力,西方冲击进而东方回应,是一种应然性的逻辑发展关系,东方是被裹挟和卷入西方化(或者说资本主义化、现代化)的历史进程之中的。当然,"冲击—回应"是一种总体的框架

---

　　①　熊月之:《研究模式移用与学术自我主张》,《近代史研究》2016 年第 5 期。

和逻辑,需要具体经济领域和微观层面的支撑。就茶叶的国际贸易而言,在"冲击—回应"的理路之下,现有研究有两个方面的缺失。第一,普遍聚焦于生产端或供给侧的分析和比较,却对消费端或需求端的情况视而不见。沃勒斯坦《现代世界体系》、布罗代尔《十五至十八世纪的物质文明、经济和资本主义》等著作勾勒了"世界的经济"和"经济的世界"形成的过程,在此过程中,我们会看到近代世界是一体化的。同样,国际茶叶贸易市场绝对不只有生产国,更有消费国,茶叶进口国对价格、品种、品质等方面的需求,会对生产国产生或显性或隐性的"规制"。第二,当前研究主要聚焦于中国与印度、锡兰等西方殖民地茶业模式的比较,在比较中东西方所呈现的异质性十分明显,在国际茶叶市场丧失传统的比较优势后,中国茶叶外贸衰落在所难免。这种结论的得出却忽视了另外一个国家——日本,同样是有悠久的历史、同样是采用中国传统的生产方式,为什么会被归类到新兴产茶国,甚至最终有了与中国茶叶一决雌雄的实力?

实际上,从 18 世纪起,东西方大宗商品贸易空前活跃,中国、日本等国家的茶叶、生丝等商品大量向西方出口。与此同时,劣质商品的进口对消费者健康造成伤害。在勃兴的社会运动推动之下,西方逐渐从进口贸易商实施自我质量控制演变为国家层面的质量规制。到 20 世纪初,各类质量规制的手段已经臻于完善,这是 20 世纪 70 年代以来西方技术性贸易壁垒产生的源头。进口商品质量规制给中日等国家商品出口设置了更高的市场进入门槛,对其出口造成严重冲击。日本积极调整本国产业发展策略,实现现代化变革和重组,适应了西方质量规制的要求,迈出危机、走向繁荣。以美国市场为例,1860 年中国茶叶出口量是日本茶叶的 3 倍,1920 年日本茶叶出口量却是中国茶叶出口量的 3.6 倍。中国陷入对既有模式的严重路径依赖,迅速被排除在西方市场门槛之外,出口贸易的衰颓反过来加剧了中国政治的动荡,加快了中国社会变革的步伐。东西方国家围绕进口商品质量规制有近 200 年的历史,涉及经济贸易、社会运动、法律制度、历史文化等众多领域,该主题只在各自的学科内被碎片化提及,鲜有系统梳理和论述。故本研究以全球史的视野,观察东西方围绕商品贸易而发生的错综复杂的历史事件。在该历史时期内,茶叶为东西方贸易最大宗商品,也是西方出台质量规制最多的商品,因此,本研究以中日两国与西方的茶叶贸易为例展开分析。

二、基本概念的界定

本研究旨在弥补当前东西方贸易研究中上述两方面的不足和缺失。西方国家在近代化和工业化的变革和实现过程中,传统自足自给的旧式封建生产方式被打破,食品的生产和供应也实现了重大变迁:从以地域和集市为中心的自然劳作和作坊生产模式,向以城市为中心的现代化工业生产方式快速转变。在此过程中,出现了一系列食品安全和质量事件,引发了民众心理危机和社会恐慌。在英美等工业化先行国家,政府对食品市场放任自流的监管状况令消费者极度不满,一批科学家、政治家、妇女活动家和市民发起了"纯净食品运动",打击食品中掺杂使假泛滥问题。茶叶是食品的重要组成组分,当时西方国家饮茶风习盛行,消费量呈指数级增长,故人们对其质量问题格外关注。民间的觉醒和不懈努力,引起了国家重视,最终从19世纪中后期开始,出台了一系列规制法令,其国内食品质量状况才有了根本性改观。

与其他食品的不同之处在于,西方国家消费的茶叶主要是从东方国家进口,在解决国内泛滥的掺杂使假不法行为后,对进口茶叶质量进行规制势在必行。于是,西方国家为应对伪劣茶进口、保护本国消费者健康,推出了一整套法令、标准,建立了专门的茶叶管理机构和进口检验制度。其他国家追随西方国家的脚步,也推出了茶叶进口的标准和规范,强化海关入口的检验。这在客观上设置了茶叶国际贸易的市场准入条件和壁垒,对各茶叶供应国的产品提出了更高的质量要求,可以将其称为"质量门槛"。质量门槛是当今国际贸易中技术性贸易壁垒的前身,或者说是技术性贸易壁垒的1.0版本。两者都是通过认证认可程序对进口产品实施一定的技术法规、标准,以保护本国消费者健康安全等为理由,设置其他国家商品自由进入该国市场的障碍。技术性贸易壁垒是第二次世界大战以后国际贸易深入发展的产物,近代西方国家所设定的质量门槛可视为技术性贸易壁垒的尝试和先导。[1] 茶叶是西方国家最早设定进口质量门槛的大宗贸易商品,这一规制对东方传统产茶国中国和日本均产生了深刻影响。对西方国家的茶叶贸易质量规制,两国推出了各自的应对策略和路径,有相似之处,也有众多不同,进而产生了不同的结果:日本茶满足了西方国家对质量的要求,成为世界上重要的茶叶供给国;华茶受到日本排挤和打压,品质难以符合质量门槛要求,不可避免地走向市场衰颓。

　　需要指出的是,本研究对"质量"的定义,与一般的语义层面的理解有所不同。在物理学层面,质量与惯性、重量有关:"表示物体惯性大小的物理量……有时也指物体中所含物质的量。"[2]质量的另一语义是"产品或工作的优劣程度",可以用好、优秀或其反义词来形容。这是本研究要讨论的"质量",日常语汇中的质量还需要学术层面的界定和厘清。本研究所称的"质量",不仅仅是对优劣、好坏的描述,也不仅仅指一整套检验标准和技术性规范,更是指"一组固有特性满足要求的程度"[3]。这是国际标准化 ISO9001:2000 对质量的定义,也被我国质量行政部门采用,广泛运用到各种质量管理体系和认证之中。这里的"固有"是指在某事或某物中本来就有的,尤其是那种永久的特性,即客观存在物的既有特性;"要求"是指明示的、通常隐含的或必须履行的需求或期望,提出需求或期望的主体是组织、顾客及其他相关方。质量既不是纯粹的、客观存在的固有属性,也不是单纯的主观要求,而是客观符合主观的程度。程度有高低,于是产生了质量的等级。等级是对功能用途

[1]　苗燕民:《技术性贸易壁垒的起源发展与对策》,《国际贸易论坛》2000 年第 4 期;韩会朝、徐康宁:《中国产品出口"质量门槛"假说及其检验》,《中国工业经济》2014 年第 4 期。

[2]　中国社会科学院语言研究所词典编辑室编:《现代汉语词典》,商务印书馆 2012 年版,第 1679 页。

[3]　Ray Tricker and Bruce Sherring-Lucas, *ISO 9001:2000 in Brief*, New York:Routledge Taylor & Francis Group,2014,p.1.

相同,但质量要求不同的产品、过程或体系所作的分类或分级。在确定质量要求时,等级通常是规定性的。① 从质量定义的演变和发展来看,最初认为质量就是符合标准的程度,只要符合标准和要求便是质量合格,不符合标准和要求便是质量不合格,这被称为"符合性质量"。与之相适应的是,人们相信质量是需要检验的,强调按照设定标准和等级检验,曾一度要求全数检验(对每一个产品100%检验)。"符合性质量"的认知阶段,是在卖方市场占主导地位的形势下,以产品为中心的时代产物。到了20世纪60年代,市场供应告别短缺、进入过剩阶段,很多企业发现符合标准和要求的产品在市场中也很难销售出去,因为这些产品只是生产出来供人使用,而没有考虑产品是否符合购买者的需求。符合标准的产品并不一定是高质量,只有符合市场和消费者需求的产品才是高质量的。于是提出了"适用性质量"、"满意性质量"的概念,两者都是以顾客需求为焦点,适用性质量是生产者判断产品是否适用顾客,而满意性质量则是生产者以消费者需求为中心进行生产,前者侧重于产品本身,后者侧重于产品所形成的系统和消费环境。②

　　质量的概念及其演变,主要与现代化工业生产和质量管理理念有关。具体到近代茶叶国际贸易中的质量问题及其规制,我们发现,尽管当时尚未有符合性质量、适用性质量和满意性质量的概念,但在贸易过程中已经体现其相关特性。其一,西方国家从市场购买茶叶、检测质量,或者是在进口时按照一定的规则抽出一定批量的样品,再按照不同国家对茶叶质量等级设定的标准进行检验,这属于对"符合性质量"的认定。其二,中国以及跟随中国学习的日本,曾长期使用普鲁士蓝(亚铁氰化铁)、石膏(脱水硫酸钙)等对茶叶染色。1848年英国植物学家罗伯特·福琼造访长江流域的绿茶加工厂时发现,"朝

---

① *ISO 9000:2000 Quality Management Systems — Fundamentals and Vocabulary*,https://www.iso.org/standard/29280.html.根据英文版ISO 9000:2000《质量管理体系基础和术语》,中国国家质量技术监督局在2000年12月28日发布了《质量管理标准体系》(GB/T19000—2000),见国家标准全文公开系统,网址:http://openstd.samr.gov.cn/bzgk/gb/index。

② 宋时磊:《质惠天下》,中国质检出版社、中国标准出版社2017年版,第28—29页。

茶叶中掺入添加剂的行为并非出自恶意,他们只是单纯地认为外国人想要的是'看上去'翠绿翠绿的绿茶"①。茶叶生产者按照自身对产品的判断,认为西方顾客需要着色茶叶(其中不乏为了卖相好而卖个好价钱的动机),这属于"适用性质量"的范畴。其三,"满意性质量"在当时同样存在。如日本生产者了解到高品质红茶在国际市场有销路,故从19世纪70年代起便开始通过设置传习所等方式,不断学习中国和印度的红茶制作技术,为打开俄国市场还学习中国砖茶制作技术,以西方消费者的嗜好和需求为中心改制生产,以期望通过改善质量提升日本茶叶在西方国家的市场占有率。

　　茶叶出口后,不符合消费国的检验标准,则无法获得上市机会,这种情况可称为"质量无效";生产者的判断不符合消费国的市场实际情形,或者生产者以消费者需求为中心生产却不被其认可,虽有出售机会却无法售出,这种现象可称为"质量沉淀"。西方国家进口茶叶时,根据设定的门槛检验,依据的是一定的法律、行政命令或检验标准文本,会据此制作标准样茶,这些带有政府、行业强制性质,我们将其称为"强制性质量规制",也可简称为"显规制"。西方消费者对茶叶的选择和嗜好,依据的是个人口感、社会风尚和消费文化等,这些方面需要茶叶出口国深入开展市场调查、专事市场推广和营销,我们将其称为"柔性质量规制",也可简称为"潜规制"、"隐规制"等。

　　18世纪以后,茶叶迅速成为西方国家的日常饮品,消费的崛起带动了国际贸易的发展。但是早期发展资本主义的茶叶消费国,本国无法出产茶叶,只能从东方的中国、日本等国家进口。于是,茶叶顺理成章地成为东西方国家之间重要的大宗贸易商品。在贸易过程中,茶叶的质量问题逐渐成为西方国家关注的焦点。随着西方国家对茶叶认识的加深、对茶叶品质要求的提高,茶叶贸易中显规制的法令得到出台并付诸实施,隐规制也同时发挥相当重要的作用。这对传统的茶叶生产国中国和日本提出了更高的要求:如何满足西方国

---

① ［美］萨拉·罗斯:《茶叶大盗:改变世界史的中国茶》,孟驰译,社会科学文献出版社2015年版,第126页。

近代中日应对西方茶叶贸易质量规制的路径研究

家的进口标准(符合性质量)、市场需求(适用性质量),并让消费者满意(满意性质量),成为两国共同面对的时代课题。

三、研究现状分析

自 1963 年麦克尼尔的《西方的兴起》出版以来,从全球视野和互动视角考察研究历史,成为一种新兴的学术范式。全球史研究涉及诸多议题,其研究课题主要涵盖跨文化贸易、物种传播与交换、文化碰撞与交流、帝国主义与殖民主义、移民与离散社群等。其中,跨国家和地区的全球贸易具有双向、大规模、非强制性交流和互动性等特点。① 法国布罗代尔、德国贡德·弗兰克、日本滨下武志等人的经典著作,以宏大的视角论述了近代以来东西方和亚洲内部贸易体系之间大规模的商品和货币往来,以及其中复杂的互动交流与彼此碰撞,他们作出了较具示范性的研究。

对东西方远程贸易的研究,有研究者采用个案梳理的方式,研究一种或者几种商品在全球的贸易,该研究议题主要从三种思路展开。一是研究一种商品通过贸易在全球范围的拓展及其意义,如美国梅维恒、郝也麟《茶的世界史》(*The True History of Tea*)、斯温·贝克特《棉花:一部全球史》(*Empire of Cotton: A Global History*),英国莫克塞姆《茶:嗜好、开拓与帝国》(*Tea: Addiction, Exploitation and Empire*)和麦克法兰《绿色黄金:茶叶的故事》(*Green Gold: The Empire of Tea*),日本角山荣《茶的世界史》等。二是研究两种或多种商品在不同国家和地区之间的贸易往来及其经济意义,如美国戴维·考特莱特的《上瘾五百年:烟、酒、咖啡和鸦片的历史》(*Forces of Habit: Drugs and the Making of the Modern World*),厦门大学庄国土论文《茶叶、白银和鸦片:1750—1840 年中西贸易结构》、清华大学仲伟民著作《茶叶与鸦片:19 世纪经济全球化中的中国》。三是以横向比较的方式,对不同国家同类商品在全球贸易中

① 刘新成:《文明互动:从文明史到全球史》,《历史研究》2013 年第 1 期。

的异同进行比较,如美国学者理查德·胡贝尔(Richard Huber)对中日两国进入全球商品贸易体系后出口商品结构的研究;①中国学者王翔在专著《中日丝绸业近代化比较研究》中,从丝绸业这一个侧面观察两国近代化的命运;英国伦敦政治经济学院马德斌、日本东京大学中林真幸对19世纪中后期中国和日本缫丝业的技术变迁、工厂制度、组织效率、国际市场竞争等方面开展了研究。②

　　上述研究主要从全球贸易的整体、贸易中的具体问题等视角展开,关注贸易中同一种商品在种类、数量、货值和价格等方面的异动和变化,或者是不同商品种类的结构变迁及其所产生的经济规模和发展效应等,以及在技术、组织、资本、劳动力等方面的异动及所产生的影响。无论是何种角度,总体而言多是基于商品及其贸易数量方面的研究,却忽视了质量问题。一种商品能否在市场受到欢迎,固然与价格定位、消费群体等密切相关,在价格体系中呈现"金字塔"的消费层级,并衍生相关定价策略。③ 但在商品贸易特别是大宗的商品贸易中,质量问题同样不容忽略,主要表现在四个方面:第一,质量是交易双方定价的基础,是确立交易合同和契约的根本性依据;第二,在交易环节,质量也是重点检验和检查的内容,当合同规定的等级、标准与实际交易商品不一致时,会引发纠纷,这就需要处于中立位置的第三方质量机构或行业协会的检验与仲裁;第三,消费者在购买商品时,最为关心的是其外观、耐用性、可靠性、安全性等质量方面的要素,以及质量信息传递的信号——品牌;第四,政府会

---

　　①　Huber, J.Richard, "Effect on Prices of Japan's Entry into World Commerce after 1858." *Journal of Political Economy* 79.3(1971):614–628.

　　②　Debin Ma, "Between Cottage and Factory: The Evolution of Chinese and Japanese Silk-Reeling Industries in the Latter Half of the Nineteenth Century." *Journal of the Asia Pacific Economy* 10.2(2005):195–213. Nakabayashi Masaki, "Price, Quality, and Organization: Branding in the Japanese silk-reeling industry." *Iss Discussion Paper*, F–160, Institute of Social Science, The University of Tokyo, (2013):1–28.

　　③　Nagle T.Thomas, John E.Hogan, and Joseph Zale, *The Strategy and Tactics of Pricing: A Guide to Growing More Profitably*, New York: Routledge, 2016.

为保护消费者的权益,出台相关法律和规章制度,通过规制手段在进口环节或国内市场中保障商品质量。因此,对贸易商品的质量规制问题牵涉生产者、流通者、行业协会和同业组织、第三方检验组织、政府规制等众多主体,商品质量的提升需要共同治理。[1] 从宏观层面看,质量规制主要包括政府的质量规制、市场主体的自我规制、来自行业组织和社会力量的第三方规制。

对于来自政府的质量规制,学者主要从国别史的角度展开对近代资本主义国家的市场质量监管和规制问题的研究。英国医学家、化学家亚瑟·哈塞尔最早关注英国市场食品、饮用水等质量问题,其一系列著作和检测报告引发了19世纪中后期的纯净食品运动,英国成为全球首个对食品质量等作出规制的国家;英国学者比·威尔逊在《美味欺诈:食品造假与打假的历史》中,对英美等国家食品掺假的泛滥以及科学界、政治家等各方共同的规制作出详尽的分析[2];中山大学马骏、刘亚平的专著《美国进步时代的政府改革及其对中国的启示》聚焦于19世纪90年代到20世纪20年代的美国,重点分析了国家层面对食品和药品的管制;魏秀春的专著《英国食品安全立法与监管史研究(1860—2000)》在长时段中观察英国食品领域的立法变迁,从公共分析师职业的诞生与食品安全立法的实施角度,以牛奶为例分析了1875—1914年英国食品安全监管等方面的问题。对于中国政府的质量规制,比较系统开展研究的是程虹、陈昕洲的论文《我国古代政府质量管理体制发展历程研究》及陈昕洲的博士学位论文《从直接管理向间接管理转变——我国古代政府质量管理体制的变迁研究》[3],这些研究分析秦汉、唐宋、明清三个主要历史时段

---

① 程虹:《宏观质量管理》,湖北人民出版社2009年版,第12—22页。

② Bee Wilson, *Swindled: The Dark History of Food Fraud, from Poisoned Candy to Counterfeit Coffee*, Princeton: Princeton University Press, 2008.

③ 程虹、陈昕洲:《我国古代政府质量管理体制发展历程研究》,《华中师范大学学报》(人文社会科学版)2016年第2期;陈昕洲:《从直接管理向间接管理转变——我国古代政府质量管理体制的变迁研究》,武汉大学2016年博士学位论文。

的政府质量管理的机构、职官、职能和管理方式,概括了其演变发展过程中的特点,总结出我国古代政府质量管理体制在规制环节、规制手段、规制力量三方面的发展,呈现了从直接到间接转变的发展趋势,并分析了间接规制的优势。

　　生产者、流通者等主体的自我质量规制。处于产业链中各个环节的生产者、流通者和销售者等,对商品质量问题会自我控制和管理,并且彼此之间相互约束。笔者在日本东京大学访学期间的合作导师中林真幸,在此方面有较多研究。他的多篇论文研究了日本缫丝业在实现品牌化过程中,价格、质量、品牌和经营组织之间的复杂关系,还以长野谏访的开明社、合资冈谷制丝会社等为例,分析日本缫丝业在三个不同阶段的产业组织对质量控制的影响、大规模制丝工厂对美国市场开拓的影响等问题。[1] 李明珠(Lillian M.Li)的著作《近代中国蚕丝业及外销(1842—1937)》[2]及 Yingnan Xu 的论文[3]对近代中国传统手工缫丝和器械制丝的质量控制等方面的问题作了探讨,分析了两者之间的复杂关系。也有学者注意到近代东西方贸易中商品的质量问题,他们注意到,无论是荷兰东印度公司,还是英国东印度公司,大班在大宗贸易中扮演着重要角色,起到确定收购价格、鉴定商品等级等方面的作用。[4] 随着职业化分工的发展,大班无法承担太多工作,于是荷兰东印度公司成为最早向中国

　　[1]　中林真幸:《大規模製糸工場の成立とアメリカ市場—合資岡谷製糸会社における経営発展と商標の確立—》,《社会経済史学》2001 第 66 巻 6 号。Nakabayahi Masaki,"The Rise of a Factory Industry:Silk Reeling in Suwa District."in Masayuki Tanimoto,ed.,*The Role of Traditional Factors in Japanese Industrialisation 1880-1920*,Oxford:Oxford University Press,2006,pp.183-216.[日]中林真幸:《日本近代缫丝业的质量控制与组织变迁——以长野谏访缫丝业为例》,《宏观质量研究》2015 年第 3 期。
　　[2]　Lillian M.Li,*China's Silk Trade:Traditional Industry in the Modern World 1842-1937*,Cambridge:Harvard University Press,1981。
　　[3]　Yingnan Xu,"Industrialization and the Chinese Hand-Reeled Silk Industry(1880-1930)."*Penn History Review*,19.1(2011):27-46.
　　[4]　张燕清:《英国东印度公司对华茶叶贸易方式探析》,《中国社会经济史研究》2006 年第 3 期。

派遣专职检验人员的公司,如在茶叶收购时聘请专业的"品茶师"来鉴别所收购茶叶的色泽、口感、气味和浸泡情况等。[①] 在茶叶收购过程中,东印度公司董事部发挥着重要的作用,它们会根据市场需求和销售情况,对大班、品茶师等发出收购指令,并适时作出调整,防止市场滞销或脱销。[②] 在东印度公司垄断贸易时期,通过事后退货赔偿、专职茶师检验等方式,在确保茶叶价格不断降低的情况下,总体上较好地确保了市场上茶叶的品质。[③] 马士的《东印度公司对华贸易编年史(1635—1834 年)》对行商、英国东印度公司围绕商品的质量问题采取的措施也略有涉及。

　　来自行业组织和社会力量的第三方质量规制,主要包括行业协会、第三方检验机构、新闻媒体等。就我国而言,一般认为行会起源于唐代,该时期的行会有限制竞争、垄断市场与价格的负面作用。宋代商品经济活跃,假冒伪劣的"行滥"问题比较突出,为进行规制,社会上多宣扬因果报应之说。[④] 明清时期,行会发展出新的组织形式,即由同业或者同乡组成会馆、公所、商会等。这一时期的行会除在一定程度上保留了唐宋时期的功能外,还在救助同业、社会救济、保证产品质量、维护营业信誉、提倡公平竞争等方面发挥了重要作用。其中,不少行业创立或恢复公所是为了维护行业信誉和产品质量,特别在道光、同治时期更是如此。[⑤] 蒋兆成、吴慧等人对明清时期的江南团行、会馆、公所等商人组织的演变进行考察,对其保证产品质量、维护本行信誉、取得产品

---

①　刘勇:《清代一口通商时期西方贸易公司在华茶叶采购探析——以荷兰东印度公司为例》,《中国经济史研究》2017 年第 1 期。

②　Hoh-cheung Mui and H.Lorna Mui, *The Management of Monopoly:A Study of the English East India Company's Conduct of Its Tea Trade, 1784 - 1833*, Vancouver: University of British Columbia Press,1984.

③　Simon Yang-chien Tsai, *Trading for Tea:A Study of the English East India Company's Tea Trade with China and the Related Financial Issues 1760 - 1833*, Doctoral Dissertation University of Leicester,2003,pp.45-59.

④　魏天安:《宋代的"行滥"》,《史学月刊》1984 年第 1 期;魏天安:《宋代行会制度史》,东方出版社 1997 年版。

⑤　范金民:《清代江南会馆公所的功能性质》,《清史研究》1999 年第 2 期。

销售市场的稳定、规范交易、限制和杜绝内部和外来的不正当竞争等方面作用进行研究。① 长期在中国海关任职的美国人马士以牛庄和汕头两个通商口岸为例,从标准计量、贸易控制、商事仲裁等方面对中国的商人行会进行论证。来自媒体的监督和规制方面,比·威尔逊的《美味欺诈:食品造假与打假的历史》一书对打假斗士哈塞尔与托马斯·魏克莱,以医学杂志《柳叶刀》为平台公布销售虚假商品不法者信息的效果作了分析;赵思倩对美国新闻媒体报道的伪劣茶史料进行挖掘,并梳理相关新闻报道。② 来自第三方质量检验机构的监督和规制,主要有宋时磊对上海万国生丝检验所的研究等。③

具体到茶叶的商品贸易,研究者对中国不同历史时期的假茶、伪劣茶等问题已经有一定程度的关注,并对整顿和治理手法作出初步分析。叶扬文、谢仙娇《历代整饬杂假茶叶》(《福建茶叶》2006 年第 4 期)梳理了历代茶叶入杂文献记载,并对整饬入杂茶叶的办法作了回顾。茶史专家陶德臣 1997 年在《中国农史》刊文,提出伪劣茶历代有之的观点,但在对外贸易繁荣诱因、内在生产技术落后、商人弄虚作假投机行为三种力量的作用下,近代中国伪劣茶泛滥成灾、危及整个茶业,败坏了华茶在国际市场的声誉,加速了近代中国茶业的衰落;2015 年他又在《农业考古》刊文,对宋代创设的水磨茶法和明代设立的紫阳茶坊、引单号簿制等打击假茶的方法作了探析,并对清末政府和茶叶公所的作用予以肯定。④ 类似研究还有赵伟洪《略论中国历史上的假茶及其治理》(《农业考古》2015 年第 2 期)、林柏耀《晚清"假茶"问题再探(1870—1911)》(《学术探索》2019 年第 6 期)、赖江坤《探究近代福建伪劣茶整治政策和茶

---

① 蒋兆成:《清杭嘉湖社会经济史研究》,杭州大学出版社 1994 年版;吴慧:《会馆、公所、行会:清代商人组织述要》,《中国经济史研究》1999 年第 3 期;蒋兆成:《清杭嘉湖社会经济史研究》,杭州大学出版社 1994 年版。

② 趙思倩:《1883 年アメリカにおける緑茶の偽装問題と新聞記事》,《東アジア文化交渉研究》第 10 号,関西大学大学院東アジア文化研究科 2017 年版,第 673—686 頁。

③ 宋时磊:《检权之争:上海万国生丝检验所始末》,《中国经济史研究》2017 年第 6 期。

④ 陶德臣:《伪劣茶与近代中国茶业的历史命运》,《中国农史》1997 年第 3 期;陶德臣:《略论中国历史上的假茶及其治理》,《农业考古》2015 年第 2 期。

出口检验制度》(《红河学院学报》2018 年第 3 期)等。其中赖江坤的研究已经涉及应对伪劣茶泛滥问题,如 1928 年福建省建设厅制定出台《福建茶叶检查所组织章程》,开始组织出口检验。对于中外贸易中茶叶的质量问题,目前有研究者已经注意并有所研究。宋时磊较早开展该方面研究,其论文《近代中英茶叶贸易的质量问题及其治理》《冲击与变革:美国质量门槛对近代华茶外贸的影响》等,从西方国家对食品开展质量规制的宏观背景出发,对近代中美茶叶贸易中掺假作伪的手法、英美等国家的质量规制手段等作了比较系统的研究,并分析了质量规制对中国茶叶出口的冲击。其中,美国市场的伪劣茶问题较受关注,赵思倩的论文聚焦 19 世纪中后期浙江平水伪劣茶在美国市场的状况以及美国出台的相关法规[1],石涛等人的论文则对美国早期茶叶消费市场形成、1826—1832 年假茶输美的数量估算以及假茶原因进行探析。[2]郝祥满《晚清时期日本对华茶国际市场的侵夺》一文,关注到了清末中日两国茶叶竞争问题,并对质量问题有所涉及。[3] 英国、美国针对茶叶贸易质量规制的情况,有两篇文章较有代表性:其一是朱迪思·费希尔(Judith L.Fisher)的研究,在纯净食品运动的背景下,分析 1834—1875 年茶叶与食品的掺假情况及各界所采取的规制行为[4];其二是帕特里夏·迪威特(Patricia DeWitt)的研究,从法律变迁的角度较为详尽地剖析了美国茶叶进口法案百余年的发展历程。[5]

---

① 趙思倩:《清代後期の浙江平水茶葉輸出とアメリカの粗悪不正茶輸入禁止条例》,《文化交渉東アジア文化研究科院生論集》第 4 号,関西大学大学院東アジア文化研究科出版 2015 年版,第 197—217 頁。

② 石涛、董晓汾、卫宇:《19 世纪上半叶中美茶叶贸易中假茶问题研究》,《山西大学学报》(哲学社会科学版)2018 年第 6 期。

③ 郝祥满:《晚清时期日本对华茶国际市场的侵夺》,《安徽师范大学学报》(人文社会科学版)2019 年第 5 期。

④ Judith L. Fisher, "Tea and Food Adulteration, 1834 – 75", *Food Adulteration in the United Kingdom*, http://www. branchcollective. org/? ps _ articles = judith-l-fisher-tea-and-food-adulteration-1834-75.

⑤ Patricia DeWitt, *A Brief History of Tea: The Rise and Fall of the Tea Importation Act*, Harvard University's DASH Repository, 2000 Third Year Paper.

　　梳理已有研究,可以发现以下三个方面的现状、趋势和问题。第一,商品贸易中的规制问题已经有了初步研究,产出了一些成果,呈现了某个单一国家内质量监管或质量规制的情况。例宋时磊《中国古代质量管理研究进展综述》一文,基于微观和宏观两种研究视角,从中国古代产品质量状况、质量管理及相关制度、质量思想文化三个层面,对传统质量管理典籍文献及相关研究成果进行汇总梳理。① 第二,东西方大宗商品贸易往来是全球史研究中的重要主题,受到越来越多学者关注;西方进口消费国针对从东方进口的生丝、茶叶、棉花等商品的质量规制情况已有初步介绍和分析,但研究尚不深入,还有较大的探索空间。第三,中国、日本等国家应对西方市场准入门槛的冲击及其各自应对策略的比较研究较少。近些年随着国内对商品质量问题的重视以及中国产品转型升级的需求,已经有学者从质量及规制的视角展开了初步的研究。但对中日两国茶业交流状况的研究十分欠缺,目前只有滕军《中日茶文化交流史》一书,且其研究时间段为从唐代到 19 世纪中期,没有涉及中日两国茶业走向世界市场的情况。② 陈慈玉著作《近代中国茶业之发展》关注到中国茶与日本茶、印度茶的竞争问题,其落脚点在于探究中国茶贸易失败的原因,但未对日本茶业情况作出专门分析。③ 无论是在中国学界还是在日本学界,对于曾与中国处于相类似情境的日本茶业的质量问题及其应对西方茶叶贸易质量规制的情况,研究尚少。只有日本茶输出百年史编纂委员会所编《日本茶输出百年史》简要介绍了日本茶叶出口"粗茶·伪劣茶"问题④,寺本益英著作《战前期日本茶业史研究》对居留地贸易、直输出、近代制茶工厂设置等问题有所涉及⑤,杉山真也(Shinya Sugiyama)在研究日本贸易与工业化

① 宋时磊:《中国古代质量管理研究进展综述》,《宏观质量研究》2015 年第 2 期。
② 滕军:《中日茶文化交流史》,人民出版社 2004 年版。
③ 陈慈玉:《近代中国茶业之发展》,中国人民大学出版社 2013 年版。
④ 日本茶輸出百年史編纂委員会:《日本茶輸出百年史》,静冈:日本茶輸出組合 1959 年版。
⑤ 寺本益英:《戦前期日本茶業史研究》,東京:有斐閣株式会社 1999 年版。

发展中,留意到了茶叶出口贸易的贡献与海外竞争等①。

因此,本研究聚焦近代中日两国应对西方茶叶贸易质量规制的路径比较研究。之所以选取茶叶为研究对象,是因为茶叶既是近代两国最为传统的产品,也是最为大宗的出口商品,这一商品恰恰是英国、美国及俄国等国所无法生产的,只能通过进口途径取得;作为一种日常必需的饮品,中日两国出口茶叶的质量高低对进口国消费者身体健康有着直接的影响,也容易受到政府等各种力量的规制,其规制手段也较为简便、切实可行,在进口环节出台标准、实施检验即可。两国为应对西方茶叶贸易质量规制在同业组织、出口检验、产制技术、直输出公司组建、国际推广和市场调查等方面的异同,为我们从更为具体的产业细部窥探两国近代化命运,提供了生动而鲜明的案例。

四、内容与章节安排

茶叶贸易质量规制成为一个研究议题,首先需要解决一些基础性的问题,如西方茶叶消费是如何展开的,本研究重点研究英国的消费革命,以及荷兰、俄国、美国等主要进口国茶叶消费的崛起。在明晰消费侧的基本问题后,需要进一步分析供给侧的情况,即中日生产国有怎样的产业基础,这些基础如何为西方茶叶消费奠定必备的条件;西方茶叶消费怎样带动中日两国从国内贸易转向国际贸易。

大航海时代后,东西方贸易开展不乏强烈的国家意志,但最终交易还是需要商人及其组织完成。第二章便分析西方贸易公司最初使用何种手段来确保收购茶叶的质量,消费国商人怎样对进口的茶叶进行检验,以及东西方市场围绕质量问题如何沟通和协调。主要从三方面展开:其一,通商口岸在交易前、交易中、交易后控制茶叶质量的手段和方法,包括建立合约购买、废茶退货、茶

---

① Shinya Sugiyama, *Japan's Industrialization in the World Economy 1859-1899*, London and New YorkBloomsbury Publishing Plc, 2012.

师职业检验、茶样—竞价等方面的制度;其二,在茶叶进口到消费国后,这些国家是怎样检验茶叶质量的,包括分级拍卖制度等;其三,东西方市场间如何传递质量信息,包括西方茶叶消费市场和东方茶叶生产收购市场之间的市场需求、质量引导和信息交流等方面的制度。第三章观察东西方茶叶贸易中的造假和伪劣问题及因此产生的冲突和纠纷问题。引入信息不对称理论,主要从三方面开展:第一,在东西方茶叶贸易量激增后,中日出口茶叶质量问题的梳理,主要包括着色、掺杂使假、以次充好等问题,两国面临着相类似的情形;第二,东西方贸易中的茶叶质量问题,不仅仅是生产国造成的,在消费国由于价格高昂,有大量不法商人在其国内从事造假活动,本部分以英国和俄国为例展开分析;第三,西方洋商同中日两国商人因质量问题引起的诉讼和纠纷,以及商人的亏损问题。

东西方商人之间的贸易冲突以及消费国市场所售茶叶日益严重的质量问题,导致西方国家改变不干涉市场的立场,将规制质量问题上升到国家意志层面。第四章研究茶叶交易双方从自我规制到国家强制进口质量检验的历史演进过程,重点分析从最初采取不干涉的政策到国家强制规制的转变,主要考察英国、美国、俄国以及其他相关国家。英国出台质量规制的阶段性比较鲜明,18世纪英国出台三部茶叶掺假法案,目的在于避免国内商人掺假冲击茶叶贸易公司的利益;19世纪上半叶鉴于进口粗茶和伪劣茶影响到西方国家食品安全和居民健康,化学家、政治家、家庭主妇等发起纯净运动;19世纪下半叶英国出台并不断修正纯净法案,在1875年对进口茶叶的质量进行规制。美国于1883年和1897年出台的两部《茶叶进口法案》,重点围绕不同利益部门之间的博弈、各界的讨论、对联邦政府使命的再认识等方面展开。随后,俄国、法国、加拿大、摩洛哥等效仿美国设定茶叶质量规制的做法。在西方出台茶叶贸易质量规制后,英国、俄国和美国采取了不同的策略,或转移市场,或将质量控制内在化,或强化舆论监督和质量监管,这对中日两国茶叶出口贸易造成了冲击。面对西方市场准入门槛的提高,中日两国报界、政界、商界、茶农等不同利益相关方的反应和态度,是本研究第五章的内容。

第六章到第九章,这四章是本研究的主体部分,主要阐述中日应对西方质量规制的路径选择和策略。重点研究在面对出口贸易被西方洋商把持、生产和消费之间存在质量信息不对称鸿沟的情况下,中日两国所采取的贸易路径和市场策略,主要从四个方面分析。第六章主要分析中日两国对同业组织再造的方法、过程及其异同,重点分析日本茶业组织的一体化改造;第七章从出口检验制度供给方面,研究中日两国不同国情导致的不同路径;第八章探究更为基础的产制技术,主要包括面向海外市场的产品改制、茶叶试验与品质改良、机械化制茶等;第九章分析两国工厂制度建立和海外贸易的发展情况。

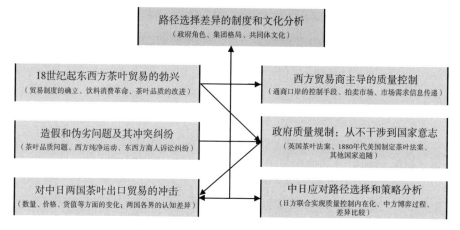

本研究的总体框架安排和研究路线图

第十一章是本研究的总结部分,并开展更深层面的探讨。中日应对西方茶叶贸易质量规制路径不同,导致效果有明显差异:日本较好地适应了规制的要求,在美国等主要消费市场不断挤压中国的份额,还不断在其他国家扩大日本茶的市场份额;与之相比,中国茶的国际市场份额不断缩减,受到严重挤压。为更好理解中日两国应对西方茶业质量规制的情况,本研究又选取两国丝业的情况,对丝茶两业趋同性进行分析。也就是说,日本应对西方质量规制取得相对成功,不仅仅是某一个行业的情况,而是一种整体性的效果。接下来,本研究对中日两国政府角色异同,以及利益一致性、关系共同体的组织制度和集团主义的文化基因等作出剖析。

最后,交代一下本研究的行文与写作逻辑。在应对西方茶叶贸易规制方面,有时中国的行动在前,但更多情况下是日本更加主动、更加有所作为,而日本的应对方式有时对中国也产生了深刻影响。所以在实际论述时,遵循的是事理发展的自然逻辑顺序:其一,在中日没有交集的情况下,中国在前、日本在后;日本主动采取措施,这一措施又被中国所采纳的话,则日本在前、中国在后;中日都有所举措,相互影响或同时进行时,则会根据中日不同情况穿插论述;个别层面可能只有某一国家有举措,则只论述这一国家的情况。这种方式或许可避免"一中一日"的呆板写作框架,行文视角和切入点会存在一定的变化,从而较好地呈现历史发展的进程。

第一章　西方茶叶消费革命与东方贸易转型

　　中国是最早开发利用茶叶并将其商品化的国家,平安时期(约中国的唐代晚期、宋代)日本的茶叶产业在中国的影响下开始发展起来。最初,茶叶消费主要局限于东亚,以各国国内贸易为主。在地理大发现后,茶叶不再是遥远的东方传说和见闻,饮茶风俗在上层成为时髦,并在普通阶层中迅速拓展。在英国,随着资本主义的发展,社会中掀起了茶叶消费革命;荷兰则是最早接受饮茶风俗的西方国家,凭借其贸易能力影响了英国及欧洲大陆国家;俄国、美国等也成为重要的茶叶消费国。西方国家的茶叶消费,促进了中日两国的茶叶贸易转型。

第一节　英国的茶叶消费革命

　　地理大发现以后,随着荷兰、英国等国家海上贸易的拓展和城市人口的迅速增加,这些国家的民众收入和消费能力大幅提升,他们对来自海外的商品——茶叶、咖啡、蔗糖、棉布、瓷器、漆器、香料等——表现出热切的消费渴望,这也大大带动了海外商品的进口和贸易全球化的发展。这一新兴的、引人注目的消费现象最早起源于1600年前后,持续至1750年左右,不仅在英国十分兴盛,在其他北欧国家也广泛蔓延。这场消费革命(Consumer Revolution)主要表现为:奢侈性商品的消费主体从上层社会迅速拓展到寻常百姓之家,不同经济和社会背景的个体对奢侈品的需求急剧增长,人们热衷于通过购买商品改善生活状况、体现社会地位,并热衷于消费时尚的创造、引领和参与,消费不再是特定群体的特权,不再是满足基本生存的最低需要。消费革命的显著标志是"从传统的以节俭朴素和物质匮乏的传统模式转换为社会上急剧增加的大众消费模式"①。作为一个学术概念,消费革命由学者瑟斯克(J.Thirsk)、尼尔·麦肯德里克(Neil McKendrick)等人提出。1978 年,瑟斯克出版《经济政策和企划:近代早期英国消费社会的发展》(*Economic Policy and Projects:The Development of a Consumer Society in Early Modern England*),最早论述了早期英国消费社会的特征,1982 年尼尔·麦肯德里克正式提出"消费革命"一词:"消费革命伴随工业革命发生在 18 世纪的英国……消费革命是人类体验上的一个历史转折点。"②

　　一般而言,中外学术界对消费革命的存在是较为认同的,但对消费革命和工业革命的关系,以及消费革命的时间段划分有不同的认识。③ 约尔·默克尔(Joel Mokyr)认为消费革命发生在工业革命之前。④ 夸斯·迈克尔(Kwass

---

　　① Fairchilds Cissie,"Review:Consumption in Early Modern Europe. A Review Article."*Comparative Studies in Society and History*,35.4(1993):851.

　　② McKendrick,John Brewer and J.H.Plumb eds.,*The Birth of a Consumer Society:The Commercialization of Eighteenth Century England*,Bloomington:Indiana University Press,1982,p.9.

　　③ 英国早期消费革命是 20 世纪 80 年代以来历史学界的热点研究领域之一,中国史学界对此也有初步研究,参见李新宽:《17 世纪末至 18 世纪中叶英国消费社会的出现》,《世界历史》2011 年第 5 期。李新宽从英国人实际消费能力的提高,在衣食住行等方面的炫耀性消费行为,花样繁多的、诱导消费的销售手段,咖啡馆、剧院等各种消费场所和商业化休闲产业的激增等几个方面开展实证研究,论证消费社会的存在。个别学者则认为不存在消费革命,如美国加州大学戴维斯分校的乔治·克拉克(Gregory Clark)认为,在英国前工业社会虽然有消费者和生产者态度和行为的长期变化,但在 1600—1750 年间这种变化不是显著和根本性的变化,消费革命缺乏实证基础的支撑,因此消费革命伴随工业革命发生的观点违背了"奥康姆的剃刀"原则(即如无必要,勿增实体)。

　　④ Mokyr Joel,*The Enlightened Economy:An Economic History of Britain 1700-1850*,New Haven:Yale University Press,2010.

Michael)认为,在18世纪,人们急促地、以无法想象的规模开始从事商品消费……普通男女从长期定义自身物质世界的"稀缺的束缚"(Stranglehold of Scarcity)中解脱出来,开始用各种物品填满他们的生活……消费者发起了一场消费的狂欢,以史无前例的数量购买家庭装饰品、衣物和个人配饰。① 美国加州大学伯克利分校的贾恩·代·弗里斯(Jan de Vries)教授对消费革命采取了长时段的理解方式,认为文艺复兴、巴洛克时期、18世纪、19世纪晚期和20世纪都呈现了消费社会的特征。② 当然,在这些不同的历史阶段,弗里斯最关心的是18世纪后半期的消费革命,将其视为工业革命展开的背景和序曲。消费革命对工业革命的引领作用得到学者的肯定,认为海内外需求的增长对工业生产造成前所未有的挑战,于是"转折点在80年代来了,现实和潜在需求的不断增加对工业产生了进一步提高生产率的压力。这导致了一系列的重大技术突破,降低了工业品的价格,大大增加了国内需求,甚至克服关税和交通障碍去占领欧洲的广大市场。工业革命开始了"③。

在这场消费革命中,茶叶是最引人注目的进口商品,深刻融入到荷兰、英国等国家社会文化生活中,甚至在英国获得"国饮"的美称。自从东西方海上交通路线开辟后,葡萄牙、荷兰、英国等殖民者来到中国寻找贸易契机。随着东西方贸易往来的扩大,茶叶作为中国特有产品最早由葡萄牙和荷兰等国引入欧洲,饮茶之风也渐趋流行。17世纪初,法国、荷兰和波罗的海周边国家与中国建立了固定的茶叶贸易航线,对近代中西方茶叶贸易的兴起起到重要推动作用。

---

① Kwass Michael, "Ordering the World of Goods: Consumer Revolution and the Classification of Objects in Eighteenth-Century France." *Representations*, 82(2003): 87–116.

② Jan de Vries, *The Industrious Revolution: Consumer Behavior and the Household Economy, 1650 to the Present*, Cambridge: Cambridge University Press, 2008, pp.37–39.

③ R.M.Hartwell, *The Causes of the Industrial Revolution in England*, London: Routledge, 1967, p.28.

图 1-1 最早售卖茶叶的英国托马斯·加威咖啡馆外景

但真正将饮茶融入民众生活,成为茶叶消费大国的是英国。[1] 1657 年伦敦一家名为托马斯·加威(Thomas Garway,又称 Garraway)的咖啡店,以每磅 6 至 10 英镑的高价格出售茶叶,这是英国最早的商品茶记载。该商店的招贴画称:"茶叶效用卓著,故以智慧及古国文明之国家,无不高价售之。此种饮料既为一般所欣赏,故凡屡在该处旅行之各国名人,以各种实验与经历所得,无不劝导其国人采用。其最主要之效用,在于质地温和,冬夏咸宜,饮之有益卫生,保持健康,颇有延年益寿之功。"[2]该咖啡店不仅出售茶叶,还销售香烟、咖啡、可可等海外商品。1660 年,理查德·福特爵士(Sir Richard Ford)向海军大臣、传记家萨缪尔·佩皮斯(Samuel Pepys)赠送一杯中国茶。[3] 这说明茶开始

---

① 刘勇:《荷兰东印度公司中国委员会与中荷茶叶贸易》,《厦门大学学报》(哲学社会科学版)2013 年第 4 期。

② William Harrison Ukers, *All about Tea*(Vol. I), New York: Tea and Coffee Trade Journal Company, 1935, p.39. 中文译文选自[美]威廉·乌克斯:《茶叶全书》上, 中国茶叶研究社社员集体译, 上海中国茶叶研究社 1949 年版,第 22 页。

③ Samuel Pepys, *The Diary of Samuel Pepys*, Robert Latham and William Matthews trans and ed., (vols 11), London: Bell & Hyman, 1970-1983, p.253.理查德·福特爵士是一名商人,曾担任英国东印度公司领地委员,1660 年在斯图亚特王朝复辟中因表现忠诚而被授爵。在英国内战期间,他在荷兰鹿特丹生活,接受了荷兰的饮茶风习,并将之带回英国。

融入英国上层社会的社交生活。

图1-2　萨缪尔·佩皮斯像①

　　1660年英国东印度公司向国王查理二世赠送2磅茶叶,1666年又再次赠送23磅茶叶,这些茶叶可能从荷兰取得,而非直接从中国进口。1662年,葡萄牙布拉甘扎的凯瑟琳(Catherine of Braganza)公主嫁给英国国王查理二世时,随身携带了几盒茶叶,她还在宫廷中倡导举行茶会,成为英格兰第一位"饮茶王后"。乌克斯称凯瑟琳在英国上层社会从饮酒到饮茶的风气转变中发挥了重要的作用:"值得一提的是,正是她让其所喜爱的温和饮品成为宫廷中的时尚,从而取代淡啤酒、葡萄酒及其他烈酒的位置,而这些酒使得英国的绅士和淑女'从早到晚习惯性地让自己变得头脑发昏或者神志不清'。"②在"饮茶王后"的倡导之下,饮茶之风首先在英国上层社会中普及开来。③

　　宫廷的消费带动了贸易的发展。1659年,英国东印度公司在印度巴拉索尔(Balsore)的代理人丹尼尔·希尔顿(Daniel Sheldon)致信班德尔(Bandel)

---

　　① 约翰·海耶丝(John Hayls)于1666年绘制,现收藏于英国伦敦国家肖像馆,原尺寸756 mm×629 mm。

　　② William H.Ukers,*All About Tea*(Vol.I),New York:The Tea and Coffee Trade Journal Company,1935,p.43.

　　③ Jane Pettigrew and Bruce Richardson,*A Social History of Tea*,London:National Trust Enterprises Ltd.,2002,p.32.

的代理人,要求为其叔叔坎特伯雷主教(Gilbert Sheldon)购买茶叶若干,价值几何,在所不计,并称其叔叔为好奇心所驱使,极愿赴中国及日本进行研究。①1664 年,英国宫廷总管从东印度公司购买 2 磅 2 盎司的上等茶呈送国王,1666 年东印度公司又将 22.75 磅的茶叶以每磅 50 先令的高价供给国王。这些茶叶的来源并没有记载,多半应是从荷兰购买。1668 年,英国东印度公司首次发出委托订购茶叶的订单,1669 年收到从万丹(Bantam,今印度尼西亚的一个省)发来的 2 罐茶叶,重量为 143 磅 8 盎司。② 自此之后,英国东印度公司进口的茶叶不断增多,1678 年从甘贾姆(Ganjam)和万丹进口 4717 磅,1685 年从马德拉斯(Madras)和苏拉特(Surat)进口 12070 磅,每磅售出价格为 11 先令 6 便士到 12 先令 4 便士。③ 最初英国并不是直接从中国口岸直接购买茶叶,到 17 世纪晚期中英才开始直接茶叶贸易。1704 年,英国东印度公司派出商船肯特号(Kent)到广州,该船总吨位为 340 吨,其中运载回国的茶叶为 117 吨,占总吨位的 34.4%,可见茶叶已成为中英茶叶贸易的主要商品。

与此同时,英国对茶叶的需求量开始迅速增长。到 1700 年,茶叶已经在伦敦的 500 多个咖啡馆售卖。18 世纪二三十年代,中英之间的茶叶贸易走向常态化。1731 年,英国进口茶叶数量达 179.3 万磅,征收茶税金额为 35.8 万英镑。到 18 世纪中期,茶已经取代杜松子酒和啤酒成为英国流行饮料,茶叶消费群体从上层社会拓展到中产阶层。受英国等西方国家茶叶进口规模不断扩大的影响,从 18 世纪 20 年代起,茶取代丝成为中国出口的第一大商品④,

---

① William H.Ukers, *All About Tea*(Vol.Ⅰ),New York:The Tea and Coffee Trade Journal Company,1935,p.39.中文译文选自[美]威廉·乌克斯:《茶叶全书》上,中国茶叶研究社社员集体译,上海中国茶叶研究社 1949 年版,第 22 页。

② Sir George Birdwood,*Report on the Old Records at the India Office*,London:printed by Eyre and Spottiswoode,1890,p.40.

③ John MacGregor,*Commercial Statistics:A Digest of the Productive Resources,Commercial Legislation,Customs Tariffs,of all Nations.Including all British Commercial Treaties with Foreign State*(Vol.Ⅴ),London,Whittaker and Co.,1850,p.47.

④ 郭卫东:《丝绸、茶叶、棉花:中国外贸商品的历史性易代——兼论丝绸之路衰落与变迁的内在原因》,《北京大学学报》(哲学社会科学版)2014 年第 4 期。

英国伦敦也成为世界茶叶市场之中心。茶叶是英国消费革命进程中最被消费者所推崇的代表性商品之一。甚至在一定程度上可以说,18世纪英国在饮品消费领域掀起了一场"茶叶革命"。之所以将其称为茶叶消费革命,主要可以从以下三个方面观察。

第一,饮茶风气从上层社会传播到下层民众,饮茶群体不断拓展和普及。茶叶最初在英国宫廷盛行。1688年英国光荣革命之后,来自荷兰的威廉三世和玛丽二世继承王位。他们从荷兰带来了茶叶,继续强化了宫廷饮茶之风。1702年,威廉三世去世后,玛丽二世的妹妹安妮女王以斯图亚特家族的身份继承王位,她同样热衷于茶这一来自东方的神奇树叶。因此,茶最先在上层社会特别是贵妇群体中流行开来,18世纪初期贵妇已经养成上午10点到11点饮用上午茶的习惯。[①] 到18世纪中期,随着茶叶进口的不断增多以及一般民众一般性工资收入的提升,茶叶的价格得以下降,底层社会的消费能力得以增强,茶从奢侈型的饮料变成了大众化的饮品。乔纳斯·汉韦,一位18世纪的社会改革家,坚决反对穷人们消费茶叶,从接下来这段文字可以看出他激烈的态度:"乡间的小道上……也可以看到乞丐……在喝着他们的茶;筑路工也在喝茶;甚至在运煤车上也可以觅到茶的踪迹;同样荒谬的是,居然把茶卖给制干草工……那些连面包都没有的人却会喝茶……生活困苦本身竟没有力量驱逐茶叶。"[②]1795年,英国牧师兼作家戴维·戴维斯(David Davies)在其著作中描述了不同郊区的生活情况,特别提及了茶在底层社会群体中的重要作用:"在这些艰苦的环境里,麦芽很昂贵。而生产牛奶又很困难,唯一可以让面包蘸湿的便只有茶,这是他们最后的选择。茶和面包一起,每天构成了一个家庭的一餐饭,平均下来一周的花费也不会超过1先令。如果谁还有比这更好更

---

① 英国杂志《旁观者》(*Spectator*)于1712年3月11日刊载一名贵妇的日记,其中提到她每天上午都喝茶,见角山荣:《茶の世界史:绿茶の文化と红茶の社会》,東京:中央公論社1980年版,第43—45頁。

② Hanway,Jonas,*Letters on the Importance of the Rising Generation of the Labouring Part of our Fellow-subjects*,London:Printed for A.Millar and T.Cadell,1767.

便宜的食物,那我便要贸然代表所有穷人向这些人的发现表示感谢。"①他还描述了底层社会茶叶消费和上层社会消费的不同之处:"的确,你可以宣称茶是一种奢侈品。如果你指的是加了精炼糖,并伴以奶油润滑的熙春茶的话,我承认的确是这样。然而,这并非是穷人喝的茶。放几片最廉价的茶叶在开水里,用最粗糙的棕糖来加甜,这就是你所谴责的穷人的奢饮。这是他们生活的必需,如果现在把这些剥夺掉,那么他们便只剩下面包和白水。喝茶并非穷人苦难的原因,而是结果。"②

　　饮茶风气的普及,很大程度上是因为价格的下降,一般的消费者都可以承担得起。据统计,18 世纪末英格兰与威尔士每人每年消耗将近 1 千克茶叶,而所付价格只有 1720 年的 1/4。③ 1863 年,爱德华·斯密斯(Edward Smith)设计的第一个政府统计的国家饮食结构问卷,得出有关低收入群体,例如纺织工、针线工、儿童手套编织工、织袜工、鞋匠和工厂工人中的饮茶普及率。当时无论在英国南方还是北方,农村还是城市,茶叶都已经非常普遍。在调查的农场工人家中,纺织工和儿童手套编织工中只有 1 家不喝茶,针线工中只有 2 家不喝茶。每户家庭一年当中的周消费量相当稳定,几乎在所有情况下都有 2 盎司左右,一个名为坎伯兰郡的乡村则多达 4 盎司。④ 调查发现茶已经成为英国生活必需品,99%的家庭都饮茶,每个成年人每周消费 0.5 盎司,每个家庭 2.25 盎司。⑤

---

　　① David Davies,*The Case of Labourers in Husbandry*:*Stated and Considered*,London:Printed by R.Cruttwell,for G.G.and J.Robinson,Pater-Noster-Row,1795,p.37.

　　② David Davies,*The Case of Labourers in Husbandry*:*Stated and Considered*,London:Printed by R.Cruttwell,for G.G.and J.Robinson,Pater-Noster-Row,1795,p.98.

　　③ [美]戴维·考特莱特:《上瘾五百年:瘾品与现代世界的形成》,薛绚译,上海人民出版社 2005 年版,第 17 页。

　　④ Smith Edward,*On the Food of the Poorer Labouring Classes in England*,London:Op.cit.,1863.pp.221–264.

　　⑤ John Burnett,*Plenty and Want*:*A Social History of Diet in England from 1815 to the Present Day*,London:Scolar Press,1979,p.162.

　　饮茶风习的传播异常迅速。18 世纪中期,苏格兰也变成嗜茶之地。苏格兰法学家和神学家邓肯·福布斯(Duncan Forbes)回顾了当时的情况并写道:"然而自从与东印度的贸易开始以后……茶的价格……变得很低,以至于最贫贱的劳动者也能够消费得起——就在同一时期,苏格兰的很多商人凭借在戈腾堡(Gottenburg)的瑞典公司效力的同胞关系,引入了这一刺激物,成为底层人民的日常消费品;也在同一时期,曾几何时还是稀有品的糖,作为茶不可或缺的伴侣,最贫困的家庭主妇也能拥有,很快和水、白兰地或甜酒混合到了一起;也在同一时期,茶和伴汁酒成为饮啤酒和淡啤酒者的日常饮料和纵欲之物,人们可以察觉到上述影响是如此突然且来势汹汹。"①

　　茶之所以受到普通阶层欢迎并迅速扩大消费,主要是因为能给英国人的冰冷生活增加一丝暖意、情趣和气氛。约翰·伯内特(John Burnett),一位孜孜不倦的不列颠营养史研究者,以礼貌的方式回敬了汉韦。他告诉我们:"如今的一些作家,总是异口同声地谴责劳动阶层在食物上的奢侈浪费,同时不知疲倦地示范如何通过更好的统筹安排,以使劳动阶层的餐桌上有更多的肉和各类食物。他们中似乎没有一个人……意识到白面包与茶已不再是奢侈品,而是一个底线了,在此之下只有饥饿……一周两盎司的茶,花费为 8 便士或 9 便士。这可以使一顿冷冰冰的晚餐变得热腾腾的!"②有学者注意到以茶取代啤酒,在营养上无疑是一个损失;喝茶不可取,不仅仅因为它是刺激品并含有丹宁酸,也因为它排挤掉了其他更有营养的食物:"穷人发现虽然一杯冷啤酒带来的是实实在在的食物,但一杯热茶后却能享受到一种空幻的暖意。"③

　　第二,茶叶的进口量和消费量急剧增多,茶叶成为东印度公司最主要的贸

---

　　①　D.Forbes,*Some Considerations on the Present Satate of Scotland*,Edinburgh:W.Sands,A.Murray,and J.Cochran.1744,p7.

　　②　John Burnett,*Plenty and Want:A Social History of Diet in England from* 1815 *to the Present Day*,London:Scolar Press,1979,pp.37-38.

　　③　Drummond J.C.and Anne Wilbraham,*The Englishman's Food:A history of Five Centuries of English Diet*,London:Jonathan Cape,1958,p.329.

易商品。从英国进口货物的种类和占比看,茶叶在东印度公司货品贸易中的重要性快速提升,在18世纪初茶叶所占货物比例是微不足道的,但在不到20年的时间内,茶成为中国第一大出口商品,并取代了丝绸在长达2000余年对外贸易中的优势地位。据档册记载,在英国对华贸易中,从1717年起茶已代替丝成为贸易中的主要货品。① 到1760年,茶叶占进口总额的比例已经逼近40%,进口数量约为620万磅,超过陶瓷和黑胡椒的比例,特别是在该年还超过了印度棉布,成为东印度公司第一大贸易商品(见表1-1)。

表1-1 英国东印度公司的主要进口商品(占全部进口额的百分比)②

年份	中国瓷器	咖啡	靛蓝	黑胡椒	硝石	丝绸	茶	棉与丝绸织物
1670	0	0	3.9	23.2	5.1	1.0	0	60.9
1680	0.5(85)	1.3	0.8	9.7	1.0	5.3	0	78.2
1690	5.6(91)	8.1	0.3	29.9	2.2	9.9	1.4	39.5
1700	2.1(01)	2.4	3.9	5.4	0.7	9.3	3.0(01)	74.7
1710	0.3(12)	3.8	7.2	4.1	4.3	7.8	1.8(13)	70.1
1720	0.5	8.1	0.3(23)	8.2	2.5	2.8	4.5	72.0
1730	1.9	9.0(29)	1.7(29)	1.6	1.6	9.0	18.5	66.4
1740	1.2	3.7	—	1.3	1.7	10.2	13.0	68.3
1750	0.9	3.8	—	3.6	0.5	2.2	22.6	66.3
1760	1.0	5.7(57)	0.3(58)	2.0	2.2	12.0	39.5	42.9

在此之后,东印度公司进口茶叶的垄断地位,以及茶叶在进口商品中所占的地位都继续得到强化和巩固。英国东印度公司从中国进口货值占所有进口货值的比例,在1833年以前最低谷时仍处在60%以上的高位,甚至一度超过90%,占有绝对垄断地位。同时,茶叶在东印度公司进口货物中占据绝对优势

---

① 郭卫东:《丝绸、茶叶、棉花:中国外贸商品的历史性易代——兼论丝绸之路衰落与变迁的内在原因》,《北京大学学报》(哲学社会科学版)2014年第4期。

② 角山荣:《茶の世界史—緑茶の文化と紅茶の社会》,東京:中央公論社1980年版,第15頁。

地位,在 1760—1833 年期间常年维持在 80%—90%。更重要的是,茶叶进口的数量一路飙升,特别是 1784 年 9 月英国国会颁布大幅削减茶叶进口税的《减免法案》,将原有的进口税等 119%的多种综合税率,大幅缩减为 12.5%的单一税率,有力推动了英国茶叶的进口。

茶叶进口快速增长主要是由于茶叶消费的崛起。据统计英国在 18 世纪茶叶消费量增长了 400 倍。1800—1900 年间,英国茶叶消费增长了 10 倍,从每年进口 2372 万磅增长至 22.418 亿磅。[①] 到 19 世纪下半叶,英国茶叶人均消费更是有了进一步增长,从 1870 年到 1913 年英国人均茶叶消费量从 4 磅增加到 6.5 磅。具体来说,1861—1865 年人均消费茶叶 2.8 磅,1871—1875 年人均消费茶叶 4 磅,1881—1885 年人均消费茶叶 4.7 磅,1891—1895 年人均消费茶叶 5.4 磅,1901—1905 年人均消费茶叶 6.1 磅。[②] 威廉·斯哥特·泰伯的统计与前者的估算略有出入,但同样体现了人均消费快速增长的趋势:19 世纪初,英国平均每年每人消费 1.41 磅茶叶;19 世纪 40 年代茶叶价格大幅下降后,英国人均每年消费增长迅速,到 19 世纪 90 年代,人均年消费已达 5.7 磅(见表 1-2)。[③] 著名经济史学者彭慕兰也得出了类似的结论,他认为 1800 年前后英格兰每人每年只消费约 1 磅茶叶,1840 年为 1.4 磅,在这以后价格急剧下降,普通人每天都可饮茶,到 1880 年每人每年消费量达到 5 磅左右。[④]

---

① John Burnett,*Liquid Pleasures:A Social History of Drinks in Modern Britain*,New York:Routledge,2001,p.57.

② Read,Donald,*The Age of Urban Democracy:England 1868-1914*,London:Longman,1994,p.241.

③ William Scott Tebb,*Tea and the Effect of Tea Drinking*,London:T.Cornell & Sons,1905,p.7; John Burnett,*Liquid Pleasures:A Social History of Drinks in Modern Britain*,New York:Routledge,2001,p.57.

④ Kenneth Pomeranz,*The Great Divergence:China,Europe,and the Making of the Modern World Economy*,Princeton:Princeton University Press,2002,p.117.

表1-2　1800—1900年英国人均茶叶消费量(磅/人/年)①

年份	消费量(磅)	年份	消费量(磅)
1801—1810	1.41	1851—1860	2.31
1811—1820	1.28	1861—1870	3.26
1821—1830	1.27	1871—1880	4.37
1831—1840	1.36	1881—1890	4.92
1841—1850	1.61	1891—1900	5.70

　　第三,茶叶战胜咖啡,成为英国最具代表性的饮品,被誉为"国饮"(Drink of the Nation)。与茶起源于中国这一清晰的历史脉络不同,咖啡有埃塞俄比亚牧童、伊斯兰教徒、荷马时代的海伦等多个起源,其中流传最广的是来自埃塞俄比亚的版本。咖啡在6世纪传入阿拉伯世界,并在16世纪经奥斯曼土耳其帝国传入欧洲。1650年,来自黎巴嫩的名叫扎克博(Jacob,也有记载为Jacobs或Jobson)在牛津创办英国第一间咖啡馆,1652年希腊人罗塞(Pasqua Rosée)在伦敦开设首家咖啡馆。② 在咖啡馆,人们可以较为低廉的价格品饮最流行的异国饮料,还可休闲娱乐、交流信息、阅读报刊等,故受到各界人士特别是男士的欢迎,成为重要的公共活动场所。在"咖啡热"带动之下,咖啡馆数量迅速增加,到1683年已经增加至3000家,英国的"咖啡热"盛极一时。1659年11月14日,托马斯·鲁格(Thomas Rugge)所编辑的《新墨索里尼政治报》(Mercurius Politicus Redivivus)称:"目前,有一种叫作咖啡(Coffee)的土耳其饮品,几乎每条街上都有售卖;同时售卖的,还有一种叫茶(Tee)的饮品,以及一种叫巧克力(Chacolate)的热饮。"③但是不久后,咖啡在英国的消费遭遇到阻击,人们从社会道德和经济利益等角度掀起了抵制和极力批判咖啡的

---

① Willam Scott Tebb,*Tea and the Effects of Tea Drinking*,London:T.Cornell and Sons,1905,p.7.

② Disraeli Isaac,*Curiosities of Literature*,London,1798,p.345.

③ Thomas Rugge ed.,*Mercurius Politicus Redivivus*,November 14,1659,p.14.

风潮,加之在咖啡馆中议论政治的情形引发了当局的不满,复辟的斯图亚特王朝曾两次下令关闭咖啡馆。① 与咖啡相比,茶叶的消费比较简便,于是饮茶在公共场合和私人场合兴盛起来,以下午茶为代表的英式茶文化逐渐发展和流行,茶的社交功能更为英国人所看重。在英国从咖啡到茶叶消费转变的过程中,东印度公司发挥了不可替代的作用:"不仅建立了世界上规模最大的茶叶垄断贸易,还使得茶叶成了英国人的标签。它的实力如此之大,以至于不过几年的时间,就在英格兰掀起了一场日常饮食革命,把英国人从潜在的饮咖啡者转变成了饮茶者。"②

我们可以从器物的演变来观察英国茶叶消费革命的演变。18世纪上半叶英国设计茶罐的外观比较简洁,多是瘦高的小瓶子形状,整体造型为方形或八边形,罐身边沿平整,有较短的圆柱形瓶颈,上覆有不同造型的盖帽。盖帽有防止水汽侵入的作用,还可以当作茶则使用,量取标准数量的茶叶。部分茶罐还设计了推拉盖板,以便于人们从茶罐上端往里填充茶叶。总体来说,该时期茶罐的外观和造型比较简单,容纳茶叶的数量十分有限,在取用品饮时,使用不是很方便。18世纪上半叶,茶叶尚是一种稀缺的奢侈品,价格非常昂贵。一个熟练工人一周的工资方可购买一磅茶叶,只有社会上层人士才能消费得起。这是因为英国本土并不出产茶叶,需要从遥远的中国进口,进入英国时又需要交纳高额进口税、津贴和附加税等,贸易又被取得皇家特许权的东印度公司所垄断。③ 茶叶作为一种稀缺的饮品,在家庭中保管时,被窃贼偷窃或者仆人私下偷喝的情况时有发生。于是,设计者在茶叶盒上配备了专用的锁具,以防止意外情况的发生,这种茶盒在乔治二世统治时期非常流行。茶叶盒在上锁后,钥匙由主人放在腰间,随身携带。当要享用茶时,主人用钥匙打开茶叶

---

① 刘章才对英国从消费咖啡转向消费茶叶的过程曾进行详细研究,可参见刘章才:《茶与咖啡在近代英国的竞争》,《光明日报》2015年5月9日。

② [美]西敏司:《甜与权力:糖在近代历史上的地位》,朱健刚、王超译,商务印书馆2010年版,第92页。

③ 宋时磊:《近代中英茶叶贸易的质量问题及其治理》,《全球史评论》2016年第2辑。

盒,取出茶叶,仆人负责冲泡工作。锁具给女仆和男管家偷尝这一珍贵的饮品造成了困难,1745 年小说家乔纳森·斯威夫特(Jonathan Swift)《奴婢训》中在给侍女的忠告中提及:"发明带锁和钥匙的茶叶盒,可以用来保存茶叶和蔗糖,要是没有这些的话,侍女生活会更滋润些。"①有的茶盒上盖还设计了一个把手,以方便主人将贵重的茶叶随身携带在身边,这也是增强茶叶保管安全的一项措施。

图 1-3　乔治一世(John Chartier)时期的茶罐　　**图 1-4　乔治三世时期的木制茶盒**

18 世纪中期以后,在狭长瓶颈的茶罐之外,又出现了有铰链式或剥离式(lift off)样式盖子的茶盒,这样的设计便于从中迅速取用茶叶,加入茶壶中。②英国早期消费茶叶主要有红茶和绿茶两大茶类,前者如武夷茶、小种茶,后者如松萝茶、熙春茶、珠茶等。人们会单独品饮一种茶叶,有时也会将两种不同的茶叶混合饮用,并且在茶汤中加入蔗糖、牛奶等改善口感,去除茶自身的苦涩味,这两者构成了英国独特的品饮方式。茶盒的设计尽可能为这种饮茶方

---

①　Jonathan Swift, *The Works of Jonathan Swift* (Volume XI) , London:Archibald Constable and CO.Edinburgh, 1824, p.444.

②　18 世纪茶罐有 Tea caddy 和 Tea canister 两种称谓。在 18 世纪 Tea caddy 指盛入盒子中的茶罐,来自马来语的 Kati,用来描述标准重量的茶叶,可翻译为"茶盒"。Tea Canister 指金属或瓷制的容器,可翻译为"茶罐"。到 19 世纪后,两者开始混用。为表述方便起见,本研究将盛放茶罐的容器称为茶盒。Madeleine Jarr, *Chinoiserie:Chinese Influence on European Decorative Arts in the 17th-18th Centuries*, New York:Sotheby Publishers, 1981, p.226.

式提供便利,在茶盒里面一般会有三个储物格来盛放不同物品。左右两个单元格中会放入可自由活动的"茶罐"(Caddy),其中一个用来盛放绿茶,一个用来盛放红茶,茶罐还会以铅箔片为里衬,以起到防潮作用,上有较为平整的盖子,覆盖茶叶,以保持空气流通和干燥。将这两个茶叶罐并放在一起,便于使用者同时取用两种茶叶混合饮用。中间的单元格会放用来装糖的玻璃碗,或者是冲调用的汤勺,这让使用者随时在茶中加糖调味。部分茶盒只有两个储物格,没有设计放碗的空间。茶罐并非一定要放入茶盒,有时也会成对配合使用,即一个用来装红茶,一个用来装绿茶,并在上面书写字母 B(武夷红茶)或H(熙春绿茶)以区别茶类的不同。18 世纪中后期,随着瓷器在英国社会的流行,茶罐的样式有了很大改变。器形从最初的体积较小的长方体,变为体积更大的球根状或卵形,底座为支撑稳固的圆形,瓶身中部凸起圆润,瓶口开得更大,类似中国的花瓶形状(见图 1-5 和图 1-6)。采取这种新的设计样式之后,茶罐可以容纳更多茶叶。1853 年,英国工匠罗伯特·汉考克(Hancock Robert)为英国伍斯特瓷厂制作的茶罐,是这种设计样式的代表之作。

图 1-5　1765 年伍斯特瓷厂生产的卵形茶罐　　图 1-6　带有中国风的球根状的茶罐

　　总之,茶罐器形从 18 世纪初罐身为体积较小的长方体,罐口是开口较小的圆柱形,到 18 世纪中后期变为较大的椭圆花瓶形状,反映的是家庭茶叶拥有量从稀缺到充盈的变迁。茶盒中三个单元格的设计也反映了英国 18 世纪饮茶的文化特点:红茶和绿茶兼饮,或者混合饮用,并辅之以糖调味。茶罐图案从早期浓厚的中国风,到英国设计、中国依样加工,再到本土化生产,体现的是英国金属和陶瓷等产业制造业能力不断提升的过程。茶罐罐身图案中黑人奴仆及异域风情元素的运用,彰显了饮茶奢侈的审美风格,体现器物使用者的身份和社会地位,更深层蕴藏的是大英帝国在全球的控制力和支配力。

　　器物是社会消费和文化的承载体。18 世纪英国茶罐器形从扁平到椭圆,功能设计从有锁到无锁,这一转变背后的动力机制是英国从 17 世纪中期后开始发生的一场消费革命,茶叶经历了从奢侈品(Luxury)到日常奢侈品(Everyday Luxury),再到普通大宗贸易商品(Bulk Commodity)的变化过程,即茶叶价格不断下降,人均消费量持续增加,饮茶的消费群体不断扩大。消费能力的不断扩张,为英国在全球茶叶贸易中资本主义的扩张以及支配力量的实现提供了最为基础的动力。

第二节　其他国家茶叶消费的崛起

　　经过 200 多年的发展,英国成为近代世界上最大的茶叶消费国,也是世界茶叶贸易的中心。以英国为中心,茶叶的消费还拓展到美国、加拿大、澳大利亚、新西兰、摩洛哥、伊朗、土耳其等殖民地或自治领。其中,美国是绿茶的主要消费国,在摆脱英国统治、实现独立后,在中国广州开辟了茶叶贸易的直航通道,随后日本绿茶也踵武中国,向美国输出。在东方和西方的茶叶贸易史上,荷兰的体量和影响力不及英国,但却是最早以商业贸易方式贩卖中日茶叶的国家,这不仅使其自身成为热衷于茶叶消费的国度,对英国的消费风俗也有深刻影响。除海上通道外,通过陆路的万里茶道,中国的茶叶大量运输到俄

国,俄国也成为世界第二大茶叶贸易国。本节主要集中论述荷兰、美国、俄国
三个国家茶叶消费的发展情况。

一、荷兰:开东西方茶叶贸易之先

葡萄牙人率先开辟从欧洲经非洲南端到印度的航线,之后不断东扩,于
1511 年占领马六甲,获得远洋航线的重要战略据点。1513 年葡萄牙人首次到
达广东,1517 年葡萄牙使团首次到访中国。1543 年 3 名葡萄牙人乘坐中国商
船至日本,这是他们首次抵达日本的最早记录。① 在中国澳门站稳脚跟后,葡
萄牙人以其为中心据点,开始中日贸易,并将中日的商品贩卖回欧洲。② 在与
中国和日本的交往过程中,葡萄牙的商人和传教士接触到茶,甚至养成喝茶的
习惯。1556 年葡萄牙神父盖思博·科鲁兹(Gasper da Cruz)到达中国,大约
1560 年返回葡萄牙,以葡萄牙语写成著作《中国见闻报告》(*Tratado das cousas
da China*,*Treatise on Things Chinese*)(见图 1-7),其中提到茶叶:"凡上等人家
皆以茶敬客,此物味略苦,呈红色,可以治病,为一种药草煎成之汁液。"③日本
人饮茶的消息则是紧随葡萄牙脚步的意大利人带回的,1565 年派往日本的意
大利神父路易斯·阿尔门答(Louis Almeida)给国内的信件中提及:"日本人很
喜欢一种可口的草药,被称为茶(chia)。"④之后,葡萄牙人、意大利人、西班牙

---

① Donald F.Lach, *Asia in the Making of Europe*(Volume Ⅰ),Chicago:University of Chicago
Press,2010,p.665.

② 当时明朝政府禁止海外贸易,日本无法获取中国的生丝,于是葡萄牙人率先将日本的白
银和铜运输到中国,又把中国丝织品运输到日本。日本将这段贸易时期称为"南蛮贸易",专指
安土桃山时代(16 世纪中期至 17 世纪初期)日本与葡萄牙、西班牙等国商人之间实行的贸易。
"南蛮贸易"可参见長崎市小学校歷史研究团编:《教授资料としての長崎鄉土史》,長崎:長崎市
小学校歷史研究团 1923 年版,第 3—4 頁;堺市编:《堺市史》第 2 卷,大阪:堺市役所發行 1931 年
版,第 425—438 頁。

③ 该书是继《马可波罗游记》后,最早、最忠实描述中国的著作,于作者去世前一年即 1569
年出版。该版本未得到普及,直到 1625 年,普策斯(Samuel Purchas)在《我的朝圣旅游》(*Purchas
His Pilgrimes*)将该书英文简译才被人所知。Donald F.Lach,*Asia in the Making of Europe*(Vol.Ⅰ),
Chicago:The University of Chicago Press,pp.742-743.

④ 转引自大石贞男:《日本茶業發達史》,東京:農山漁村文化協會 1983 年版,第 202 頁。

人、法国人源源不断地将中国和日本的饮茶习惯和茶叶消费的情况介绍到欧洲。

图1-7 盖思博·科鲁兹著作《中国见闻报告》封面

尽管以葡萄牙为首的南欧国家在介绍饮茶风俗方面起到了先导作用,但真正把茶叶变为一种消费潮流和商业力量的是荷兰。荷兰人紧跟葡萄牙人的脚步来到亚洲,并见识到茶这种饮品。1563 — 1600 年,荷兰航海家让·雨果·凡·林楚登(Jan Hugo van Linschooten)同葡萄牙人一起来到亚洲,并从1583 年至 1588 年在果阿担任葡萄牙总督的秘书。1596 年,他出版著作 Itiner-ario,1598 年被翻译英语出版,书名为《到东印度群岛和西印度群岛航行的论述》(Discours of Voyages into Y East & West Indies),其中提到了茶:"膳后饮用一种饮料,为盛于壶中的热水,不论寒暑,均用沸水,热至几难入口。此种热水,以一种所谓茶之植物粉制成,颇为朋辈所爱好。彼等均亲任调制,招待友人时,始用以飨客。叶即盛于壶内,饮用时则有陶器杯盛之。"该著作的重要性不仅在于提到了东方的饮茶习惯,更重要的是它认为葡萄牙人隐瞒了亚洲贸易和航行的重要机密信息,故提供了海流、海深、岛屿和沙洲等关于航海的详尽数据和引导航线的海岸线图。贸易的巨大诱惑激发了荷兰、英国、法国等国家的财富想象,航线的公布使得东印度群岛航行通道不再是葡萄牙人的专利。

与此同时,1579 年荷兰北方省中的 7 个省和南方部分城市成立"乌特勒支同盟",这成为现代荷兰的开始。1581 年同盟宣布独立,成立尼德兰联省共和国。现代荷兰爆发巨大力量,骤然从航海业为主的工业小国发展成全球商业巨头。① 随后,新兴的荷兰派出舰队前往东印度,而占据先期优势的葡萄牙人则与之发生了一系列纠纷和冲突。② 1602 年,阿姆斯特丹成立荷兰东印度公司,联合国内商业力量在东亚开展活动,尝试在印度尼西亚、日本和其他亚洲国家建立据点。该公司被授予从好望角到麦哲伦海峡之间的贸易垄断权。自此以后,国家成为商业的后盾,贸易公司成为商业的先导。1607 年,该公司的商船将澳门的茶叶运往爪哇,这是第一艘运输茶叶的欧洲商船。③ 17 世纪初,东方的茶叶通过贸易的方式到达荷兰,1623 年荷兰解剖学家、博物学家加斯帕德·鲍欣(Gaspard Bauhin)写道:"在 17 世纪初期,荷兰人最早将日本和中国的茶叶带回欧洲。"④自此之后,茶叶成为荷兰在东方采购的重要商品,在整个 17 世纪以及 18 世纪前期,荷兰是西方最大的茶叶贸易国,其贩运的茶叶不仅供本国消费,还通过走私或合法的形式运往英国、欧洲大陆国家及北美殖民地。

随着荷兰与东方贸易的发展以及茶叶的传入,荷兰开始出现饮茶爱好者。

---

① 〔美〕梅维恒、〔瑞典〕郝也麟:《茶的世界史》,高文海译,香港:商务印书馆有限公司 2013 年版,第 154 页。

② John Woulfe Flanagan, *The Portuguese in the East.The Stanhope Prize Essay for 1874*, Oxford: J.Vincent, 90, High Street, 1874, p.45.

③ 〔美〕梅维恒、〔瑞典〕郝也麟:《茶的世界史》,高文海译,香港:商务印书馆有限公司 2013 年版,第 154 页。

④ Gaspard Bauhin, *Theatri Botanici*, Basel, 1623.

1637 年 1 月 2 日,荷兰东印度公司最高管理层"十七绅士"(Lords XVII)在给巴达维亚(Batavia)总督的信件中称:"自从有人逐渐消费茶叶后,我们希望每艘船上都能有一些中国和日本的茶叶。"从东方运回的茶叶最初价格颇高,只在比较富裕的上流社会的贵族、商人和知识分子等群体中流行,有时茶叶被当作重要的馈赠礼品。随着饮茶在荷兰的日益流行,茶叶对人的身体健康是否有益,在 17 世纪成为一个巨大的争论性话题。① 有对茶叶极度鼓吹者,也有极力贬低茶叶负面作用者。其中,荷兰医生科内利斯 · 波特科(Cornelis Bontekoe)在 1678 年出版的著作《茶叶的论述:最卓越的药草》(*Tractaat van het excellenste kruyd thee*,*Treatise on Tea*,*the Most Excellent Herb*)影响力颇大。他高度肯定了茶对人身体健康的正面影响,对武夷绿茶评价极高,认为在呕吐时可以不停地喝 50—60 杯,甚至最高可喝 100 杯,他曾在一个早晨尝试过这一壮举。他甚至痛苦地忍受了结石对其身体的伤害,并尝试通过饮用中国茶来治愈。他强烈反对那些攻击茶叶能够引起痉挛和癫痫的奇谈怪论,相反认为茶叶可以治疗这些病症。②

到 18 世纪,荷兰关于茶叶的争论基本偃旗息鼓,饮茶的风俗开始普及。随着贸易规模的扩大,茶叶进口价格快速下降,荷兰茶叶经营者也日益增多,茶从上层社会的奢侈品变成大众消费商品。那些原本攻击茶叶特性的人士,变成了茶叶消费的积极拥护者,饮茶群体也不断扩大。荷兰博物学家、作家弗拉努瓦 · 瓦伦迪(Franois Valentijn)在 1726 年的一段记载反映了荷兰人对茶叶态度的改变:"曾记得 1670 年在多德雷赫特(Dordrecht)人们还根本不知道茶叶。范 · 登 · 博鲁克(Vanden Brouke)和 D. 德 · 莱奥纳迪斯(D. de Leonardis)等先生是将其带到该地的第一人。当时我们抱着厌恶的态度对待

---

①　对该问题的系统回顾,可参见刘勇:《中国茶叶与近代荷兰饮茶习俗》,《历史研究》2013 年第 1 期。

②　Schweikardt Christoph. "More than Just a Propagandist for Tea: Religious Argument and Advice on a Healthy Life in the Work of the Dutch Physician Cornelis Bontekoe(1647–1685)." *Medical History* 47.3(2003):357–368.

这一'干草水',而现如今即便是小孩们都喜欢上了它……"①到 18 世纪后半叶,无论是比较富有的家庭,还是普通的工薪阶层,都可以享受茶叶这一来自东方的饮料。饮用时间也较为多元化,有在上午饮茶者,也有午餐后饮茶者,还有荷兰式的下午茶。19 世纪时,荷兰的茶叶消费更是常见。1830 年大不列颠议会下议院东印度公司特别委员会的档案曾记录了荷兰在当时的茶叶消费情况,在问及"荷兰的茶叶消费是否从 1818 年持续增加"时,相关人员回答道:"消费的情况一直很稳定:一般认为荷兰每年消费 240 万磅茶叶,而英国每年消费 270 万磅茶叶;也有人认为荷兰每年消费 4 万箱,进口则有 4.1 万箱。"②在当时,尼德兰人口有 600 万人,其中荷兰 200 万人,比利时 400 万人。③ 与荷兰相比,虽然比利时人口是荷兰的 2 倍,但比利时人饮茶极少。据此记载推算,此时期荷兰人每年茶叶消费量约在 1 磅左右,消费总量接近英国的水平。英国人的记载或许有一定失实的情况,但客观上反映了荷兰人对茶叶消费的热衷程度。

荷兰对东西方之间茶叶贸易的贡献,不仅在于本国的消费,更在于开风气之先,将饮茶风俗传播到欧洲,并以合法或走私的形式向其他国家复出口(re-exporting),为欧洲各国提供可供消费的茶叶。欧洲最大的茶叶消费国英国,其最早消费的茶叶有很大一部分是通过荷兰获得的,在英国东印度公司崛起之前,以荷兰为主体的欧陆国家是英国茶叶的重要供给方。即便英国东印度公司在东亚确立了优势地位,但由于英国征收高茶税,导致其很大一部分茶叶

---

① 转引自刘勇:《中国茶叶与近代荷兰饮茶习俗》,《历史研究》2013 年第 1 期。弗拉努瓦·瓦伦迪是荷兰历史上重要的人物。See LaBarge Maria S., "Francois Valentijn's Oud En Nieuw Oost Indien and the Dutch Frontispiece in the 17th and 18th Centuries." Master's Thesis, The University of Miami, 2008.

② Great Britain. Parliament. *House of Commons*, *Report from the Select Committee on the Affairs of the East India Company(China Trade)*, London: The House of Commons, 1830, p.450.

③ 1759 年,乌特勒支同盟成立的北方七省,主体包括现在的荷兰、比利时和卢森堡等区域。1815 年法国结束占领后,荷兰与现在的比利时、卢森堡组成荷兰王国(Het Verenigd Koninkrijk der Nederlanden)。1830 年 11 月,比利时国家议会宣布脱离荷兰统治,成立比利时王国。

是通过走私的途径从荷兰获取。1635 年,荷兰人将茶叶带往法国,到 1685 年茶叶消费在中产及上层社会群体中变得非常流行。17 世纪时,荷兰定居者横跨大西洋,将茶叶带到了新阿姆斯特丹(今美国纽约)。① 在 18 世纪 30 年代,茶叶和咖啡贸易占据了荷兰东印度公司在新阿姆斯特丹贸易份额的 1/4,仅次于生丝和纺织品所占比重。② 18 世纪茶饮传播到波士顿和费城,这两个地区后来成为美国茶叶的重要消费地,这也促进了英国与北美殖民地之间的贸易,茶叶是当时重要的商品。尽管是葡萄牙人将茶叶从东方带回了里斯本,但是荷兰人将这些茶叶运输到了法国、波罗的海沿岸国家,以及欧洲大陆的德国、波兰等国家。③ 荷兰的茶叶影响力一直持续到 20 世纪上半叶,例如在 1933 年德国消费的茶叶 50%以上仍旧来自荷兰。④ 与英国相比,欧洲大陆的茶叶消费量相对有限。据彭慕兰分析,除英格兰外,欧洲其余地方的茶叶消费数量比较低,18 世纪 50 年代除俄国以外的欧洲据说每年消费茶叶 2200 万磅,这意味着全大陆每人约消费 2 盎司,而除英国以外的欧洲消费量要小得多。甚至到 1840 年,欧洲输入茶叶为 8000—9000 万磅,只不过供给每个居民每年 4 盎司。⑤ 另外,荷兰也是第一个在茶叶和咖啡中加入牛奶的国家,这带动了欧洲茶饮的消费新潮流。

二、俄国:陆上传来茶饮之风

从 16 世纪起,俄国一直在试图向东扩展。1567 年,俄国首次出现与茶叶

---

① Joel Schapira, David Schapira, Karl Schapira, *The Book of Coffee and Tea: A Guide to the Appreciation of Fine Coffees, Teas and Herbal Beverages*, New York: St. Martin's Press, 1975, p.166.

② Frank Trentmann, *The Oxford Handbook of the History of Consumption*, Oxford: Oxford University Press, p.187.

③ Paul Chrystal, *Tea: A Very British Beverage*, Stroud: Amberely Publishing, 2014.

④ William H. Ukers, *All About Tea*(Vol. II), New York: The Tea and Coffee Trade Journal Company, 1935, p.354.

⑤ Kenneth Pomeranz, *The Great Divergence: China, Europe, and the Making of the Modern World Economy*, Princeton: Princeton University Press, 2002, p.117.

有关的描述。这一消息是由伊万·彼得罗夫(Ivan Petroff)和波纳西·亚米谢夫(Boornash Yalysheff)游历中国返回俄国时所记述。但他们提到茶叶时有点漫不经心。他们将茶树描述为中国的神奇植物,但是没有带回茶树样本,也没有带回茶叶样品。① 1618 年,俄国第一支派往东亚的考察团经陆路到达北京。中国赠送给沙皇米哈伊尔·费奥多罗维奇(Михаил Ⅰ Фёдорович Романов)茶叶,这是俄国出现茶叶的开端。② 同年,中国派遣公使携带数箱茶叶,历经 18 个月的艰难旅程,经黎凡特(Levant)地区,作为礼物赠给莫斯科的俄国朝廷,这是通过陆路输入到俄国的第一批茶叶。中国希望这一礼物能够带动俄国消费茶叶的需求,但是愿望落空了。俄国人对茶叶并不感兴趣,茶在抵达莫斯科后的 20 年间,没有产生实质性的影响。③ 17 世纪初,俄国人抵达蒙古地区。1630 年,蒙古可汗将茶叶作为礼物赠送给沙皇米哈伊尔·费奥多罗维奇。1638 年,派往蒙古的俄国使者带回了茶叶,但是没有将其呈献给沙皇米迦勒·罗曼洛夫,或许这名罗曼洛夫王朝的创建者对茶叶并不感兴趣。④ 1654 年,在托木斯克市的海关档案中,首次出现关于茶叶的记载。这客观上说明双方茶叶贸易已经有一定的规模,俄国人的饮茶风习开始流行。17 世纪后期,茶叶已经在托波尔斯克、莫斯科等城市出售,如一位名为柯伯格的人记叙道:"1674 年在莫斯科的市场就有大量的茶叶了。"⑤ 当时俄国所消费的茶叶,主要来自两个渠道:一是通过蒙古间接获得,二是通过土耳其的穆斯林商人或者是布哈拉的商队转运。从 1669 年起沙俄国家商队每隔 3 年到

---

① William H.Ukers,*All About Tea*(Vol.1),New York:The Tea and Coffee Trade Journal Company,1935,p.25.

② *Чай. Производство чая. Торговля чаем в России и в других странах*,М. здание Т-ва Караван,1869,с.5.

③ William H.Ukers,*All About Tea*(Vol.1),New York:The Tea and Coffee Trade Journal Company,1935,p.29.

④ John Coakley Lettsom,*Natural History of the Tea Tree*,London,1799,p.20.

⑤ 〔俄〕伊万·索科洛夫编著:《俄罗斯的中国茶时代:1790—1919 年俄罗斯茶叶和茶叶贸易》,黄敬东译,武汉出版社 2016 年版,第 10 页。

北京开展贸易,但茶叶未列入买卖商品。故当时中俄的茶叶往来,并不是直接贸易,另一方面也说明俄国对茶叶消费尚不迫切。

1689 年,中俄签订《尼布楚条约》(*Nerchinsk Treaty*)后,经由风景如画的蒙古和满洲里商队路线,俄国开始常规性地进口中国茶叶。该条约将中俄贸易限定在中国北部边境的恰克图城,因此该地成为两国物品交换和进出口的唯一通道。① 在恰克图贸易发轫的 1720 年前后,每年输入到俄国的茶叶勉强达到 3000 普特(1 普特＝40 俄磅＝16.38 千克),7—10 年后增长迅速,每年俄国茶叶输入量已达 2.8 万至 3 万普特,但还有大量茶叶是经西欧国家尤其经英国运入。② 1728 年,中俄双方签订《恰克图条约》,除重点确定中俄边界外,还规定除每 3 年一次在北京的官方贸易外,允许在恰克图、尼布楚建造房屋,准许两国商人自愿前往贸易。此条约之签署意味着中俄贸易的地理中心,从北京迁移到恰克图等边界城市,定期贸易被经常性贸易所取代。贸易的主体也发生变化:基于商帮的民间贸易取代了以官方为主导的贸易。就俄国而言,主要是出现以地域为中心、拥有贸易特许权的六大商帮,如莫斯科帮、图拉帮、阿尔扎马斯克和托波尔斯克帮、伏洛格达帮、伊尔库茨克帮、喀山帮等;③就中国而言,晋商(西帮茶商)开始在中俄贸易中扮演着越来越重要的角色。

最初,中国向俄国所出口的商品,主要是棉布、丝绸等纺织品,茶叶的数量并不多,例如 1750 年仅有 6000 普特白毫茶、7000 普特砖茶。④ 18 世纪后半叶,俄国棉纺织业发展迅速,摆脱对中国"南京小土布"、"大布"等传统手工纺织品的依赖,实现进口替代,甚至开始对中国反向出口,通过恰克图、祖鲁图海

---

① 　William H.Ukers,*All About Tea*(Vol.1),New York:The Tea and Coffee Trade Journal Company,1935,p.33.

② 　[俄]伊万·索科洛夫编著:《俄罗斯的中国茶时代:1790—1919 年俄罗斯茶叶和茶叶贸易》,黄敬东译,武汉出版社 2016 年版,第 10—11 页。

③ 　蔡鸿生:《"商队茶"考释》,《历史研究》1982 年第 6 期。

④ 　白毫茶是指用带有细白毫毛的嫩叶加工而成的非常高级的红茶,参见[英]莫克塞姆:《茶:嗜好、开拓与帝国》,毕小青译,生活·读书·新知三联书店 2010 年版,第 253 页。

等口岸向中国大量输出机织棉布等纺织品。1815 年中国向俄国输出布匹等纺织品规模大幅萎缩,到 1830 年已降至俄国进口贸易额的 8% 左右。[①] 与此同时,随着饮茶风习在俄国各阶层的日益普及,茶叶的出口增长迅速。1749 年俄国输入茶叶货值仅为 4000 卢布,1758—1760 年 1.7 万卢布,1778—1780 年 2.8 万卢布,1790—1792 年高达 39.9 万卢布。[②] 1792 年是一个标志性年份,该年俄国茶叶进口货值首次超过棉纺织品,占总货值比例的 22%;1802 年茶叶输俄货值猛增到 187 万卢布,占俄国进口中国货物总货值的 40%。[③] 1847—1851 年,恰克图贸易的全部进货量总计为 31058844 银卢布,其中茶的货值为 29534738 银卢布,占全部进货量的 95%。[④] 茶对 19 世纪的俄国至关重要,因其是俄商积累资本的重要手段。茶叶从欧洲和亚洲的边境进口,货源主要来自中国。与许多国家一样,茶叶进口的税收是俄国国家收入的重要组成部分。根据财政部的官方数据,到 19 世纪末,进口茶叶的关税水平居关税首位,平均占全部关税收入的 25% 以上。[⑤] 1857 年,马克思说:“在恰克图⋯⋯中国人方面提供的主要商品是茶叶,俄国人方面提供的是棉织品和毛织品⋯⋯以前,在恰克图卖给俄国人的茶叶,平均每年不超过 4 万箱;但在 1852 年却达到了 175000 箱⋯⋯买卖货物的总价值达 1500 万美元以上的巨额⋯⋯由于这种贸易的增长,位于俄国境内的恰克图就由一个普通的要塞和集市地点发展成为一个相当大的城市了。”[⑥]

---

① 刁莉、金靖壹、胡娟:《全球化视野下的近代中俄贸易:以棉布和茶叶为中心》,《清华大学学报》(哲学社会科学版)2019 年第 2 期。

② [俄]伊万·索科洛夫编著:《俄罗斯的中国茶时代:1790—1919 年俄罗斯茶叶和茶叶贸易》,黄敬东译,武汉出版社 2016 年版,第 12 页。

③ Clifford . M. Foust, *Muscovite and Mandarin : Russia's Trade with China and Its Setting*, *1727-1805*, Chapel Hill: University of North Carolina Press, 1969, pp.358-359.

④ Корсакеи, Сторико-Статистическое ОБозрение ТорговыхБ Сношенийроссии СБ КитаемБ Издание Книгопродавца, *Ивана Дубровина* 1857, -c.292.

⑤ Россия, Министерство финансов. Отчет по операции обандероливания чаев за 1889-1897 гг.-СПб., 1898, c.223.

⑥ 《马克思恩格斯全集》第 12 卷,人民出版社 1962 年版,第 167 页。

俄国茶叶输入量和货值的快速增加主要是因为饮茶风习的快速普及。在18世纪,茶叶消费的群体主要是贵族和商人等上层社会人士。从19世纪起,饮茶风习已经拓展到普通消费群体,饮茶成为俄国日常生活和社会文化中不可或缺的一部分。1806年2月,俄国驻中国公使特洛夫金在给沙皇的信中陈述:"茶叶,是必需消费品,尤其是砖茶,已经成为西伯利亚游牧民族和穷人的生活消费品,于我而言,已经是生活必需品……这宗商品,是重中之重。"[1]普希金(Pushkin)1833年的诗体长篇小说《叶甫盖尼·奥涅金》(*Eugene Onegin*)记载了俄罗斯各阶层饮茶的情况,且饮茶不分早晚,全天都会饮茶。1839年,法国文人阿·德·古斯称:"俄国人,甚至是最贫穷的俄国人,家里都有茶壶和铜制的茶炊,每天早晚家人都聚在一起喝茶……乡下房舍的简陋和他们喝着的雅致而透明的饮料形成鲜明的对比。"在消费和贸易的带动下,中国南方福建、江西、湖北、湖南等地的茶叶,通过背负、肩挑或车推以及利用牛、马、骆驼等牲畜驮运等方式,经水路和陆路运输到恰克图交易,再由俄商经伊尔库茨克、秋明、下诺夫哥罗德等城市运输和沿途分销,最远到达莫斯科、圣彼得堡等。这一贸易路线的主干道,在中国境内有5000多千米,在俄国境内有6000多千米,故被称为"万里茶道"。实际上,万里茶道还有很多支线,而鸦片战争后随着海洋航线的不断开拓,陆路运输又同海路航运衔接配合形成更为复杂的贸易网络。[2] 这构成中国茶叶向俄国输出的贸易通道,为俄国饮茶风习的盛行提供充足的保障。

三、美国:绿茶的消费大国

17世纪中叶,荷兰人通过海路将茶叶带往新阿姆斯特丹,荷兰人、葡萄牙

---

① 《19世纪俄罗斯与中国的关系·文件和材料》卷1(1803—1807),莫斯科1995年版,第482页。

② 宋时磊、刘再起:《晚清中俄茶叶贸易路线变迁考——以汉口为中心的考察》,《农业考古》2019年第2期;陈文华:《清代中俄茶叶贸易路线变迁》,《江汉论坛》2022年第2期。

人、法国人的不断涌入,带动了北美茶叶的消费,当然这些茶几乎全部通过海路运输,其中武夷茶深受人们喜爱。1667年,英国人占领新阿姆斯特丹时,他们发现当地居民对茶的热衷程度已经超过英格兰。随着社会对茶叶需求的增多,英国开始正视北美市场,1765年政府出台《印花税条例》,规定北美殖民地只能从英国进口茶叶,并且对茶叶征税,这些举措遭到当地居民的反对。这使得茶叶成为殖民地最常见的走私商品,北美消费的茶叶有70%是由荷兰、法国、瑞典和丹麦等国的商人从中国走私而来。1773年,为解决东印度公司的财务危机,英国出台茶叶法案,授予东印度公司茶叶贸易的垄断权,允许该公司直接从中国运茶至北美,不需要从英国转运。这威胁到了北美合法商人和走私商的切身利益,引发了一系列抗税活动,最终爆发了波士顿倾茶事件,成为美国独立战争的导火索。遥远的中国神奇树叶,为现代美国的诞生提供了契机。

图1-8 1986年中国发行的纪念银币美国"中国皇后号"帆船

1784年,在独立运动取得胜利的次年,美国便迫不及待地派遣一艘载货量为360吨的"中国皇后号"(船长Jonh Green)同清朝开展直接贸易。1785年8月25日,船只返回纽约,运回红茶2460担(Piculs),绿茶562担,两者货值共为66100两(Tls.),占总货值的92.1%。[1] 首艘航船从茶叶贸易中获得不

---

[1] H.B.Morse,*The Chronicles of the East India Company Trading to China 1635-1834*(Vol.2),London and New York:Routledge Press,2000,p.95.

菲利润,这大大刺激了商人开拓贸易的积极性,茶叶贸易被视作"海上淘金热"。1795—1796 年贸易季,美国从中国进口茶叶数量首次超过欧陆各国,成为仅次于英国的第二大华茶进口国。1783—1833 年间,美国赴中国运茶船达1040 艘,平均每年 20 艘,约占广州出口总量的 13%—20%。到 19 世纪初,美国迅速追赶英国,成为第二大海上茶叶贸易国:1805—1806 年,中国输往英国茶叶为 2200 多万磅,占中国输出总额的 62.8%;输往美国的茶叶为 1100 多万磅,已占中国总输出量的 32.2%;输往欧洲各国的总和为 180 多万磅,仅占中国茶叶输出总额的 5%。1800—1801 年茶季,美国是英国进口量的 1/6,1836—1837 年茶季是 1/2,1839—1840 年茶季,输美茶叶已达 2000 万磅,是输英茶叶量的 7/10。[①] 1835 年,茶叶占中国对美输出总额的 75.5%,1840 年高达 82%。美国茶叶贸易能力的不断增长,对英国传统主导地位构成了威胁。

不仅如此,为更快、更多地运送中国茶叶,19 世纪 30 年代美国人还发明了三桅帆的运茶快剪船。这种新式船是帆船,与英国东印度公司笨拙、缓慢的茶船相比,其船身轻便、运载量大、航行速度快。[②] 1832 年,巴尔的摩商人安·迈金(Ann Mckim)建造了三桅船"安·迈金"号。格里菲斯(Griffiths)和麦凯(Mckay)受到启发,1843 年建造顶级快剪船"彩虹"号,从纽约到广州 92 天,返回 88 天。美国人和英国人在海洋上展开了一场激烈的运茶竞赛,直到蒸汽船的出现和苏伊士运河的开通,这场竞赛方偃旗息鼓。造船技术的进步和航运业的发达,进一步助推了中美茶叶贸易的发展,茶叶在该时期中美贸易货值中占据绝对优势地位,1831 年最低比例为 45.9%,1834 年最高比例为 78.7%,

---

    ① *The Chinese Repository*,(Vol.9),Canton:Printed For The Proprietors,1840,pp.191-193. 梁碧莹:《龙与鹰:中美交往的历史考察》,广东人民出版社 2004 年版,第 70 页。

    ② 在美国发明运茶快剪船后,英国改制本国船只,两国快剪船在大洋上上演了运茶竞赛,一直持续到 19 世纪 70 年代。See Helen La Grange, *Clipper Ships of America and Great Britain, 1833-1869*,New York:G.P.Putnam's Sons,1936.

其他年份则基本维持在 50%—70% 之间。①

中美茶叶贸易的增加主要得益于美国人口的增加和消费总量的提升。1824—1827 年，英国人口为 1700 万，人均年茶叶消费量为 1 磅 7 盎司 8 英钱，而美国人口为 1200 万，人均年消费量为 9 盎司 4 英钱。② 1850 年，美国进口茶叶为 29872654 磅，复出口 1673053 磅，本国消费 28199601 磅，人口为 2300 万，人均消费 1.22 磅。③ 美国人均茶叶消费量虽有所增加，但与英国将茶视为"国饮"相比，其人均茶叶消费量比较低，增长比较缓慢，美国消费者更倾向于咖啡的消费，数量约为茶的 5 倍。尽管如此，从 19 世纪下半叶起，美国人口增长较快，1860 年为 3144 万，1870 年为 3856 万，1880 年为 5019 万，1900 年为 7612 万，50 年间人口增长 2.28 倍。人口的增长带动了消费总量的增加，美国成为仅次于英国、俄国的第三大茶叶进口国，如 1896—1900 年英国每年平均进口 27900 万磅，俄国进口 10700 万磅，美国进口 8000 万磅。与英国主要消费红茶的情况不同，美国消费者更青睐不需发酵的绿茶，如 1836—1840 年美国绿茶进口比例达 80% 以上，美国市场茶叶消费的这一特点一直持续到 19 世纪末印度、锡兰等地加大红茶的推销力度才在一定程度上有所改变。

第三节　中日茶业产业基础

中国饮茶的信史，可追溯至西汉。茶发展为成熟的产业，始自唐朝。当时出现茶叶的行商和坐商，一些商人借此成为富商大贾，"山泽以成市，商贾以

---

① Davids Jules.*American Diplomatic and Public Papers:The United States and China*,Wilmington:Scholary Resources,1979,p.5,p.26.

② Great Britain.Parliament.*Report from the Select Committee of the House of Commons on the Affairs of the East India Company(China Trade)*London:The House of Commons,1830,p.578.

③ John Crawford,"History of Coffee."*Journal of the Statistical Society of London*,15(1852):56.

起家"，江浙一带，茶商靠贩卖茶叶成为巨贾，"舒城太湖，买婢买奴。越郡余杭，金帛为囊"（《茶酒论》）。在茶商的带动下，全国形成固定的茶叶交易场所和贸易路线。唐代茶叶贸易地点根据距离产茶区远近、周边消费群体特征等可以划分为茶区贸易市场、草市贸易市场、城市贸易市场、边疆贸易市场等市场，且不同种类的市场承担不同的功能，共同构成了唐代茶叶贸易网络体系。① 中唐陆羽《茶经》刊行于世，这有力地促进了茶业和茶文化的发展。唐代茶马贸易初兴，尚不发达，宋代的情形则为之一变，茶被视为重要的商品和战略物资，政府创立了茶马贸易制度。神宗熙宁七年（1074 年），在陕西秦州设置买马司，这标志着茶马互市管理机构的正式设立。自此之后，茶马互市作为一项制度确立下来，一直持续到清代，中央政府利用茶叶羁縻少数民族政权，换取战马等战备物资，成为发展经济、巩固边疆和国防的重要手段。宋代还确立了茶叶国家专卖的制度，在江陵府、真州、海州、汉阳军、无为军，以及蕲州之蕲口设立了 6 个榷务所，又在淮南之蕲、黄、庐、舒、光、寿 6 州设立十三山场，构建了"交引"交易之法。之后，又发明了贴射法、通商法、损茶法等。运用这些方式，政府控制了茶叶的生产、交易和纳税等关键环节。宋代茶业发展政府干涉较多，但是在消费的拉动下，还是取得了长足发展。据陈椽估算，唐茶产量如果以 80 万担计，则宋茶产量超过唐茶产量 60 万担，增幅为 75%。

　　明清时期，中国制茶的技术出现了重大变化，最重要的是茶类的不断发明和完善。唐宋时期，中国茶主要为蒸青绿茶，据刘禹锡的诗歌记载，唐代晚期已有了炒青绿茶，但不受重视，未成为主流。明朝初年，开国皇帝深谙宋代斗茶奢靡之弊，为发展经济，减轻民众负担，决定"罢造龙团，惟采芽茶以进"，风行一时的龙凤团饼茶才逐渐淡出历史。在蒸青绿茶基础上，茶类有了很大的丰富和发展，炒青绿茶、白茶、黑茶、黄茶、乌龙茶、红茶等茶类相继创造出来。从历史演变来看，起源于唐代的炒青绿茶，到 12 世纪末才得到发展，进入明朝

---

① 宋时磊：《唐代饮茶风习与经济贸易的流变》，《魏晋南北朝隋唐史资料》2016 年第 2 辑。

后成为主流类型的茶叶,因其色、形、香、味更接近于自然本真状态,受到国人的喜爱,至今不衰;黄茶创制于隆庆年间(1579 年前后),在许次纾的《茶疏》中有记录;黑茶源于 11 世纪时人们制作边销茶过程中对茶叶湿堆变色的认识,16 世纪初期在安化等地大规模生产,1524 年御史陈讲的奏疏谈到将黑茶纳入与边疆少数民族的茶马贸易;①红茶起源则有多种说法,有传说认为是在中国绿茶运往欧洲过程中发酵变色而产生的②,但吴觉农《茶经述评》认为福建武夷山桐木关村制作了最早的红茶,其创制时间在 16 世纪末到 17 世纪初;白茶和青茶(乌龙茶)的产生时间较晚,大约在 18 世纪中期到 19 世纪中期。六大茶类制作技术的发明和创制,主要是人们掌握了茶叶发酵技术,并利用不同的发酵程度来制作不同茶类。在六大茶类中,黑茶一直以边销为主,近代以后输往蒙古、俄国等地。最初销往欧洲以绿茶为主,但随着西方对红茶偏好的加深,18 世纪以后红茶成为国际贸易市场的主流品类。而中国的绿茶在海外的市场,主要在美国、加拿大等地。

　　中国茶叶产业的基础还表现在种植面积的不断扩大,以及产量的大幅提高。中国不断提升的茶叶生产能力,不仅可以供给国内庞大的消费市场,还满足了欧洲新兴茶叶消费国的需求。在唐代,中国茶叶的主要产区已经形成,《茶经》所记载的茶叶产地有"八道四十三州四十四县",遍及长江南北的 13 个省、自治区。王洪军则根据唐宋不同时期不同历史文献的记载统计,发现唐代茶叶产地共有 98 州,占全国州郡总数的 29%。③ 明清以后,安徽、浙江、闽北、台湾等地的茶区,也被开发出来,成为外销茶重要的产区,涌现了武夷茶、正山小种、松萝茶、珠茶等名茶。自 18 世纪起,中国形成了祁门红茶区、宁州红茶区、湖南红茶区、温州红茶区、宜昌红茶区 5 种外销红茶的供给基地,屯溪

---

① 《明史》卷 80《食货志四·茶法》,明御使陈讲疏奏云:"商茶低伪,悉征黑茶,……官商对分,官茶易马,商茶给卖。"

② [澳]霍尔:《茶》,王恩冕等译,中国海关出版社 2003 年版,第 120 页。

③ 王洪军:《唐代的茶叶生产——唐代茶业史研究之一》,《齐鲁学刊》1987 年第 6 期。

绿茶区、平水绿茶区2种外销绿茶供给基地,以及闽南乌龙茶区供给基地。①
清代中后期,政府放松了对茶业的限制,茶叶产量明显增加,出口量不断增长。
鸦片战争前茶叶产量超过了历代茶产量,是古代茶叶生产的顶峰。据吴承明
估算,1840年国内茶叶贸易量为2.6亿磅(约235.86万担)②,而1834—1838
年广州平均出口茶42.3万关担,加上北方输俄的约10万普特,总计约45万
关担,折合为54.45万担。实际上还有大量贡茶、自留茶、走私茶未计算在内。
因此,到鸦片战争前夕,按照保守数字计算,中国茶叶年生产量290.31万担,
比清初增长将近一倍。茶叶生产能力的不断提升,为中国茶进入国际市场竞
争提供基本的物质保障。

　　茶叶商品经济的发展,茶商群体在贸易和消费中发挥着重要的作用,特别
是明清时期出现了带有地域特征的商帮以及带有同业性质的广东十三行。宋
代采取榷茶政策,实施交引法,对茶叶市场实施了严格控制的政策,限制了茶
商的发展。明代以前,茶商虽然有所发展,但多是分散经营,缺乏彼此的联合
与声气相通,呈现有"商"无"帮"的特点。明代中期以后,传统"抑商"政策被
削弱,商人地位提高,茶商队伍得到扩大,商业竞争日趋激烈,出现以地域为中
心,以血缘、乡谊为纽带,以"相亲相助"为宗旨,以会馆、公所为在异乡的联
络、计议之所的一种既"亲密"又松散的自发商人群体茶叶商帮。③ 这是古代
茶叶商品经济发展的最高阶段,此后中国茶叶贸易主要由陕西、山西、安徽、广
东等省的几个地域商帮所掌控,其中陕西、山西商帮主要控制北部、西北边疆
及与俄国、蒙古的茶叶贸易,粤商、徽商主要控制广东的对外茶叶贸易及国内
的茶叶贸易。如陕西岐阳籍粤商张殿铨在十三行街设立的隆记茶行,聘有佐
理百余人,因多取亲友,视其能任以事,人每借以致富,其中尤多族人。最为鼎

---

① 吴觉农、胡浩川:《中国茶业复兴与计划》,商务印书馆1935年版,第133—141页。

② Kenneth Pomeranz, *The Great Divergence: China, Europe, and the Making of the Modern World Economy*, Princeton: Princeton University Press, 2000, p.118.

③ 陶德臣:《中国古代的茶商和茶叶商帮》,《农业考古》1999年第4期。

盛时,安徽的绿茶几乎都来自隆记茶行,垄断了茶源地:"皖绿茶来粤隆记,则全行销售,人方危之。"①另一方面,随着与西欧国家茶叶贸易的发展,清政府推出了广州一口通商的政策,在此基础上形成行商,成为中外贸易的垄断商和保商。这些行商对外输出的主要是茶叶,而这一带有同业性质的商业组织,为鸦片战争以后中国茶商组织的发展提供基础。

日本茶叶最早是由唐代来华的行基、最澄、空海等人带回的。据《日吉社神道秘密记》载,日本最古老的茶园是日吉茶园,起源于最澄从唐朝带回去的茶籽。② 815 年,在嵯峨天皇巡幸近江滋贺县时,寺僧永忠和尚亲手献茶,天皇令畿内、近江、丹波、播磨等地种茶。入唐僧人带动了关西奈良、大阪、滋贺、兵库等近畿一带的茶园发展。11 世纪,东海、关东一带的茶产地得到进一步发展。日本茶业的真正发展是在南宋。1164 年,金世宗大军压境,南宋朝廷与金朝议和,双方在年底达成"隆兴和议"(因次年生效又被称为"乾道之盟"),借此换来 40 年的和平时期。而日本方面,新兴的武士集团平氏家族崛起,控制了朝政。平清盛等人热衷于从事中日贸易,废除国人不许下海的政策,双方一举打破唐末以后中日交往的僵局,日本的僧侣、豪族、平民等纷纷随商船来华,这波交流热潮一直持续到元末。这促进了中国饮茶方式和制茶技术向日本的传播,带动了日本茶业的发展,进而催生了日本式饮茶情趣的诞生。在来华僧侣中,对日本茶业影响最大的是日本临济宗初祖荣西。他于 1168 年和 1187 年两次入宋,将中国茶籽带回了日本,在国内一路播撒,使之成为日本古老茶园的肇始。1191 年,他在九州的平户港登陆后,将茶籽播撒在富春院寺,成为"荣西禅师遗迹茶园";播撒在东背振山,使之成为"日本最初茶树栽培地"。1195 年,他又在福冈圣福寺种茶;1207 年,向京都拇尾(今京都西北部青泷川)高山寺的明慧禅师推荐茶,在此培育了日本知名的拇尾茶园。1217

---

① 《先祖通守公事略》,张锡麟:《槼园文钞》卷下,1932 年刻本,第 18—19 页。

② 大石贞男认为该资料不太可靠,参见大石贞男:《日本茶業發達史》,東京:農山漁村文化協會 1983 年版,第 116 页。

年,明慧禅师又将拇尾的茶树推广到京都南郊的宇治,宇治就此发展为日本著名产茶区。在日本的斗茶中,拇尾所出产的茶被称为"本茶",而从拇尾移植的或其他地方的茶则是"非茶",可见荣西影响力之大。荣西还将南宋时期流行的蒸青散茶技术带回日本,在深入学习中国文化典籍的基础上写成日本茶道名著《吃茶养生记》。荣西以后,镰仓一带的茶园发展起来,关东地区的茶园遍布四处。①

日僧圆尔辨圆(1202—1280 年,谥号圣一国师)于 1232 年在明州(浙江宁波)登陆,入径山寺参禅,谒无准师范,嗣其法,1241 年归国。在径山寺,圆尔禅师不但学会了种茶、制茶,并对径山寺的茶礼有所研究。回国后,他将茶树籽播撒在故乡静冈骏河的足久保村,并按径山的制茶法生产了日本的高档抹茶,称为"本山茶"。在他的带动下,静冈渐成日本的重要产茶区。在一批禅师的努力下,日本学习宋朝的点茶制法,制作技艺在沿袭中国工艺的基础上进行创新,将茶蒸制后不经揉捻,而是干燥后贮存半年左右以去其青草气,在饮用前磨成粉末使用。创新之处表现在:为克服气候上的缺陷,采用了棚荫植茶法;为发挥日本茶色绿的特点,采用了蒸青法;因饮用方式为磨碎而饮,故省略了揉茶的工序;为克服蒸青绿茶的草腥气味,增加了贮茶半年的工序。② 最终,在能阿弥、村田珠光、千利休等人的努力下,形成独具特色的茶道文化,也可称为抹茶文化。

明清时期,中国和日本都不同程度地采取了"海禁"、"锁国"一类的政策,加之因非法贸易、武装走私等原因出现的倭寇问题,导致双方交流有所减少,而当时带有官方性质的"勘合贸易"、"朱印贸易"不利于双方贸易的扩大。在进入幕府时期后,日本只通过长崎对中国贸易。这时期中国的茶叶技术对日本茶业的影响相对减弱。15 世纪中叶室町前期,一批中国制陶工来到九州佐贺地区嬉野郡的皿屋谷,在从事瓷器制作之余,他们带来了中国人种茶、制茶、

---

① 腾军:《中日茶文化交流史》,人民出版社 2004 年版,第 93 页。
② 腾军:《中日茶文化交流史》,人民出版社 2004 年版,第 210 页。

饮茶的新方法。另外,明正德年间,一位名为红令民的中国人从南京带锅釜(唐釜)到嬉野,传授炒青绿茶的制作之法,这种锅釜制法也传到了皿屋谷。在当地制瓷业衰退后,这些陶工和皿屋谷的居民四散迁移,带动了新的制茶方式的技术扩散。日本另一种炒青绿茶为青柳茶。据传该茶起源于熊本县矢部茶,元禄年间肥后和日向边境的番所役人矢部发现马见原周边茶的品质十分出众,于是将其精制命名为"青柳",并将之献给藩主细川侯。该茶发展起来后,据说还被滨町一家名为万屋的商家贩卖到熊本。从日本发展情况看,本土创制炒青茶技术的可能性不大,故也有人认为是加藤清正出兵朝鲜时引进的。两者虽然都是炒青绿茶,但嬉野茶要揉捻成珠茶,而青柳茶则不揉捻保持茶叶自然状态,两者在炒法上也是不一样的,前者锅釜要倾斜40度,后者锅釜平放,与中国浙江一带的绿茶炒制方式一致。在明治以前,炒青茶的流传范围十分有限,影响并不大。

明代末期,中国黄檗宗高僧隐元应邀前往日本,于1654年(庆应三年)在长崎登陆。在江户将军德川家纲的支持下,他在宇治创建黄檗山万福寺,成为禅宗黄檗宗之祖。自此,日本黄檗宗的住持主要由中国福建、浙江一带的东渡僧人担任,1786年以前的二十一代住持中,只有四代是日本僧人,在十四代及以前全部是中国东渡僧。[1] 以长崎为中转站,以万福寺为文化交流中心,中国新的饮茶法和冲泡法,特别是福建的工夫茶法,传入了日本。卖茶翁高游外、池大雅、木村蒹葭堂、永古宗圆、田中鹤翁、小川可进等人,不断吸收黄檗宗的思想及明清中国文化,对日本固化的抹茶道不遗余力地批判,最终在文政(1818—1830年)时期产生了煎茶道。1735年宇治田园乡的永古宗圆发明了煎茶,用细嫩的茶芽制成,其制茶法为采嫩芽、蒸气杀青、揉捻、焙炉烤干,所制之茶外形规整,色泽碧绿,茶汤清甜,受到追捧。随着煎茶道的发展,京都等地对煎茶的需求日益增加,1834年煎茶宗匠小川可进委托宇治制茶人上坂清一

---

[1] 京都黄檗山万福寺历代住持名单可参见林观潮:《临济宗黄檗派与日本黄檗宗》,中国财富出版社2013年版,第190页。

(清右卫门)制作煎茶。上坂清一采摘碾茶园(覆下园)的嫩芽,制成香气扑鼻的茶叶,获得好评,这种新发明的茶叶被称为"玉露茶"。[①] 除玉露茶外,还有番茶,这是用较为粗老成熟的茶叶制成的品质较次的茶,根据制造的季节还区分为二番茶、三番茶等。

14 世纪末期,日本文献中可查到的茶园有 33 处。日本南北朝时期(1336—1392 年),京都的拇尾、仁和寺、醍醐、宇治、叶室、般若寺、神尾寺,大河的宝生、伊贺八鸟、伊势河居、骏河清见、武藏河等,都是茶叶的产地。1467 年,各地茶园有史可查的共有 61 处,在京都、镰仓,静冈的茶园也有所发展。[②]但当时茶园的面积都不大,产量也不高。日本茶叶种植经历了中国传入、本土相互传播的过程,比较复杂,因此滕军说:"日本茶种植面积的扩大是一个多种渠道,多方面交流、移植的过程,这样说恐怕才是符合历史事实的。"[③]安土桃山时代,日本的茶业有很大发展。1577 年葡萄牙耶稣会士陆若汉(João Rodrigues)前往日本,在当地活动 30 余年,他所著的《日本教会史》记载了日本茶业发展的情况:在宇治村有 15—20 个制作茶叶的头领,雇用 5000—6000 人从事制茶及相关工作。在近代以前,日本的茶叶形成固定的产区,并涌现一批名茶:南部九州地方产茶地的福冈、宫崎、鹿儿岛等盛产茶,四国地方的名茶有六藏茶、大拔茶、碁子茶,近畿地方的产地有京都、奈良、伊势、近江等,东海地方的名茶有揖斐茶、三河茶、静冈茶等,关东地方的名茶有狭山茶、久慈茶、猿岛茶等。因气温、光照等原因,日本茶叶商业种植的北限是青森县,其津轻市产有黑石茶。近世日本茶叶主要满足国内市场,山民茶农多自给自足,剩余的茶叶拿到市场销售,主要流通到大阪、京都、江户等大都市以及地方性的中

---

① 安达披早吉:《京都府茶业史》,京都:京都府茶业组合联合会议所 1935 年版。《茶业通鉴》认为在江户第六代茶商、小仓村吉左卫门碾茶场的山本嘉兵卫的指导下,1835 年制作了玉露茶。也有观点认为 1837 年山本德翁创制了玉露茶。

② 孙容成:《斗茶的发生》,北京日本学研究中心编:《日本学论丛》VIII,经济科学出版社 1996 年版,第 13—32 页。

③ 滕军:《中日茶文化交流史》,人民出版社 2004 年版,第 95 页。

心城市。随着贸易的发达,出现了茶商聚集地及茶商组织,例如 17 世纪福井的敦贺成为贸易中心,伊势、美浓、近江等地的茶商云集于此,1635 年在茶叶批发商(茶問屋)的集合地设立了茶町,其中有批发商 29 人,仲买(中间商)20人,承担了市场交易量的 2/5。静冈骏河的批发商也发展起来,直到 1856 年日本茶叶大规模输出前,其每年输出量为 52000 余贯(196 吨),合计金额为10600 两。①

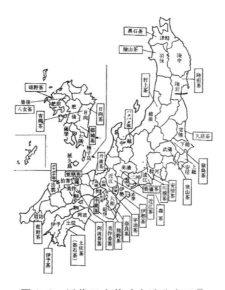

图 1-9　近代日本茶叶产地分布图②

第四节　中日茶业贸易的转型

贸易是茶叶产业中从生产到消费的最为重要的一环,茶叶具有体积小、价值高、便于运输的特点,比较适宜远程大规模贸易。中日两国早期茶叶贸易范围主要在国内,随着消费区域的不断扩大,贸易市场的空间也随之拓展。特别

---

① 大石貞男:《日本茶業發達史》,東京:農山漁村文化協會 1983 年版,第 266 頁。

② 大石貞男:《日本茶業發達史》,東京:農山漁村文化協會 1983 年版,第 265 頁。

是西方国家茶叶消费需求的崛起,对两国茶叶贸易走向国际起到了至关重要的作用。

一、中国:从内贸和边贸转向海外贸易

从唐代到明代,中国茶叶贸易主要有两种类型:国内贸易和边境贸易。前者是指将中国东南及中部产茶区的茶叶,经过商人或者政府之手,贩卖到不产茶的北方,以及茶叶跨地域的商品交换。后者是指将汉地出产的茶叶,运输到在当时行政上隶属或不隶属于中国的少数民族,而这些地区在清代及以后基本都被纳入了中国版图。

随着饮茶风俗在边地的传播,唐王朝已与边疆的回鹘、吐蕃等开展茶叶贸易。宋代边疆贸易大规模开展,北宋与辽、金、西夏长期保持茶马贸易。宋代还在川陕等地设置茶马司与吐蕃等少数民族开展大规模的茶马贸易。北宋政府在蜀地产茶州县共设置买茶场 24 个,宋神宗熙宁、元丰年间在熙秦地区共置卖茶场 48 个。宋代永康军(今四川都江堰市)是重要的茶叶贸易市场,宋人石介云:"永康军与西蛮夷接,四海统一,夷夏相通,番人之趁永康市门日千数人。"①茶马互市,实际上是互通有无的贸易,内地的茶叶、布匹、丝绸、糖、盐,藏区的虫草、麝香、贝母、羊毛、黄金等,也是彼此交换的货品。在贸易开展过程中,无数的商旅、驼队、马帮、背夫为了运送货物,披荆斩棘,开拓了一条通往青藏高原和内地的道路,这条道路后来被当代学者统称为"茶马古道"。在明代,茶马贸易成为保障国家军事力量的国策。

经过长期发展,明清时期形成 3 条茶马古道。一是陕甘路线,从陕西紫阳始发,经石泉、西乡到汉中,经汉中"批验所"检验后,一路经勉县、略阳、徽县、西河到达临潭(即今洮州)为"汉洮道",一路沿褒斜道往留坝、凤县、两当到秦州(今天水市)为"汉秦道"。到清代,这条路线上交易量有 1500 吨。二是康

---

① 石介:《徂徕文集》卷 9《记永康军老人说》,舒大刚主编:《宋集珍本丛刊》第 4 册,线装书局 2004 年版,第 236 页。

藏路线,在四川雅安制作茶砖,经背夫翻雪山运至康定,然后分三路入藏:一路由康定越雅砻江至理塘、巴塘到昌都,再行 150 千米至拉萨,为入藏南路;另一路由康定经道孚、甘孜渡金沙江至昌都,再由昌都趋玉树、结古入青海,为入藏北路;一路为经懋功达茂县经松潘入甘南藏区。该条路线在明代中后期交易量有 340 万斤,在清代有 1100 万斤。三是滇藏路线,开通于明代木氏土司统治时期,将云南下关、勐海、临沧、凤庆等地的"普洱茶""沱茶"运往西藏换取战马,主要路线分为上行与下行两路:上行路线由普洱茶的原产地西双版纳、思茅等地经景谷、下关、丽江、中甸、德钦转至拉萨,为入藏线;下行路线即滇越道,从普洱经勐先、黎明、江城至越南莱州、海防,为国际贸易通道。① 茶马古道的路线比较复杂,除这三条核心线路外,还有很多支线和辅线,也都可以将其列入其中。茶马古道对促进民族融合、巩固国家边防、促进中华文明的传播等具有重要意义。通过西南地区的茶马古道,茶叶不仅向西藏传播,还向东南亚的越南、老挝、柬埔寨、泰国、缅甸等国家传播,以及向南亚的尼泊尔、不丹、印度等地传播。茶叶向东南亚和南亚贸易的规模并不大,影响力相对有限。

清代建立之初,结束了明朝中后期奉行的海禁政策。在收复台湾后,应东南富民的请求,废止"禁海令",1684 年宣布开海通商,并于次年在沿海的广东、福建、浙江、江苏设立了粤海关、浙海关、闽海关、江南海关。对外通商的口岸设立后,外籍商船纷至沓来,带动了沿海经济的发展和贸易的快速增长,但也引发了统治阶层的高度警惕。1686 年,为更好地对洋商实施管理,清政府在广州设立十三行制度。在此之前,十三行是一种官商,为官府经营贸易,带有双重属性;在此之后,十三行便具有贸易的管理职能,承担保商、总商、揽商等角色,其中最为重要的是征缴税银和管理外商,并负有连带责任。1757 年12 月,清廷宣布停止闽、浙、江三海关的外贸管理职能,谕旨"广州规定为夷人贸易唯一之商埠"。十三行的重要性也随着该政策的颁布而直接扩大,自此

---

① 李刚、李薇:《论历史上三条茶马古道的联系及历史地位》,《西北大学学报》(哲学社会科学版)2011 年第 4 期。

到鸦片战争近 80 年的时间,所有西方船只来华只能在广州开展贸易,且只能通过十三行交易,谓之"投行",不能与华商直接自由交易。贸易的时间也有严格限制,两广总督李侍尧奏准颁布《防范外夷规条》规定,外商不得在广东过冬、潜留内地:"夷船到粤销货后,令其依限回国。即有行欠未清,亦应在澳门居住,将货物交行代售,下年顺搭回国。"① 通过这种方式,清政府在广州建立了垄断贸易的行政管理体制——公行制度。在此制度下,交易的时间、地点、流程处在政府的严密监管之下,以防外夷滋事,而外国商人实际上处于被隔离的状态,他们甚至不知道广州城内的具体情形。因此,一口通商的粤海关十分重要,广州也是茶叶进出口的唯一贸易港。1817—1832 年,广州的关税收入占清政府年关税收入的 40%;鸦片战争以前,广州输出茶叶年均 45 万担左右,是中国最大的茶叶输出港;1820 年,茶叶贸易份额占中国总输出额的75%,茶叶在近代中国对外贸易中的地位举足轻重。

但这种贸易体制的弊端在于引发了贸易不平衡。英国等大量进口中国茶叶,而英国及其殖民地出产的棉布、绒呢及其他工业制成品,输入中国的数量十分有限。其结果是清朝跟国外贸易,往往都是出超,其他国家贸易逆差巨大。以英国为例,即便是在中国开放之后,1854—1858 年,对华贸易逆差高达7192759 英镑。

为此,英国、美国等商人,通过不法途径将在印度、土耳其等地出产的鸦片走私到中国,导致清朝白银的外流,银荒引发了清政府的财政危机,进而下决心禁绝鸦片贸易。② 最终,中英爆发了鸦片战争,1842 年签订的《南京条约》废除了公行制度,开放广州、上海、宁波、福州、厦门等五个通商口岸。第二次鸦片战争签订的《天津条约》《北京条约》等,将营口、烟台、台南、淡水、汕头、

---

① 《防范外夷规条》全文可参见梁廷枏等撰:《粤海关志》卷 28,文海出版社 1975 年版,第2012—2023 页。

② 此过程可具体参见仲伟民:《茶叶与鸦片:十九世纪经济全球化中的中国》,生活·读书·新知三联书店 2000 年版。

琼州、汉口、九江、南京、镇江、天津等辟为通商口岸。这些不平等条约在破坏了中国独立自主地位、攫取大量特权的同时,也确定了条约港的贸易制度,为中国的对外贸易发展提供了契机。上海、福州、厦门、汉口、淡水、台南、九江等地,不仅是重要的贸易港,其周边还是重要的产茶区。通过水路和陆路等交通网络,这些地区所出产的茶叶,被贩运到了港口进而输出海外,台湾、浙江、安徽、湖南、湖北、江西等地的茶叶进入国际市场。在新的贸易体系下,中外商人开始种植贩卖,听民自由。而广州在茶叶贸易中的地位不断下降,以往运往广州的茶叶,不再曲折往复,而是直接从就近的条约港运出。[①]《清史稿》云:"厥后泰西诸国通商,茶务因之一变。其市场大者有三:曰汉口,曰上海,曰福州。"[②]当时茶市极为繁荣,特别是汉口逐渐成为晚清茶叶贸易第一大港:"湖北、湖南、江西及安徽一部分出口之茶,咸集聚于汉口而出口,每年茶市自四五月起至八九月止,几达半年之久,出口数量约占全国茶叶输出数额百分之四十以上。"[③]

二、日本:从闭关锁国转向国际市场

自从生产技术走向成熟后,日本茶叶市场主要是国内市场,向国际市场输出极少,国际市场尚不具有重要性。日本茶叶首次向西方输出的可信记载是在 1610 年。该年荷兰东印度公司提到,来自日本平户岛的绿茶抵达荷兰。[④]次年,荷兰东印度公司得到德川幕府之特许,在平户岛设立商馆,日本茶叶向

[①] 在中国尚未全面开放前,华中地区茶叶主要走南下路线,通过广州转口贸易。1861 年汉口正式开港与英商直接贸易后,茶叶贸易直线上升,据江汉关贸易报告:1861 年,红茶从广州港出口为 247014 担,而汉口港进出口 8000 担;1862 年,红茶从汉口装船出口外洋为 216351 担,同时广州港降为 199919 担;1863 年,汉口港输出 272922 担,而广州港输出减为 133328 担。参见湖北省志贸易志编辑室编:《湖北近代经济贸易史料选辑(1840—1949)》第 1 辑,湖北省志贸易志编辑室 1984 年版,第 253 页。

[②] 《清史稿》卷 124《食货志五·茶法》,中华书局 1976 年版,第 3653 页。

[③] 闻钧天:《鄂省之茶业》,《晨报》1894 年 4 月 27 日,转引自上海市商会商务科:《上海市商会商业统计》(一),文海出版社 1988 年版,第 83 页。

[④] Bennett Alan Weinber, Bonnie K.Bealer, *The World of Caffeine:The Science and Culture of the World's Most Popular Drug*, New York and London:Routledge Press,2002,p.67.

欧洲输出有了正式的贸易通道。在此之后，英国也与日本茶叶发生联系，1613年英国东印度公司在平户岛设立机构。1615年6月27日，英国东印度公司驻日本平户的代理人维克汉姆（Richard Wichham）在信件中恳请驻澳门代理人伊顿（Eaton）帮助其购茶：“伊顿先生，烦劳您帮我在澳门购买最优质的茶叶（Chaw）一罐。”①此处维克汉姆所要求购买的茶叶有可能是中国茶，但可以从侧面说明他在日本养成饮茶的习惯，之所以要从澳门购买，或许是因为日本茶之品质要低于中国茶。这一购买委托是否得到执行，史籍已经无从考证，但是随后描述了他的购物清单，其中有“三个银质的喝茶小汤碗”②。而梅维恒和郝也麟所著的《茶的世界史》又记录了两人后续以茶为媒的交往。英国东印度公司的职员威廉·伊顿曾被派往大村（Omura）采购木材，在价格谈判的过程中和当地人发生了争执，一怒之下使对方死于非命。1616年6月22日，伊顿在京都或其他地方写信给他的同事理查·维克汉姆，谈到了这起惨案，并在信尾提到了茶叶：“幸勿忘却买茶（Chawe），再次托付。搁笔之际，乞万能之主佑泽兄台，福体安康，诸事谐适。”三年后，伊顿又写信给工厂主理查·考克斯（Richard Cocks）：“乞兄转告多明戈君，市面上若还有甘草，务请代为采购若干。多明戈君熟知此草药，乃土人用以混入茶中共同沏泡之物。”③伊顿在日本生活时间颇长，似乎已经嗜茶，频频托朋友买茶，甚至是已经习惯日本当地的饮茶风俗，并甘之如饴。荷兰不仅从日本输出茶叶，还会批量订购茶具，如1639年7月4日，VanVliet in Siam 从平户岛荷兰东印度公司荷兰商馆馆长François Caron 那里订购了100个小茶罐。④

---

① Jane Pettigrew, *A Social History of Tea*, London: National Trust Enterprises Ltd., 2002, p.12.

② Joseph M. Walsh, *Tea: Its History and Mystery*, Philadelphia: Published by the author, 1892, p.19.

③ [美]梅维恒、[瑞典]郝也麟：《茶的世界史》，高文海译，香港：商务印书馆有限公司2013年版，第134—135页。

④ T. Volker, *Porcelain and the Dutch East India Company: As Recorded in the Dagh-registers of Batavia Castle, those of Hirado and Deshima and other Contemporary Papers 1602−1682*, Leiden: E. J. Brill, 1971, p.121.

图1-10　平户岛上的荷兰商馆①

后因葡萄牙人宣传基督教而与日本本土居民发生各种过节,致使德川幕府深信欲求国家之安全,非采取闭关政策不可,故 1633 年 2 月首次发布锁国令,对贸易实行统制,宣布禁止持有"奉书船"以外的日本船只出海,除在长崎与华人及荷兰人作有限制通商外,封锁各海口,不与外国人往来。根据此政策,1638 年至 1859 年,长崎成为日本唯一的对外通商窗口。1641 年,荷兰东印度公司迁移到长崎江口的出岛上。日本政府对外贸统制十分严格,但荷兰东印度公司收购日本的银、铜、樟脑、漆器和瓷器等特产,茶叶也在其收购之列,这些特产被贩运至巴达维亚和欧洲。日本茶叶通过荷兰贩卖至欧洲,在上流社会风行一时。据梅维恒和郝也麟研究,欧洲最早进口的茶叶大多来自日本。② 1694 年,药剂师皮埃尔・庞马(Pierre Pomet)的清单上,中国茶叶的价格是 70 法郎每磅,而日本茶叶的价格为 150—200 法郎每磅。③ 这是在药剂

---

① De VOC-handelspost met een Nederlands schip,http://www.hirado.nl/logiefirando.html.

② ［美］梅维恒、［瑞典］郝也麟:《茶的世界史》,高文海译,香港:商务印书馆有限公司2013 年版,第 138 页。

③ Bennett Alan Weinberg,Bonnie K.Bealer:*The World of Caffeine:The Science and Culture of the World's Most Popular Drug*,New York and London:Routledge Press,2002,p.67.

师药店的售价,不能说明当时日本茶的品质一定优于中国,或许客观说明日本茶在欧洲市场上十分稀缺。

但总体而言,日本茶叶直接或转口间接输往欧洲并没有形成规模,时断时续。在日本闭关锁国、荷兰垄断日本与西方贸易的时期,荷兰东印度公司的职员为了提高自身待遇,会进行"私人贸易",即通过夹带的方式私下输出日本商品,茶叶销路好、利润高,属重点夹带物品。17世纪80年代,日本在大力打击走私贸易时,驱逐了靠夹带商品而成为巨富的荷兰公司代表安德里亚斯·克莱杰尔。他回到巴达维亚时,将日本的茶籽带到了印度尼西亚,成为在茶原生地外种植茶树的第一位欧洲人。① 据《日本茶叶史》载,宝历、明和年间(1750年以降),居住在长崎的中国人将日本的釜炒茶对外输出。② 尽管日本茶叶有所输出,但数量很少,无足轻重,日本茶史学者角山荣对此转变不无叹息地说:"要不是因为闭关政策,日本和欧洲之间的自由贸易会进一步发展,日本茶就可能在欧洲赢得广泛的美誉。锁国政策尽管特许荷兰在出岛开展贸易,然而这之后日本的茶叶外贸就衰落了,中国茶取而代之成为最主要的供应来源。"③

日本茶叶真正进入国际市场是在1853年,即美国海军准将佩里带领军舰驶入江户湾浦贺海面(日本称"黑船来航")的那一年。长崎茶商女店主大浦庆(1828—1884年),委托荷兰泰斯特公司(テキストル,Textor & Co.),将日本嬉野茶茶样送至英国、美国、阿拉伯。1856年8月,英国商人奥特(オールト,W.J.Ault)来到日本,向大浦庆出示茶样,要求订购100担嬉野茶。嬉野茶的数量不能满足客商需求,于是大浦庆又收集了九州一带出产的1万斤茶叶,

---

① ［美］梅维恒、［瑞典］郝也麟:《茶的世界史》,高文海译,香港:商务印书馆有限公司2013年版,第139页。
② 茶業組合中央会議所編:《日本茶業史》,東京:茶業組合中央會議所1914年版,第36页。
③ 角山栄:《茶の世界史—緑茶の文化と紅茶の社会》,東京:中央公論社1980年版,第15頁。

图 1-11　长崎出岛荷兰商馆的平面鸟瞰图①

出口到伦敦。因此,大浦庆成为日本茶叶输出的先驱。② 文久元年(1861 年)日本国内爆发南北战争,出口一时停滞;到庆应元年(1865 年)后,日本茶叶才大规模输出,大浦家迎来了鼎盛时期。19 世纪 60 年代以后,日本的茶叶贸易中心发生了转移,静冈作为茶叶的重要产地,贸易有了长足的发展,而大浦氏所在的九州在茶叶贸易方面的地位有所下降。安政六年(1859 年)6 月,横滨开港成为商埠,英美纷纷入驻开设商社。原本在上海从事商业贸易的沃尔什兄弟 1855 年辗转至长崎居留,1859 年来到横滨,开设沃尔什公司(Walsh and Company),从事樟脑、金、丝绸、茶等商品的经营。该公司最早入驻横滨居留地一号,故又被称为"美国第一公司"。该公司向美国输出的日本茶叶意外地

---

① 图片原标题《出嶋阿蘭陀里铺景》,阿陀兰是日本人对荷兰的称呼。该图是 1780 年 Toshimaya Bunjiemon 创作的木版画,被当时荷兰商馆负责人 Iisaac Titsingh 收录到他的著作"Bij-zonderheden over Japan"中出版。图片网址:https://www.swaen.com/item.php? id=17724.

② 明治 17 年(1884 年),在大浦庆病危之际,石田英吉向农商务省的权大书记官岩山敬义建议,鉴于大浦庆在茶业方面的贡献,希望政府能够向其颁奖。明治政府认可大浦庆作为日本茶出口贸易先驱者的功绩,向其赠与茶业振兴功劳奖金 20 元。在获奖一周后,大浦庆逝世。

获得了很高评价,获益甚多。自此之后,茶叶成为日本仅次于生丝的第二大输出商品。

图 1-12　日本茶叶贸易先驱大浦庆(1828—1884 年)

表 1-3　明治维新前日本茶叶输出情况表①

年度	数量 （万封度）	上等茶价格 （弗）	下等茶价格 （弗）	备注
1859 年	40	20	7	
1860 年	26	18 — 19	8 — 9	
1861 年	306	22	10	
1862 年	654	27	10	
1863 年	506	30	12	美国需求增加,产额减少
1864 年	530	38	12	
1865 年	797	40	12	
1866 年	786	42	14	
1867 年	945	42	12	

开埠后前六年,日本输入英国的数额多于美国,嗣后向美国输出增加迅速,向英国输出量一落千丈,不数年便近乎绝迹。之所以出现这种现象,主要

---

① 茶業組合中央会議所编:《日本茶業史》,東京:茶業組合中央會議所 1914 年版,第 36 页。

是由市场需求结构决定的。英国饮茶以红茶为主,进口绿茶并不供给本国消费,而是转运到美国等绿茶消费国。在殖民地时期以及独立战争结束后的前期,因美国的航运能力有限以及英国利用双方的不平等地位掌握贸易垄断权,其国内市场所需的绿茶主要从伦敦取得。英国17世纪起制定的《航海法》规定,茶叶等英属殖民地所需要的产品,只能被直接运往英国、爱尔兰,不能直航。进入19世纪后,完成工业革命的英国赢得了对拿破仑战争的胜利,海军夺取了法国和西班牙的海外殖民地,其航海业在世界上处于绝对领导地位。而自由贸易和放任自由的经济学说在英国盛行,英国的《航海法》逐渐地被1814年法案、1823年法案、1846年法案、1849年法案宣布废止,最终在1854年寿终正寝。① 另一方面,随着茶叶贸易的发展,带动了美国海上运输业的发展以及航海技术的提高,最著名的便是快剪船的出现,美英还围绕运茶开展了富有戏剧性的航海竞赛。1869年横穿东西部大铁路完工,经太平洋直接将日本茶运往美国西海岸,再用铁路运输到东部消费区,运输成本大为节省;1914年,巴拿马运河开通后,经太平洋转大西洋,日本茶叶运往美国东海岸消费区的运费更低。在需求的带动下,日本的绿茶便源源不断地输入美国。美国一向是中国绿茶的销售地,两国在美国市场的竞争在所难免。

表1-4　日本茶叶向英美两国输出额②　　　　　　（单位:磅）

年度	英国	美国
1862 年	2845574	1305188
1863 年	1630131	1978679
1864 年	2506927	2475204
1865 年	988743	6533233
1866 年	667061	6722603

① 李明倩:《英国航海法的历史变迁》,《河南教育学院学报》(哲学社会科学版)2011年第2期。

② 刘轸:《日本茶叶贸易史》,《中华农学会报》1937年第160期。

续表

年度	英国	美国
1867 年	1257171	7685361
1868 年	489387	10183252
1859 年	100003	13464860
1870 年	25430	15714628
1871 年	—	16043533

三、中日两国茶叶贸易局势的异同

从上述分析可以看到,中日两国都经历了从闭关锁国到走向对外开放、从国内贸易向国际贸易转移的过程。在资本主义和殖民主义不断拓展边界的时代,作为同处亚洲东部的两个国家,都不得不面对着全球化的整体趋势,尽管是被动的、被裹挟的,甚至充满武力的残暴或者威胁。打破贸易垄断体制带来的是自由贸易时代。在实力不对等的情况下,自由贸易的实质是不平等贸易,或者说是支配与被支配的贸易,这便是英国在 19 世纪上半叶奉行的经济政策。利用其所掌握的巨额资本以及对国际销售终端市场的控制,西方资本主义国家成功地成为茶叶贸易的控局方。在促进贸易增长的同时,因西洋资本之侵入,帝国主义者凭借其雄厚资金,垄断茶叶出口,其利遂为洋商所攫。无论是在广州公行垄断贸易时期,还是鸦片战争后的自由贸易时期,中国茶叶的外洋输出主要依靠外商。中国茶商既无充足的实力和资本购买大型船只从事远洋贸易,更无足够经验直接在国外开展商业营销。因此,西方外商自与中国茶叶贸易伊始,便依靠其远程航运能力和对本国消费市场需求的熟知,获得垄断地位。

就中国而言,在公行时期,中国的行商主要承担中西商人的中介工作,并不开展海外贸易。鸦片战争后,公行制度崩塌,而原先被公行雇佣的人员因跟外国人打交道时间较长,演化为第一批买办。随着中国开放口岸的增多,越来越多的洋商设立堆栈,采买中国茶叶。例如汉口开埠后,西商便迫不及待地将其市场活动空间从沿海和边疆地区,向中国内陆拓展。英商设立怡和、协和、天裕、天祥、太平、安利英等洋行及其分支机构,纷纷到汉口从事茶叶的经营和贸易。到 20 世纪初叶,英、美、俄、德、法、日等国家在汉口开设洋行达 125 家,据日本驻汉口领事水野幸吉的不完全统计,1901—1905 年主要从事茶叶出口贸易的洋行有 18 家,其中英国 9 家、俄国 7 家、法国 2 家。① 从 1863 年起,俄商顺丰洋行、新泰洋行、阜昌洋行等在汉口相继开设砖茶厂,通过机器标准化生产提升品质。学者林齐模曾在《历史研究》上撰文,认为英国殖民者对国际茶叶市场的操纵对中国茶叶贸易造成严重威胁。② 老一代茶叶专家陈椽教授,也曾在出版专著中认为英国垄断了中国茶叶对外贸易、美国阻碍了中国茶叶对外贸易、苏俄控制中国茶叶对外贸易。③ 这种分析固然有视野单一的不足,但从侧面说明了中国始终没有取得茶叶贸易的主导权。

日本的情形同样如此。在横滨被辟为商埠后,香港怡和洋行(Jardine, Matheson & Co.)于 5 月底在横滨英租界开设;美国沃尔什·霍尔洋行(Walsh, Hall & Co.)的前身托马斯·沃尔什洋行在美租界开设。英国的太古洋行(Butterfield & Swire)等,也纷纷设立分支机构,一时间贸易公司云集。1868 年,神户辟为商埠,德国的古茨舍诺(Gutschunow & Co.)、肯尼佛(Kniffler & Co.)、舒尔茨(Shrutz, Reis & Co.)公司最先设立堆栈;次年,怡和洋行、托马斯·沃尔什洋行、泰斯特公司、史密斯·贝克公司(Smith, Baker & Company)等争相设立办事处或堆栈。神户很快成为日本茶叶第二大输出港,主要输出山城的宇治茶、江川的朝宫茶,以及横滨周边的茶叶。

---

① [日]水野幸吉:《汉口——中央支那事情》,湖北嚶求学社译,上海昌明公司 1908 年版,第 496—498 页。

② 林齐模:《近代中国茶叶国际贸易的衰减——以英国出口为中心》,《历史研究》2003 年第 6 期。

③ 陈椽:《中国茶叶外销史》,碧山岩出版社 1993 年版。

　　当时茶叶和生丝是日本的重要输出品,但日本初入国际市场,能够精通贸易、熟悉茶叶市场且谙熟外语的人才尚十分欠缺,故日本茶商不仅受制于外国洋商,还深深依赖中国人才、技术和贸易路线。其一,他们不得不聘用中国人为买办。这些受雇佣的中国买办,部分可使用洋泾浜式的英语,也有部分可以熟练使用英语和日语,能够比较便利地帮助日本人出口茶叶。其二,日本自身的茶叶制造和海上运输经验不足,导致受潮发霉变质的情况经常出现。当时输出的茶叶主要出产自山城、伊势、伊贺、大河、骏和、远江、下总、武藏等地。这些茶叶多质地优良,茶形完整,但制作精良度尚有欠缺,未充分干燥。为此,横滨等口岸的洋商从中国广州、上海等地招聘茶师,设立了再制(复火)工厂,对茶叶再次干燥精制后出口。其三,日本茶叶海外运输的贸易路线尚未没有开辟,日本茶叶主要通过小船或三桅帆船先运往香港等中国通商口岸,再由第三方转口到美洲或者绕好望角到欧洲。也就是说,在开埠通商的初期,日本茶叶外贸事业的独立性是比较欠缺的,不仅受制于外国的贸易公司,在一定程度上,还比较深层次地依赖中国。

第二章 西方贸易公司的茶叶
质量规制手段

明正德十一年(1516年)葡萄牙人来华,这是中国对外贸易的重要转折点,标志着贸易模式从传统朝贡贸易走向近代国际贸易,贸易对象从朝鲜、日本、琉球、菲律宾、南洋等地,扩大到葡萄牙、西班牙、荷兰、英国、美国等新兴国家。丝及丝织品、瓷器等向为中国天然之美产,是西方国家前来贸易的首选商品。自19世纪起,茶叶常占出口总货值的70%以上,取代丝绸成为近代中国最重要、最大宗的出口商品。1820年,茶叶占中国出口总货值的75%,此后比例有所跌落,但数量和货值均持续增长,1886年达到出口峰值。[①] 最先从事茶叶贸易的是荷兰、英国、瑞典等国家的东印度公司,在特权贸易废除后,大量的私人贸易公司又取而代之。以西方贸易公司为先导,一套质量检查和控制制度创建出来,并在茶叶贸易中不断实践和完善。

第一节 通商口岸的质量控制手段

葡、荷、英、美等多是依靠海外殖民或工商业发展起来的国家,他们对带有

---

① 尤季华:《中国出口贸易》,上海商务印书馆1933年版,第39页。

浓厚等级色彩的朝贡贸易体系颇为不满,要求按照新兴的通行贸易规则交易。所以,通商制度冲突成为新的贸易时期的重要问题之一。[①] 在博弈过程中,公行等贸易制度被建构起来。[②] 为满足世界市场对茶叶不断增长的需求,荷兰东印度公司的中国委员会、英国东印度公司的董事部又构建了一套采购制度、代理制度以及金融信贷制度等,借此源源不断地把茶叶从产地贩运至外洋。[③] 与此同时,为了确定交易价格、杜绝伪劣茶、保证饮用安全,一套由买方组织实施,涵盖事前、事中和事后的茶叶检验、质量保障和质量控制制度也随之建构,具体包括合约购买、查货检验和退运赔偿三项。

一、交易前的合约购买制度

所谓合约购买制度,是指英国东印度公司同广州行商签订购买合同,约定收购茶叶的数量、种类、等级、货值、交货时间等,并向行商支付一定比例的定金(通常是货值的50%—80%)。合约购买制度在东印度公司的历史上长期存在,主要是因为该制度满足了中英双方的需求:对东印度公司而言,国内不断增长的消费需求对货源的充足和稳定提出了更高要求,合约购买制度让它在同荷兰、法国、瑞典等国家的茶叶收购竞争中占据优势地位;对中国行商而言,茶叶长途采购和运输耗费的资金颇高,预付定金可以让行商提前支付给茶商和茶行,便于他们在内地茶区开展收购业务。因此,这项制度给中英双方以

---

① 何炳贤:《中国的国际贸易》,《民国丛书》第 1 编第 38 册,上海书店 1989 年影印版,第 1 页。

② 梁嘉彬:《广东十三行考》,广东人民出版社 1999 年版,第 66—141 页;Simon Yang-chien Tsai,*Trading for Tea:A Study of the English East India Company's Tea Trade with China and the Related Financial Issues 1760-1833*,Doctoral Dissertation University of Leicester,2003,pp.45-59.

③ 为确保收购足额的茶叶,荷兰东印度公司所采取的制度可参见 Yong Liu,*The Dutch East India Company's Tea Trade with China 1757-1781*,Leiden:Brill,2007.英国东印度公司所采取的制度可参见 Hoh-cheung Mui and H.Lorna Mui,*The Management of Monopoly:A Study of the English East India Company's Conduct of Its Tea Trade,1784-1833*,Vancouver:University of British Columbia Press,1984.这些研究成果多关注西方贸易公司为确保茶叶采购数量而推出的航运、保险、仓储等制度,而对确保质量的检验制度研究较少。

稳定预期,避免茶叶需求跟市场供应之间大幅波动所导致的价格暴涨暴跌。① 研究者已注意到该制度的作用,例如可以保证东印度公司拥有充足的茶叶货源和稳定的收购价格,但运行到后期却使中国行商对东印度公司的依附性加强,因为中国茶行和茶商的抗风险能力相对较弱。

实际上,该制度在确保采购茶叶质量、约束茶商行为方面亦发挥了重要作用,成为东印度公司实施检验的合同依据,即东印度公司与行商在合约中对收购茶叶的种类和等级等信息作出约定。待茶号大帮茶运输至通商口岸时,外商检查品级,如果低于约定条款,则调低收购价格。1755 年 8 月,乔治王子号(Prince George)大班在获得清政府贸易许可后,与昭官(Teunqua)签订合同,第一批 800 担武夷茶收购价格是 16.5 两/担。10 月 10 日,大班开始接收第一批运达的 100 箱武夷茶,发现茶箱的包装与平时相比要差,于是他们想降低价格。经过约一周的反复博弈,最终将价格下调至 16 两/担。② 另一方面,为鼓励行商提供更高品质的茶叶,合约往往还规定如果茶叶质量比协议中之约定要高,公司将会向行商支付更高的价格。1811 年 4 月的报告记载,来自天宝行的春福(Chun Fuie)商号的 115 箱工夫茶,等级高于合约规定,故每担的收购价格提高了 1 两。③

广东公行贸易时期的最大特点是垄断,无论是东印度公司的贸易特权,还是中国的公行制度都是如此。自 18 世纪晚期起,东印度公司面临美国等国家的激烈竞争,国内散商和产业资产阶级积极争取贸易自由权,其垄断地位面临越来越多威胁。1813 年,英国颁布特许状法案,限制东印度公司对华贸易的垄断权,允许个体商人从事经营。1833 年英国发布《中国与印度贸易管理

---

① 陈慈玉:《近代中国茶业之发展》,中国人民大学出版社 2013 年版,第 20 页。

② *Oriental and India Office Collections*, preserved in the British Library, India Office Records, 16 & 21 October 1755, pp.57—62.

③ *Oriental and India Office Collections*, preserved in the British Library, India Office Records, 14 April 1811, p.78.

法》,废止东印度公司与中国贸易的垄断权,向所有英国国民开放贸易权。①破除垄断让英国私人贸易公司拥有自由成长的空间,也带动了对华贸易的快速增长。行商垄断制度和一口通商的贸易体系遭到英国商人的诟病,这也是从 1793 年马戛尔尼使团访华起,中英通商双方最关注的议题。英国悍然发动第一次鸦片战争。1842 年《南京条约》规定废除公行制度,准许英商与华商直接贸易,开放上海等五处为通商口岸。行商的废除和条约港的增多,为茶叶贸易的扩大提供便捷通道。

在东印度公司贸易垄断权被废除和清朝廷被迫开埠通商后,合约购买制度继续保留下来。原因在于贸易自由化导致英商和华商的贸易主体快速增多,茶叶收购的竞争更加激烈。各通商口岸陆续开放后,中国茶商和外国洋行的合约购买制度进一步演化为"样茶—竞价"的商业交易之法:在大量上市之前茶商先将一批样茶运送至通商口岸,洋行据其竞价,出价高者得茶,洋商和中国茶商签订合约,确定收购茶叶的价格和质量等级等信息;茶大批运抵口岸后,茶商按照竞价价格过磅后卖给洋行,洋行查验茶叶等级是否与样茶一致,如无问题洋行会在一定期限内交付货款。该交易之法受到中国茶商和外国洋行的欢迎,因为对中国茶商而言,茶叶有稳定的销售预期;对洋商而言,可以事先稳定货源、确定收购等级,避免无茶可收的局面。合约对茶叶质量信息有明确约定,但部分茶商在洋商出价后为逐高利,实际运抵至条约港的茶叶质量较样茶要低。这种败德行为给茶叶外贸市场带来交易的不确定性,破坏了市场均衡,导致市场交易缺乏效率,商业纠纷因之偶有发生。随着中国茶市从卖方市场进入买方市场,华商对货源信息占有优势丧失,洋商凭借消费市场、金融

---

① 详见"Acts of the Parliament of the United Kingdom",3 & 4 Will.IV,*China Trade Act 1833*,c.93.实际上,东印度公司的贸易垄断权是一个逐步取消的过程,由于法国革命和拿破仑战争期间英国新兴产业资本的急剧发展,1813 年英印贸易的垄断权被废止,1823 年东南亚也向自由贸易商人开放,1833 年废止的是中英贸易的垄断权。[日]卫藤沈吉:《炮舰政策的形成——论 1834 年中英关系的转变》,田中正俊、武汉大学历史系鸦片战争研究组编:《外国学者论鸦片战争与林则徐》上册,福建人民出版社 1989 年版,第 115 页。

信贷方面的优势处于博弈上风。他们开始正视货样不符的问题,甚至会以此为借口打压中国茶商。洋商通常的做法是,在中国茶商将茶叶大量运抵口岸交易时,以茶叶的质量瑕疵为由,提出按低等次茶叶价收购、过磅时重量要打一定折扣、茶款要延期付款等各种要求。洋行之间还彼此联合,茶商如果不接受洋行所提出的条件,转投其他洋行出售,其他洋行同样拒绝收购。[①] 最终,中国茶商不得不选择同意洋行提出的降低收购质量等级等方面的要求,亏本贱卖。通过这种方式,洋行有效转嫁信息不对称所带来的交易风险,谋求稳定利润。

二、交易时的茶师检验制度

贸易双方的合约多大程度上得到执行和完成,事中查验货品环节至关重要。为解决该问题,早期与中国开展茶叶贸易的荷兰东印度公司,在1756年设立"中国委员会",该机构设立的目的是管理中荷贸易,使之有序开展。其开展的工作主要包括:将公司总部确定的茶叶收购数量及其质量等级等年度指令,及时向在中国开展贸易的大班发布;向广州口岸的职员寄送买家对不同类型茶叶的需求、对劣质茶的投诉和抱怨以及荷兰拍卖市场上的销售价格等,用以指导和改善广州的采购,减少贸易损失。[②] 荷兰还向广州派遣本国茶师,负责茶叶品类和分级,保持茶质的稳定和统一。在长期实践和经验总结中,荷兰茶师掌握了茶叶等级分类的初步方法,使用"味醇"、"味香"、"味浓"、"味淡"、"味浅"等词汇进行描述,并将其作为收购茶叶的定价标准。[③]

英国东印度公司与广东行商贸易早期,交易量不大,查验茶叶的工作采取

---

① [美]罗威廉:《汉口:一个中国城市的商业和社会(1796—1889)》,江溶、鲁西奇译,中国人民大学出版社 2005 年版,第 162—169 页。

② 刘勇:《中国茶叶与近代荷兰饮茶习俗》,《历史研究》2013 年第 1 期;刘勇:《荷兰东印度公司中国委员会与中荷茶业贸易》,《厦门大学学报》(哲学社会科学版)2013 年第 4 期。

③ Christiaan J. A. Jörg, *Porcelain and the Dutch China Trade*, The Hague: M. Nijhoff, 1982, pp. 30–78.

了与荷兰初期相同的措施,即品级鉴定任务由大班兼任。《减免法案》未出台时,英国东印度公司派往中国的大班,承担判定行商出售茶叶等级的任务,并根据质量状况报送茶叶收购价格。行商从中国内地各茶商运至广州的茶叶中抽取茶箱作为检测样品,大班在茶叶大厅专事检验,如果样品质量与当初签订合约和名册上的记载一致则如约收购,如果有所降低则要求折价收购。[①] 但随着掺假手法的不断变换和中西贸易量的快速增长,大班毕竟缺乏专业鉴别技能,无法承受庞大的工作量。特别是1784年颁布《减免法案》后,中国通过东印度公司出口到英国的茶叶数量猛增,公司董事会对运至英国的茶叶及其包装质量下滑多有抱怨。因为此时大班的核心任务在于收购足量的茶叶以满足英国国内消费需求,且大班并非茶叶质量检验的专业人员。为解决这一问题,1790年东印度公司决定向广州派遣职业茶师,协助大班将实际交付的茶叶和样品比较检验,查理斯·阿瑟(Charles Arthur)出任该职位。

该措施起到立竿见影的效果,据当年报告称,有几种茶叶被退回,一种减价10两,有好几种减一、二或三两。[②] 茶师在降低茶叶收购次品率、控制质量方面发挥了应有的作用,由此作为一项常态化的制度供给,英国东印度公司向中国口岸派遣茶师成为一项商业惯例。[③] 即便如此,验茶师并不能完全确保所有运往英国的茶叶都是符合标准的,因为中英茶叶贸易量巨大,他们不可能逐一开箱检查,只能通过随机抽样的方式检验。阿瑟及其继任者在19世纪前期高效地开展了质量检验工作,并建立一套质量分级体系。[④] 经过一段时间

---

① 大班是英国东印度公司海外贸易中一个非常重要的角色,是公司在外派船只上随船派遣的商务全权代理,负责公司船只一切贸易事宜。张燕清:《英国东印度公司对华茶叶贸易方式探析》,《中国社会经济史研究》2006年第3期。当时茶叶检验的具体方法详见 Chinese Repository (Vol.VIII), No.3, July 1839, pp.142-143.

② H.B.Morse, The Chronicles of the East India Company Trading to China 1635-1834 (Vol.2), London and New York: Routledge Press, 2000, p.181.

③ [美]马士:《东印度公司对华贸易编年史(1635—1834年)》第1、2卷,区宗华译,中山大学出版社1991年版,第498页。

④ R.Gardella, Fukien's Tea Industry and Trade in Ch'ing and Republican China, Ph.D.Thesis, University of Washington, 1976, p.77.

的实践,到 19 世纪 10 年代已形成近 20 种不同类型的茶叶质量等级鉴定专业技术词汇。① 当时被广泛使用的用于描述茶叶质量等级的词汇,包括从最差层次的"霉味和发霉"(Musty and Mouldy)、"霉味"(Musty)、"怪味"(Odd Smell)、"灰尘味"(Dusty)、"烟味"(Smoky),到"普通"(Ordinary)、"平级"(Good Ordinary)、"中下等"(But Middling),"中等"(Middling)、"中上"(Good Middling)、"好"(Good)、"极优"(Very Fine),到最高等级的"最佳"(Super-fine)。②

检验员承担着查明等级的职责,其判定结果是确立收购价格的重要依据,作用十分重要,故收入是东印度公司薪金最高的职员类型之一:"他除了佣金以外,年薪是 2000 镑,在那个年代这是很丰厚的收入。"③自此之后,中外茶叶贸易雇佣检验员专事检验成为定例,据马士称,在之后的年代"首先是公司,其后是各个商号,都有他们雇请的'茶叶专家',专司'品尝'每种品级的茶叶,估量它的品质和价值,并负责评定价格"④。英国聘请茶师鉴定茶叶等级的做法,对其他国家也产生了深刻影响。在俄国,茶师同样是高收入阶层,19 世纪末俄国一位职业茶师一个季度的薪酬是 7500—10000 卢布,这还不包括雇主额外的打点费。⑤ 东印度公司垄断权解除后,以合约和茶师检验为主要内容的质量控制手段和制度被英国和其他国家的洋商所沿用继承。随着中国条约通商港口的增多以及洋商茶叶收购竞争的加剧,茶师的重要性

① William Milburn, *Oriental Commerce*, London:Black,Parry & Co.,1813,p.527.
② John Crawfurd, *The Chinese Monopoly Examined*, London:James Ridgway,1830,p.83.
③ 茶师的收入超过助理秘书、办公室总管、校对员、进出口货物管理员助理、文卷抄写录事的薪金(每人每年 400—600 镑),也超过商馆外科医生(1300 镑)和助手(1000 镑)、翻译及通事(1000 镑)、牧师(800 镑)、管事兼小礼拜堂事务员(1100 镑)、司膳(800 镑)等人的年薪。Basil Lubbock, *The Opium Clippers*, Glasgow:Brown,Son & Ferguson Ltd.,1933,pp.37-38.
④ H.B.Morse, *The Chronicles of the East India Company Trading to China 1635-1834*(Vol.2), London and New York:Routledge Press,2000,p.89.
⑤ [俄]伊万·索科洛夫编著:《俄罗斯的中国茶时代:1790—1919 年俄罗斯茶叶和茶叶贸易》,黄敬东译,武汉出版社 2016 年版,第 112 页。

更加凸显。①

表 2-1　英国东印度公司茶师任职表②

任期	茶师姓名	备注
1790—1800	查理斯·亚瑟（Charles Arthur）	—
1801—1802	亨利·巴格肖（Henry Bagshaw）	—
1803—1808	埃德蒙·拉金（Emdund Larkin）	—
1808—1827	塞缪尔·鲍尔（Samuel Ball）	1804 年起担任茶师助理
1827—1833	约翰·里夫斯（John Reeves）	1811 年起担任茶师助理
1833—	约翰·罗素·里夫斯（John Russell Reeves）	1827 年起担任茶师助理

在广州行商贸易时期,已形成一套较为完整的检验程序和方法。武夷等茶区制作的茶叶在包装完毕后,会在包装上标记字号（Chop）,茶叶字号一般根据茶商姓名、商号或者茶区等命名。茶叶运抵广州后,茶商或行商在货栈中进行处理,制作货物花名册,并从每个字号中随机抽取货物样品,交送东印度公司检验。接着,东印度公司茶师在茶厅堂（Tea Hall）检验货物质量、确定等级,检验方法最初多为物理检验。例如,将空杯中放入一些茶叶,检验者倒入热水,静待茶叶的颜色和香味出现,然后检查色泽和口感;还可以根据茶叶的外形判断质量,认为"在水中舒展开没有裂口（Tearing）的茶叶是最好的";还有其他方法测试茶叶质量,如称取一定标准重量的茶样,判断干叶的香味和颜

---

①　洋商对茶师极为信任,只要是电报上写明是由某某茶师验收的,他们便肯出高价。业务出色的茶师不仅为本洋行验货,还接受其他出口商的委托代为评定,见沪民建:《外商垄断下的华茶外销》,全国政协文史资料委员会编:《旧中国的工商金融》,安徽人民出版社 2000 年版,第 757—770 页。类似记载还可参见庄晚芳编著:《中国茶史散论》,科学出版社 1988 年版,第 179 页。

②　资料来源:Hoh-cheung Mui and Lorna H.Mui, *The Management of Monopoly：A Study of the English East India Company's Conduct of Its Tea Trade*, *1784-1833*, Vancouver: University of British Columbia Press, 1984, p.164; "Report From The Select Committee on the Tea duties", *Reports from Committees*, 14（1834）:3.

色等。① 对东印度公司而言,茶叶质量检验极为重要,因为东印度公司与广州行商交易时必须使用这一检验结果来协商价格。尽管当初签署的合约中已经就不同类型的茶叶等级收购价格作出约定,但当茶叶本身的重量或者包装被认为不能令人满意时,东印度公司的大班会与行商再谈判,进而调整收购价格。

中国被迫开港后,洋商意识到质量信息不对称会导致逆向选择问题,故强化检验,对茶师的工作极为重视。以茶叶重要输出港汉口为例,每年茶季都会从英、德本土或上海派来验茶师,常驻汉口,所有出口茶叶,一律要经验茶师验过方能成交,否则洋商不接收。② 洋行设有茶师作为一项交易制度,一直保留下来,到 20 世纪上半叶仍是如此,如汉口的新泰洋行(Asiatic Trading):"翻建五层大楼于沿江大道兰陵路口,悬挂英旗营业……内备有茶楼(茶叶评审室)。该行大班(经理)俄人译名李伯衡,买办陈月秋,审茶师俄人杜列金,茶楼负责人陈斛文(月秋之弟)……"③茶叶交易季节,出口数量庞大,茶师验茶的工作量自然加重,长期工作会对茶师的精神造成很大负荷和损伤:"夫茶市既开,为茶师者,固声价自高,然验茶时,非精神全注不为功。验查既久,亦于其精神有碍。尝有十余年后,患胃不消化、脑筋有损等疾,亦有曾为茶师而歇业者,一触以茶行芬芳之茶气,即觉不安,此在华人与日本人,谓之茶病。"④尽管有相对一致的样茶标准、质量检验比较严苛,但茶叶检验主要靠茶师口品、眼观、鼻嗅等主观经验来判断,尚未使用现代化的科学测试仪器,茶师检验采取抽样方式检验,不可能逐一查验。因此,茶叶出口贸易中存在的掺杂使假和"偶不及检"的问题仍难以避免。

---

① 检查茶叶质量的方法可参见 *Chinese Repository*(Vol.VIII),No.3,July 1839,pp.142-143.

② 《茶市续闻》,《申报》1878 年 5 月 15 日;《茶市消息》,《申报》1880 年 4 月 29 日。

③ 《汉口商业一览》,转引自王汗吾:《汉口最后的俄国砖茶厂——新泰洋行》,《"茶道与一带一路"五峰学术会议专辑》,湖北人民出版社 2017 年版,第 174 页。

④ 《汉口茶市景德瓷器情形》,《湖北商务报》1899 年第 22 册。

三、交易后的退运赔偿制度

所谓退运赔偿制度,是指货物运输到国外市场拍卖交易时,贸易商再次检验,发现有因掺假、着色、腐败等产生的废茶,则在事后将废茶随船运回,并要求中国出口商进行赔付的制度。东印度公司每个贸易季运往英国的茶叶数量很多,只能从批量货物中以随机抽取样品的方式检验,因此会有部分劣质茶最终装船运回英国。当在英国市场拍卖以及进入终端销售市场时,这样的茶叶自然会被发现。东印度公司对此所采取的措施是,回收已经损坏或掺假的废茶,将其返运给广州的大班,大班负责与行商交涉赔偿,由中国行商或者茶商支付东印度公司的损失金。在1756年,东印度公司的记录首次涉及废茶叶问题,据记载,"春节刚过,公司的广州公班衙账簿上记着曾经把包装好的茶叶于1752年和1754年分别在不同的时期运往英国,而这些包装里都有废茶和废物"。这些茶叶的包装经过人为伪装,实际比样品的质量低劣,具体情况如表2-2所示。①

表2-2　1756年英国东印度公司废茶叶情况记录表

类别	数量	编号	价格	行商
上等绿茶	3桶	编号1	3两/桶	Teunqua
熙春茶	6桶	编号4	9两/桶	Kequa
工夫茶	3桶	编号10	12两/桶	Sweetia
上等绿茶	1箱	编号13	——	潘启官

本次日记只记录了废茶的数额,无论是数量还是货值都比较小,也没有说明如何处置,可见该问题应当并不突出。进入18世纪80年代后,废茶的数量已有所增多,如1783年东印度公司退回1781年运往英国的1402箱(每箱的

---

① 刘鉴唐、张力主编:《中英关系系年要录(公元13世纪—1760年)》第1卷,四川省社会科学院出版社1989年版,第561页。

容量约两担半）茶叶，理由是它们是假货，即染色的或者比规定的质量差，这批废茶涉及的行商包括潘启官、浩官、石琼官等。当行商潘启官得知"皇家亨利号"载来的退回茶叶的数量时，他似乎非常惊讶和烦恼。东印度公司要求按照账单的总数收回他的份额，经过多方交涉，在包装损坏、编号脱掉、无法辨认的情况下，他最终答应当年先付 10000 两，其余下年付清，石琼官同意照数偿付，浩官赔偿金额则在下一贸易季茶叶价款中扣除。①

当然，行商对这一退货赔偿制度也曾持有异议，并提出合理化的改进建议。1784 年，坏的茶叶像前几年一样退回来，票面货额注明在 10000 两以上。② 这些废茶有些是由于掺假造成的，但东印度公司海上运输的意外以及茶叶保存不佳同样也会导致茶叶的变质，潘启官对此曾提出质疑："大家都知道英国大班是将全部的绿茶挑选过的，把最好的留下，将余下的卖给外国人，假如茶叶有什么掺杂的欺骗行为，当然他们就会首先发现的，但他与他们交易多年，从未听说过他们埋怨他的货物质量低劣，或一包内有不同的品级等问题。"③1783 年，废茶返回广州时，潘启官克服很大困难才得到海关监督的准许，同意对这批货物免税起货，因此在 1875 年，潘启官要求："如果再有运来，请命令船长在船驶入内河之前，把它扔下船下，因为他今天起卸上岸的，已很难说服海关监督不征进口税。"④经过一段时间探索，东印度公司和行商形成交易惯例和定制：但凡有废茶无论是损坏、废料或假货，随船从英国运回，在从澳门驶往虎门的途中，船长将茶叶扔下船以避免征收进口税，中国行商信守承诺、承担责任、照价赔偿。1785 年运回的废茶价值为 11080 两，1790 年为

---

① ［美］马士：《东印度公司对华贸易编年史（1635—1834 年）》第 1、2 卷，区宗华译，中山大学出版社 1991 年版，第 410—411 页。

② ［美］马士：《东印度公司对华贸易编年史（1635—1834 年）》第 1、2 卷，区宗华译，中山大学出版社 1991 年版，第 419 页。

③ ［美］马士：《东印度公司对华贸易编年史（1635—1834 年）》第 1、2 卷，区宗华译，中山大学出版社 1991 年版，第 419 页。

④ ［美］马士：《东印度公司对华贸易编年史（1635—1834 年）》第 1、2 卷，区宗华译，中山大学出版社 1991 年版，第 419 页。

11039 两,1800 年为 8680 两。其中,1790 年运回的以石琼官的最多,有 8526 两,这与石琼官在财务危机的形势下,大量争取收购、质量把控欠缺有关,石琼官最终在 1794 年宣告破产。① 由于这些年份运回的基本是前一两年的废茶,因此可以说,在《减免法案》后,到 1800 年前的十几年时间里,废茶的数量并不大。

但随着中英茶叶贸易量的激增,在 1800 年之后废茶成为双方关注的重点问题之一。1803 年,东印度公司向行商要求偿付的总额为 80798 两,连公司的职员都称"达到惊人的数字"。其中,鹏官账项下最多,包括退回、已售和包装损坏等各种不合格工夫茶等共值 24032 两。② 此外,在该年出现"各色不足重量的茶叶"情形,共值 36507 两银,东印度公司向相关行商索取损失 50% 至 80% 的赔偿。这主要包括两种情况:一是由于包装方法问题,每箱不足的重量约 5 至 10 磅;二是有好几百担的茶叶重量不足,行商完全没有想到会出现这种问题。为此,东印度公司返回几箱样本,以供行商鉴别。行商调查后认为少量不足重是由于度量衡不同所引起,在公司出售的毛织品等货物中同样存在尺码有小幅出入的问题;第二种情形,是由于驳艇驶往黄埔向公司船上运装时被偷窃。

由于行商依赖东印度公司的购买合约,在公司的坚持下,行商不得不妥协,采取防止盗窃的补救措施,选择接受公司出售的劣质茶叶的卖价,并同意将几笔不同的账款分别记入他们的借方。③ 尽管行商采取了一定的应对措施,但劣质茶退货及被盗等情形在 1806—1807 年贸易季再度出现,东印度公司索赔的数额同样很高,但经过中英双方博弈后,被窃的赔款行商只承

---

① ［美］马士:《东印度公司对华贸易编年史(1635—1834 年)》第 1、2 卷,区宗华译,中山大学出版社 1991 年版,第 569—577 页。

② 鹏官同样发生了财务危机,最终在 1810 年宣告破产,其破产与石琼官如出一辙。陈国栋:《论清代中叶广东行商经营不善的原因》,《新史学》1990 年第 4 期。

③ ［美］马士:《东印度公司对华贸易编年史(1635—1834 年)》第 1、2 卷,区宗华译,中山大学出版社 1991 年版,第 708—710 页。

担一半。[1] 总体来看,尽管退货货值在增加,新的情形也在出现,中外双方的协商博弈之下,退货赔偿制度较好地得到执行,鸦片战争以前,废茶占总货值的比例在0.3%以内。[2] 而鸦片战争以后,茶叶贸易激增,伪劣茶叶也随之上升,据报道,1872年运输到英国的中国茶叶有18300万磅,其中伪茶有1000万磅,占比为5.5%。[3] 从该数字看,无论是总量,还是所占比例,都有较大幅度上升。

第二节　消费国的茶叶检验措施

茶叶从中国、日本等产茶国经过海路运输到欧洲各消费国后,还要经过众多检验环节。英国是西方最大的茶叶消费国,在1784年英国大幅降低茶叶税后,英国从欧陆国家走私获得消费茶叶的情况急剧减少,伦敦由此成为全球茶叶贸易的集散地和运输枢纽:茶叶从东方运往英国交易,再从伦敦复出口、向其他消费国转运。世界主要的茶叶贸易公司大多在伦敦设有总公司或者分部,伦敦市场的价格涨跌,决定着全球茶叶市场的行情。而茶叶质量是拍卖和定价的主要依据,因此对茶叶实施检查是一项必不可少的工作。

茶叶运抵伦敦后,往往先在码头的货栈(仓库)堆放。19世纪后,随着贸易量的不断增加,泰晤士河左岸的茶叶货栈面积越来越大:1805年,英国开辟首个专门的运茶码头;1831年,在亨利·R.帕尔默(Henry R.Palmer)的监督下,在沙德威尔入口建成大面积的货栈;1844年至1845年,又耗资近10万英镑,在伦敦码头建立新茶货栈(New Tea Warehouses),足以容纳12万

---

① [美]马士:《东印度公司对华贸易编年史(1635—1834年)》第1、2卷,区宗华译,中山大学出版社1991年版,第27页。

② Simon Yang-chien Tsai, *Trading for Tea: A Study of the English East India Company's Tea Trade with China and the Related Financial Issues 1760 - 1833*, Doctoral Dissertation University of Leicester,2003,p.289.

③ 《严禁伪茶》,《教会新报》1873年第267期。

个茶箱。[1] 该码头经过不断拓展,拥有水陆面积 100 英亩,成为伦敦的第六大码头。而在此之前,英国东印度公司自身也拥有大型茶叶货栈。货栈的主要用途是,在卖家卖出、买家买进这一时间段内,存放和保管茶叶,并向买卖双方收取一定的租金。负责进口的贸易公司会委派人员检查其在东方派出机构及代理人所采买的茶叶,是否与所发出的购买指令一致。如果到货茶叶存在掺杂着色、发霉或发潮等问题,货物将会被封存,等合适船只返回东方时,运回中国或日本,要求销售方赔偿,成为前文所述退运赔偿制度的一部分。

THE NEW TEA WAREHOUSES, LONDON DOCKS.

图 2-1　伦敦码头的新茶货栈[2]

茶叶在货栈堆放期间,茶叶经纪人或其委派的检验员会前往检查。1830年东印度公司印度局助理秘书琼斯(B.S.Jones)在一则备忘录中记载了茶叶检验的程序。当年 2 月 15 日,检查外国茶叶样品的茶叶经纪人参加了东印度公司董事部的办公会,同时出席的还有茶叶仓库管理员古德霍尔(Goodhall),

---

　　① Peter Cunningham, *A Handbook for London: Past and Present* (Vol. 2), London: J. Murray, 1849, pp.496-497.

　　② "The New Tea Warehouses, London Docks", *The Illustrated London News*, September 27th, 1845.

同办公室的职员亨特（Hunt），贸易局的助理秘书休姆（Hume）以及琼斯本人。经纪人随机抽取部分样品，仓库管理员古德霍尔也备份取样；他们表示虽然当场可以检验，但希望推迟到茶叶销售结束之后出结果；还提出要把样品带回各自的住所进行常规测试，这样会比在东印度公司检验方便得多。他们还建议在茶样包装的侧面贴上标签，并编明号码，与所取样品标号一致；包装顶部收购价格应该取下，放在卖方经纪人看不见的地方。① 也就是说，当时有两种经纪人：一种是卖方的经纪人，代表东印度公司的利益；另一种是买方的经纪人，代表批发商和零售商的利益。两种类型的经纪人，都极为重视茶叶的品级，因为这是茶叶定价的重要依据。在双方经纪人之间，还有重要的交易环节——拍卖。一般买方经纪人将到达货栈的茶叶价格、品级等信息整理汇总，写成报告，印刷成销售目录。该目录被广泛派发给批发商，批发商委派经纪人出面，根据目录查验茶叶基本情况，并竞价拍卖。

茶叶的品级繁多，而不同经纪人所给出的等级多有参差，故茶叶评审员（茶师）的评审至关重要。如果是为买方服务的评审员，其评审的目的是为杂货商等买家提供购买依据。故他们的工作主要是将茶叶分成不同的等级，并与已有的标准样茶进行比较。其程序大致为：对茶叶样品及其容器编号，量取茶叶，倒入壶中，冲泡热水；浸泡 6 分钟左右，将茶叶倒入评审杯中，将叶底倒在壶盖上；观察汤色，品尝茶汤，嗅闻香气，辨识叶底等。逐一检验完毕，根据结果在茶叶目录清单中，给出预估的价格，以供拍卖时竞标参考。

在英国的消费市场上，还有公众分析师（Public Analyst）一职，其职责是通过一定的科学试验方法检查市场所售卖商品的质量问题，茶叶是其重点关注的商品之一。在中世纪时期，欧洲的市场已有公众分析师，负责检查面包等商

---

① "Memorandum by B.S.Jones, Esquire, Dated at the India Board, 15th March 1830", Great Britain Parliament House of Lords, *Report from the Select Committee of the House of Lords Appointed to Enquire into the Present State of the Affairs of the East-India Company*, London: Printed by Order of the Honourable Court of Directors, 1830, p.1115.

图 2-2　伦敦明辛街拍卖场的评茶场景①

品质量。而随着质量形势的日益严峻,纯净食品运动的兴起,1860 年《抵制假货法案》出台后,英国设立公众分析师及其办公室,面向公众定期发布检测报告。就茶叶而言,其检验主要在茶叶进口报关环节以及在国内市场中抽检。

第三节　东西方市场的沟通机制

为确保通商口岸各茶师验茶有相对一致的标准和依据,各洋商之间协商确定样茶并彼此交换。如开埠通商早期,英国祥泰洋行已经与巴厘洋行及其在广州、香港、福州、厦门和汉口的分行联合,彼此交换茶叶样品,希望借此建立一套茶叶样品制度和质量鉴定的方法。② 尽管有相对一致的标准且茶师对质量检验极为严苛,但因主要靠茶师的主观经验来判断,尚未普及推广现代科学测试仪器,商人以次充好、掺杂使假的现象并不能完全杜绝:"湖茶中中档

---

①　William Harrison Ukers, *All About Tea* (Vol. Ⅱ), New York: Tea and Coffee Trade Journal Company, 1935, p.240.

②　Sheila Marriner, *Rathbones of Liverpool, 1845 - 73*, Liverpool: Liverpool University Press, 1961, p.96.

三等四等毛茶,只要掺选夷红中档三四等毛茶二至三成,立刻升级,由中三四等上升为一二等乃至高四等! 方源顺年产中档红茶数万担,几为英国验茶师免检红茶,奥妙就在掺了夷红……"[1]另一方面,茶师往往受雇于洋行,在出口贸易形势不佳的情况下,他们往往利用对茶叶等级评定的话语权,趁机压低等级、借此降低收购成本,给中国茶商造成很大损失,庄晚芳云:"茶师还与买办、通事等勾结,狼狈为奸,伙同作弊,从中取利。因此茶叶好坏,价格高低,毫无标准,令人难以捉摸。"[2]总而言之,东印度公司以及英国洋商试图通过多种控制手段,在中国通商口岸检查质量、发现伪劣茶,取得一定效果,但终究因贸易量大、造假手段多样,掺假问题无法根治。

广州一口通商时期,洋商经营活动受到严格限制,货物进出口只能通过中国行商进行。此时两湖、福建等地茶叶的运销主要由国内的茶庄运往广州卖给行商,行商再向洋商转售。第一次鸦片战争后的五口通商时期,公行制度被废除,外商经营地理空间空前扩大,但他们对中国的货币、语言、税厘、度量衡和市场环境等皆不熟悉,自营困难颇多,于是雇用一些中国商人代为处理出口贸易各项经纪事务。这些受雇的中国商人由此成为洋行买办。[3] 第二次鸦片战争后,根据《北京条约》、《天津条约》等,汉口等更多通商口岸开放,洋行业务迅速向内地扩展,买办人数更是快速增加,到 19 世纪末,全国约有买办10000 人。[4] 买办受雇于洋商,从茶栈收购茶叶,一些有实力的买办还直接开设茶栈。茶栈经营模式从行商演变而来,主要设在通商口岸,职责是充当茶叶出口贸易之中介,一方面介绍茶商或土庄栈客与洋行交易,从中抽取佣金,另一方面向贷出资本、收取利息,而以所购之茶为担保。凡由各地运往通商口岸之茶叶,必须由茶栈经手卖出,茶商不得直接与洋行交易。在茶栈下游还有茶

---

① 简兆麟:《红茶恨水》,湖南文艺出版社 1997 年版,第 175 页。

② 庄晚芳编著:《中国茶史散论》,科学出版社 1988 年版,第 179 页。

③ 许涤新、吴承明主编:《中国资本主义发展史》第 2 卷,人民出版社 1990 年版,第 134—180 页。

④ 黄逸峰:《关于旧中国买办阶级的研究》,《历史研究》1964 年第 3 期。

庄和土庄栈客,这是通商口岸市场和茶叶产区货物联系的津梁。此外,茶农和茶庄间还存在一定数量的茶贩(也称"山客"、"水客"、"山头")或者小茶行。①洋商买办代理以及复杂而庞大的茶叶交易中间商的存在,一方面缓解了洋商对茶区收成、质量等信息不对称的程度,便于他们以较少数量的商人在短时间内完成大宗茶叶收购,另一方面却阻断了洋商和茶叶生产者之间的联系,洋商不得不为此支付较高价格,而茶叶生产者所获得收益也极为微薄,正如罗威廉所言:"由中间人、代理商组成了一个复杂的等级集团,这个集团阻隔了种茶人与这一市场的终端外国买主之间的联系。"②这是洋商不得不面临的困境,缓解信息不对称的制度可以帮助其收购,但却以市场阻隔和高成本为代价。

　　由于对通商口岸周边各省每年茶叶生产基本信息与掌握与华商不对称,当茶区批量货到达通商口岸时,英俄商人就必须迅速作出购买的选择,否则可能会面临买不到茶的风险,这意味着在头春茶季无生意可做。于是,每年5月开盘时,英俄商人便云集通商口岸,为争购头春茶展开激烈的争夺。据英国上海领事报告:"在1864年5月底,第一批新茶抵达汉口,外国人之间以招致毁灭的价格急切地购买,并展开不当的竞争。"③另外,在海底电缆铺设前,英国茶叶进口商对伦敦国际市场茶叶库存量、需求量、售价等方面商业信息无法准确获知。在这种情形之下,茶商从中国所收购茶叶在英国市场的售价取决于到达时间的早晚,特别是春茶越早到达英国往往会获得越高售价,第一时间将茶运回脱手出售成为英国商人的共同选择。洋商急于将茶叶运回国内的第二个原因在于,收购的中国茶叶质量等信息无法准确识别,往往水分含量过高、包装不够坚实,运输时间越长,腐烂变质的可能性越大。1863年,英国船"挑战者号"溯扬子江驶至汉口,以每吨9镑之价,装茶千吨,经128日驶回英国,

　　① 范师任:《中国茶业贸易之国际观》,《社会杂志》1931年第3期。
　　② [美]罗威廉:《汉口:一个中国城市的商业和社会(1796—1889)》,江溶、鲁西奇译,中国人民大学出版社2005年版,第164—165页。
　　③ 转引自陈慈玉:《近代中国茶业之发展》,中国人民大学出版社2013年版,第98页。

开辟了从汉口到伦敦的直航路线,这是最早在汉口从事载茶的外国快船。自此,英商在从汉口到伦敦之间的航线上掀起了运茶竞赛运动。[①] 1870 年后,苏伊士运河的开通、电报的出现、轮船的投入使用在一定程度上缓解了消费国市场和收购市场信息不对称的问题,茶叶国际销售市场情形更加明朗,英商以更加谨慎的姿态加入中国茶市的收购,不再急切与俄商开展竞争。

① T.J.Lindsay,"The Hankow Steamer Tea Races." *Journal of the Royal Asiatic Society Hong Kong Branch*,8(1968):44-55.

第三章　东西茶叶贸易中的质量问题

两次鸦片战争后,中国通商口岸从沿海拓展到更加广阔的腹地。沿海的浙江、福建以及内陆之安徽、湖北、湖南、江西等地茶叶更大规模进入国际市场,中外茶叶贸易迎来了空前发展契机。与此同时,日美签订通商条约后,神户、横滨、静冈等靠近太平洋的港口对外开放,日本茶叶在国际市场上崭露头角。在贸易量激增的同时,茶叶质量成为人们关注的重点,引发了进口国及其消费者的不满,甚至引发了贸易冲突和纠纷。

第一节　中日生产国的质量问题

在东西方茶叶贸易发展的过程中,茶叶质量问题越来越受关注。这一问题的出现既有生产国方面的原因,也有消费国方面的助推作用。首先引起关注的是中日两国因各种因素导致出现各种茶叶质量问题,且两国情况有较大相似性。

一、中国国内茶叶质量问题

在出口量快速增长的同时,中国对外输出的茶叶质量却出现下滑。概而言之,华茶质量下降,主要由传统积习、外部环境及人为因素三方面造成。

　　其一,小农经济生产方式的弊端。传统生产加工方式和外部客观原因同样导致中国茶叶质量下降。中国茶园多是个体茶农的小规模生产,茶农多将茶叶视作家庭副业,茶树的种植、修剪和施肥,茶叶的采摘、加工、制作一直沿用传统方式。特别是在 19 世纪 80 年代前,中国是茶叶国际市场的最主要供应国,茶农只一味扩大生产,通过数量增长实现收入增加,各环节缺乏改良和规范管理,"良以华茶,均由小农自由种植,生产数量,漫无限制,殊欠组织,栽培方法,墨守成规,鲜知改良,以致趋于没落,乃势所必然也。是以此后十年,华茶贸易,江河日下"①。在印度的英国殖民者采用大规模茶园种植、机器化生产加工的方式后,中国茶之质量无法与印度茶匹敌。

　　中国茶叶生产采用传统手工制法,缺少机械化和科学标准。这导致中国输美之茶卫生状况欠佳、缺乏统一标准、品质不稳定,不同年份和批次茶叶质量颇有差距。客观方面还表现在,日本通过改良在 1872 年后,其茶叶品质已与中国相当,受此冲击,中国茶叶出口放缓,价格大幅波动,这影响了茶农和茶商的积极性,于是销往美国的茶叶质量更是下滑。

　　第一次鸦片战争结束、中国封闭已久的大门被迫开放后,英国便迫不及待地向中国派遣专家或商业间谍,搜罗和引进中国优质的茶树,探寻种茶和制茶的秘密。其中,最为著名的是 1813 年出生于苏格兰的罗伯特·福琼(Robert Fortune)。英国皇家园艺学会派遣他到中国搜集新的园林植物,以丰富英国皇家植物园的物种。不仅如此,他还接受英国东印度公司的高薪聘请和委派,深入中国内地的产茶区考察。福琼先后三次深入中国探险,了解到中国茶叶的秘密,在伦敦医师沃德(Nathaniel Ward)发明的"沃德箱"帮助下,把茶树苗、种子及制茶人成功带到印度。1851 年,他将最后一批茶苗从中国运往加尔各答,随后运往萨哈兰普尔园区,开箱后还存活的植株超过 1.2 万多株,发芽的更不计其数,这些从中国来的茶苗成为印度大吉岭等茶园的基础。英国

_____

　　① [英]班恩德编:《最近百年中国对外贸易史》,转引自姚贤镐编:《中国近代对外贸易史资料 1840—1895》第 2 册,中华书局 1962 年版,第 1046 页。

殖民者又将中国的茶树同阿萨姆等地的本土茶树结合,培育出优质的品种。他们改良了中国传统的手工茶叶生产工艺,不断发明和改进揉捻机、干燥机、碎茶机、筛分机等取代人力。经过数十年的快速发展,印度殖民地所出产的茶叶品质超过了中国,质量稳定、标准统一、干净卫生,价格更为低廉,中国茶在世界市场的优势地位迅速丧失。

其二,旺盛的消费需求导致对品质的忽视。茶叶的新鲜和清香为消费者所重视,越早上市越容易获得更高售价。第一次鸦片战争到 19 世纪 90 年代,中国茶叶外销市场是卖方市场,中国是世界主要茶叶供应国。洋商为满足本国消费者不断增长的消费需求,在中国快速而大量采购,特别是头茶竞买十分激烈,以汉口市场为例,最先运达汉口的茶叶往往能够获得较好的售价。而当头茶大量上市时,洋商则会相应地进行压价。因此,对中国茶商而言,将茶尽早运到汉口市场出售成为当务之急。红茶的制作主要分为茶农初制和茶庄精制两个环节,茶农初制主要是将茶叶凋萎,一般 1—2 天便可出售。红茶的精制则比较复杂,需要烘焙、筛分、拣别、补火和匀堆,这些环节费时费力,需要耗费较长时间。为尽早将茶叶运至汉口出售,茶农提前采摘嫩茶,茶商一再压缩精制环节。这致使汉口茶市的开盘时间一再向前推,19 世纪 60 年代之后的四五十年中,开市时间提早了 20 天左右。[①] 在赶制的迫使之下,很多茶叶精制和烘干不到位便运到汉口市场。茶叶采摘时间不断提前违背了茶叶自然生长规律,这导致茶叶产量不高,味道不醇厚;精制时间压缩导致筛分次数变少,烘干不彻底,茶叶纯度降低,水分含量过高。外商收购的茶叶要经过长时间运输和销售,才能到消费者手中,加之包装较为潦草,这一过程容易受潮和受到杂质、异味的污染。1872 年领事麦华陀曾指出该问题:"外国人之间争取成为第一买主的激烈竞争导致中国茶商将尚未成熟的茶叶投入市场。尽管轻度的烘烤和急速的赶制使茶叶还新鲜时同样也能产生香漫美味,但是它会随着时

----

① 张珊珊:《近代汉口港与其腹地经济关系变迁(1862—1936)——以主要出口商品为中心》,复旦大学 2007 年博士学位论文,第 65—67 页。

间而消失。"①

另外,在市场需求旺盛的情况下,茶农获利十分微薄,故以粮食种植为主业,视茶为副业,并不重视茶树栽培,长期缺乏品种更新和改良,采摘良莠不齐、漫不经心。

其三,人为因素导致的问题。中国外销茶叶质量问题,更主要是人为因素造成的,表现为着色、造假掺杂、包装不善、货样不一等。

着色是指用自然或者化学颜料对茶叶表面进行处理,改变原初色泽和形状,使之标准划一、外观鲜亮,经过此工序处理的茶称为着色茶,以与自然状态的本色茶相区别。着色茶最初是为了满足欧美的消费习惯,因为消费者对茶叶特别是绿茶的色泽和茶形较为看重。英国市场对中国屯溪、松萝等品质出众的上等绿茶有较大需求,消费者普遍认为上等绿茶应该泛一点颜色。为迎合英国消费习惯,中国茶叶生产商开始给劣质绿茶染色,以便赚取更高的质量溢价,茶叶掺假开始从英国国内向中国转移,曾在英国使用过的着色手法传入中国。中国茶叶加工作坊将石膏、靛蓝(普鲁士蓝)、姜黄等按照一定比例混合,倒入即将炒制完毕的茶叶中并均匀染色,经此工序炒制的绿茶其色黝然而幽、其光炯然而凝。中国不法商人给茶叶着色之情形因国门封闭而不为外界所了解,第一次鸦片战争后,一些探险家和植物学家深入中国内地探知真情。1848 年,受英国东印度公司派遣的罗伯特·福琼在湖州一家茶叶出口作坊观察到工人在茶叶加工最后工序用普鲁士蓝和石膏对茶叶染色。据他估计,14.5 磅茶叶中加进 8 美斯(Mace)2.5 堪得林(Candareens)甚至 1 盎司的染色剂,每百磅制成的茶叶里面含有半磅石膏和靛蓝。当问为什么要对茶着色时,来自茶乡的商人答复是:"他们承认茶不加任何添加剂时会更好喝,他们自己也从来不喝染过色的茶,只是由于外国人似乎喜欢给茶加上靛蓝和石膏混合

---

① 李必樟译编:《上海近代贸易经济发展概况:1854—1898 年英国驻上海领事贸易报告汇编》,上海社会科学院出版社 1993 年版,第 263 页。

物,使茶色泽和谐,鲜亮好看。因为这些东西非常便宜,中国人没有理由反对这种做法。更何况这种茶的价格比较高!"①中国茶叶制造商为迎合英国消费者的消费需求而从事着色茶之生产,但着色茶会给饮用者身体造成损害,伦敦的试茶员经常因此发生中毒问题。

日本方面也注意到了着色茶,据日本驻中国领事报告称:"兹有一事当引起政府注意,即宁波附近所产、称为'平水'牌之茶叶问题。该地从事茶业者中,诚实制作纯良茶叶者仅有数人,平时多数人系用伪劣原料巧为着色制作假货,使其外观与真货无异。如此假货若不速为防遏,则导致该业衰减当为时不远。上述茶叶造假,并不限于该种茶叶,乃普遍之通弊,近年来美国海关频繁没收造假茶叶,足可证之。"②

如果说对茶叶染色尚属不成文的行规,那么部分不法商人使用染色手法,对已经泡过的茶叶或者外形与茶叶类似的树叶进行着色,则属于彻底的造假行为,这种手法处理制成的茶叶称之为"还魂茶"、"回笼茶"、"伪茶"、"赝茶"等。1873 年《教会新报》云:"近来每被中国崽售茶叶者,于好茶之中掺杂回龙茶叶,又名还魂茶,即中国用过,曾经出去原汁,复行晒作之茶。犹有细嫩树叶,皆混杂在内。西商受此累者不少。"③这种彻头彻尾的造假行为招致进口商的不满:"从前中国茶贩有做还魂茶者,亦是用铜绿染色,西商大受其害。"④风气所及,制作本色茶或者耻于以染色造假的茶商反而不为市场所容,茶叶外贸市场原本看重诚实、注重信用的情形不再:"于是转相效尤,变本加厉,年甚一年。纵有持正商号,始终恪守前模,方且笑为愚,而讥为拙。狂澜莫挽,言之寒心。"⑤

---

① [英]约·罗伯茨编:《十九世纪西方人眼中的中国》,蒋重跃、刘林海译,时事出版社1999 年版,第 126 页。

② 《支那製茶貿易衰退ニ関スル調査委員ノ意見書》,《通商報告》第 52 号"製茶"部,大蔵省印刷局 1887 年版,第 6—11 页。

③ 《严禁伪茶》,《教会新报》1873 年第 267 期。

④ 《论海带丝染色悮害事》,《申报》1876 年 1 月 3 日。

⑤ 程雨亭:《清禁绿茶阴光详稿》,陈祖槼、朱自振:《中国茶叶历史资料选辑》,农业出版社1981 年版,第 199—200 页。

造假毕竟属于欺骗行为,然而茶叶掺杂则更为普遍,主要有两种手段:一是混合,即将高等级茶叶中掺入少量低品级茶叶混合,以高品级茶叶价格出售,以次充好,企图获得更高售价,"茶叶衰落原因还有一种,即甲地之好叶与乙地之劣叶混合。此混合物刚制出之时甚难识破,故在汉口之外国商人屡屡受骗"[1];二是增重,把铁屑、尘土、水、茶末、粗梗等异物掺入茶叶增加分量,借此获得更多收入。为能卖个好价钱,茶农有时会故意作弊;有时茶行派到农村去收茶的人品德恶劣,威胁和虐待茶农,茶农便可能故意掺杂劣茶以泄愤。[2] 中英茶叶交易还存在大量中间商,部分茶商、茶庄、茶栈为获得利润,也热衷于茶叶掺假。特别是在中国开埠通商后,掺假之情形在广州、上海、福州、汉口等各通商口岸都较为盛行。[3] 这些伪茶需要谨慎、细心地检验方能识别,否则买主容易受蒙骗而上当。

引起外商对华茶质量不满的第三个诱因是茶叶包装潦草,无小包装和鲜明标识,多用木箱和席袋,材质恶劣,在海运过程中易破损受潮,导致茶叶腐败变质,不适合销售,给外商造成损失。[4] 1929年英商锦隆洋行致函上海茶业会馆,称华商出口箱茶箱子未能坚固,破箱太多,如不加改良,必须增加水脚银,其款由茶客负担。[5]

最后,外商对华商货样不一的问题多有不满。19世纪六七十年代,中国茶叶外销处于卖方市场,英、美、俄等国家洋行为收购到优质足量的茶而激烈竞购。为稳定货源,洋商采取了"茶样—竞价"的交易之法,但在出价、订立合约后,华商实际运至通商口岸茶栈的大宗货品要比茶样质量差,为此双方频起纠纷。[6]

① 《支那製茶貿易衰退ニ関スル調査委員ノ意見書》,《通商報告》第52号"製茶"部,大蔵省印刷局1887年版,第6—11頁。
② 严中平主编:《中国近代经济史(1840—1894)》下册,人民出版社2001年版,第1187页。
③ 陈慈玉:《近代中国茶业之发展》,中国人民大学出版社2013年版,第271—272页。
④ 李宗文:《国茶对美贸易》,《贸易月刊》1941年第7期。
⑤ 《正月廿二日二点开会》,上海市档案馆藏,上海茶业会馆档案,档案号:S198—1—15。
⑥ [美]罗威廉:《汉口:一个中国城市的商业和社会(1796—1889)》,江溶、鲁西奇译,中国人民大学出版社2005年版,第162—192页。

二、日本国内茶叶质量问题

日本主要生产绿茶。安政六年(1859 年)横滨港开港时,日本茶开始对外输出,成为该国对外出口商品的"排头兵"。从此以后,日本茶的出口逐年递增,到明治十二年(1879 年),出口额达 38136090 磅,市场十分繁荣。[①] 1860 年日本茶开始进入美国市场,初甚寥寥,但推广迅速,到 19 世纪 70 年代后期已与中国输美量相当。日本输美茶叶也出现质量问题,可以分为三个阶段。

幕末、明治时代初期到明治 10 年代(1877—1886 年),日本茶叶对外贸易极其兴盛,带动了国内的生产和制作。以新产区静冈县为例,新的茶园不断开辟,广大茶农积极投入生产,出产的数量持续增加。数量增加并没有带来质量的同步提升,相反质量大幅下滑,茶叶制作不免存在漫不经心、匆忙赶制的问题,行为不端的商人还使用掺杂使假的方式牟利,静冈县茶业史迎来"粗制滥造时代"。[②] 事实上,并不是所有的输美茶叶都是劣质品,也有很大一部分茶叶获得了好评,但别有用心的商人希望利用掺假手法分一杯羹。明治十三年(1880 年)到十四年(1881 年),流弊愈发严重,其典型案例是澳大利亚墨尔本的秋田商社事件。[③] 19 世纪 70 年代起,日本就觊觎澳大利亚规模颇大的红茶消费群体,1879 年借助悉尼万国博览会的契机,日本展出碾茶、煎茶等,并将新宿试验场改制的 5000 磅模仿中国风格的红茶销往澳大利亚。1880 年 12 月到 1881 年 1 月,墨尔本召开万国博览会,日本认为这是展示日方商品的良好契机,故派出德田利彦等 3 名事务官,向会场派送了七八千磅日本红茶,颇受好评。在澳大利亚期间,通过在墨尔本、悉尼、维多利亚等地的调查,德田利彦萌发了加大与澳大利亚贸易的强烈愿望,认为红茶等势必在澳大利亚有广

①　茶業組合中央会議所編:《日本茶業史》,東京:茶業組合中央會議所 1914 年版,第 42 页。

②　静岡県茶業組合聯合会議所編:《静岡県茶業史》,静岡:静岡県茶業組合聯合会議所 1926 年版,第 114 页。

③　遠山嘉博:《19 世紀後半におけるオーストラリアの博覧会への日本の参加》,《追手門経済論集》2005 年第 2 期。

阔市场。随后他与日本工艺美术品输出商社代理人、以名古屋冈谷惣介七宝会社职员身份参加会议的秋山贞治携手,在墨尔本设立秋田商会,德田负责日本总店的各项采购事务,秋山则往返于东京和墨尔本的经销店,这是日本在澳大利亚设立的首个日澳贸易据点。1882 年,秋田商会尝试向澳大利亚销售日本绿茶,但茶叶存在劣质茶、掺假混杂等问题。日本茶在澳大利亚的名声受到很大打击,销售困难。

随之而来的结果是,日本粗制茶和伪劣茶问题也变得泛滥,美国市场的发展前景并非一片光明。另外,美国市场屡屡发生日本茶灰尘、茶末过多的问题,1868 年一份英国领事报告警告:"除非有一个明确的立场来制止这种掺假行为,否则日本茶将会在美国失宠,不得不寻找新的市场。"①1872 年,美国取消直接进口茶叶每磅征收 25 美分的关税(但间接进口的茶叶缴纳 10%关税的政策保留)。受此政策鼓励,美日茶叶贸易增长迅速,导致过度市场竞争。1877 年,美国茶叶市场不甚景气。日本茶叶出口 106092 担(Piculs)55 斤(Catties),货值 2613188 美元,与 1876 年的 115994 担 7 斤、货值 3473178 美元相比,数量上减少 9901 担,货值却大幅下跌 859990 美元。② 出现此情况是因为美国当年进口数量下降,也因为美国计划重新征收茶叶进口关税。这意味着美国市场茶叶的单品售价下滑严重,纽约茶叶市场持续萧条导致买家更加谨慎。当年 5 月茶季开始时,从日本进口的茶叶每担尚能卖出 50—54 美元的价格,到月底优等(Fine)茶已经跌至 30 美元,实际上卖方只出价 16—22 美元,以便留出足够的零售利润。从质量上看,第一批到达美国的茶叶较为平均,上等的茶叶不多。由于美国市场售价尚不能覆盖前期各项成本,第二批到达的茶叶制作粗糙和漫不经心的现象就十分明显了。好在低价茶还有买主,

---

① Kevin C.Murphy, *The American Merchant Experience in Nineteenth Century Japan*, London and New York: Routledge, 2013, p.150.

② Great Britain.Foreign Office, *Commercial Reports by Her Majesty's Consuls in Japan*, London: Harrison and Sons, 1877, p.58.

茶叶也能够售出,却无疑败坏了日本茶的口碑。

19 世纪 70 年代日本向美国出口的茶叶,质量不容乐观,19 世纪 80 年代初情况仍没有改观。1876 年英国领事报告认为,日本茶在美国市场受阻部分原因是制作不善,要想与中国茶竞争必须提高质量。美国每年茶叶消费量约为 2000 万磅,市场基本饱和,如果不能有一些根本性的改变,将会面临价格下降的危险。1881 年的英国领事报告认为,日本茶正在美国市场遭受严厉的审判……必须承认日本茶质量确实在不断下降,从而危及这个国家主要农产品的贸易前景。1882 年,纽约市场的日本茶叶拍卖价格很低。这种现象在 19 世纪 80 年代和 90 年代都在持续。① 日本茶的声誉和信用一扫而空,这是美国政府颁布禁止进口粗制茶法令的背景之一。1883 年,日本在横滨召开第二回制茶共进会,与会者认为 1881 年以来,日本输出茶叶出现质量问题的原因在于,地方茶商将粗茶和精制茶相混、制造粗糙,各种中间商人更进一步粗精混合,外商强化混合后进一步再制、着色等。②

明治时代中期(明治初期—明治 20 年代),是第二个发展阶段。当时日本制茶技术还比较薄弱,日本的外国洋行从中国聘请了制茶工人。万延二年(1861 年),在横滨居留的外国人开始设立再制工厂,聘用来自中国上海等地的技师,教导当地人从事茶叶再制、茶箱制作等工作。他们在横滨等开港商埠设立再制工厂(或精制茶厂),对日本茶农初制的茶叶继续加热干燥,称为"复火",目的是使茶叶在海上长途运输时,不会因水分过大而导致发霉变质。这些工人在提升日本茶叶制作品质的同时,也使用了茶叶的着色手法。日本茶原本为蒸青茶,不需要着色,但当时美国市场流行的主要是炒制的釜制茶,一般都需要着色处理,故日本也遵循出口惯例,仿照中国的技术进行着色。日本

---

① Shinya Sugiyama, *Japan's Industrialization in the World Economy 1859–1899*, London and New York: Bloomsbury Publishing Plc, p.150.

② 農務局:《第二回製茶共進會審查報告書》,《明治前期産業発達史資料》別冊(106)二,東京:明治文献資料刊行会 1971 年版,第 65 頁。

曾聘请茶人胡秉枢赴日教授茶叶制作,胡氏在其呈日本劝农局的著作《茶务佥载》中称:"出洋之绿茶,必用滑石粉并干洋靛⋯⋯每百斤茶,大约用洋靛九两十两,滑石粉亦大约以此为准。"[1]中日两国生产的着色茶,被美国视为有害产品,故1897年美国发布《不纯不正当茶进口取缔条例》,中日茶都成被规制的对象。

第三个阶段是1919—1926年,集中于第一次世界大战后的大正时代,此时期的主要问题是木梗茶(木茎茶)。所谓木茎茶,就是在茶叶中混合了过多的茶梗等杂质,超过了应有的限度。在第一次世界大战前,日本茶业机械化有很大程度的发展,采茶机得到普遍推广和应用,从而减少劳动时间,提高了采摘效率,日本茶业的劳动生产率得到提升。但机器的应用也带来了负面问题:在嫩叶中会混杂茶梗,在制茶的过程中茶梗分离机无法完全将其分离,有相当数量的茶梗掺入了茶叶中。美国将其作为劣质茶,1918年在茶叶进口条例中又增加了新的条文"如果茶叶的杂质(木梗或残渣)超过了标准茶所设定的比例,不能进口"。自此不断出现日本茶被拒绝进口的情况。

第二节　消费国掺杂作假的泛滥

茶叶质量问题不仅仅是中日生产方所导致的,消费零售的终端市场也一度存在广泛的掺杂使假现象,这让贸易中的质量问题更加复杂。茶叶的市场利润空间较大,故茶叶消费国的不法商人也发明了各种各样手段,通过欺骗的方式牟利,对消费者的身体健康造成极大威胁。英国、俄罗斯两国茶叶需求旺盛,掺杂使假问题比较突出,故本节以这两国为例展开分析。

一、英国国内的茶叶掺假

自东西方海上交通路线开辟以来,葡萄牙、荷兰、英国等殖民者先后来到

---

① 胡秉樞:《茶務僉載》,東京:内务省勧农局1877年版,第15页。

中国寻求贸易契机。随着东西方贸易往来的扩大,茶叶作为中国特有商品开始引入欧洲,饮茶之风也渐趋流行。在"饮茶皇后"凯瑟琳公主的倡导之下,饮茶之风首先在英国上层社会中普及。① 这时茶被当作奢侈品,进入英国的茶叶数量十分有限。故政府将茶视为理想的征税对象,因为对奢侈品征税可以从上层阶级获得财政收入,而不至于让普通人承受额外负担,起到"民不加赋而国用饶"的效果。1660 年查理二世登上王位后,议院初次开会便将茶定为奢侈品,第 12 号法令规定对咖啡屋所出售的每加仑茶叶征收 8 便士税金。② 英国最初参照烟酒税,在销售环节征收茶税,但实际操作较难,也容易偷税漏税。英国本土不出产茶,主要依赖从中国进口,必须通过数量有限的港口进入英国,如果在此环节征税较易操作,偷逃税也相对困难。为此,英国在 1689 年将茶税改为进口关税,对进口茶叶每磅征税 5 先令,复出口退回 2/3 的税。但英国茶叶进口税率经常调整,名目繁多、变化较大。总体而言,1784 年之前英国茶税税率极高,如 1768—1772 年茶税率为 64%,1773—1777 年茶税率为 106%,1778 年茶税率降为 100%,1783 年提高至 114%,1784 年又上升到 119%,征税税率基本处于茶价的 100% 以上。③

此时中英茶叶贸易的另一个特点是垄断。东印度公司在 1664 年和 1666 年两次向英王进献茶叶,受到奖励。④ 17 世纪 70 年代开始,东印度公司涉足中英茶叶贸易并日渐扩大规模。东印度公司利用特权垄断中英茶叶贸易,以期获得更为超额之利润,其垄断方式主要有两种:一是对外极力排斥欧洲其他

---

① Pettigrew Jane, *A Social History of Tea*, London: National Trust Enterprises Ltd., 2002, p.32.

② Dr.John McEvan:《中国茶与英国贸易沿革史》,冯国福译,《东方杂志》1913 年第 10 卷第 3 号。

③ [美]马士:《东印度公司对华贸易编年史(1635—1834 年)》第 1、2 卷,区宗华译,中山大学出版社 1991 年版,第 435—436 页。又见萧致治、徐方平:《中英早期茶叶贸易——写于马戛尔尼使华 200 周年之际》,《历史研究》1994 年第 3 期。

④ 英国东印度公司成立于 1600 年,伊丽莎白女王授予其特权,垄断英国从好望角到麦哲伦海峡之间的贸易,以便于打破葡萄牙及之后荷兰的贸易垄断。这两次进献的茶叶可能是从荷兰购得的,也可能是东印度公司从他们自己船上的职员购得的。[美]马士:《东印度公司对华贸易编年史(1635—1834 年)》第 1、2 卷,区宗华译,中山大学出版社 1991 年版,第 10 页。

各国参与竞争,通过获取政府支持,争取成为欧洲茶叶贸易总代理商,1699 年英国政府颁布法令禁止茶叶由荷兰进口,这是东印度公司茶叶贸易垄断的开始;二是对内严禁私人和私商从事茶叶贸易活动,如东印度公司虽给其商船上的职员留有一定的优待吨位,允许从事私人贸易,但公司员工绝对不允许涉足茶叶贸易,对违反公司规定私自进行茶叶贸易的散商,给予取消执照、没收茶叶和罚款的处罚。① 自 18 世纪晚期起,东印度公司面临美国等国家的激烈贸易竞争,国内散商和产业资产阶级也在积极争取贸易自由权,其垄断地位不断遭到挑战。1833 年英国发布《中国与印度贸易管理法》,宣布废止东印度公司与中国贸易的垄断权。另一方面,华茶对英输出则被清政府特许的垄断商人集团行商所垄断,他们对茶叶输出进行干预、控制和征税。②

在茶叶贸易垄断和重税的双重机制影响之下,伦敦茶叶市场供应有限,而消费需求又在不断增长,英国国内茶叶售价高昂。这导致英国出现了两种畸形现象。首先是从欧陆向英国走私茶叶的现象日益猖獗,无论是英国商人,还是荷兰、法国、瑞典等国家的商人,都热衷于从事走私这项充满风险又极富诱惑的贸易活动。③ 当时走私严重程度可以用一组数字印证:威廉·乌克斯估计,18 世纪 70 年代英国全国茶叶只有 1/3 是纳税的,其余全部是通过走私入境;④梅维恒则称 18 世纪 70 年代正常贸易进口量为 500 万磅,而走私进入英

---

① 由于特许权的存在,东印度公司在对华贸易中拥有绝对优势,其贸易份额一直占到整个中英贸易的 55% 以上,散商和私商本质上都是依附于公司而存在。Earl H.Pritchard, *The Crucial Years of Early Anglo-Chinese Relations*, *1750 – 1800*, Cambridge: Cambridge University Press, 2000, p.174.

② 中国行商的垄断情况以及与东印度公司的关系,可参见萧国亮:《清代广州行商制度研究》,《清史研究》2007 年第 1 期;潘毅:《清代前期英国东印度公司对华贸易大班与行商的关系》,《凯里学院学报》2015 年第 2 期。

③ Hoh-Cheung and Lorna H.Mui, "Smuggling and the British Tea Trade before 1784." *The American Historical Review*, 74.1(1968):44–73.

④ William Harrison Ukers, *All About Tea* (Vol. Ⅱ), New York: Tea and Coffee Trade Journal Company, 1935, p.121.

国的茶叶每年多达 700 万磅。① 此时更突出的问题表现在,英国国内从事茶
叶造假售假的现象屡禁不绝。这是由于英国在进口环节对茶叶征税,而在零
售消费环节则不征税,这意味着茶叶如果是在英国国内"生产",而不是通过
贸易从海外进口,那么则不必承担额外税收。不法商人在国内造假,采用伪造
混合物和人工着色的手法,以较低的成本获得高额利润。当时伦敦设立许多
小工厂,专门从事造假活动,方法多种多样,常见的方式有:用柳叶、乌荆子叶、
山楂、白桦、白蜡及接骨木叶等与茶外形接近的树叶制造假茶,或从咖啡馆和
旅馆将已经泡过的废茶收集经着色等方式重新回收利用,将劣质茶与优等茶
掺和、以次充好,添加铁屑、灰土、石膏等以增加重量,等等。② 此时茶叶掺假
现象主要在英国国内进行,中国存在的掺假问题是在英国的带动下发展起来
的。③ 传统检验手段对种类繁多的造假茶难以奏效,而市场对廉价茶有巨大
需求,消费者对造假茶却浑然不知。1777 年前,在英国每年销售的 1200 万磅
茶叶中,约有 200 万磅掺杂了各种树叶,甚至对森林和灌木丛的生长造成威
胁,可见当时掺假问题已相当严重。④

　　到 19 世纪 50 年代,英国国内流行的茶叶掺假问题无处不在。据打假斗
士哈塞尔的市场调研与化学分析,在英国市场上流通的所有食品,绿茶的掺假
情况最为严重,50 份样品 100%掺假(见表 3-1)。与掺假程度相同的芥末酱
相比,绿茶的掺假更是致命的。

---

　　① 　[美]梅维恒、[瑞典]郝也麟:《茶的世界史》,高文海译,香港:商务印书馆有限公司
2013 年版,第 172 页。

　　② 　Patricia DeWitt, *A Brief History of Tea*: *The Rise and Fall of the Tea Importation Act*, Harvard
University's DASH Repository,2000 Third Year Paper.

　　③ 　F. Leslie Hart, "A History of the Adulteration of Food Before 1906." *Food Drug Cosmetic Law*,
7.1(1952):5-22.

　　④ 　[美]梅维恒、[瑞典]郝也麟:《茶的世界史》,高文海译,香港:商务印书馆有限公司
2013 年版,第 177 页。

表 3-1 1851—1854 年哈塞尔发现的掺假情况①

食品	样本数	掺假数	掺假手段
卡宴辣椒酱	28	24(12 份含有红铅)	红铅、朱砂、赭石、姜、芥末壳、大米
醋	61	32	高达 0.6% 的硫酸
绿茶	50	50	废茶渣、染色茶、矿物质色料、混杂其他树叶
咖啡	145	124	菊苣、烤小麦、玉米、橡子或豆类、氧化铁、烤饲用甜菜、椰子壳
菊苣	75	30	烤小麦、橡子、豆或胡萝卜、锯末、威尼斯红、沙土
棕糖	72	40	葡萄糖、马铃薯粉、木薯粉、淀粉、粗砂
面包	74	70	明矾
面粉	8	4	明矾
可可	56	48	椰子壳、彩土、可可壳、淀粉
燕麦	30	16	大麦粉、碎石(谷壳)
伦敦牛奶	26	11	水、脱脂脂肪、甲醛
芥末酱	42	42	面粉、涂姜黄、芥末壳

从掺假的来源和途径来看,进口国的掺假占一部分,英国本国茶商和杂货商掺假十分嚣张,哈塞尔得出以下结论:

第一,绝大多数称为"工夫"、"松萝"的红茶,到达英国之时,总体而言,质量出众。

第二,某些种类的红茶,如香橙白毫(Scented Orange Pekoe)、香片(Caper)都掺假了,使用石墨粉或黑铅上色;香片茶很容易被掺入其他物质,如稻壳、假茶和其他类茶的树叶。

---

① F.Leslie Hart, "A History of the Adulteration of Food Before 1906." *Food Drug Cosmetic Law*, 7.1(1952):pp.16-17.

第三,有各种的假香片和黑珠茶,其中含有茶末或者是其他树叶末、沙子,用石膏制成片状,表面饰之以石墨粉、普鲁士蓝或姜黄粉。在某些情况下,这些仿制品单独出售。但多数情况下,还是经常与更高品质的香片(表面用铅处理过)掺和制备了几种假刺山柑或黑珠茶,由茶末,有时是其他叶子和沙子的粉末组成,用口香糖做成小块,表面上或有铅、普鲁士蓝和姜黄粉。在某些情况下,这些仿制品是单独出售的,但最常见的是用于混合和掺假更好的香片。那些是用茶叶制成的,只有铅。

绿茶的结论如下:

第一,除英国人在阿萨姆邦制造外,都是掺假的,即用不同种类的着色剂上色。

第二,着色剂一般为普鲁士蓝、姜黄粉和瓷土,有时也使用其他成分,但不经常使用。

第三,普鲁士蓝或铁氰化亚铁,这些色素具有有害健康的特性。

第四,在这个国家,真的没有绿茶,也就是说,没有天然色泽的绿茶。

第五,绿茶,尤其是珠茶,除表面的伪饰外,与红茶相比,更容易在其他方面被掺假,如与其他树叶、稻壳或假茶混合。

第六,这种造假茶的手法,中国人在制作珠茶时广泛使用,这种茶叶被大量进口到英国,但是我们国家的茶商和杂货商更热衷于此道。

以上是关于进口红茶和绿茶状况的结论,但这些产品在我国会进一步恶化。因此,我们举出证据来证明:

首先,那些泡过的茶叶,通常再用石膏和之类的伪饰,再被当作高品质红茶卖给公众,绿茶同样如此。

其二,在许多情况下,用于着色的物质比中国人使用的物质更令人讨厌和有害,通常有剧毒。

第三,无论是红茶还是绿茶,用不是茶叶的其他树叶制作而成,与茶叶没有共同的特性,这并不少见。

第四,假红茶经常被我们自己的经销商和杂货商用来掺入绿茶。①

在当时,英国茶叶造假和售假的案件十分常见,经常见诸法庭和报端。1818 年 5 月,位于怀特查贝尔(White Chapel)红狮街的杂货商爱德华·帕尔默(Edward Palmer)被控用其他树叶制造假茶。同年,威尔斯街(Wells Street)的威廉姆(William Habgood),霍尔本(Holborn)的托马斯·艾拉(Thomas Ella),以及约翰·皮特·勃兰迪(John Pitt Pladdy)等人,都被诉用各种手法在茶叶中掺假,或直接制作假茶。② 1843 年,英国税务局仍在起诉涉及茶叶复烤的案件,1851 年《伦敦时报》记录一宗指控爱德华及其妻子大规模制造假茶的案件。③ 面对此情况,哈塞尔考虑从制度上解决问题,提出要将进口红茶的关税降低 1/3,提高绿茶的进口税率,通过经济手段鼓励红茶的消费;所有的假茶一经当局发现,应当被没收和销毁,遇到红茶或绿茶掺杂的情况,也应如此。科学家和打假斗士所揭示的严重问题,引发公众对绿茶的信任危机,故从绿茶消费转向红茶消费,这也是英国成为红茶消费大国的重要原因

---

① Arthur Hill Hassall, *Food and Its Adulteration*, London: Longman, Brown, Green, and Longmans, 1855, xv-xvi.

② Fredrick Accum, *A Treatise on Adulteration of Food, and Culinary Poisons*, London: Longman, Hurst, Rees, Orme and Brown, 1820; Edward Palmer, *Poisonous Tea! The Trial of Edward Palmer*, London: John Fairburn, 1818. 国内有学者曾对部分案件进行简要翻译,可参见赵国栋:《中国茶叶向西方传播中遭遇的信任危机》,《农业考古》2017 年第 2 期。

③ William Harrison Ukers, *All About Tea* (Vol. II), New York: Tea and Coffee Trade Journal Company, 1935, p.123.

之一：“因掺伪着色种种弊端，公众对于绿茶之信仰动摇，而需要中国之红茶渐增。”①

当时英国消费者最为头疼和不满的，还有混合茶问题。东印度公司进口的最高品质茶叶数量有限，更多的是低品质的廉价茶。于是茶叶商人采用欺诈手段，将等级较次的茶叶与优质茶叶混合，甚至将伪劣茶也混杂其中。茶商理查德·唐宁（1749—1824 年）在其著作中讲述早期混合茶的情况：“在余之祖父时代，士绅淑女均有亲自至店中购茶之习惯，箱中之茶例须倒出，以供选择，而余之祖父在顾客面前，亲自将若干茶叶混合，泡于杯内而使彼等尝之，一再配合，直至适于购买者之口味而后止，盖当时已无人喜欢饮用未经混合之茶。”②该种茶叶掺假混合的方法，慢慢成为一种新的茶叶品饮方法，促进了拼配茶的发展。在英属印度茶叶发展起来后，茶商经常将印度味浓的茶叶与中国较为醇厚的茶叶混合配售，受到消费者欢迎，这是茶叶掺杂的意外收获。

二、俄国国内的茶叶掺假

在茶叶进口和消费急剧增加的同时，俄国国内消费的茶叶质量同样不容乐观，面临着一场空前危机。自 18 世纪起，俄国市场充斥着大量的假冒茶叶，掺杂作伪之风兴起。19 世纪 40 年代茶叶造假变得更加猖獗，大规模茶叶造假蔚然成风。③ 假冒茶的制作手段十分多样，主要有以下几种情形：把价格便宜的茶叶当作贵的茶叶出售，即以劣茶充好茶；使用一些配方将特定成分添加到茶叶里面，让普通之茶摇身伪饰为优等茶；把喝过的茶叶烘干后添加到新茶中；用炒过的砂糖、石蕊和其他一些有害的化学物质给茶叶上色；添加金属粉

---

①　William Harrison Ukers, *All About Tea* (Vol. Ⅱ), New York：Tea and Coffee Trade Journal Company, 1935, p.123.

②　Richard Twining, *Observations on the Tea and Window Act and on the Tea Trade*, London：Printed for T.Cadell, p.38.

③　РГИАФонд.21, оп.12, дело 223, с.1-2.

末以增加茶叶重量;添加苏打、烘干的甜菜或添加甜菜汁,以增加茶汁浓度;将各种级别的茶叶混装,高品级茶放在包装盒上方,劣质茶放在底部;与岩白菜(Bergenia)以及樱桃、柳树、杨树、橡树的叶子混合,从而增加茶叶重量;将头一次采下的新茶和别的季节采下的茶叶混合(头采茶质量最好且价格也贵)。

假冒茶叶甚至还出现专有名称和集中制造地,在俄国境内臭名昭著,主要有两种。第一种名为"罗戈什卡",它成为冒牌茶的代名词,因很多造假者在莫斯科市罗戈什卡城门一带从事这类不光彩的业务而得名。这一整条街的居民都在想方设法收集喝过的茶叶,然后把它们加工成"新茶"。① 常用于混合的叶子有锐叶茴芹叶、柳兰草叶、山柳菊和萨瓦(савойска)等。在圣彼得堡附近有名为科波尔的村庄,用相近的手法制造混合掺假的茶叶,被称为科波尔茶(копорский чай),这是第二种常见的假冒茶。村民将柳兰等叶子发酵后做假茶。制作方法是首先将叶子干燥,煮至半熟,捣碎后在烘箱中干燥;再放置于Tuesa(特殊树皮做成的容器)中,可以将其储存数年,因为容器的缘故,这种茶又称为"卡普斯卡娅茶"。罗戈什卡茶、科波尔茶这一类假冒茶,在经过精心混合处理后,在味道上与真茶相差无几,但功能上迥然有别。中国的茶叶是滋补健身的健康饮品,而假冒茶恰恰相反,大量饮用会对人的身体机能造成损害。② 但这种茶售价较为便宜,廉价的小酒馆和餐馆对其需求旺盛,故消费群体较为广泛,消费量很大。

之所以19世纪俄国消费的茶叶质量问题突出,是多重因素叠加造成的。首先,最主要的原因是俄国对进口茶叶的征税。中俄在恰克图早期贸易中主要是以货易货,在这种贸易制度之下,双方政府出面制定了一系列贸易章程,

---

① 〔俄〕伊万·索科洛夫编著:《俄罗斯的中国茶时代:1790—1919年俄罗斯茶叶和茶叶贸易》,黄敬东译,武汉出版社2016年版,第122页。

② Рский Чай:Как Подделке Создали Славу «Богатырского Напитка», http://regionavtica. ru/articles/koporskij_chaj_kak_poddelke_sozdali_slavu_bogatyrskogo_napitka.html.

这导致货物换算极为复杂,资金周转缓慢,中俄商人互有亏折。1854 年,俄国政府修订章程,允许俄商向中国输出金银制品,1856 年又颁布命令允许使用金币购买中国货物。这导致商品和资本周转速度加快,同时带动了中国茶向俄国出口的进一步扩大。但是俄国政府为避免过多黄金流入中国,同时希望从不断扩大的茶叶贸易中获得丰厚的关税,借此增加国库收入,故一直对恰克图贸易征收重税。1812 年,俄国调整进口茶叶税率,最高等级的珠兰茶、屯溪茶等每磅征收 1 卢比 85 戈比,红茶、白毫茶等次等级的茶叶每磅征收 1 卢比 50 戈比。1861 年 И.А.涅尔宾在中国期间,发现在当时的条件下,通过陆路运输茶叶至恰克图的华商因边境的海关税很高,华商很难与外国人竞争。他将这一发现上报给了中俄边境的恰克图市行政长官 А.И.杰斯伯特·泽诺维奇。1862 年,沙皇亚历山大二世出台法令,免除从俄国亚洲边境进口中国商品的关税,但茶叶被排除在外,征税仍旧很重。到 1906 年时,"红茶以分合税 1 分,重华秤 11 两 2 钱,每分收俄洋 62.5 文。计茶 1 箱,原本不过 42—43 两,税银约需 45—46 两……其余砖茶并按每分 6 文 1.5 厘征税。合计所收数目均过于原本……"①这导致赴俄华商半多亏歇,影响了中国商人从事对俄茶叶贸易的积极性。

茶叶进口税税率一直很高,但俄国各阶层民众饮茶风气浓厚,茶叶消费需求旺盛,他们迫切希望以更低的价格购买茶叶以满足日常生活需求。这种局势所带来的直接结果是走私贸易极为盛行,商人不仅在亚洲漫长的边境大量走私茶叶,还通过俄国的欧洲边境从法国、德国等走私茶叶。② 19 世纪 80 年代末,俄国财政部注意到,尽管茶叶消费在各阶级甚至最贫困群体中大幅增加,但这十年来茶叶进口量不但没有增加,反而下降了。这客观上说明当时茶

---

①　中国第一历史档案馆:《外务部为华商运送茶糖俄收税款甚重应照章免税事给俄使照稿》,光绪三十年二月十四日,参见孟宪章主编:《中苏贸易史资料》,中国对外经济贸易出版社 1991 年版,第 336—337 页。

②　[俄]C.A.杜德尼克、B.A.乌瓦罗夫:《俄罗斯东部自由经济区与中国的经验》,王昌宾等译,时事出版社 1998 年版,第 28 页。

叶贸易的跨国走私问题十分严重。① 俄国境内和境外的茶叶差价,不仅吸引了走私商为高额利润铤而走险,也给国内不法商人提供从事造假活动的动力,这便是俄国境内茶叶质量问题突出的重要原因之一。

假冒茶属于欺骗性贸易,这种贸易的繁荣给专门从事造假的不法商人带来了丰厚利润,而那些注重质量的茶商反倒受到挤压,出现了劣币驱逐良币的逆向选择问题。它冲击了国外茶叶的进口,导致了进口关税的减少,如海关官员对茶叶市场情况进行了更为深入的研究后,发现掺杂使假对税收的冲击更大。根据鉴定委员会检查的结果,在1889年从华沙、莫斯科和圣彼得堡等城市的商铺中抽取的100份茶样中有46份是假的,它们由高加索越橘果叶、柳叶菜、喝淡了的茶(спитый чай)、细砂等组成。② 可见,当时俄国大城市茶叶质量不容乐观,甚至可以说掺假已泛滥成灾,遑论监管力量更加薄弱的中小城市和广大的农村地区。

俄国所消费的茶叶产生质量危机的第二个诱因,是进口茶叶货源的品质问题。俄国通过恰克图进口的中国茶叶种类,主要有商号、山西和普通三种类型构成的白毫红茶,珠茶、屯溪茶等绿茶,以及黄茶、砖茶、普洱茶等。俄国人发现运往俄国的茶叶品质不稳定,"有时候中国人运到恰克图的茶比通常的茶品质坏,甚至发现运到我们这里的茶叶也是一年跟一年不一样"③。即便是经常向俄国出口高级绿茶的两家名气颇大的商号亨伦德、常阔泰,仍旧存在这一问题。不仅如此,俄国进口数量最为庞大的茶叶种类是砖茶,但与红茶和绿茶相比,砖茶是最低等的茶,表现在三个方面:所使用的原材料多是焙制优等

---

① 高税率导致茶叶走私形势复杂而严峻,这不仅发生在俄国,18世纪的英国也曾出现过类似情形,1794年进口税率大幅下降后,英国猖獗的茶叶走私遁于无形。Hoh-Cheung and Lorna H. Mui. "Smuggling and the British Tea Trade before 1784." *The American Historical Review*, 74. 1 (1968):44-73.

② РГИА Фонд 19,оп.3,Д.331,с.23.

③ [俄]阿·科尔萨克:《俄中商贸关系史述》,米镇波译,社会科学文献出版社2010年版,第203页。

茶的时候拣出来不要的粗老的叶子和茶梗子,甚至是有害、不干净的叶子;在压制加工时,茶工操作漫不经心,不讲究卫生,会掉进去小石子和小竹片等杂物;为制作这种质地结实、密度很大的砖茶,还需要使用特殊物质将茶叶黏合在一起,这便导致在冲泡开的砖茶茶水表面会漂浮着油腻、不干净的泡沫,要去掉这层泡沫才能饮用。① 不仅通过西伯利亚等亚洲商埠贸易的茶叶存在质量问题,通过欧俄等口岸合法进口或非法走私的茶叶也同样如此。例如,人们发现在圣彼得堡等地售卖的一等白毫红茶,比在远东伊尔库茨克的同类茶还要便宜,这些茶叶往往杂质甚多、不够纯净,且有不好的气味。最初人们怀疑这是本国制造的假冒茶,西伯利亚商人根据经验检查判定,这是从英国走私来的茶,其中真正茶的比例只占1/3,其余掺杂了渣滓和砖茶。产生质量危机的第三个原因,是茶叶沿途运输和保管的不善。俄国的腹地极其广阔,特别是从恰克图进口的茶叶,运输到欧俄的圣彼得堡、莫斯科等主要消费城市,需要多次在河运和陆运之间变换交通工具,沿途经过数十个城市。在漫长的运输过程中,茶叶容易因受潮而发霉、变质等,甚或运输队伍或是茶商会在路途中调包或掺假。

在高税收政策之下,俄国国内掺假作伪之风猖獗,东西两路的进口货源品质不稳定且不乏伪劣茶,加之长途运输中自然、意外或主观故意导致的茶质受损等,多重因素的叠加导致俄国国内消费茶叶质量面临着深刻的危机。这些行为引发两个主要的负面影响:减少了俄国的关税和消费税的收入,同时这些不法行为对消费者饮茶体验和身体健康造成了损害,不利于消费的扩大以及与其他饮品的竞争。这些越来越严峻的问题,引起了俄国各方的关注,规制茶叶质量问题势在必行。

---

① ［俄］阿·科尔萨克:《俄中商贸关系史述》,米镇波译,社会科学文献出版社2010年版,第220—221页。

第三节 茶叶外贸中的质量纠纷

茶叶质量问题日益突出,引起了中西茶叶贸易交易主体的重视。质量问题导致部分西方贸易公司出现亏损,为了转嫁经营风险,他们在加大质量检验力度的同时,又推出一些不尽合理的制度,这导致东西方商人之间的贸易纠纷日益增多。

一、茶质下降导致茶叶贸易商亏损

一般贸易的交易成本,尤其是价格机制下的成本往往取决于交易物品的信息不对称程度。如果卖家有动机透露产品质量等方面信息,成本会相应地降低;如果产品质量等信息严重不对称,极度的不均衡就可能会导致贸易消失。① 经济学家卡沃思曾指出,交易的高度不确定性、交易双方存在的信息不对称等因素会带来较高的交易成本。洋商从事茶叶进口贸易,因对中日市场信息掌握十分有限,不得不依靠中间商人采办,这无形中增加了茶叶收购的成本。其次,中间商人倾向于隐瞒茶叶质量以获利,洋商无法准确获知茶叶质量等方面的真实信息,给交易带来高度的不确定性。另外,洋商无法及时获知本国茶叶销售信息,不得不在中日市场为收购头茶而激烈竞争。这三个因素共同推高了成本,世界茶叶价格总体上处于较高价位。中国茶商固然可以因之而获利,进口商却只得将成本转移给本国消费者。国外消费者已经养成饮茶之生活习惯,为此需要支付超额生活成本。

在价格相对较高的情况下,中日茶叶质量的下滑,引发了茶叶进口国消费者的抱怨和担忧,零售市场的茶叶销售商屡有亏折。亏损有传导效应,逐层蔓

---

① Nakabayashi Masaki, "Price, Quality, and Organization: Branding in the Japanese Silk-reeling Industry." *Iss Discussion Paper*, F-160, Institute of Social Science, The University of Tokyo, (2013): 1-28.

延到茶叶进口商。外国茶商亏损甚多,英国称:"中国茶叶多有苟就掺假,历来西国茶商多受其累,且有亏折以致倒闭者。"①洋商收购价格颇高,但售价却较为低廉:"两年以来,西国商人买办中国茶丝无不亏本,缘水路便捷,转运甚易,外国存栈丝茶尚未售出,商客办添货多不缺,出价低于入价,所以不能获利。"②1870—1875 年,中英茶叶贸易量增加近 50%,但英商没有获得很好的收益,英国抱怨从广东进口的香茶毫无香味,还掺杂铁屑、沙子等杂物,故这些茶叶在伦敦市场都不分等级地以低价,甚至低于收购价的价格被拍卖。③

洋商承担损失的风险越来越大,英商厚德、生源洋行抱怨道:"余自到贵邦贩运红茶,历年以来,或盈或绌。近则竟绌无盈,原其由,皆因茶叶粗老,水味淡薄,加以货内粗嫩不匀。"④他们希望各商号通告茶农、山户,务必在雨水前完成采摘工作,以保持茶叶的鲜嫩度,并威胁如果不能从中国茶叶中赚到利润,将会将市场转移至印度,因为印度茶叶更加鲜嫩,价格也更便宜。西商转移茶叶市场的这一动向,以及印度不断发展的茶业,也引起时人的高度警惕:"英国似有专办印度茶叶之意,缘中国茶商每有假茶回龙[笼]茶掺杂,使西商不信与之交易也。"⑤

在贸易中遭受损失的洋商,开始转嫁经营风险,联合操纵市场、压低茶价,导致出口国茶商亏损严重。由于中国茶叶质量的不断下降和英国消费口味的变化,中国迅速丧失了茶叶贸易的中心位置,中国茶叶对外贸易从卖方市场转为买方市场,洋行放弃竞买策略,想方设法压低茶价:"从前每百斤售银五六十两,商贩园户获利尚厚;今头茶仅售银二十一二两至十八九两不等,二茶售

---

① 《大英国事:报中茶信》,《万国公报》1876 年第 388 期。
② 《西商办汉口茶叶数目》,《教会新报》1873 年第 243 期。
③ 广州市地方志编纂委员会办公室等编译:《近代广州口岸经济社会概况:粤海关报告汇集》,暨南大学出版社 1995 年版,第 95—96 页。
④ 《书致》,《申报》1879 年 3 月 24 日。
⑤ 《大英国事:印度出茶数》,《教会新报》1874 年第 280 期。

银十三四两,子茶售银八九两,甚或跌至六七两。推原其故,盖因洋商稔知山中售价,开盘之初,抑价压秤,多方挑剔,不使稍有赢余,否则联络各帮,摈绝不买,华商成本不充,艰于周转,不得不急求出售,是以连年亏折。"① 洋商通常的做法是在中国茶商将茶叶大量运抵汉口交易时,以茶叶的质量瑕疵为由,提出按低等次茶叶价收购、过磅时重量要打一定折扣、茶款要延期付款等各种要求。洋商联合操纵市场,导致茶价下滑迅速,以 1897 年为例,"宁州茶实本六十两,今只售三十四五两;华阳茶实本三十二两,今只售十三四两;安化茶实本六十余两,今只售五十二三两。"② 洋行通过操纵市场转移经营风险,而茶叶行情的骤降和贸易式微导致茶商亏损严重。1886 年汉口茶商倒闭者 3 家,未倒闭者亦举步维艰,竟然形成"百家中仅有数家获利"的萧条格局。1887 年汉口茶市"茶叶品质不高,价格很低,销路不旺;外商买卖的一般情况良好,其中某些人,特别是经营上等茶的外商,利润很大。中国商人损失极重,并且还要继续遭到损失"③。1888 年,两湖茶庄从 300 余家减少到 181 家。1900 年,华商亦大受亏损,已有停庄止办者。④ 对洋商而言,这种市场操纵策略实施效果明显,风险大为降低,利润也得到大幅提升:"据说外国茶商获得了极大的利润,特别对上等茶的经营,这些茶都是迅速地运往需求殷切的英国市场的。对于中国的生产者和茶商来说,本季的经营是极不利的,他们的损失,估计足有一百万两。"⑤

市场投机行为越发普遍。在信息不对称的市场,知情的一方可能会利用信息占有的优势来为自身牟利。有时茶商会利用洋商对茶区产量信息不对称

---

① 转引自姚贤镐编:《中国近代对外贸易史资料 1840—1895》第 2 册,中华书局 1962 年版,第 974—975 页。

② 《鄂茶亏本》,《农学报》1897 年第 4 册。

③ 转引自姚贤镐编:《中国近代对外贸易史资料 1840—1895》第 2 册,中华书局 1962 年版,第 975 页。

④ 《汉口茶市》,《商务报》1900 年第 12 期。

⑤ 李文治编:《中国近代农业史资料》第 1 辑,生活·读书·新知三联书店 1957 年版,第 553 页。

的问题,散布关于收成不足的谣言,故意制造紧张的市场气氛,以促使洋商加快竞购、提高成交价格。但洋商又垄断了茶叶的出口贸易,华商对国际市场需求信息无法准确获知,于是洋商雇用的买办趁机散布国际销路不畅的信息,汉口华商反而会处于被动地位:"汉口的中国茶商,主要是广东人,他们是生产者和外国商人之间的中介人,从而他们获得很大的利益。他们把英俄战争即将发生的消息传入内地,并且尽量渲染它对茶叶贸易的不良影响。生产者怕他们的茶卖不出去,因此廉价出售。广东商人,因此获得很大的利润,据说不下两三百万两银子。"①除散布假信息外,洋行或者中国茶商会对市场信息进行预测和判断,大量囤积茶叶、买空卖空,希图获巨利。但由于掌握的信息不完全或不准确,致使茶市贸易的市场风险和不确定性增大,最终反而降低了彼此的成交意愿。② 另外,买办与茶商有时会编造假信息,相互勾结、蒙骗洋商:"买办者藉洋行之好名,每张威信于侪辈间。虽阳示忠实于洋行,阴与顾客结讬,而故纳高价之货品,以蒙蔽雇主者甚多,洋行之营业,不几成为买办之营业乎? 其弊害观于买办收益之种类与数量,即可察知。"③洋行茶叶收购又不得不依靠买办,即使两者矛盾冲突比较严重,但洋商终究无计可施:"对买办心怀怨怼,其理由虽充分,但亦无计避其苛索。"④因此,在信息不对称较为严重的汉口茶叶外贸市场,各交易主体都在想方设法利用这一机制,为自身牟利。

二、东西方商人的冲突和纠纷不断

随着东西方贸易量的大幅跃升,茶叶商情作伪和采制不精的问题日渐突

---

① 转引自湖北省志贸易志编辑室主编:《湖北近代经济贸易史料选辑(1840—1949)》第 1 辑,湖北省志贸易志编辑室 1984 年版,第 36 页。

② [美]郝延平:《中国近代商业革命》,陈潮、陈任译,上海人民出版社 1991 年版,第 331—342 页。

③ [日]水野幸吉:《汉口——中央支那事情》,湖北嘤求学社译,上海昌明公司 1908 年版,第 255 页。

④ 吴弘明译:《津海关年报档案汇编(1865—1888)》上册,天津社会科学院历史所、天津市档案馆 1993 年版,第 46 页。

出。英国对中国茶叶的评价日渐降低,英国洋商和华商之间的争端和贸易摩擦开始凸显。当时中英茶叶贸易形成"样茶—竞价"的交易机制,即茶商提前选送高级茶的茶样给各收购洋行,洋行根据样茶出价。但在实际交易中,经常发生实际茶叶货品较样茶质量低的情况,英国洋商便要求降低收购价格或者重量克扣方式弥补损失。如果华商拒不同意,其他洋商也拒绝收购,最终华商不得不低价亏本出售。特别是 19 世纪 80 年代在国际销售市场不振、进入买方市场后,即便华商茶叶质量没有瑕疵,洋商也会故意压低收购等级以获取更大利润。为此,通商口岸的茶叶贸易纠纷不断。

1866 年,福州口岸由于茶叶掺杂、质量不一等原因,引发了洛克重(Loke-chong Tie)对弗赖伊(Fry)、福兴洋行(H. Follet & Cie.)对陈仙槎和陈天标的两起民事诉讼案件,审理该案的英国领事辛克莱(Charles A. Sinclair)以此事件为契机,向福建省通商局官员提出,希望禁止在茶叶中掺杂杂物和样品与实物不符等不正当行为的发生。[①] 1873 年,福建再次出现中外茶商的纠纷。英商天祥洋行(Dodwell & Co., Ltd.)从汇泰华行订购一批茶叶,在验茶之日,发现茶箱所装之茶有欺诈,箱底的茶叶掺杂了沙子等。天祥洋行告之于官,经英国领事与道宪委员联合查明,情况属实。该批茶叶数量为 350 磅,查明后弃诸河流,当地政府诫饬茶号,不得再行骗人之举。[②] 汉口茶叶外贸市场,该问题表现得十分突出,1868 年成立的茶商组织汉口茶叶公所,为正视交易中存在的质量风险,于 1872 和 1876 年发布规范中英双方的交易秩序的章程,1883 年更是领导了联合拒绝售茶的集体对抗。[③] 在这类茶叶贸易纠纷中,清政府的地方官员扮演了协调角色,以缓解事态、防止更大的冲突出现,但没有

---

① "Annual Report on Foreign Trade at Foochow-foo, for the Year 1868", *British Parliamentary Paper*, China 8, Dublin: Irish University Press, 1971, p.488. 又见王力:《近代驻华日本领事贸易报告研究(1881—1943)》,中国社会科学出版社 2013 年版,第 238 页。

② 《福建茶箱事》,《申报》1873 年 10 月 1 日;《福建假茶案》,《申报》1873 年 10 月 11 日。

③ 详见[美]罗威廉:《汉口:一个中国城市的商业和社会(1796—1889)》,江溶、鲁西奇译,中国人民大学出版社 2005 年版,第 179—187 页。

意愿也没有动力对掺假等质量问题进行彻底治理。① 茶商集体组织侧重于在同英国洋商的具体博弈中实现利益,也无意从生产加工的基础环节去改善茶质。

因此,19 世纪下半叶,早期建立的一套相对行之有效的商品检验制度趋于紊乱。贸易双方根据样茶签订合约后,茶商运至通商口岸的大宗茶品质要低于样茶。对此种现象,日本驻汉口领事在《通商报告》中称:"尚有一点须提请特别注意:汉口向有推出虚假样品之通弊,此弊端当易于清除,一旦奏功,则目前外商所蒙受之艰难可减其半。"② 为此,洋商加大对茶叶检验力度,从本国派遣检验员,检验员到埠后方开市购茶:"各行茶师自外洋来者,近日均已陆续齐,到静待举。"③ 凡发现用泡过之茶重新炒制着以颜色,希图混充者,或者有以柳叶掺入茶内以期乱真者,一经茶师检验查出,则坚决不收,并声称要采取罚款措施。④ 卖方则对检验结果不满,认为检验员受洋商雇佣,自然为洋商利益张目,其检验结果缺乏公正客观的立场。更有甚者,部分洋商为获得短期利益,借此要求克扣重量、退盘、压低收购价格等,市场迟滞时更是如此。1887年有江西宁州茶庄客将头春茶运至汉口,通过住益记茶栈与尤平洋行交易,洋行压货一礼拜方过磅,检验员查验后称茶不符样,每担须扣价三两。庄客不愿被扣价,要求将茶退还,而洋行则不肯退茶,定要扣价,须交罚银二百两后方可。双方相持不下,遂领事剖断,领事尚属公允,要求洋商退茶,但洋行不服,定要罚银。领事无奈,建议避免请外国讼师兴讼、请体面人出面调处。庄客遂请茶业公所调处,公所恐将来效尤者众、影响全局交易,又公禀关宪请会同领

---

① 日本在改善茶叶质量方面,各级茶叶组合特别是政府起到了关键性的作用,可参见日本茶輸出百年史編纂委員會:《日本茶輸出百年史》,静岡:日本茶輸出組合 1959 年版,第 67 — 88 页。

② 《支那製茶貿易衰退ニ関スル調査委員ノ意見書》,《通商報告》第 52 号"製茶"部,大蔵省印刷局 1887 年版,第 6—11 页。

③ 《茶市大略》,《申报》1880 年 5 月 16 日。

④ 《论中国整顿茶业之要》,《申报》1886 年 6 月 20 日。

事会审。① 因此,19世纪80年代晚期中国茶市陷入衰颓后,华商和洋商、华商商人团体和洋商出口公会、地方政府和外国领事等群体之间,对自我检验的结果分歧和争议颇大,故摩擦和争讼愈演愈烈,甚至爆发长时间的联合抵制和对抗。②

---

① 《汉口茶市续闻》,《申报》1887年6月20日;《福建假茶案》,《申报》1873年10月11日。

② William T. Rowe, *Hankow: Commerce and Society in a Chinese City, 1796-1889*, Stanford: Stanford University Press, 1984, pp.136-149.

第四章 质量规制：从不干涉到国家意志

为保护税收，英国最早对茶叶质量进行规制，打击国内的掺杂使假问题。而东西方茶叶贸易纠纷的日益升级，又促使英国着手贸易秩序整顿，特别是纯净食品运动兴起后，英国开始注重通过法律手段对茶叶质量进行规制。英国对茶叶的质量规制方式，也启发了美国、俄国等国家在进口环节设立"质量门槛"。

第一节 英国的茶叶贸易质量规制

英国是对茶叶进行质量规制最为典型的国家。在不同的历史发展阶段，英国质量规制的目的、方式和手段各不相同，异质性较强。而英国的规制方式，又给其他国家提供了规制实践的范例。

一、茶叶掺假法案与《减免法案》

英国最早出台的保护消费者饮食安全的法律可追溯至中世纪行会时期。中世纪的行会致力于维持其成员商品的纯净度和安全。因该时期掺假问题十分严重，掺假甚至成为行业规则，而不是例外。中世纪所采取规制质量的标准是由工匠组织——行会实施的。然而，行会建立标准的目的是保护市场权益，而非保护顾客和消费者。这些行会仅仅是在特定的乡镇、城市和行业范围内实施管理,超出这管辖区域的地方和特定行业仍旧缺乏质量规制。在此时期,对消费者的保护纯粹是"无心插柳",并非有意为之。[1] 1266 年英格兰国王亨利三世公布《面包和麦酒法令》(*Assize of Bread and Ale*),从政府层面对城镇、乡村和城堡中生产和销售的面包和啤酒的价格、重量和质量等方面作出规定,这是英国第一部对食品进行规制的法律。当时对食品质量进行评判的方法为主观方法,即运用感官判断食品的外观、香气和味道等。早期的法令多倾向于对某类具体的食品进行规制,而不是针对食品的总体性原则。[2]

随着饮茶之风在英国日盛,茶叶的掺假问题倍受关注。造假不仅对英国人民健康造成影响,更重要的是对国家税收造成严重冲击,因为国内制造的假茶逃避了巨额进口税。[3] 基于此,英国政府有强烈的经济动力来维持本国销售茶叶的纯度。1724 年乔治一世执政期间,英国颁布《茶叶与咖啡掺假法案》(*Adulteration of Tea and Coffee Act*),规定其他物质不得与茶叶掺杂,假茶全部没收并处以 100 英镑的罚款。[4] 但是这项法律只惩罚生产商造假,对出售非纯净茶的销售者并不处罚。1730 年乔治二世发布《茶叶掺假法案》(*Adulteration of Tea Act*),该法案继承 1724 年法案对生产商的惩罚,还禁止经销商和零售商售卖假茶。经销商拥有假茶或制作假茶的树叶都将会遭受法律惩罚,每销售 1 磅假冒茶,不法经销商要支付 10 英镑的罚款。[5] 该法案的惩罚力度有所减轻,只罚款不没收,还是有一定的法律空白,如普通个人(非经

---

[1] Sophia Griffiths, *History of UK food Law*, 2014-01-09, http://www.fstjournal.org/features/history-uk-food-law.

[2] Caoimhín MacMaoláin, *EU Food Law*: *Protecting Consumers and Health in a Common Market*, Oxford: Hart Publishing, 2007, p.3.

[3] 此时期出台的法令,最主要的目的是防止税收流失。See W.D.Bigelow, "The Development of Pure Food Legislation.", *Science*, 7.172(1898): 505-513.

[4] Acts of the Parliament of the United Kingdom, *Adulteration of Tea and Coffee Act*, 11 Geo.1, c. 30, 1724.

[5] Acts of the Parliament of the United Kingdom, *Adulteration of Tea Act*, 4 Geo. II, c.14, 1730.

销商)可以自由生产假茶,也可以去收集那些用来制造茶叶的树叶,他们可以自由地将制造好的假茶卖给经销商,经销商再将仿制茶与好茶混合,当作纯净茶销售。因此,造假之风仍旧盛行,不法之商疯狂收集树叶,制作假茶的行为甚至已经威胁到英国森林的自然生长。1766—1767年,英国又增加了造假监禁的处罚。①

1776年,英国出台《茶叶掺假法案》(*Adulteration of Tea Act*),试图来继续解决这个问题。该法的序章称:"由于掺杂作伪之风盛行之结果,影响所及,不仅森林中树木大受损耗,且危害帝国人民之健康,减少税收,阻碍正当商业之发展,更将人民习于怠惰,故有此项法律之制定。"②该法律禁止所有人生产制造假茶,无论是个人还是茶叶经销商;对所有人的罚款标准一律定为5镑,以此取代之前经销商每磅假茶10镑的罚款;还规定任何人持有超过6磅用来制作假茶的树叶,却不能取得森林拥有者的授权和证明,将会被课以罚款。③行业协会等组织也尝试对掺假问题进行干预,1780年伦敦、威斯敏斯特、南马克之保罗夫(Borough of Southwark)等地的茶叶、咖啡与巧克力经销商组建了一个协会,以与走私行为抗衡。其中,协会对透露关于违反法律的造假或染色等信息的检举人给予5英镑的奖金,并对其人身安全给予保护。④ 法律虽日臻完善,但在产业掺假高额利润刺激之下,英国国内掺假问题仍旧无法有大的改观。

尽管英国政府连续三次出台禁止茶叶掺假的法案,法案自身的内容和规定也日臻完善,但这只是起到抑制的作用,并未从根本上切断掺假的经济动

---

① William Harrison Ukers, *All About Tea* (Vol. Ⅱ), New York: Tea and Coffee Trade Journal Company, 1935, p.123.

② Caoimhín MacMaoláin, *EU Food Law: Protecting Consumers and Health in a Common Market*, Oxford: Hart Publishing, 2007, p.3.

③ Acts of the Parliament of the United Kingdom, *Adulteration of Tea Act*, 17 Geo. Ⅲ, c.29, § 1, 1776.

④ William Harrison Ukers, *All About Tea* (Vol. Ⅱ), New York: Tea and Coffee Trade Journal Company, 1935, p.124.

因。1785 年英国茶商理查德·唐宁(Richard Twining)在其著作中称,政府的法律并没有发生效力,每年仍有大量的伪茶在英国境内制造,甚至有用其他更有害之物质以混充者,他详细记载伪茶制造的经过:收集家庭所抛弃之茶渣,在日光下晒干后再烘焙,烘干后堆积到肮脏的地板上,经过筛分后加入明矾水和羊粪搅拌,重新摊到地板上干燥,整理完毕后,批发给商贩销售。[1] 缓解造假问题最有效的手段,不仅在于政府对茶叶的质量规制,还在于大幅消减茶叶进口关税及对垄断进行限制,最终降低茶叶的消费价格。为禁绝从欧陆各国向英国的茶叶走私,增强本国茶叶输入能力,1784 年 9 月英国国会颁布大幅削减茶叶进口税的《减免法案》,规定自 1785 年 8 月 1 日起取消现有进口税、津贴和附加税等 119% 的综合税率,代之以 12.5% 的单一税。[2] 这大大压缩了茶叶走私贸易的高额利润,通过正常途径进口的茶叶贸易愈受鼓励。[3] 以 1780—1784 年《减免法案》出台前五年为基数计算,中英茶叶贸易下一个五年则增长了 2.4 倍,取消东印度公司垄断权时已增长 4.2 倍(见表 4-1)。英国在广州购买茶叶的数量反超出欧洲大陆各国家输入的总和,伦敦成为世界茶叶贸易的重要中心。

《减免法案》还对东印度公司的经营作出规定:进口茶叶之数量必须足够供给国内之需要;货栈中必须存储一年消费量之茶叶;一年公开标售 4 次,间隔时间要平均;茶之售价不得超过原价、运费、进口税、保险费和合法收益之总和;不得因待价高沽而有所囤积。[4] 这实际上是对东印度公司垄断行为的限制,有效降低了英国国内销售的茶叶价格,而茶叶价格的下降,也在一定程度上使得英国茶叶掺假等质量问题得到相对缓解。

---

① Richard Twining, *Observations on the Tea and Window Act and on the Tea Trade*, London: printed for T.Cadell, 1785.

② Acts of the Parliament of the United Kingdom, *Commutation Act*, 24 Geo. Ⅲ, c.38, 1784.

③ Hoh-Cheung and Lorna H. Mui, " The Commutation Act and the Tea Trade in Britain 1784-1793." *Economic History Review*, New Series, 16.2(1963): 234-253.

④ 陈慈玉:《近代中国茶业之发展》,中国人民大学出版社 2013 年版,第 10 页。

表 4-1 1760—1834 年中英茶叶贸易统计表①

年份	各类英商自华输出总值（银两）	东印度公司价值（银两）	占总值百分比	东印度公司输出茶叶价值(银两)	占总值百分比	茶叶量（担）	占总量百分比
1760—1764	979586	876846	89.5%	806242	91.9%	42065	75.7%
1765—1769	2190619	1601299	73.1%	1179854	73.7%	61834	111.2%
1770—1774	2119058	1415428	66.8%	963287	68.1%	54215	97.5%
1775—1779	1968771	1208312	61.4%	666039	55.1%	33912	61.0%
1780—1784	2083345	1632720	78.4%	1130059	69.2%	55590	100.0%
1785—1789	5491508	4437123	80.8%	3659226	82.5%	138417	249.0%
1790—1794	5843714	4025092	68.9%	3575409	88.8%	136433	245.4%
1795—1799	5719972	4277416	74.8%	3868126	90.4%	152242	273.9%
1800—1804	7593097	5758771	75.8%	—	—	221027	397.6%
1805—1806	7400224	5379407	72.7%	—	—	—	—
1805—1809	—	—	—	—	—	167669	301.6%
1810—1814	—	—	—	—	—	244446	439.7%
1815—1819	—	—	—	—	—	222301	399.9%
1817—1819	8060271	5139575	63.8%	4464500	86.9%	—	—
1820—1824	9816066	636,4871	64.8%	5704908	89.6%	215811	388.2%
1825—1829	10215566	6316339	61.8%	5940541	91.4%	244704	440.2%
1830—1833	9950286	5984727	60.1%	5617127	93.9%	235840	424.2%

注:各类英商输华总值和东印度公司输华总值缺 1807—1816 年数据。

二、放任自由与打假运动

茶叶在中国口岸出口时已存在一定程度的掺假,进口到英国后进一步被国内的批发商和零售商掺假或染色。19 世纪现代化学的发展,又为造假提供了充分的技术手段,学者阿克利称没有一种物品比茶更容易掺假,可能用于掺

① 严中平编:《中国近代经济史统计资料选辑》,中国社会科学出版社 2012 年版,第 8—14 页。根据表 1-6、表 1-12、表 1-13 等综合制成该表,其中,1817—1819 年东印度公司进口茶叶价值两个表格记录不一致,已根据本书所依据的原始资料校对为 5139575 两。

假的物质有:柳树、接骨木、黑刺、山楂、山毛榉、橡树、榆树、白杨树、悬铃木的叶子,金粟兰,茶梅,已泡过的茶叶,用普鲁士蓝、铅铬、石墨等着色;着色或不着色的谷壳、铁屑、假叶梗等。① 概括来说,掺假作伪的方式主要有四种:一是使用其他树叶;二是直接制造假茶;三是添加矿物质;四是使用矿物质着色。英国热衷于掺假,首要原因是可以在降低成本的同时增加边际利润,其次可以让茶叶外观整齐、色泽清晰,更容易得到消费者的青睐。

进入 19 世纪后,英国茶叶掺假盛行的另一方面原因在于,政府奉行古典经济学和功利主义者的观点,实行自由放任的经济政策,对市场竞争和不当的行为普遍采取不干涉的政策,不愿出台更有效的政府规制政策。当时英国掺假问题不仅体现在茶叶方面,在其他方面同样十分严重。哈塞尔在国会中的证词曾经指出:"几乎在所有食品中都盛行掺假,不论是食品、饮料还是药品。"此时期的新闻媒体和舆论环境持相同的态度,如 1818 年伦敦曾发生一件茶叶掺假丑闻,《泰晤士报》赞成放任自由的政策,认为即便是要抵制食品掺假,政府也不应该过多干预。食品从生产到消费的漫长环节中,有众多的人可能会在其中掺假,一旦发生意外,没有任何一方会对食品的质量问题负责,实施惩罚也没有足够的法律依据。除政府监管不力外,税收也是英国茶叶掺假继续盛行的诱因。1784 年《减免法案》大幅削减了茶税,但之后王室财政困难,英国又开始对茶征收国产税,特别是对高级茶另征国产税,如 1795 年国产税加倍,所有茶叶国产税和关税共计 20%,1797—1780 年连续三次提高高级茶叶税率,高级茶叶税率为 40%,1802 年总税率为 50%,1806 年总税率为96%。② 英国茶税特别是高级茶叶税率的快速增长,为茶叶继续造假提供利

① Rowland J.Atcherley, *Adulterations of Food*, London:W.Isbister & CO.,1874,p.83.1850 年,哈塞尔的一次抽样检测发现,50 种茶叶样品全部存在质量问题。See F.Leslie Hart,"A History of The Adulteration of Food Before 1906." *Food Drug Cosmetic law*,7.1(1952):5-22.

② [美]马士:《东印度公司对华贸易编年史(1635—1834 年)》第 1、2 卷,区宗华译,中山大学出版社 1991 年版,第 438 页。在《减免法案》后的 50 余里,英国历届财政当局根据实际情形,任意增减而使之起伏不定,直到 1853 年以后才逐渐降低。

润空间,因此化学家阿库姆在《论掺假》中说:"政府对茶叶征收的重税,给那些本来不想通过欺诈赚取利润的人提供了强烈诱惑,尽管这牺牲了个人的健康甚至是整个共同社区的生活。"①

英国国内外包括茶叶等食品掺假问题给公众健康带来威胁,而现代化学的发展又为甄别掺假行为提供了新的技术手段。19世纪以前,茶叶的检验主要依靠感官测试法,即观察干燥茶叶的外形和香气,用热水泡开后观察汤色、品尝汤味等,由茶师对茶叶质量定级。② 但感官测试法对鉴定者的要求极高,需要长期的训练才能熟知茶叶的外观、味道和香气,不同鉴定者的感官有差异,致使客观性不足、不易把握;其次,茶叶掺假的方式不断翻新、日渐隐蔽、手法高明,感官测试亦难以鉴别,容易遭受蒙骗。这便迫切需要更新传统的检测方式,发明新的检测手段和工具,阿库姆和哈塞尔等化学家在这个过程中起到至关重要的作用。阿库姆将现代分析化学试验的方法引入茶叶等食品的检验,解开了茶叶造假的原理和基本手段;而哈塞尔则将显微镜这一新型工具用于对茶叶等食品的质量检验,茶叶的检验有了可以客观度量的手段。特别是哈塞尔,他不仅热衷于对掺假行为的发现,更注重对事实的揭露。

哈塞尔所发表的咖啡、茶叶等商品造假的革命性成果引起了医学杂志《柳叶刀》(*Lancet*)创始人托马斯·魏克莱(Thomas Wakley)的注意。魏克莱身负远大使命,有着崇高理想,他试图将《柳叶刀》打造成一本以普通大众为目标读者群的刊物,并向一切威胁人类健康的行为发动攻势。魏克莱在《柳叶刀》的创刊词中写道:"柳叶刀犹如拱形窗口,让光亮透入,或亦是锋利的手术刀,以切除陈杂,我意谓《柳叶刀》赋有上述双重含义。"在看到哈塞尔的成果后,魏克莱敏锐地觉察到这一科学研究会引发一场舆论上的攻势,他给哈塞尔写信,建议哈塞尔公布销售虚假商品的不法者的姓名和地址,让奸商感受到

① Fredrick Accum, *A Treatise on Adulteration of Food*, London: Longman, Hurst, Rees, Orme and Brown, 1820, p.213.

② John Crawfurd, *The Monopoly Examined*, London: James Ridgway, 1830, p.83.

震慑的力量。魏克莱的建议很快得到哈塞尔的回应,二人一拍即合,达成合作协议。哈塞尔负责从市场上购买商品并作样品分析,魏克莱负责在《柳叶刀》杂志上公布不法商贩的名字及地址,并负责随之而来的法律等方面的纠纷。他们以《柳叶刀》杂志为平台,从1851年到1854年每周(后改为两周一次)从市场购买商品、公布检测结果,"这样的含辛茹苦让掺假第一次成为经过统计的事实,而不仅仅是轶事"①。

科学家的打假运动唤醒了民众对于触目惊心的掺假现象的关注,也激发了公众舆论对饮食安全的巨大热忱,同时也引起奉行市场自由主义原则的政府的警觉。在哈塞尔和魏克莱以及《柳叶刀》事业的感召下,新的势力加入反对食品掺假造假的运动中,比较著名的人士有外科医生约翰·波斯盖特(John Postage),政治家乔治·孟兹(George Frederick Muntz)和威廉·斯科菲尔德(William Scholefield)。他们或通过印刷宣传册加入反对食品掺假运动,或通过政治手段推动政府饮食立法,成为促进食品安全的新生力量。

三、英国食品销售法案

在一批富有责任感和激情的科学家、政治家的努力下,英国政府改变自由放任的经济政策,逐渐对市场违规行为进行干涉,最主要的手段是出台一系列的法令,规制质量违法行为。1848年,英国通过《公共卫生法》(Public Health Act),将食品销售纳入公共卫生的范畴,并确定政府为公共卫生的最终责任承担者,这标志政府开始正视茶叶等食品掺假现象,不再采取放任自由的政策。1851年,英国税务部检举制售回笼茶,实施检验、取缔劣质茶入口,但收效甚微,国内茶叶掺假现象依旧严重。1855—1856年,下议院组织成立的食品、饮料、药品掺假专门委员会通过听证会等方式开展调查,并提交两份调查报告,里面提到大量进口茶掺假问题。在哈塞尔和《柳叶刀》杂志的宣传、波斯盖特

① [英]比·威尔逊:《美味欺诈:食品造假与打假的历史》,周继岚译,生活·读书·新知三联书店2010年版,第100页。

和斯科菲尔德所领导的政治活动的推动下,英国在 1860 年通过了第一部一般性的《抵制假货法案》(*Adulteration of Foods or Drink Act*),销售含有任何对人的身体健康造成损害成分的茶叶或以任何方式掺假,都被定性为犯罪。[①] 这部法律是以消费者利益为框架而制定的,然而并非是强制性法律,尚存在两个方面的问题:一是法案只允许地方当局检查且这种检查并非强制要求,对茶叶这种从国外进口的饮品来说,地方当局的检查作用十分有限;二是只有故意为之的行为才是掺假,如证明茶商是在没有其他人干预的情况下,故意掺假才能将其定罪,否则无法查处。[②] 这就导致这部具有重大意义的新法,在实际司法实践中几乎不能发挥作用。

之后各方围绕该法律反复博弈,1872 年《反食品与药品掺假法案》(*Adulteration of Food , Drink and Drugs Act*)获得通过,新法不再将故意掺假当作定罪的主要依据。为了增加重量或者体积而掺入其他成分的食品及药品都被视为假货,英国的零售商销售染色茶会得到相应惩罚。但这招致杂货商的反对,因为他们不清楚所出售的茶叶是否已经掺假。[③] 在食品检查方面,法律要求地方政府任命公共分析师,分析师每年要向当地政府报告工作,并向国家的地方政府事务部报备。这部法律虽然同样不是强制性法律,但中央政府的角色开始强化,对食品检查的要求趋向强制。在 1872 年法案的作用下,英国从印度的阿萨姆和大吉岭进口茶叶的数量激增,给中国的对英茶叶贸易造成很大冲击。

为解决之前法律所存在的问题,1875 年英国又通过《食品与药品销售法》

---

① 该法案的全名为《地方当局反食品和饮料掺假议会法》(*Act of Parliament for the Prevention of the Adulteration of Food or Drink by Local Authorities* ,1860)。

② [英]比・威尔逊:《美味欺诈:食品造假与打假的历史》,周继岚译,生活・读书・新知三联书店 2010 年版,第 107 页。

③ 1872 年《反食品与药品掺假法案》规定委派食品药品分析师是强制性的,起诉掺假一般要根据检验员与警察购买的样品,但凡经销商拒绝出售商店中的货品作为样品,将会受到 10 英镑的罚款。

（*Sale of Food and Drugs Act*），对制造商和销售商的责任以及非假货都进行了明确界定，该法律至今仍是英国食品法律的基础，也是其他各国食品法参照的重要蓝本和依据。《食品与药品销售法》对国内茶叶造假以及进口茶叶的掺假都从制度设计上作出规定。国国内掺假方面，法案第 3 条、第 7 条、第 9 条等界定哪些行为属于违法行为，并按照情节给予相应的罚款、监禁、劳动改造等惩罚。第 30 条对进口茶叶的质量监管作出特别规定：

自 1876 年 1 月 1 日起，作为商品进口的所有茶叶在大不列颠或爱尔兰的任何一个港口靠岸，都须服从海关税务局指定人员的检查，服从国家财政部的审批、检查和验定。为此，当检查员认为必要之时，被指定的分析员可能会以一切便捷的方式取样；如果验定发现样本中混有其他成分或泡得无味的茶叶，在此条件下和他们认为适宜管理的情况下，无论是国内销售还是船舶备用抑或用于出口，除非有上述税务局特派员的批准，否则样本将不会被递送；但如果在此检查和验定下，分析员认为该茶叶看起来不宜于饮用，上述税务局特派员将会没收并销毁或以其他方式处理该茶叶。

在将近两个世纪与茶叶掺假作伪的博弈中，英国是第一个在立法层面对国内茶叶消费进行规制的国家，也是第一个在进出口环节对茶叶进行质量规制的国家，英国在结束劣质茶产业方面坚持不懈。《食品与药品销售法》出台后仍旧有大量的掺假茶、回笼茶、赝茶抵达伦敦，它们与优质茶一道通过海关输入。政府应付此辈奸商感到颇为困难，乃设置茶叶检验员，其任务为防止不正当茶叶之混入。[①] 此种措施颇为有效，因伪茶制造者和输入商被发觉之后，

---

① William Harrison Ukers, *All About Tea*（Vol. Ⅱ）, New York: Tea and Coffee Trade Journal Company, 1935, p.123.

其货物将被退回,是以伪茶之进口大减。

之后,英国还加大了对中国茶的规制力度,甚至禁止进口。1917年2月,中国茶商收到英方发来电报,自当月23日起,英国政府规定不能向其出口中国茶叶。在此之前,茶商并未收到任何禁止中国茶进口的预先通告或看到英方要采取措施的任何迹象,更没想到政府会采取如此激烈的措施。这给茶商造成了极大困难,他们事先跟英国进货商签订了供货合同,并已经收购了大量茶叶,等待运往英国市场。上海中国协会(Shanghai Branch of the China Association,英国所立之协会)派出代表向英国政府当局进行了申诉,以便对这一禁令作出修改。因为协会的有关成员23日之前便已经装运了一批茶叶,他们希望这批茶能够在英国顺利通关。经过冗长的谈判,最终政府同意授权不超过300万磅中国茶叶输入英国。① 当然这不是华茶第一次由于政府规制而被阻挡在伦敦外,政策的偶然性给经营带来不确定性,洋商经营华茶的意愿大受打击。

总体而言,茶叶作为进出口的重要商品,英国的立法给食品纯净法案的出台提供了监管实践和政策基础。英国以茶叶为中心通过立法所确立的基本制度,给美国、俄国等茶叶消费国以启迪,为这些国家的茶叶质量规制提供了必要的经验和准备。

第二节　美国的茶叶贸易质量规制

美国紧跟英国步伐,是世界上第二个对进口茶叶进行规制的国家。与英国将茶叶纳入食品相关法令相比,美国的茶叶质量规制作出诸多制度创新,形成了专门的法令并在实践中不断完善,制定了年度检验标准、成立了专业委员会等,有一套完整的仲裁和复议程序。这不仅对中日两国茶叶出口造成严重冲击,更重要的是对其他进口茶叶的质量规制产生了深刻影响,在进口环节设

---

① "The China Association", *The North-China Herald and Supreme Court & Consular Gazette (1870-1941)*, May 11,1918,p.362.

置商品质量门槛成为市场准入壁垒的一种手段。

一、1883 年茶叶法案的出台和争议

18—19 世纪,美国从农业社会向工业社会转型,城市化进程日益加快,人们的饮食获取渠道随之从自我生产和供给的状态,向通过劳动获取收入后再从市场上购买的方式变迁。饮食生产也不再是一家一户的个体劳作,而是实现规模化和工业化生产,食品制造成为重要的工业门类之一。特别是随着冷藏技术、食品加工技术、防腐技术、远程运输等能力的提升和发展,食品工业打破了传统区域化的产销模式,饮食是从全国各个地方甚至是全球的遥远角落获取的。在此背景之下,消费者从市场购买饮食的比重越来越高,对饮食质量状况的判断知识越来越有限,无从辨别何种饮食对自身健康是有益的。美国化学家艾伦·理查德(Ellen Richards)在其著作《食品原料及其掺假》中写道:"我们购买一切,但对生产过程毫无所知,无法事先得知质量状况如何……对于我们日常生活中所用到的物品,与我们的祖母相比,我们近乎处于野蛮无知的状态。"[1]不法之商为获取利益,使用各种手段对原材料进行生产加工,其中很多手段对人体是有害的,食品质量安全问题变得日益突出。生产者和消费者之间的信息不对称情况越来越严重,但美国政府却跟早期的英国一样,奉行自由主义的市场政策,无论是州政府还是联邦政府都较少对市场中的违法行为进行干涉。

特别是进入 19 世纪后,美国牛奶掺水或添加白垩、葡萄酒加铅以防腐等问题时常见诸报端。茶和咖啡等饮品中也被发现掺有尘土、沙砾及其他形状近似的树叶。[2] 尽管当时美国已有法令禁止在食品中添加有害物质,但尚缺

---

① Ellen Henrietta Richards, *Food Materials and Their Adulteration*, Boston：Whitcomb & Barrows,1911,p.5.

② [英]比·威尔逊:《美味欺诈:食品造假与打假的历史》,周继岚译,生活·读书·新知三联书店 2010 年版,第 120—168 页。

乏科学手段检测证明,法令本身也不完善,执行举步维艰。1791 年和 1862
年,美国曾专门制定茶叶有关法令,但制定这些法令的目的既不是针对进口茶
叶,也不是为了保护消费者。① 19 世纪中期,在英国阿库姆、哈塞尔等人的努
力之下,茶叶等食品的检测手段趋于成熟,其掺假伎俩也被昭示于世,引发纯
净食品运动。英国检测技术的发明和应用、纯净食品运动的思想理念给美国
以启迪,1848 年美国出台《药品进口法案》(Drug Importation Act),严控掺假药
品的进口。自 19 世纪 70 年代起,美国的食品质量安全开始得到各界重视。
当时,牛奶、肉类等是美国食品质量安全的最大威胁,少数州政府曾试图对这
些本国出产食品进行治理,但困难重重。② 这主要是因为州政府所出台的政
策各不相同,生产者想要在全国销售,就必须按照不同州的要求进行包装和销
售,但这给生产者造成负担,他们对这种各自为政的做法越来越不满。这种立
法方式的另一局限性表现在,州政府无法对国外进口食品实施统一的强制性
规制。

　　19 世纪末,中国、日本等国家的着色茶及粗制掺杂茶叶,涌入纽约和波士
顿等地。这种茶叶在美国市场上大行其道,正常的贸易受到打击,对消费者的
健康也造成很大威胁。部分有识之士开始向议会请求制定法律,禁止粗制茶
和劣质茶的进口,掀起纯净食品运动。但他们的请求遭到了借非法手段牟利
商人的抵制,进展颇为艰难。③ 在政府官员、销售商、家庭主妇等的反复博弈和
推动之下,美国联邦政府决定首先对从国外进口的茶叶着手,设置市场进入质
量门槛,阻止掺假和伪劣茶的入关。相比较其他商品而言,茶叶对消费者健康

① 1791 年 3 月 3 日的法令,确定了检验茶叶和蒸馏酒精的内容;1862 年 7 月 1 日的法令,
要求检验商人堆放茶叶的货栈。Schultz H.W.,*Food Law Handbook*,Westport:The AVI Publishing
Company,Inc.,1981,p.5.
② 该时期美国对联邦政府和州政府之功能承担、政府和市场边界的认识存在较大分歧,具
体情况可参见[美]伊丽莎白·桑德:《美国进步时代对中国的启示:三种代理模式》,陈永杰译,
《公共行政评论》2010 年第 3 期。
③ William Harrison Ukers, *All About Tea* (Vol. II), New York:Tea and Coffee Trade Journal
Company,1935,p.268.

影响较小,却成为联邦政府层面首先立法的对象,有四个方面的原因:一是美国国内销售的茶叶几乎全部通过进口而来,在海关口岸对茶叶进行检查最容易实施,比国内的食品质量问题治理难度要小;二是美国宪法第一章第八款赋予政府规制外国商业的权利,这是法律基础;三是美国经济发展的国家化趋势,使联邦政府成为国内食品安全的自然保护者;四是联邦政府财政部下设置了海关,海关在全国各地的分支机构是进口强制检验的组织基础。①

1883年3月美国国会通过《茶叶纯净法案》,开始尝试采用设置市场进入门槛的方式,解决茶叶质量问题。该法案禁止进口用其他树叶或废茶掺假的茶叶,以及添加化学或者有害物质的茶叶。为实施这一禁令,美国财政部被授予制定进口标准的权力。该法案的条款在一定程度借鉴了英国之前出台的纯净法案,有一定的基础条件。② 但是该法案由美国茶叶进口商和经销商起草,并通过游说国会而获得通过,条款内容过于强调保护本国产业利益,因此最终对美国自身商业产生负面影响。此外,法案没有规定进口茶叶的具体标准,没有茶叶检验的仲裁机关,也没有强制实施的手段。茶叶检查员虽被授予了从事检查的权力,但对于是否违规进口,没有固定标准,导致检查的随意性和量裁权过大。输入商和检查员争讼的情况屡有发生,在出现争议后,两者之间又没有茶叶团体或仲裁机关进行第三方评价或调解裁决。③ 因此,该法案出台后很难执行,无法真正保护消费者免于受掺假茶损害的危险。1884年,托马斯·费伦(Thomas A.Phelan)、查理斯·科多瓦(Charles de Cordove)和阿尔弗雷德·斯洛恩(Alfred P.Sloan)等人便上书国会,提出要作立法修正,筹集款项以作为

---

① Patricia Dewitt, "A Brief History of Tea:The Rise and Fall of the Tea Importation Act." *Harvard University's DASH Repository*, 2000 Third Year Paper.

② 1875年英国《食品与药品销售法》对国内茶叶造假以及进口茶叶的掺假从制度设计上作出规定。国内掺假方面,第3、7、9等条款界定了哪些行为属于不当违法行为,以及按照违法程度给予相应的罚款、监禁、劳动改造等惩罚。第30条对进口茶叶的质量监管作出特别规定。详见 *Sale of Food and Drugs Act of 1875*, 38 & 39 Vict, Ch 63.

③ 《美国纽约进口茶检查官之不平》,《湖北商务报》1899年第25期。

必要之经费,以便实现纠正法案缺陷与弊端的目的。① 另有 45 家较大的茶叶经销商也联名上书要求修正法案,这促成了 1897 年对茶叶法案的修正。

二、1897 年茶叶法案的修订与完善

在美国众议院筹款委员会的不断推动下,为彻底阻止非纯净茶和有害茶的进口,1897 年 3 月 2 日国会颁布《1897 年茶叶进口法案》,同时废止《茶叶纯净法案》。② 1897 年法案在 1883 年法案的基础上,作出多方面的修改。法案的目的在于改善美国消费茶叶的质量水平,对进口茶叶标准提出三项原则性要求,即纯净度、品质和适宜消费(Purity, Quality and Fitness for Consumption)。在机构设置和经费保障方面,美国财政部负责确定进入美国市场的茶叶标准,该标准由财政部任命的 7 名专家委员会负责制定,在每年 2 月茶季开始前公布;委员会还应给出标准茶样,将茶样分发至纽约、旧金山和芝加哥等各口岸呈验备用;委员会成员任期为 1 年,中途退出则随时安排递补;每名专家年薪 50 美元,从海关预算中安排支出。在检验程序方面,茶商将茶运至海关报关后,货物存放于规定货栈,由茶商或者检验茶师从每批每类茶叶中扦取样品;若样品检验结果符合或者高于官定茶样质量,则海关放行入关,低于官定茶样质量则不准入关,限 6 个月内运走,否则没收销毁。在复议和仲裁方面,茶商对检验结果持有异议,可向纽约的茶叶申诉委员会(United States Board of Tea Appeals)申请复验,复验结果即为定论。没有检验员入驻的港口进口茶叶,则由海关提取茶样,进口商亦提取一份茶样,送交附近之查验机关,并附以一式三份税关执照表。茶师检验的方法比较多元,包括滚水浸泡法、化学试炼法等。对特殊情况的规定也较为周详,如若入关口岸没有茶师,则寄送

---

① William Harrison Ukers, *All About Tea* (Vol. Ⅱ) , New York:Tea and Coffee Trade Journal Company, 1935, p.279.

② "An Act to Prevent the Importation of Impure and Unwholesome Teas", *The Statutes at Large of The United States of America* (Vol.29) , Washington:Government Printing Office, 1897, pp.604-607.

茶样检验;已经不准进口的茶叶,如另寻其他口岸复进口,被查出后货品要充公。

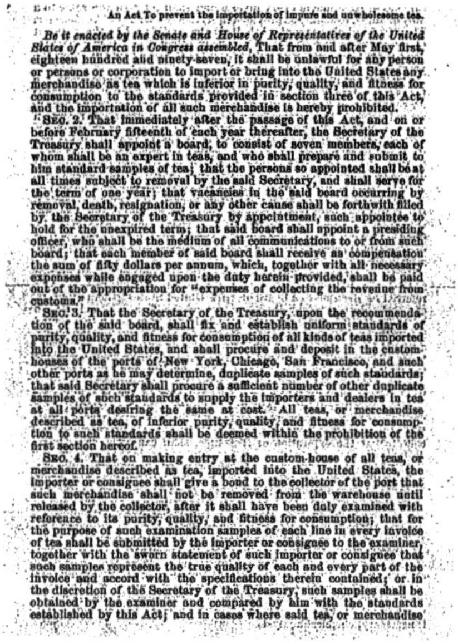

An Act To prevent the importation of impure and unwholesome tea.

Be it enacted by the Senate and House of Representatives of the United States of America in Congress assembled, That from and after May first, eighteen hundred and ninety-seven, it shall be unlawful for any person or persons or corporation to import or bring into the United States any merchandise as tea which is inferior in purity, quality, and fitness for consumption to the standards provided in section three of this Act, and the importation of all such merchandise is hereby prohibited.

SEC. 2. That immediately after the passage of this Act, and on or before February fifteenth of each year thereafter, the Secretary of the Treasury shall appoint a board, to consist of seven members, each of whom shall be an expert in teas, and who shall prepare and submit to him standard samples of tea; that the persons so appointed shall be at all times subject to removal by the said Secretary, and shall serve for the term of one year; that vacancies in the said board occurring by removal, death, resignation, or any other cause shall be forthwith filled by the Secretary of the Treasury by appointment, such appointee to hold for the unexpired term; that said board shall appoint a presiding officer, who shall be the medium of all communications to or from such board; that each member of said board shall receive as compensation the sum of fifty dollars per annum, which, together with all necessary expenses while engaged upon the duty herein provided, shall be paid out of the appropriation for "expenses of collecting the revenue from customs."

SEC. 3. That the Secretary of the Treasury, upon the recommendation of the said board, shall fix and establish uniform standards of purity, quality, and fitness for consumption of all kinds of teas imported into the United States, and shall procure and deposit in the custom-houses of the ports of New York, Chicago, San Francisco, and such other ports as he may determine, duplicate samples of such standards; that said Secretary shall procure a sufficient number of other duplicate samples of such standards to supply the importers and dealers in tea at all ports desiring the same at cost. All teas, or merchandise described as tea, of inferior purity, quality, and fitness for consumption to such standards shall be deemed within the prohibition of the first section hereof.

SEC. 4. That on making entry at the custom-house of all teas, or merchandise described as tea, imported into the United States, the importer or consignee shall give a bond to the collector of the port that such merchandise shall not be removed from the warehouse until released by the collector, after it shall have been duly examined with reference to its purity, quality, and fitness for consumption; that for the purpose of such examination samples of each line in every invoice of tea shall be submitted by the importer or consignee to the examiner, together with the sworn statement of such importer or consignee that such samples represent the true quality of each and every part of the invoice and accord with the specifications therein contained; or in the discretion of the Secretary of the Treasury, such samples shall be obtained by the examiner and compared by him with the standards established by this Act; and in cases where said tea, or merchandise

图 4-1 《1897 年茶叶进口法案》英文原件首页①

鉴于该法案对中国茶叶出口具有重要影响,时任驻美使署翻译官周自齐翻译全文并寄回国内,《时务报》在 1897 年 11 月 24 日刊登了其翻译的法案。② 全文内容如下:

美国新定禁止粗劣各茶进口条例

第一款 美国上下议院会议妥定,一千八百九十七年五月一号(即光绪二十三年三月十日)起,凡各国商人运来美国之茶,其品比此例第三款所载官定茶瓣下者,概行禁止进口。

---

① 《米国ニ於テ本邦茶検査一件附茶検査規則並標準茶ニ関スル件》第 1 巻,東京:日本外務省外交史料館,档号:B11091126500。

② 周自齐译:《美国新定禁止粗劣各茶进口条例》,《时务报》1897 年第 46 册。

　　第二款　此例一定之后,户部(美国财政部,笔者注)大臣当派熟识茶务人员七名,妥定茶瓣,呈送查验。嗣后每年西历二十五号以前(英文原文为二月十五日,笔者注),均照此例妥定茶瓣,呈验备用。该员等任由户部大臣,随时撤留。限一年为任满,若未满任,或系斥革,或遇病故,或自行告退,或因别项事故开缺者,户部大臣即派员接充,续满原任之期为止。各员应于其人中共推一人为首领,所有来往公文,俱归一手经理。每年应给每员酬金五十元,办公各费,另行酌加。

　　第三款　合准进口各种茶类,由户部大臣妥定样式,则当照样多备茶瓣,分发纽约、金山(旧金山,笔者注)、施家谷(芝加哥,笔者注),以各口税关收存,以资对验。至若茶商欲取官定茶瓣,可照原价给领所有茶类,其品比官定茶瓣较下者,均在第一款禁例之内。

　　第四款　凡商人装运茶类来美,入口报关时,须要呈具保据,交给该口税务司(海关,笔者注)收存,言明该货于未经验放之前,不得擅移出栈。当由茶商将货单所载各茶样式呈验,另立誓辞,声明单货确实相符,方为妥协。或任茶师自取样式,逐一与官定茶瓣比较。其入境各口,无派茶师,则商人当备各茶样式,并立誓辞,呈送该口抽税之员查收。复由该员另取各茶样式,一并送交附近海口茶师验收。

　　第五款　所有茶类经茶师验过,其品确系与官定茶瓣相等,税务司亦无异言,自当立给准照放行。若其品比官定茶瓣较下者,则立刻通知茶商,除覆验批驳茶师有错外,不准放行。若运到之茶,品类不齐,将好茶放行,其次等者扣留。

　　第六款　茶师验明之后,茶商或税务司,或有异言,可请户部大臣总估价委员(Board of General Appraisers)三名覆验。若查得茶品果系与官定茶瓣相等,自当给照放行;如查得茶品比官定茶瓣较下,则请茶商具结,限于六个月内,由验明之日起许运出美国。设使过期不出口,由税务司设法焚毁。

第七款　所有进口茶类,当由派定各茶师亲验,倘入境之口,并无派定茶师,当由该口税务司取齐各茶样式,递送最近海口茶师验收。至验茶之法,自当照茶行定规办理,其另有用滚水泡之法,与化学试炼之法,均当办。

第八款　所有茶类,凡请美国总估价委员会覆验,应由茶师将各茶样式,与茶商眼同封固,与茶师批词,以及茶商驳语,一并送交评估委员会覆验。一经验明妥定,即当缮写断词。由该委员会签名,将全案文牍茶式,于三月内一齐发回该税务司,另抄两份,一份转达茶师,一份转交茶商遵照办理。

第九款　所有茶类,已经不准入口,遵例出口之后,如复进口,自当将货充公。

第十款　此例各款应由户部大臣,妥立章程,一律颁行。

第十一款　所有茶类,于此例议定时,已经装船来美,自当宽免,不在此例禁止之内,仍照西历一千八百八十三年三月二号禁止粗劣各茶入口条例办理。

第十二款　由此例颁行之日起,一千八百八十三年三月二号之禁止出劣茶进口条例,则作为废纸。

此例于一千八百九十七年三月二号(即光绪二十三年正月二十九日),由总统批准。

法案出台后,美国迅速组建茶叶专家委员会(Board of Tea Experts)。委员会的成员由芝加哥斯科耶尔公司(E.A.Schoyer & Co.)的创始人斯科耶尔、芝加哥斯普雷格·华纳公司(Sprague, Warne & Co.)的厄珀姆(A.B.Upham)、波士顿罗宾·伍德伍兹公司(Robinson and Woodworth)的伍德伍兹(H.G.Woodworth)、费城欧文·麦克布雷德公司(Irwin, McBride, Catherwood & Co.)的欧文(A.P.Irwin)、纽约罗米公司(Wm.P.Roome Co.)的罗米、纽约雷恩公司(Geo.
W.Lane & Co.)托马斯·费伦以及旧金山的贝恩(R.B.Bain)7人组成。专家
委员会成员大多数来自芝加哥、纽约和旧金山等地,因为美国茶叶主要通过这
些城市的港口输入。在委员会的第一次专家会议上,推举托马斯·费伦为主
席,并经过论证确定了1897年进口茶叶的16种类型和质量标准。①

图4-2　1935年美国茶叶专家委员会在评选茶叶进口标准

在该标准中,中国茶有10种,分别是第一号台湾乌龙茶、第二号福州乌龙
茶、第三号厦门乌龙茶、第四号中国北方工夫茶(North China Congou)、第五号
中国南方工夫茶(South China Congou)、第八号平水平绿茶(Pingsuey green
tea)、第九号A字山里绿茶(A Country green tea)、第十号B字山里绿茶(B
Country green tea)、第十五号上香茶(熏白毫或橙香白毫,Scented orange
pekoe)、第十六号无松制茶(香片或熏香珠兰茶,Capers);日本茶有4种,分别
是第十一号锅焙日本绿茶、第十二号日晒日本绿茶、第十三号篮焙日本绿茶、

---

① "New Tea Standards Made", *The North-China Herald and Supreme Court & Consular Gazette*
(1870-1941), May 14,1897.

第十四号日本碎茶(Japan tea,dust or fannings);英属殖民地茶叶有2种,分别是印度茶和印度锡兰茶。[①] 因绿茶的掺假较多,所以委员会对几种绿茶给予特别关注。浙江出产的平水茶经常出现掺杂假叶和染色的问题,给饮用造成很大威胁。因此平水茶必须绝对纯净,不能有任何渣末,在水中浸泡后需呈现干净的绿色叶子,只有这样的茶叶方允许进口。这一标准同样适用于2类山里绿茶,这些茶叶往往等级较低,在上海重新进行包装。烟味福建茶(Smoky Fychow)也被禁止进口,因为这些茶在水中浸泡会产生很多渣末。日本绿茶进口则要满足上中(Good Common)到低中(Low Medium)以上等级的方能进口,不能有任何作假、渣末或者废茶渣的情况。之前进口的日本碎茶中有1/4—1/3的尘土等杂物混杂其中,并有不少过度染色或者渣末较多的情况,此种茶叶法案执行后一律禁止进口。委员会不仅制定了官定茶样,还对合规标准和检验方法作出规定,如第1—7号类型的茶叶内掺碎末,不得超过10%,当用第26号铜线造之第16号筛筛过;第8—10号类型的茶叶用第30号铜线造之,第30号筛筛过,不得超过4%。[②]

　　法案和首次制定的茶叶标准经过将近一年的施行,取得一定成绩。茶叶委员会在1898年1月21日向美国财政部赖曼·盖治(Lyman J.Gage)报告,认为从太平洋到亚特兰大海岸,对进口茶叶检验十分必要,法案确立的准则比较客观,茶叶贸易已经被较好地管理,港口任命的检验员的工作得到广泛认可。他们还对1897年所指定的茶叶标准重新进行审定,也充分吸收了中方所提出的中国茶叶种类有所疏漏的建议。在此基础之上,制定了1898年的茶叶种类标准,在A字山里绿茶下增加了雨前熙春茶(Young Hyson),在B字山里绿茶下增加了熙春茶(Hyson),新增了第十七号广东乌龙茶和第十八号广东

---

　　① 周自齐译:《户部立定茶瓣章程》,《时务报》1897年第46册。"New Tea Standards Made",*The North-China Herald and Supreme Court & Consular Gazette(1870-1941)*,May 14,1897.
　　② 《续美国新定禁止劣茶进口条例附茶办章程》,《湘报》1898年第63号。

熏花茶(Scented Canton),即该年茶叶标准共有 18 类。① 自此之后,每年 2 月 15 日以前成立茶叶委员会,召开会议、选举主席,根据上一年度进口茶叶的情况,动态调整新一年度茶叶进口的类型和标准,呈报农业部部长后每年 5 月 1 日前开始实施,形成了一种常态化的运转机制。专家委员会所确立的标准是茶叶进口的最低标准,以免产生限定市场价格的作用。有了这一确定的标准后,产茶国茶商以及进口商就可以该标准为准则,从事收购和出口活动。

SOME MEMBERS OF THE TRADE WHO HAVE SERVED ON THE UNITED STATES BOARD OF TEA EXPERTS
1. Charles R. Platt, San Francisco. 2. George Hewlett, New York. 3 Edward Brunsten, San Francisco. 4. Charles H. Pegg, New York. 5. Herbert Perry, New York. 6. Alexander M. Scott, Pittsburgh. 7. H. G. Woodworth, Boston. 8. E. R. Rogers, Tacoma. 9. C. K. Wyman, St. Paul. 10. John J. McNamara, New York. 11 Norman H. Wear, San Francisco 12. John N. Shaw, Seattle. 13. Harry L. Jones. Boston. 14. Robert A. Lewis, Boston. 15. Charles F. Hutchinson, New York. 16. F. D. Stillman, Chicago. 17. J. H. Swenarton, New York. 18. John W. Vaux, Seattle.

图 4-2　美国茶叶专家委员会的部分任职专家②

但该法案的执行并非如委员会所声称的那般顺利。法案的反对者首先来自茶业者,1897 年 5 月,上海出版的《字林西报》上刊登了一封致编辑的信,署

---

① "The New Standards For Tea: Recommendations Made By The Committee Experts", *The North-China Herald and Supreme Court & Consular Gazette(1870-1941)*, Feb.28,1898.

② William Harrison Ukers, *All About Tea*(Vol. Ⅱ), New York:Tea and Coffee Trade Journal Company,1935,p.280.

名为"茶人"(Tea Men)。信中认为,该法案是有害的立法行为,是 19 世纪商业民族的耻辱,可操作性不高,其实施将会带来无尽问题,且对中国和日本并不友好。① 1898 年美国本土进口商声称该法违背宪法。莫里扬·海曼公司(Mourilyan,Heimann & Co.)向美国巡回法庭提起诉讼,对茶叶法案的问题进行了攻击。② 第一,茶叶检验的过程不透明。茶叶检验时,进口商并不在现场,茶叶委员会由哪些人组成无从得知,整个检验过程近乎秘密地进行,有点类似于星室法庭(star chamber)。③ 这样造成的结果是:同样的一批茶叶进口,有的被认为有问题禁止入关,有的却检验通过、准许进口。实际上,这些茶都是同时生产制造的,是完全相同的茶叶,没有任何本质上的区别。第二,检验员的权限过大。如果检验员对某一茶叶公司带有偏见,便会影响到他对茶叶质量状况的判断,并且检验员是否完全诚实、信念良好无从保证。虽然设置了上诉委员会,但实际上没有什么用,因为只要检验员向政府提出申诉,政府倾向于维护既有的检验结果,而不管彼此的信念如何。第三,缺乏缓冲性的措施。专家委员会每年 2 月公布标准,但如果茶叶已经在运输途中,到达港口时则需要按照新的标准进行检验,法律没有制定相应条款,让这样的茶叶按照旧标准检验。法案实施带来的结果是,美国市场中等价格的茶叶(Moderate-priced Teas)被驱逐,减少了大约 1/3 的新茶,大量的陈旧、次等的茶叶充斥其中。在法案通过前,美国市场茶叶平均价格为每磅 5 美分,而实施后则上升为 12 美分,这是 25—30 年以前的售价。莫里扬·海曼公司最后称,这部法律的

---

① "Tea Men,The New U.S.Tea Standards",*North China Daily News*,May 14,1897.

② "Attack on the New Tea Law",*The North-China Herald and Supreme Court & Consular Gazette(1870-1941)*,Apr.4,1898.

③ 星室法庭,又称"闭门会议",是 15—17 世纪英国最高司法机构,由 1487 年英王亨利七世创设,因该法庭设在威斯敏斯特王宫中一座屋顶饰有星形图案的大厅中,故名。这是当时专门惩治不效忠国王,甚至阴谋叛乱贵族的机构。成员由枢密院官员、主教和高级法官组成,直接受国王操纵。其职权范围不断扩大,刑罚手段非常残酷。革命前它成为专制王权用来迫害清教徒的工具。英国资产阶级革命爆发后,1641 年 7 月 5 日,国会通过决议撤销这一机构。参见〔德〕乌维·维瑟尔:《欧洲法律史:从古希腊到〈里斯本条约〉》,刘国良译,中央编译出版社 2016 年版,第 431 页。

目的是让美国消费者品饮到质量更高的茶叶，但事与愿违；根据宪法，国会有规制商业的权力，但实际上该法律的实施体现了规制美国人饮茶的权力，国会是不应该行使该权力的，法案违宪是毫无疑问的。在预先禁令动议（Motion for preliminary injunction）中，首席法官拉康姆贝（Lacombe）说在"排除法案"（Exclusion Acts）的前提下，该法案是合宪的。① 因为排除法案有是否将外国人、傻瓜和穷人排除的权力，行政官员可以决定某人是否属于这一群体。② 经统计，1897 年茶叶法案出台后，共经历了 11 起诉讼。

三、法律调整、检验方法和行业组织

《1897 年茶叶进口法案》实施后，美国又数次对进口茶叶的质量提出新要求。1906 年 6 月 30 日，美国颁布《联邦纯净食品和药品法》（*Pure Food and Drug Act*），10 月 11 日又发布《食品及药品法实施细则》（*Rules and Regulations for the Enforcement of the Food and Drugs Act*）对掺假（Adulteration）和假冒（Misbranding，错误标识）行为作出明确界定，将两者列为违法行为，一旦定罪则面临罚款或监禁等惩罚。这标志着联邦政府开始承担起保障食品和药品安全、保护消费者合法权益的义务，成为市场和社会底线的守夜人。美国茶叶进口法案要比食品药品法案早出台 20 多年，说明茶的质量问题在当时是比较突出的。新的食品和药品法律虽然没有对茶叶作出专门规定，但同样适用于茶叶，是其规制的重要商品③：食品包括了人或动物所用的所有食

---

① "The Tea Act of 1897", *The North-China Herald and Supreme Court & Consular Gazette*（*1870-1941*），Aug.8,1898.预先禁令，又称"中间禁令"或"临时禁令"，指起诉后、判决前由法院签发的禁令，禁止被告实施或继续某项行为。这是司法过程中重要的临时补救措施，一般在诉讼问题判决前作出，目的是避免某些不可挽回的损失。

② 排除法案是一种歧视性的法律，比较有代表性的是 1882 年 5 月 6 日签署的《排华法案》。See Lem Moon Sing vs. U.S., 158 U.S., 538, https://supreme.justia.com/cases/federal/us/158/538/；Nishimura Ekiu vs. U.S., 142 U.S.641, https://www.law.cornell.edu/supremecourt/text/142/651.

③ William Harrison Ukers, *All About Tea*（Vol. II），New York：Tea and Coffee Trade Journal Company,1935,pp.54-55.

品、饮品或调味品,禁止任何掺假或假冒的食品从国外运到美国各州或哥伦比亚特区,国外食品要接受美国卫生、食品官员的检测,添加其他物质不能损害食品质量,用其他物质完全或部分替代食品本来成分则是掺假行为,用混合、上色、除色的方法隐藏腐败或变质是造假行为,禁止添加任何有毒物质或有害成分损害消费者健康。该法律的第 1 条、第 2 条、第 3 条、第 6 条、第 7 条等规定,无疑都是将茶叶列入监管对象。1911 年 3 月 1 日,美国财政部部长发布《粗恶不正茶及着色茶输入禁止相关法令》(Tea standard and Regulations as Promulgated)及相关实施细则,严禁进口着色等劣质茶。1934 年,美国农业部宣告外国茶叶必须符合食物药品管理局规定之化学标准,方能进口。

图 4-3 海关检验员对进口茶叶扦样

与此同时,茶叶检验的方法和程序趋于科学。1923 年 8 月,美国农业部的法令(U.S.Dept.of Agriculture,Misc.Circ.No.9)规定茶叶进口的例外情况:如遇进口之茶叶含有过多之茶末,则可以加以筛分,此项茶叶之品质若合于标准,可准许进口,唯筛出之茶末,必须在政府之监视下,予以烧毁或输出;如茶叶因受损而被摒弃,可将受损部分除去,在海关之监视下输出或烧毁,其余完好部分合于标准,可再请求查验进口。① 茶叶的副产品茶渣、茶末、茶屑等,进口商保证专门用于制造茶素及其他化学用品,每磅缴纳 1 美分海关税后,准许进口。② 对于导致茶叶不纯净的杂质,美国使用了多种便利的方法检验,应用较为广泛的是雷德试验法(Read Test)。这是检查茶叶着色和涂粉的一种方法,由美国农业部细菌分析专家 E.阿尔伯特·雷德(E.Alberta Read)发明。其方法为用每英寸有 60 个网眼并有盖的筛子,用 2 盎司茶叶在筛子上筛簸。将茶末筛在一张 8 寸阔、1 丈长的半光滑白纸上,称取茶末 1 格令(Grain),散置于一张试验纸上。试验纸最好放在玻璃或云母石之平面上,用一柄长约 5 英寸之钢制扁平碾药刀,频频施以压力。如果茶末中含有有色物质或其他杂质,即可将此项杂货之细粒铺列纸上,然后将茶末刷去,用一直径 7.5 寸之普通放大镜,在纸上查看。为求明晰而能区别其细粒起见,宜在光线充足之处观察。③ 同时,茶叶申诉仲裁方面也作出了改善。被海关扣留之茶叶与政府的标准样茶并排放置,由复验专家亲自试验、辨别,在杯底留有记号,以便确认评判结果。如果两名专家判定结果与海关检查一致,则判定为不合格;如果两名专家判定为合格或者两人之间有分歧,则请第三名专家另行评判。茶叶申诉委员会对专家报告详加考证后,再将结果分别通知海关当局和进口商遵办。

规制法令还带动了行业组织的建立。1899 年 1 月 5 日,纽约茶业协会(The Tea Association of New York)成立,这是 1912 年美国茶叶协会(Tea Association of the United States of America)的前身。协会的主要创立者是麦斯·蒙哥马利(Messrs.George L.Montgomery)、巴特菲尔德(W.J.Buttfield)、约瑟夫·

① Office of Federal Register, National Archives and Records Service General Services Administration, *The Code of Federal Regulations of the United States of America*, Washington: U.S.Government Printing Office Washington, 1963, p.1002.

② William Harrison Ukers, *All About Tea* (Vol. Ⅱ), New York: Tea and Coffee Trade Journal Company, 1935, p.51.

③ William Harrison Ukers, *All About Tea* (Vol. Ⅱ), New York: Tea and Coffee Trade Journal Company, 1935, p.54.

莱斯特(Joseph H.Lester)、卢塞尔·布莱克(Russell Bleecker)、费伦·托马斯、乔治·乔尔韦尔(George C.Cholwell)、弗兰克·托马斯(Frank S.Thomas)、詹姆斯·麦克布莱德(James W.McBride)、托马斯·麦克卡西(Thomas M.McCarthy)等茶人。协会创办的宗旨是:促进经营茶叶及进口业者之公共利益;改正业规,革除不正当之剥削陋习;传播关于商人之地位及其他与茶贸易有关之确实可靠消息,以谋得茶众习惯之齐一及确实性;调解会员间之纠纷;促进与茶叶有关之商人间之友谊及情感。[①] 在监督法律执行及促进不正当行为改正方面,该协会做的工作有:1899年推举一名监察人监督一切运输到美国的茶叶的品质;竭诚助推茶叶法规之推行;1902年与轮船公司商定,在船上货仓内茶叶不得与他种有害货物置于一处或太近;1904年反对包装台湾乌龙茶时,混杂入过多的茶末及小叶片。1902年一批曾经促成通过1897年茶叶法规、11次联合反抗部分茶叶进口商要求废除法案诉讼的进口商及杂货批发商,召开非正式会议商讨问题,1903年成立全国茶业协会(National Tea Association)。该协会的宗旨是促进茶叶之消费及维护劣茶取缔法规,以保障其利益。随着法案的正常推进和劣茶数量的减少,该协会使命完成后解散。1912年,美国又设立茶叶审查监理人制度(Supervising Tea Examiner of the United States),由乔治·米歇尔(George F.Mitchell)担任首领,主要负责联络各地的茶叶审查员,构成一个联系紧密的检查组织。

总体而言,《1897年茶叶进口法案》确立了美国进口茶叶质量门槛的总体结构、政策和规则,影响甚大。更为严重的问题在于,美国建立的一整套制度被其他国家所效仿,这给华茶输出带来了很大威胁。[②] 该法案一直沿用了整整100年,直到1996年《联邦品茶师废除法案》(Federal Tea Tasters Repeal

---

① William Harrison Ukers, *All About Tea* (Vol.Ⅱ), New York:Tea and Coffee Trade Journal Company,1935,pp.289-290.

② 中国绿茶销美受阻后,市场转移至非洲、土耳其等地,1932年法国学习美国的做法,颁布禁止着色茶入口之法令,虽未覆盖法属非洲殖民地,但已令业界深感不安。可参见吴觉农、范和钧:《中国茶叶问题》,上海商务印书馆1937年版,第260页。

Act）出台才宣告废止。①

图4-4　美国茶叶检查员检验茶叶品质

第三节　俄国的茶叶贸易质量规制

早在叶卡捷琳娜二世（Екатерина II Алексеевна，1762—1796 年在位）时期，俄国已有规制茶叶造假的设想，但没有采取实质性措施，19 世纪初此事才被提上议事日程。1816 年 9 月 12 日，参议院颁布了第一个打击茶叶贸易舞

---

①　1920 年法案的执行管理权转至美国农业部，1940 年转至美国联邦安全委员会，1953 年转至卫生、教育及福利部。Schultz H.W.，*Food Law Handbook*，Westport：The AVI Publishing Company，Inc.，1981，p.333.随着历史的发展，茶叶成为在海关入境时美国食品与药品管理局与推荐标准相比较的唯一食品或饮料，美国联邦委员会认为，政府代替茶行业提高茶叶质量是没有道理的，茶行业应该为其产品的竞争力承担责任，应该更为有效率地使用纳税人的钱，茶叶专家委员会已经过时了。1996 年 2 月 23 日，Mr.Klug 和 Mr.Kennedy 提案废除该法案。在提交至众议院讨论后，该年彻底废除该法案。See Federal Tea Tasters Repeal Act of 1996，104th Congress 2d Session，House of Representatives，Rept.104-467 Part 1，https://www.congress.gov/104/crpt/hrpt467/CRPT-104hrpt467-pt1.pdf.

弊行为的法律文件。该法令禁止收购柳兰制作的茶。[①] 1819 年 7 月 19 日，又颁布了禁止制作柳兰茶的第二条法令，该法令认为这种假冒茶给恰克图从事合法贸易的进口商造成很大损失。1834 年，上述两个法令均被"批准和公布"，各省省长奉命"最严格地支持茶叶贸易调查"。[②] 1845 年 5 月 2 日，俄国财政部发布第 1585 号文件，要求在制造业和国内贸易部设立专门的调查委员会，负责调查茶叶贸易中的舞弊情况。[③] 莫斯科也成立了一个这样性质的特别委员会，其中包括内务部和财政部的官员、宪兵队、总督代表，以及"有影响阶层的代表"。在富有经验的自然科学家二等文官利普兰季（И.П.Липранди）和五等文官博宾斯基的协助下，委员会开展了卓有成效的工作，揭露和办理了很多制造和销售假冒茶的案件。

在不断完善法令、强化治理国内市场销售茶叶质量的同时，俄国政府还在茶叶进口以及运输环节推出税签的相关义务和规定，即必须将茶叶放在小匣子里贴上印花税票的强制性法律条例。此项法令于 1836—1866 年间在俄国西部省份实行，不过收效有限。[④] 实际上，早在 1822 年 3 月 7 日，这种税签政策就引入了恰克图贸易中，出台了《茶叶的检查、储存、清关、分装、包装和发行规定》（Правила для досмотра, хранения, очистки пошлиною, рассыпки, обандероления и выпуска чая）。该规定要求所有从恰克图进口的茶叶，在批发时要装在由海关盖有戳记的茶件里，在零售时要装在有印花税票的袋子或者匣子里。从恰克图运往俄国的茶叶要装入茶箱，茶箱要被缝合在皮革之中，形成茶件，这样做的目的有两个：一是避免海关验核完讫的货物中被商人混入

---

① 伊凡茶，又称"柳兰"，是多年生草本植物，高达 1 米。花序总状，在茎尾有紫粉色的花，叶窄，线状披针形。6 月到 9 月为开花期，果蒴果长 4—8 厘米。在俄国欧洲部分、西伯利亚、远东、北高加索的草甸等地区潮湿的地方都有生长。

② Жолобова, Г. А., "Правовое регулирование торгово-промышленных отношений в пореформенной России 1881", *Актуальные проблемы российского права*, (2007): 21-28.

③ РГИА Фонд 18, оп.5, Д.695, Л.26.

④ ［俄］伊万·索科洛夫编著：《俄罗斯的中国茶时代：1790—1919 年俄罗斯茶叶和茶叶贸易》，黄敬东译，武汉出版社 2016 年版，第 122 页。

新的茶叶,进而偷税漏税;二是皮革有防潮防湿的作用,防止长途运输中茶叶受损,或者是货物承运人、商人等在茶叶中添加非法物质。在茶件的表面上,要刻上号码和字母,以区别茶的品级和店铺的字号,例如花茶字号(Ц.Ф),山西花茶(Ц.С),商贸茶字号(Т.Ф),长方形茶字号(П.Ф),山西长方形茶(Н.С)等。① 茶件缝制结束之后,商人完税,海关官员盖戳记并铅封。这一环节需要人手众多,有时需要 200 人甚或是更多,乃至形成名为"封行"的行业。

政府也加大了执法检查的力度。1845 年 5 月 24 日,博宾斯基向俄国财政部长弗罗琴科(Вронченко)提交的报告中称,抓住了推车卖柳兰茶的农民,并在商店里发现了大量没有内部铅封和海关戳记的茶箱。但是对于这些规定施行效果,人们看法不一,比如 1899 年茶商库兹涅佐夫(А.Г.Кузнецов)表示："这种方法使人觉得'很窘',因为该法令要求在包装上保持完税铅封完好,虽然这些铅封很容易在运输过程中受损或丢失,而为此开出的罚金却非常高。这导致要求改变茶叶铅封的呼声越来越高,因此在正确制定茶叶贸易管理措施时,首先需要把铅封的管理措施做好,或许还需要参考西方的一些成熟的经验。"②

在 19 世纪 80 年代及以前,茶叶公司反对推行茶叶铅封的政策的声音很强烈,与政府的意见分歧较大,导致这一措施的执行是自愿而非强制性的,所产生的费用由茶叶公司自行支付,如缝制茶件需要上好的牛皮,人工开销也颇大。从恰克图运往莫斯科的过程中,在重要的关口茶叶还要反复接受检验。检查员检查茶样是否存在变质或掺假等问题。一路下来,茶样要被抽取约 6 次,结果每箱茶就要损失 1/3 普特多的茶叶。这让检查员、承运人、恰克图贸易商以及国内茶叶批发商之间产生了纠纷,这些纠纷主要集中在茶商与俄国

---

① [俄]阿·科尔萨克:《俄中商贸关系史述》,米镇波译,社会科学文献出版社 2010 年版,第 240 页。

② Соколов И. А., "Не обманешь-не продашь: фальсификация и мошенничество в русско-китайской чайной торговле 18-начала 19 века", Опубликовано в журнале Кофе & Чай в России, 6.109(2013):42-45.

政府之间。如俄商在恰克图等口岸支付了高昂的关税,经过国内路线运输收到大宗货品后,发现茶叶中掺杂了大量的锯末等杂质,茶商要求退还支付的关税,或者质疑货物已经被更换。茶叶贸易公司和海关之间开始了长时间的反复通信,要求退还货款。① 随着掺假和走私问题的日益突出,消费者和部分茶商呼吁由政府负责税签工作,强化政府和茶叶公司之间的协调行动,以政府的权威和公信力为市场提供可靠的、用于甄别的消费信号。1889 年,财政部认为有必要推行在零售茶叶上印上国有税签的做法,亚历山大三世批准了贴印花税票包装茶叶的相应法律,商人仍自主和自愿选择是否采用该办法。到1895 年,政府才正式颁布茶叶运输必须加铅封的法令,铅封由海关负责。② 这促使茶叶公司创建众多的品牌戳记,以起到信誉担保、防止货物伪造的作用。国家颁布的这一法令通过税签的方式,对付茶叶走私和假冒的非法活动,从而规范市场交易秩序,起到区分真货和假货的目的。③ 1902 年 9 月 1 日起,海关征税部门实行《由外贝加尔区、阿穆尔区及滨海边疆区与中国接壤的 50 俄里的地带进口实行强制包装的茶叶实行免征关税政策》。④ 1909 年初,茶叶强制包装法不再仅仅局限于 50 俄里,而是在整个俄国范围内推行。值得一提的是,茶叶税签包装的方法不仅仅应用于茶叶,在其他产品上也有所采用,如1878 年 12 月 26 日的法律规定,所有伏特加产品都要实施税签包装并收取额外的消费税。这种方式一直沿用至今——在酒精类等饮品包装上贴印花税付讫标签。

---

① Соколов И. А., "Не обманешь-не продашь: фальсификация и мошенничество в русско-китайской чайной торговле 18-начала 19 века", Опубликовано в журнале Кофе & Чай в России, 6.109(2013):42-45.

② [俄]伊万·索科洛夫编著:《俄罗斯的中国茶时代:1790—1919 年俄罗斯茶叶和茶叶贸易》,黄敬东译,武汉出版社 2016 年版,第 122 页。

③ Усатова Лариса Николаевна, "Роль экспертизы в системе регулирования чайной торговли в 19-начале 20 в. в.", *Таможенное дело и социально-экономические науки*, Владивостокский фил. Российской таможенной акад, 2014, с.175-182.

④ РГИА Фонд.21, оп.1, Дело 778, Л.1-33.

在法令、制度之外,专业的茶叶检验和检测机构也逐渐建立起来,这为打击茶叶掺假、提高品质提供了基本的技术和组织化条件。为监管茶叶质量,俄国在 1845 年组建"茶业委员会"(комиссии по чайному делу),各大城市开始设立实验室,第一批比较著名的实验室有圣彼得堡的"分析站"(аналитические станции)。除收费检验分析外,各城市的卫生委员会(санитарная комиссия)开始向当地居民提供免费的茶叶质量分析报告。1889 年,圣彼得堡警方开展茶叶检查活动,为打击茶叶掺假行为作出巨大贡献。在进出口环节,海关税司也建立专门的茶叶分析实验室,并配备了专门的工作人员,从柏林等地购买实验仪器。① 在 19 世纪末 20 世纪初,俄国引进了大量的设备,创建了众多实验室,以检测茶叶造假情况。

强制包装政策以及专业检验机构的建立,改善了俄国茶叶贸易较为混乱的状况。在实行强制包装后的前两年,俄国茶叶进口大为增加,关税相应地增加了 10%,起到了保护税收的作用,茶叶走私和造假的情况也明显减少了。俄国对茶叶贸易的质量规制,采取了循序渐进的原则,没有特别激进的措施,往往是在制度实行一段时间后,先观察效果如何,再确定下一步的工作方案,整个过程是较为缓慢而谨慎的。② 在规制的制定过程中,茶商的意见得到尊重,对不同声音进行了充分吸收。这也调动了茶商遵守法令的积极性,为质量规制创造了良好的群众基础和舆论环境。从规制的效果来看,不断调整的政策收效渐趋明显,保护税源和打击造假的效果初步实现,起到了确保财政收入和保护消费者免受假货欺骗的双重作用。

---

① Усатова Лариса Николаевна, "Роль экспертизы в системе регулирования чайной торговли в 19 - начале 20 в. в.", *Таможенное дело и социально-экономические науки*, Владивостокский фил. Российской таможенной акад, 2014, с.175-182.

② Усатова Лариса Николаевна, "Роль экспертизы в системе регулирования чайной торговли в 19 - начале 20 в. в.", *Таможенное дело и социально-экономические науки*, Владивостокский фил. Российской таможенной акад, 2014, с.175-182.

第四节　其他国家的茶叶质量规制

除英国、美国、俄国等主要西方消费国对茶叶进行质量规制外,一些较为发达的西方国家的自治领、殖民地等也推出了相关法令进行规制。1931年,国民政府外交部要求驻外领事馆调查当地茶叶消费需求和贸易状况,以及进口检查规则情况等。实业部通商司对各驻外领事搜集情报而形成的呈文进行整理,编辑成《茶叶调查报告汇编》,这份资料较为完整地呈现了各国市场对茶叶进口设置门槛、进行规制的情况。①

该汇编对当时英、美等国家的茶叶质量规制情况予以报告。驻伦敦总领事馆报告:1925年英国订立《公共卫生条例》(*Public Health Act*),食物进口项内规定,外茶与其他食品输入英格兰、威尔士两境销售者,均须施行检验。如查出有已经腐坏,或不合格者,概予没收或者销毁。又查1875年所订《销卖食品与药材规例》(即前文所称《食品与药品销售法》),第30节内规定,无论何种外茶输入时,需照章受海关检查员检验后,方准进口。美国总领事馆呈文:农业部在旧金山、西雅图、纽约、波士顿设有4个茶叶试验所,对于从中国进口的"六安"、"清远"、"普洱"等茶专门试验。试茶方法,系属专技。大概先取茶叶,放在玻璃杯内,随注沸水,以考茶之色味。继将所选茶叶,用化学方法洗漂。茶叶之老、嫩、鲜、腐、虫食、翻炒(翻炒茶,指茶叶经泡用再晒炒,其价比原茶为廉),均一一呈现。茶叶有上列弊端者,概不准进口。我国入美茶叶,往往具此弊端。此外尚有发霉,混合枯叶,洗盥不净等弊。此茶商当特别注意者也。美国檀香山领事馆呈文:美关之对于华茶时有烦言者,大抵以染色、虫咬及不洁为口实,此茶商当注意者。

---

① 实业部商业司通商科编:《茶叶调查报告汇编》,《国外商情调查报告汇编·茶叶》第1期,实业部总务司编辑科1931年发行。

在 19 世纪,加拿大自治领(Dominion of Canada)①包括茶叶在内的食品同样面临着形势严峻的安全问题。根据税收法(IRA)委员会的一份报告称,当时在加拿大销售的所有食品中有 50% 是掺假的:几乎所有出售的咖啡和胡椒都被发现含有烘焙的小麦粉,牛奶用水稀释或脱脂;茶通常包括沙子、尘土和淀粉;巧克力在某些情况下不含任何巧克力,只是一种面粉和威尼斯红(Venetian Red)的混合物;其他食物如生姜和芥末也经常掺假。为了规制掺假等不法行为,1874 年,加拿大出台《一般检查法》(*The General Inspection Act*)。1875 年加拿大出台对食品安全进行规制的法律《税收法》(*Inland Revenue Act*)②。该法规定根据犯罪的类型和程度,对掺假行为给予最高 500 美元的罚款或者是 5 年以下的监禁。首次故意掺假的罪行会给予 100 美元的罚款或者 6 个月的监禁,视情况决定是否给予强制劳动的惩罚。1884 年 4 月,加拿大下议院通过了《掺杂法》(*An Act to Amend and to Consolidate as Amended the Several Acts Respecting the Adulteration of Food and Drugs*),进一步加强对掺假食品和药品的规制,首次明确定义了食品和药品。为了让该法案的运行更有效率,政府开始建立食品标准,第一个联邦食品标准是 1894 年制定的茶叶标准。③ 之后又针对牛奶、牛奶制品、食品、枫树制品等制定了标准,这是阻止掺假、确保食品安全的重要手段。在进出口环节,1897 年加拿大议会规定,用其他树叶掺假,或者是使用废茶渣,或者是含

---

① 1867 年 3 月 29 日,英国议会颁布《英属北美法令》(*The British North America Act*),规定加拿大为联邦制度的自治领,以及加拿大政府的运作方式,如联邦的组成,加拿大国会下议院、加拿大国会上议院、司法体系等。该法律成为加拿大宪法的主要组成部分。1867 年 7 月 1 日,魁北克省、安大略省、新斯科舍省、新不伦瑞克省 4 个省,根据《英属北美法令》实行联合,组成统一的联邦国家,定名加拿大自治领。

② 该法的全称为 *An Act to Impose License Duties on Compounders of Spirits and to Amend the Act Respecting Inland Revenue to Prevent the Adulteration of Food*, *Drink and Drugs*,法律全文可参见 http://www.irishstatutebook.ie/eli/1875/act/23/enacted/en/print.html。

③ Christine Boisrobert, Aleksandra Stjepanovic, Sangsuk Oh and Huub Lelieveld, *Ensuring Global Food Safety*:*Exploring Global Harmonization*,London:Academic Press,2010,p.34.

有大量化学混合物,或者是其他含有害物质不适合饮用的茶叶,一律禁止进口。[1] 同年 12 月 31 日,日本茶业组合中央会议驻纽约办事处的本间义三郎,向本部报告了加拿大政厅制定的禁止进口混合茶的条令。[2]

第一条　根据 1897 年发布的《海关条例》第 640 篇记载的条目内容,凡是不适宜饮用的混合茶,海关官员都应该禁止进口。

第二条　对于从美国进口到加拿大的制茶,海关官员在引渡进口商之前,应该将样品送往引渡海关局,但进口商持有英国或美国海关适宜国内饮用认定证明的情况不在此之列。

第三条　从外国直接进口到加拿大,或者凭直接运输证经过美国进口的制茶,一般都没有海关局的检查证明书,在这种情况下,由海关官员进行检查,根据海关条例认定为不适宜饮用的不允许进口。或者在该情况下,如果海关官员将制茶混合物认定是被破坏的纯净茶,要根据普通法而不是拆分法把样品给进口品检查官进行检验。随后,如果进口品检查官认定不适宜饮用,应该将可疑的制茶样品等送回至印度海关局。

第四条　海关官员在检查进口茶时,要注意选择能够代表全部货物的样品,且海关检查制茶的性质时,无论如何一定要秉公办理。

第五条　海关官员检查混合茶时,要根据以下海关条例:茶叶浸水后形状是规则的,香气佳,且入口牙齿间会有砂石感,没有陈腐味,一般可视为良茶;制茶检查官应该注意避免进口不良茶,且为了确保检查的完备无误,要在镜下观察茶叶。

---

[1] Canada.Parliament.House of Commons, *Votes and Proceedings of the House of Commons of the Dominion of Canada, Session 1897*, Ottawa: The Queen's Most Excellent Majesty, 1897, p.485.

[2] 茶業組合中央會議所編:《日本茶業史》,東京:茶業組合中央會議所 1914 年版,第 135—137 頁。

第六条　下列关于低劣制茶的布告是基于 1894 年 9 月 11 日在海关会议上决定的混合茶进口禁止法令第 19 篇。

含有茶树以外的叶片，或煮沸后干燥再与其他茶混合，或是用热水煮沸时茶量低于热水量三成的茶，以及煮沸时含有 2 分 7 厘 7 毫石灰质，或是将茶的样品经过 100 华氏度干燥，石灰质达到 8 分，含有其他矿物质的茶，这些都被认为是低劣品，禁止进口。

受加拿大自治领的影响，英国殖民地纽芬兰在 1905 年也出台了类似的法令。[1] 1931 年汇编资料中，英属坎拿大（加拿大）中国总领事馆报告：只需茶质不含毒性，随时可以泡用，关税员认定无误，便可进口。温哥华中国领事馆呈文：仅于进口时，海关检验员予以大体检验，认为合格者，即可起卸。刻闻茶叶检查条例，坎拿大政府正在拟定中，不久或可颁布。由此可见，与本间义三郎所掌握的信息相比，中国驻加拿大各领事馆搜集和掌握的信息并不全面。

1904 年 6 月 16 日，英属澳大利亚联邦贸易与海关部发布《法定条例》（*Statutory Rules*）之《海关规制》（*Custom Regulations*），其第 25 号第 54 节对进口茶叶的标准作出了比较详细的规定，符合下列分量和纯净度标准的茶叶才能进口：茶叶水浸出物（Total Aqueous Tea Extract）比例不少于 30%；总灰分（Ash）不超过 8%；溶灰（Soluble Ash）不超过 3%。需要测试的茶叶要在 212 华氏度的温度下烘干，将之粉碎成末后观察，然后放在热水中分析浸出。[2] 而废茶

---

① 　Great Britain.Board of Trade, *Colonial Import Duties：Return Relating to the Rates of Import Duties Levied*, London：His Majesty's Stationery Office, 1905, p.295.纽芬兰长期是英国直属管辖区域，1917 年成为自治领，1934 年放弃自治地位，回退成由英国派员管辖的殖民地。1948 年，纽芬兰举行公投，决定加入加拿大联邦，1949 年正式成为加拿大的第 10 个省。

② 　该规制是 1901 年《海关法》赋予的权力，从 1904 年 1 月 1 日起开始实施。法律全文见澳大利亚联邦立法网，网址：https://www.legislation.gov.au/Details/C1904L00025/7b3c60b0-0521-4416-8ffd-f1d3bb8149e7.

渣、掺杂其他树叶或者泡用过的茶渣,不适合人类饮用或不卫生的茶叶则禁止进口①。美尔钵(墨尔本)领事馆称,关税律例第五十二节(E)项,载明下列各种茶叶禁止进口:(甲)曾经泡用之茶叶;(乙)掺杂假冒茶叶之树叶,或曾经泡用者;(丙)不适合常人饮用或不卫生者等。关税规则第五十四节载明,凡茶叶不能适合下列分量及纯质之标准,应视为不适合常人之饮用:(甲)用比重茶叶百倍之蒸馏水煎沸茶叶至 1 小时,其茶叶汁比全部水量最少应有 30%;(乙)茶叶在瓷碟上焙成灰烬,其灰烬比全部茶量不得超过 8%;(丙)上述茶灰部分,在蒸馏水中能溶解者(名溶灰),比全部茶灰最少应加 3%。

美属斐利滨(菲律宾)要求茶叶入口,应遵守食物清洁律,还须注明英文茶名、重量及出产地。

1919 年,孟加拉自治政府出台《孟加拉食品掺假法案》(*Bengal Food Adulteration Act*)。该法案全面借鉴英国《食品药品销售法案》的内容,对黄油、面粉等食品掺假作出了明确的法律界定,也设立了公众分析员的岗位。② 法案经过一段实践运行,政府发现茶未列入食品乃一项疏漏。1923 年,孟加拉当地自治政府意识到,应当将茶叶列入食品清单,受《孟加拉食品掺假法案》规制。新的条目对茶叶的概念作出了明确界定,对进口茶叶之标准作出明确规定,如进口茶叶的总灰分应在 4%—8% 之间,浸出物应不低于40% 等。③

由于西方国家提高了市场准入门槛,故华茶加大了在非洲的行销力度,劣质茶问题在这些地区也变得突出。以法国为例,首先是 1929 年曾致信英商天

① Great Britain.Board of Trade, *Colonial Import Duties:Return Relating to the Rates of Import Duties Levied*, London:His Majesty's Stationery Office,1905,p.294.

② 该法案全称为 *An Act to Make Provision for the Prevention of Adulteration of Food in Bengal*。*Bengal Food Adulteration Act*, Act 6 of 1919,West Bengal Acts,Commonwealth Legal Information Institute Databases.

③ "What is Tea:Government Definition Under Food Act", *The North-China Herald and Supreme Court & Consular Gazette(1870-1941)*, Dec.1,1923.

祥洋行,称乾记、永盛昌、公升永、永兴隆、慎源、仁德永 6 个茶栈出口的茶叶均存在假茶掺杂的情况。[①] 1932 年 7 月 7 日,法国颁布《着色茶运入法属地方规程》,第 12 条规定各种茶混合而成者,及用靛青、姜黄、滑石或石膏等色料着色之绿茶,均在禁销之列。[②] 向来对进口商品监管较为宽松的非洲市场,也开始重视劣质茶问题,对华茶而言,其销路开拓变得越发艰难。

---

① 《正月十五日二点开会》,上海茶业会馆档案,上海档案馆藏,档案号:S198—1—15。
② 《商品检验局昨召茶商会议》,《申报》1934 年 3 月 1 日。

第五章　茶叶贸易质量规制的
冲击与影响

英美等西方国家为应对伪劣茶进口、保护本国消费者利益,推出一整套法令、标准和管理机构,建立专门的茶叶进口检验制度。这在客观上设置了茶叶国际贸易的市场准入条件和壁垒,对茶叶供应国的产品提出了更高的质量要求。茶叶国际贸易质量门槛的设定对中日两国茶叶出口贸易造成了不同程度的冲击,而不同层面的主体面对这一冲击,则有着显著不同的回应。

第一节　消费国的路径选择及对规制的态度

西方国家为了获取稳定的货源、同时确保茶叶品质,根据各自的国情选择了不同的路径,其中英国、俄国和美国三个国家的选择较有代表性。

一、转移市场、重塑产业标准的英国

从 18 世纪起,英国便从中国大量进口茶叶,中英贸易逆差越来越大,中美的情况同样如此。中国、日本茶商占有货源,也便占据了市场主动权,而英美商人不得不面临较高的经营风险,同时使得其国内茶价总体处于较高价位,这不利于茶叶消费市场的进一步扩大。而茶叶质量问题频现,又让英美等国家

寻找新的出路,以获得更低价格、更稳定品质的茶叶。

英国所采取的策略是积极寻找新的茶叶生产基地。英国早期的植物学家和科学家,试图在英国本土种植茶叶,终因气候不适宜、茶树大多病死而告失败。随后,英国将目光转移到海外殖民地。早在18世纪晚期,英国植物学家约瑟夫·班克斯、英属印度总督哈斯丁斯与军官凯特已倡议在印度种茶。①东印度公司因从对华茶叶贸易中获得巨额利润,没有在印度试种茶叶的意愿。1823年英国上校罗伯特·布鲁斯在布拉马普特拉河上游发现了印度本土野生茶树,当时人们没有认识到这种茶树的价值,反而热衷于从中国南方引进茶树。1834年,英国政府废除东印度公司对华贸易专利权,这给印度茶业发展提供了契机。同年,英国印度总督本廷克勋爵(Lord William Charles Cavendish Bentinck)组织委员会,研究从中国引进茶树并尝试商业性种植。1838年,东印度公司收到12小箱计480磅精制印度茶并在伦敦拍卖,引起轰动,"一致认为如再细心操作,将会证明阿萨姆茶叶即使不能超过中国,也会与中国相等"②。

这刺激了英印政府的植茶热情,1839年成立阿萨姆公司,将中国茶树同本土茶树进行试验改良并取得成功,阿萨姆地区被迅速改造为茶叶种植园。英国在印度建立了从生产、加工到销售的全产业链商业模式。第一,印度地区茶叶种植面积、亩产量等信息有准确的统计,在阿萨姆等地区的茶叶农场面积广阔、土壤肥沃,并建有便利的排水灌溉设施,茶叶栽培科学合理,定时采摘,保证茶树有较高的产量,印度茶叶产量随着种植面积的扩大而提高,可以满足世界各地不断增长的消费需求,这大大降低了产量信息不对称所造成的风险。第二,印度茶叶使用机器制作,既提高了生产效率,又保证了干净卫生与规格如一,更为重要的是茶叶种植园直接将茶叶出口,没有大量的投机行为严重的

---

① [澳]霍尔:《茶》,王恩冕等译,中国海关出版社2003年版,第14页。

② 姚贤镐编:《中国近代对外贸易史资料1840—1895》第2册,中华书局1962年版,第1187页。

中间商,这进一步降低了质量信息不对称的风险,进而降低了交易成本。第三,印度茶叶生产和销售同英国国际市场信息交流通畅,伦敦市场价格和需求信息可以及时反馈给种植园,便于其安排生产,这又降低了国际市场信息不对称的风险。① 这种模式在其另一殖民地锡兰(斯里兰卡)同样取得了成功,其中托马斯·立顿所创立的红茶品牌"立顿"功不可没。到19世纪80年代印度、锡兰等地茶叶的优势凸显无遗,从价格方面看,"查十年前印度茶,每磅价值一先令五便士,至今年(1886年,笔者注)则仅值九便士五,相差约有一半。似此再过二年印度每磅之茶价,可拟落至六便士"②。从质量方面看,"有人称用印度茶一分,可抵中国茶三分之说,是两处之茶质,又甚觉大相悬殊"③。

为配合殖民者开发印度茶以取代中国茶的商业行动,英国国内极力鼓吹印度茶纯净之特质。从19世纪下半叶起,一批植物学家、历史学家篡改事实,通过其话语主导权重塑茶叶发展的历史谱系,将茶叶的起源地变更为印度,这便是茶起源于印度说之嚆矢。④ 部分书籍还大肆指责中国茶掺假,将其妖魔化。1882年,塞缪尔·贝登宣称印度茶树才拥有"英国式"的纯正,中国茶树实际上是"纯净茶树退化的品种",由于中国没有种植好茶的气候或地形条件,中国茶几乎全部掺假,而所有的印度茶"都能保证绝对纯净"。⑤ 他们还借

---

① 可参考吴觉农:《印度锡兰之茶业》,《国际贸易导报》1936年第11期、1937年第2期、1937年第3期;[英]艾瑞丝·麦克法兰、艾伦·麦克法兰:《绿色黄金:茶叶的故事》,杨淑玲、沈桂风译,汕头大学出版社2006年。

② 中国近代经济史资料丛刊编辑委员会主编:《中国海关与缅藏问题》,中华书局1983年版,第172页。

③ 转引自李文治编:《中国近代农业史资料》第1辑,生活·读书·新知三联书店1957年版,第451页。

④ 持有此类观点的英国学者主要有 John H. Blake, Samuel Baildon, Edith A. Browne 等人。Samuel Baildon, *The Tea Industry in India: A Review of Finance and Labour, and a Guide for Capitalists and Assistants*, London: W. H. Allen & Co., 13 Waterloo Place. S. W., 1882; John H. Blake, *Tea Hints for Retailers*, Denver: The Williamson-Haffner Engraving Company, 1903; Edith A. Browne, *Tea*, London: A. & C. Black, Ltd., 1912.

⑤ Baildon, Samuel, *The Tea Industry in India. A Review of Finance and Labour and a Guide for Capitalists and Assistants*, London: W. H. Allen & Co., 13 Waterloo Place. S. W., 1882, p.12.

此夸大中国茶叶所存在质量问题的严重性,却有意忽视本国国内也有严重的掺假问题。这种做法的目的是为印度茶在英国内的销售张目,摆脱对中国茶叶的依赖。19世纪晚期,清朝舆论界也注意到英国报纸的一些警告动向:"今最要者须告诫中国制茶之人,勿再用低茶射利,而红茶尤坏,近所售者较一二十年前大为减色,固而大小茶行不敢购买中茶,恐一进货即难出售也。"①1905年,郑世璜等人发现,英国人在极力诋毁华茶,甚至将之编入教材:"英人报章,藉口华茶秒杂,有碍卫生,又复编入小学课本,使童稚即知华茶之劣,印茶之良,以冀彼说深入国人之脑筋,嗜好尽移于印锡之茶而后已焉。"②茶叶专家吴觉农也发现:"许多外人的著作,都有华茶不清洁的画图和言论,使爱呷华茶的西人,也不敢再去赞美华茶了。"③

　　19世纪中后期,在一批化学家、政治家的推动下,英国意识到国内外茶叶等食品掺假问题带给公众健康的危害,成立调查委员会并推出食品监管法案,法案对英国国内掺假情况以及进口茶叶质量检验都作出明确规定。在这一法律框架之下,英国设立了公众分析师,定期或不定期检验市场上的商品质量,统计后发布报告。在1872年,英国茶叶掺假问题仍旧十分严重,41份送检样本中有36份是假货,假货率为87.8%;到19世纪80年代末期,茶叶掺假已不是惯例,而是个别现象了。不仅茶叶如此,其他食品和饮品的质量也大为改观,有了根本性的好转,如面包的掺假率已经从1877年的7.4%下降到1888年的0.6%,而在法律尚未出台的19世纪50年代,面包的掺假率超过六成。④也就是说,英国茶叶质量的改善并非是有些别有用心人士所声称的那样,其原因在于印度茶有英国式纯净的内在品质,更非中国茶拥有掺假的内在习性,而是因为国内质量规制法令的出台及其严格执行所带来的效果。

---

①　《大英国:中茶滞销》,《万国公报》1889年第5期。
②　陆溁编:《乙巳年调查印锡茶务日记》,南洋印刷厂铅排本1909年版,第68页。
③　中国茶叶学会编:《吴觉农选集》,上海科学技术出版社1987年版,第42页。
④　[英]比·威尔逊:《美味欺诈:食品造假与打假的历史》,周继岚译,生活·读书·新知三联书店2010年版,第113页。

总而言之,经过几十年的努力,英国在印度、锡兰等地建立了资本主义企业式的经营制度。与中国的茶叶生产加工模式相比较,其优势在于通过大规模茶园种植、低成本雇佣劳动、机械化的加工制造等方式有效降低了生产成本,更重要的是凭借雄厚的资本打通了从种植、制造、运输到贸易等茶叶全产业链,剔除了大量的茶叶贸易中间人以及与之相关的无形交易成本。英国殖民者修通了从茶园至海港的铁路,茶叶可以很便捷且廉价地外运,茶箱也不易损坏、茶质完好,而从印度、锡兰到英国海路距离又比中国近一半,因此运输成本大为降低。印度、锡兰茶叶出口长期不征收关税,更没有中国那样复杂的厘金和捐税,反而还有各种奖励出口措施。在英国伦敦、印度加尔各答和马来西亚吉隆坡等设有茶叶交易市场,通过定期拍卖制度,搜集消费市场信息,及时反馈给茶叶企业安排生产。印度、锡兰等地还建立了现代的银行制度,贷款利率也很低。可以说,英国殖民者在印度、锡兰对茶叶实现了产业再造,交易成本大为缩减。英国通过这一模式所产出的茶叶,价格低廉、标准统一、品质稳定,并孕育了一批知名品牌。从 19 世纪 80 年代后期起,英国开始放弃中国茶市,不再将其作为重点贸易市场。与此同时,1890 年英国进口印锡茶数量已超过中国茶,三年后印锡茶是中国茶的 3 倍,1897 年中国茶几乎被印锡茶挤出英国市场。① 因此,英国通过转移市场,摆脱了中国茶市交易成本风险的掣肘,在印度、锡兰等地成功地实现了交易制度和秩序的重建,进而改写了世界茶业版图。

二、将质量内在化掌控的俄国

沙俄经济势力尚未直接进入中国内地前,中俄贸易通过恰克图等边境城市的贸易已经达到比较大的规模。当时,以晋商为主体的商人将华中各产茶区的茶叶在汉口集中,通过汉口—樊城—太原—恰克图的贸易路线运转至俄

---

① 陶德臣:《印度茶业的崛起及对中国茶业的影响与打击——19 世纪末至 20 世纪上半叶》,《中国农史》2007 年第 1 期。

国,这是中俄200多年贸易的传统商路。尽管垂涎茶叶贸易之利,俄商却因清政府闭关政策的阻碍无法深入中国,更无法获知内地茶叶各方面的准确信息。1861年汉口正式开港后,俄商便趁茶叶贸易活动空间大为拓展之机,采取措施以降低产量和质量等方面的信息不对称,提升在茶叶市场上的竞争力。其具体做法,一是深入汉口及周边地区收购茶叶,1863年俄商以"华人采茶,每有掺合之弊"为借口,直接深入赤壁、崇阳等地向茶农购茶。这一举措大大压缩了传统华商的生存空间,致使依靠边境贸易的山西茶叶商人受到严重打击。① 二是在汉口开设制茶工场,生产符合本国消费者需求的砖茶。俄商之所以采取此举措,是因为山西商人所开设的砖茶手工作坊规模和资本小,经营具有临时性质,技术落后、效率极低,又缺乏足够的卫生条件,导致其既不能以大宗产品满足俄国对砖茶消费日益增长的需求,也无法提供稳定的高质量砖茶。于是俄商通过直接收购和开设工场,控制除种植以外的所有茶业环节,使信息不对称风险大为降低,贸易成本随之减少,从而获得丰厚利润。1877年,在圣彼得堡,按照白银和卢布的汇率折算,每担砖茶的成本平均4.8两,售价为10.7两,每担获利5.9两;当年,俄商砖茶一项即获利87万两。② 俄商制茶的巨大成功,对中国传统的手工砖茶作坊造成了很大冲击。③ 鉴于在华经营有厚利可图,俄国极大地降低了从英国进口茶叶的比重,大力发展经由海路运往西伯利亚以及从汉口直接输往敖德萨的海上路线,大量运销中国茶叶,获取高额利润。

俄国国内气候条件不适宜种茶,也无法像英国一样,找到合适的殖民地发

---

① 俄国的商人对此多有描述:"前几年在边境市场上山西行庄大约有一百个,可是自从1863年俄国人自己在汉口开办企业以后,山西行庄的数目就缩减为六十或七十个……目前在买卖城只剩下了四个老的山西行庄……"转引自姚贤镐编:《中国近代对外贸易史资料1840—1895》第2册,中华书局1962年版,第1300页。

② 陈钧:《十九世纪沙俄对两湖茶叶的掠夺》,《江汉论坛》1981年第3期。

③ 19世纪初,汉口地区的砖茶多是在恰克图经商的山西茶商开设的手工作坊生产的,有70—80家手工作坊雇用当地农民按季节压制砖茶。在俄国茶商的有力竞争下,华商开设的小砖茶厂大半停业。参见郭蕴深:《中俄茶叶贸易史》,黑龙江教育出版社1995年版,第105页。

展现代茶业,加之中俄陆路和海路交通比较便利,因此俄商比英商更倚重中国茶叶市场,有更多动力深入经营开拓,借此降低信息不对称所带来的成本。史实显示,1886 年中国茶叶对外贸易由盛转衰之后,俄国对中国茶叶的进口量却呈快速增长势头。1888 年从中国输入的茶叶突破 60 万担,占中国茶叶出口总量的 31.13%;1898 年输入量为 94.1 万担,占中国茶叶出口总量的 61.14%。① 19 世纪末到 1917 年,尽管受到义和团和日俄战争影响,汉口对俄茶叶输出仍占到中国茶叶总出口额的 50%以上,出口量稳定在八九十万担,"砖茶系俄人在汉口制造,名曰华茶,实则利权已入俄人之手"②。俄商之所以越来越倚重汉口茶市,除无法像英国一样找到生产替代国外,最主要原因在于俄国通过对收购、加工制造和运输等领域的全面渗透,实现了对茶业上下游环节的掌控,有效降低质量信息不对称带来的经营风险和交易成本,试图实现质量掌控的内在化,获得廉价且品质稳定的货源,以满足本国消费者不断增长的消费需求。相关人士注意到俄国等西商渗透中国市场所带来的影响:"初时西商不过收买于各口,故价值甚昂,今则自行置庄,收买于产茶之各山。故价值遂低,且能深知各山所产之茶,色味之不同,身分之各异,价值低昂之不等,其中之利弊,俱已洞悉无遗,人虽欲欺之,又安得而欺之。"③

俄商与华商争利,不断削减中间环节,最大限度降低交易成本,试图最终实现对茶叶全产业链的控制。俄商从进入汉口之初,便尝试绕开华商的贸易代理,派人员深入汉口周边的产茶地,直接向茶农购茶,该交易方式在后期并没有进一步拓展,但无疑给华商造成很大威胁。俄国还凭借其强势地位,为本国商人提供更多优惠政策、降低税收:1862 年,中俄《陆路通商章程》给予俄商

---

① 陈慈玉:《近代中国茶业之发展》,中国人民大学出版社 2013 年版,第 324—325 页。

② 李哲潜:《江宁劝业道李呈度支部、农工商部整顿出洋华茶条议》,《江宁实业杂志》1910 年第 3 期。

③ 《中国商人宜亲出洋贸易论》,《申报》1872 年 7 月 8 日。

在天津通商的关税优惠;1866 年,俄国政府又迫使清政府同意俄商在天津免纳海关子口税的要求。在一系列优惠政策和关税特权带动之下,俄商开始全力拓展茶叶贸易路线,降低运输成本。俄商开辟了从汉口经陆路到天津,再经张家口转运到恰克图的陆地贸易路线;通过水路联运方式进一步降低成本,如经汉口陆路运至天津,再海运至符拉迪沃斯托克等港口,或从汉口经上海通过中国沿海运输至天津,转陆路运至恰克图。进入 19 世纪 80 年代后,随着运输能力的提升,俄国不断加大对远东和欧洲水路航线的开拓,如从汉口转上海后直接运往符拉迪沃斯托克,或从汉口转上海走苏伊士运河运至俄国黑海港口敖德萨。①

相比之下,晋商既无法享受税收减免,也没有能力通过水路运输茶叶;从汉口运茶至张家口要经过 63 道厘金分卡,缴纳的税金比俄商多 10 倍。高昂的交易成本使晋商迅速退出中俄茶叶贸易,1880 年国子监祭酒王先谦上奏称:"从前张家口有西帮茶商百余家,与俄商在恰克图易货,及俄商自运后,华商歇业,仅存 20 余家。"②自 1863 年起,俄商顺丰洋行、新泰洋行、阜昌洋行等在汉口相继开设砖茶厂,通过机器标准化生产提升品质,借此降低与华商交易过程中的质量成本损耗。19 世纪末到 1917 年,尽管受到日俄战争影响,以汉口为输出地的对俄茶叶输出基本占到中国茶叶总出口额的 50%以上,一位女探险家不无感慨地写道:"俄国商人目前已经将茶叶贸易掌控在手中!"③茶叶的收购、加工制造和运输等都在俄商掌控之下,这严重打压了中国茶农和茶商的发展。更为严重的是,一旦外部政治环境和需求发生变化,汉口茶市很容易陷入困境,如"后因俄国(苏联)统治(制)国际贸易,茶叶为消费品,且自提倡

---

① 宋时磊、刘再起:《晚清中俄茶叶贸易路线的历史变迁——以汉口为中心的考察》,《农业考古》2019 年第 2 期。

② 王彦威:《清季外交史料》卷 24,文海出版社 1984 年版,第 14 页。

③ Isabella Bird, *The Yangtze Valley and Beyond:An Account of Journeys in China, Chiefly in the Province of Sze Chuan and Among the Man-tze of the Somo Territory*, Cambridge:Cambridge University Press,2010,p.65.

茶叶生产,限制输入,自此销路大减……嗣更以外蒙独立,华商无法前往交易,营业更形衰落。民国十八年中俄(苏)绝交,汉口输俄茶叶骤减,十九年几停业……"①可见,俄商在占有绝对垄断优势后,中国茶叶外贸市场发展基本受制于俄国茶叶消费市场的变化。

三、舆论与质量监管渐趋完善的美国

与英国相比,美国没有合适的殖民地可以种植茶叶,本土的气候和土壤也不适宜种茶。美国深受殖民地统治的迫害,国家建立之初实力尚弱,没有能力发展海外殖民地,直到 19 世纪末才从西班牙手中夺取了古巴和菲律宾。这些海外殖民地的自然条件不太适合种茶,美国曾试图在南卡罗来纳州以及夏威夷尝试种植茶叶,但在商业上并不成功。与俄国相比,美国没有动力在中国广阔的内地组建茶叶的产业链,实现质量控制的内在化。美国的绿茶多是通过与中国、日本贸易而进口,因此美国更多寄希望于法令、制度完善以及舆论等社会监督,来对进口茶叶进行入口检查和事后监管。

其中,着色茶的问题尤其为美国消费者所注意,中日茶叶被检出不同程度地着色,引发了社会担忧。美国 1883 年首次出台《茶叶进口法案》后,地方报纸对茶叶的品质问题的关注度高度上升,据相关学者的不完全统计,1882 年美国只有 3 篇有关茶叶质量问题的新闻报道,而到 1884 年增加为 30 篇,几乎每个月各地报纸均有此类文章。这些报纸文章最初多关注赝茶所引发的故事和案例,之后又广泛普及关于假茶判定的标准、依据和方法,继而上升到对美国国内消费茶叶的全面关注,并抨击茶叶的掺杂使假问题。② 随着关注度的提高,美国对茶叶进口法令以及检验标准、程序、纠纷处置、不同港口检验人员

---

① 金陵大学农学院商业经济系:《湖北羊楼洞老青茶之生产制造及运销》,金陵大学农业经济系 1936 年。

② 赵思倩:《1883 年アメリカにおける緑茶の偽装問題と新聞記事》,《東アジア文化交渉研究》第 10 号,関西大学大学院東アジア文化研究科,第 673—686 頁。

配置不均衡等问题有了更加清晰的认识,社会各界对于改进这一法令的态度也逐渐明朗。

1897 年美国进一步完善了《茶叶进口法案》。但围绕该法案产生的争议并没有停息,反而诉讼不断。该法令生效后不久,在美国的中国公民龙桑(Sang Lung)等从广东进口了一批茶叶,但美国旧金山的海关官员杰克逊(Jackson)拒绝这批茶叶入关。因为当时制定的茶叶检验标准中,并没有"广东茶"这一分类,而检验员和茶叶上诉委员会(Board of General Appraisers)都据此认为这批茶不符合政府的规制标准。龙桑等人向联邦地区法院提起诉讼,认为禁止"广东茶"进口是未经授权的,因为没有证据可以证明这批茶不符合质量、纯净等方面的要求。他们有权利进口不低于政府标准的茶,而禁止进口是对私人财产权的侵犯,这毁掉了他们的生意,造成重大损失。这些原告没有在茶叶被海关销毁后寻求金钱赔偿,而是试图阻止茶叶被销毁。而法院发现他们无权对《茶叶进口法案》规定的财政部的行政裁决权进行审查、修改或推翻,上诉委员会的决定是终审:"茶叶进口到美国的权利完全由国会法案决定,完全取决于总评估委员会的最终判决……"于是,案件因缺乏管辖权而被驳回。在此之后,还有克鲁克香克诉比德维尔(Cruickshank v. Bidwell)案件,该案件一路诉至美国最高法院。原告认为将进口的茶叶标记为不合格产品,会使这些茶叶在进出口或在其他国家市场销售时变得毫无价值,并认为《茶叶进口法案》违宪。最高法院首席大法官富勒(Fuller)给出判决,认为下级法院缺乏公平管辖权,最终被驳回。更热衷于围绕茶叶法案诉讼的是威廉·巴特菲尔德(William J. Buttfield),他在一年内发起了针对斯特拉纳汉(Stranahan)、美国政府、比德维尔的三起诉讼。① 这些试图挑战法案的诉讼,同样以失败告终。

在法案的执行过程中,其政策也不断被修订完善。1908 年,美国国会允

---

① Patricia DeWitt, *A Brief History of Tea: The Rise and Fall of the Tea Importation Act*, Harvard University's DASH Repository, 2000 Third Year Paper.

许进口茶末(Tea Dust)并合法使用,用于制造咖啡因、咖啡碱和其他有用的化学物质。这是因为茶末进口较为便宜,经过加工后又能产生较大的经济价值。而在此之前,茶末进口一直是禁止的,因为担心会被用于掺假。到20世纪30年代,乌克斯对该法案的执行效果给予了肯定:"美国政府和茶业界使用同样的检验方法和样茶标准,收购员在产茶国也可采用简单试验来检查茶叶纯净度,美国到岸之茶多妥帖,因不清洁或含有杂质而在进口环节被拒绝的茶叶极少。但凡进入美国的茶叶需适合消费,质量优异,以保证茶饮之安全。"①

第二节 质量规制对中日茶叶贸易的冲击

英、美、俄、加拿大、澳大利亚等国家设定质量门槛,对茶叶进口质量规制,并根据本国的实际情况采取不同的应对策略,对中国、日本等传统产茶国和茶叶出口国产生了深刻的影响。英国所消费的茶叶向来来自中国,19世纪50年代以前在英国人的茶杯中,几乎杯杯都是中国茶。随着英国消费者对中国茶叶质量的担忧,转移茶叶供应基地,并不遗余力地鼓吹印度、锡兰等殖民地茶叶的纯净、健康等,消费者对中国茶品质的担忧与日俱增。因此,中国茶在英国市场的优势地位被迅速打破,到1886年华茶对英输出达到顶峰后,销量自此一路下滑,盛景不再。中国茶走向衰落的另一面,是印度、锡兰等新兴产茶国市场份额的暴涨,其茶因质量更为稳定、标准更为统一、口感更加浓郁、价格相对低廉而深受消费者青睐。也就是说,在这些新兴的产茶地面前,中国茶丧失了质量、价格等方面的传统优势。在20世纪初,中国茶在英国的占有率已经跌落到略高于10%。

---

① William H.Ukers, *All About Tea*(Vol. I), New York:The Tea and Coffee Trade Journal Company,1935,p.55.

（单位：千担）

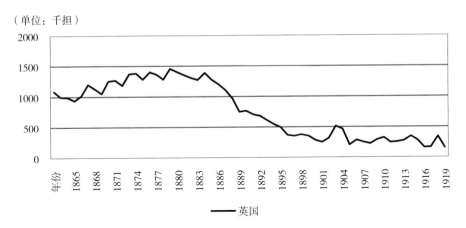

图 5-1　中国茶对英国出口数量统计表①

表 5-1　中国和印锡茶占英国茶叶市场份额②

年份	中国茶	印锡茶	年份	中国茶	印锡茶
1865	97%	3%	1886	57%	43%
1866	96%	4%	1887	39%	61%
1869	90%	10%	1890	40%	60%
1878	77%	23%	1897	14%	86%
1881	70%	30%	1903	10%	90%
1885	61%	39%			

　　与中国相比,日本茶叶在英国、俄国所占市场份额极低,日本对这些国家的茶叶贸易输出时间也都在 1860 年之后。日本所出产主要为绿茶,红茶的品质较低。就英国市场而言,他们输入的几乎都为绿茶,这些绿茶多不在英国消费,大多复出口到美国、摩洛哥等地销售。在当时,美国是除中国以外最大绿茶消费国,因此在日本与美国直航后,日本绿茶大多不再通过英国输往美国,

---

　　①　原始数据来自历年《海关报告》,转引自陈慈玉:《近代中国茶业之发展》,中国人民大学出版社 2013 年版,第 324—325 页。

　　②　[美]罗威廉:《汉口:一个中国城市的商业和社会(1796—1889)》,江溶、鲁西奇译,中国人民大学出版社 2005 年版,第 190 页。杞庐主人:《时务通考续编》卷十七《商务五·茶叶比较》,上海点石斋印本。China Maritime Customs, *Tea*, 1888, p.118.

而是从日本各茶叶贸易港口起运,直接运往美国的东西海岸。而美国向来是中国绿茶的主要销售国,其市场份额同在英国一样,几乎被中国独占。日本绿茶成为国际茶市的一股新兴力量,并向美国大规模出口,其结果就是中日两国在美国绿茶市场竞争激烈,而美国连续两次出台《茶叶进口法案》,对中日两国的出口产生了深远影响。

　　从生产和供给方面来看,美国所消费之茶主要有三个来源。中国是绿茶的原产国,也是世界消费绿茶的传统供给国,从18世纪末起便在公行制度的贸易管制之下,通过广州口岸向美国大量输出,这是美国市场茶叶的主要来源。1844年,美国与清政府签订《望厦条约》,中美迎来贸易自由化时期,中国茶叶输美迅速增长。还有一部分茶叶是由英国从中国、日本等输入至本国后,再复出口到美国市场,这是第二个渠道。随着中美、日美直接贸易的发展以及中英茶叶贸易在19世纪80年代中期呈现快速衰减趋势后,通过这种途径输入美国的茶叶所占比例逐渐下降。美国获得茶叶的第三个渠道是从日本进口。早在1611年,荷兰东印度公司已将日本茶叶向国际市场输出,但并未取得商业上的成功,国际市场茶叶供应在19世纪50年代以前长期被中国所独占。① 在准将佩里的黑船的胁迫下,1854年日本不得不与美国签订《美日亲善约》,1858年双方又通过《日美修好通商条约》正式确立通商关系,并于次年开放横滨为条约港,日本茶叶的商业出口贸易就此拉开序幕。日本最初同时向英国和美国输出,后逐渐向美国市场倾斜。从1866年起美国成为日本茶叶的最大进口国,日本80%—90%的茶叶输往美国,茶占日本总出口额的比重接近25%。② 日本向美国输出的茶叶数量增长迅猛,1863—1864年出口1978担(263727磅),占日本出口茶叶总量的42%;1865—1866为6534担(871178

---

　　① William Harrison Ukers, *All About Tea* (Vol. Ⅱ), New York: Tea and Coffee Trade Journal Company, 1935, p.211.

　　② John E. Van Sant, *Pacific Pioneers: Japanese Journeys to America and Hawaii, 1850–80*, Urbana: the University of Illinois Press, 2000.

磅),占茶叶出口总量的 87%。日本茶叶在美国市场开拓迅速,开始挑战中国茶叶的优势地位,两国茶叶在美国的竞争趋于激烈。

美国以专门法案的形式为质量门槛设定提供了法律依据,之后又据此以标准的形式不断调整、提高门槛,给中国茶叶出口造成很大影响。1883 年首次制定茶叶进口法案后,据美国茶叶检验官当年报告称,3—12 月约有 400 万磅茶叶接受了检查,其中 32.5 万磅被拒绝入关,检出率为 8%。①《茶叶进口法案》生效后,中国茶立即受到了该法案的规制。1883 年 5 月 10 日,驻美国纽约的日本领事官在《公信第 39 号——进口不正当茶禁制的附议报告》中称,在 4 月 1 日禁令实施后,14 日从伦敦进口的 20 万磅中国产绿茶运往纽约市场,由波尔登(ボルドン)、安第斯(アンデ)、晶银(ウイギン)三家茶商出售。政府卫生局认定这些茶是对人身体有害的不正茶,根据 3 月 2 日发布的禁令,禁止其出售,按 1883 年制定的有害食物禁令之法则,予以处分。② 同年 8 月,日本领事立田革又记录了一起中国茶被查禁的事件。美国船只伦德林古·泽鲁号(ロンデリング、ゼウ)搭载的 100 箱广东茶被扣押,因这些茶的品质为下等茶,其中掺有杂物。检察官以违背法律为由,禁止入关。③ 中国方面也关注到类似事件,法令实施 3 个月后,美国纽约发来电报称中国平水绿茶出口受阻,劝诫茶客切勿掺杂染色:"近有中国运去之平水茶三千五百箱,经美国家饬令,不准销售。缘平水茶内,往往有铜绿等物,挽[掺]杂饮之最易滋疾,然则中国茶客苟欲觅什一之利,其于茶色茶味慎毋再蹈故辙,为外洋所屏弃也。"④有一些商人还利用该法令,趁机打压华茶及华茶进口商行:"外洋新

---

① F.Leslie Hart, "History of the Adulteration of Food before 1906." *Food Drug Cosmetic law*, 1952,(1):18.

② 《紐育之部》公信第三拾九號《輸入不正茶禁制ノ儀ニ付報告》,外務省記録局:《通商彙編》第 2 卷,東京:外務省記録局出版 1886 年版,第 23 頁。

③ 《桑港之部》公報第十號《不正茶取押ノ件》,外務省記録局:《通商彙編》第 3 卷,東京:外務省記録局出版 1886 年版,第 268 頁。

④ 《茶客留神》,《申報》1883 年 6 月 10 日。

闻纸言,美国某行买进中国平水茶三千箱,有各捷客言诸官,以为该茶甚劣,食之损人,官乃禁该行不得出售。该行正将茶叶拍卖之际,而官禁适至。该行不解其故,疑谓茶叶不得拍卖,而不知实为谗言所中伤也。嗣经官宪详查,始悉该行并无不合云。"①

　　日本方面的情况也不容乐观,短期内受到了较大冲击。据该国报纸报道,1882 年美国进口日本茶叶总计约 8000 万磅,销售了 6000 万磅,其余大抵皆系伪制,难以销售。1883 年情况同样如此,茶叶出口数量基本保持不变,但据横滨商会(Yokohama Chamber of Commerce)报告称,美国市场出口量出现了令人担忧的下降,当年的进出口总额下降幅度超过了 4%,是一个"失望的交易季"。立田革领事同样对日本受美国规制的情况作出报告:美国茶叶输入规则实施以来,旧金山的进口商十分注重进口上等品级的茶叶;即便是从日本进口的茶叶,也存在大量着色问题,在通关时受到美国检查官的关注;旧金山税关的进口商将茶叶规则视为头等大事。② 因此,1883 年的茶叶法案对中日两国普通茶叶的出口数量都造成了冲击,1882—1883 年中国向美国出口 3320 万磅,1883—1884 年下降为 3100 万磅,日本则从 3760 万磅下降为 3440 万磅。③ 1883 年旧金山进口的日本茶与前一年相比,下跌了 1/4 以上。在茶叶出口遭受短期的下行压力后,日本茶叶品质有所改善,故出口数量有所恢复,对冲并补偿了西方商馆从事日本茶叶贸易的损失。横滨商会的报告指出,1887 年日美之间无论是进口还是出口较 1886 年都有了较大增长,其中出口增长 314.3 万美元,一名西方茶商则称尽管茶叶出口并不强劲,但已经"相当充足且平稳"④。

---

① 《禁止贸茶》,《申报》1883 年 12 月 5 日。

② 《桑港之部》公報第十號,外務省記録局:《通商彙編》第 3 卷,東京:外務省記録局出版 1886 年版,第 268 頁。

③ *Commerce and Navigation of the United States*,1882-3,Pt I,p.44,and 1883-4,Pt I,p.57.

④ Kevin C.Murphy,*The American Merchant Experience in Nineteenth Century Japan*,London and New York:Routledge,2013,p.43.

从长时段的贸易数据看,中国受西方茶叶贸易质量规制的影响远远大于日本。根据日本方面的不完全统计,中国向美国、加拿大、英国、印度孟买等地的出口在1886—1887年比1872—1873年减少8898362斤,而日本同期则增加32982938斤,增幅甚为迅猛。日本驻上海领事认为,这种强烈反差主要是由于日本政府曾实行保育政策,一方面降低茶税,对出口茶叶每担仅课税1元,另一方面则努力改善出品、符合西方国家市场需求,最终日本能够生产出与中国大同小异之茶叶,"并以该茶叶在竞争场上与中国绿茶较量、夺取全胜,终使中国绿茶卖价不能偿其成本。中国绿茶今日在美国与加拿大虽好歹与日本茶叶齐价,但对中国绿茶制作者与运输者而言,已非有利可图之商品,当无疑义"。

表5-2　中日茶叶出口数额对比①

出口对象	中国茶叶		日本茶叶	
	1872—1873年	1886—1887年	1872—1873年	1886—1887年
美国与加拿大	22934510斤	15967767斤	12003026斤	44948646斤
英国	10623600斤	7405797斤	0	37318斤
孟买	806080斤	2092264斤	0	0
合计	34364190斤	25465828斤	12003026斤	44985964斤
增减额	减8898362斤		增32982938斤	

但是美国出台法令之初,有一些不完善的地方,海关检验人员对标准样茶以及茶叶检验知识掌握相对欠缺,接近或者优于标准的茶叶亦遭拒,这招致出口商的不满和抗议。日本《中外商业日报》记载横滨某茶叶商馆向美国出口同批同质的茶叶,因分载于两艘船运往美国,检验结果一船合格,另一船则否,

---

① 《支那製茶貿易衰退ニ関スル調査委員ノ意見書》,《通商報告》第52号"製茶"部,大藏省印刷局1887年版,第6—11页。

故外国商人皆疑检查官鉴识不足。① 英国驻沪代总领事满思礼在上海贸易报告中记载:"然而据说被任命为检查员的人都不是茶叶专家,致使这个法案的执行变成了不公平和暴虐的活动。它引起了本地茶商和上海总商会的抗议……其中大部分的质量是接近于美国标准的,但由于质量比它好的许多茶叶也遭到拒收……"②美国茶叶检验的程序较为复杂,标准茶样会定期调整,各口岸执行标准不一,这给日本茶叶出口造成了一定困难。1901 年,茶业组合中央会议所议长大谷嘉兵卫等向外务省上建议书。对美国的茶叶进口检验予以攻讦,认为该检查结果实为杜撰,以致同一批的同品质茶叶,因为商标之不同,被一方检查拒绝,而被另一方面检查获得通过;劣质茶叶检查获得通过,而良品却遭拒绝的情况也偶有出现,犹如奇观。这让日本茶叶出口者蒙受了损失,一般营业者内心危惧,谨慎从事,导致茶叶出口额的减少。这给日本带来了损失,也不便于美国消费者便利地获得茶叶。③ 故会议所希望政府出面与美国政府交涉,废止进口茶叶检验。

从茶叶出口数据看,1882 年中国输美茶叶 45653172 磅,1883 年美国第一次正式设置进口质量门槛后,当年出口量便下降至 37577349 磅,降幅为17.69%,1884 年进一步下降至 33199570 磅。第一次制定的法令并不完善,故对中国茶叶输美影响是短暂的。从 1886 年开始中国输美茶叶又快速恢复增长,到 1897 年出口量达到历史最高点,为 56524546 磅。1897 年美国第二次质量门槛出台后,受此冲击 1898 年对美输出为 39595665 磅,降幅为 29.57%。之后,中国对美茶叶输出量波动很大,总体趋势是不断下滑,1908 年跌到27293298 磅,1912 年跌到 17605670 磅,就此一蹶不振(见图 5-2)。从中国输

① 《美国纽约进口茶检查官之不平》,《湖北商务报》1899 年第 25 期。
② 李必樟:《上海近代贸易经济发展概况:1854—1898 年英国驻上海领事贸易报告汇编》,上海社会科学院出版社 1993 年版,第 934 页。
③ 《米国输入茶检查所废止建议》,《本邦人民建议请愿杂纂》第 2 卷,東京:日本外务省外交史料馆,档号:B130806630001901。

美商品的构成来看,自 1898 年起,茶叶已被生丝超越,当年生丝出口货值位居第一,占总出口货值的 37%,茶叶退居第 2 位,占 28%。[1] 自此之后,华茶美销,愈趋愈下,1912 年,茶叶输美已退居第 4 位,不敌生丝、羊毛、兽皮,略高于植物油。到 1915 年,参加美国博览会的中方人士屠坤华已经注意到华茶在美国市场的凋敝:"予自国西逦迤而东,亘数千里,不见华茶之招牌焉。询于茶商,第知日本茶、台湾茶、锡兰茶、印度茶诸种,此为我商业竞争之失败。"[2] 1924 年,在哥伦比亚大学攻读博士学位的潘序伦在其论文中,十分痛心地写道:"美国现在对中国茶叶的消费非常少;过去十年,中美茶叶贸易在中国茶叶出口中所占的份额不足 1/5,部分年份甚至只有 14.7%。"[3]

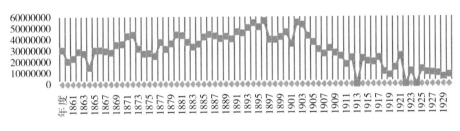

图 5-2　1860—1931 年华茶输美数量变化图[4]

另一方面,中日红茶在美国销售又遭到印度、锡兰茶的阻击。印度、锡兰等地从茶叶产业建立之初,英国殖民者就采取了资本雄厚的企业经营制度,大种植园种植、机器揉制干燥、大量批发运输,生产标准化是其长项,故美国进口质量门槛设定对其影响极其有限。1890 年后,因英国商人极力宣传,以及红茶汁水浓厚、香味佳良,印度、锡兰、爪哇红茶涌入美国市场,并改变了美国人

---

①　何炳贤:《中美贸易问题的研究》,《民族杂志》1933 年第 4 期。

②　屠坤华:《1915 年美国旧金山巴太万国博览会》,参见陈占彪编:《清末民初万国博览会亲历记》,商务印书馆 2010 年版,第 235 页。

③　潘序伦:《美国对华贸易史(1784—1923)》,李湖生译,立信会计出版社 2013 年版,第 86 页。

④　中国茶典编委会:《中国茶典》,贵州人民出版社 1995 年版,第 2304—2305 页。

对绿茶的嗜好。到 1920 年,红茶已占美国市场的 64%,而绿茶份额中华茶只占 11. 35%。① 由于日、印茶叶压迫,华茶在美销路日益穷蹙。但总体而言,日本茶在美国市场的占有率,从 1900 年以后就高于中国,约为 2 — 3 倍。到 1931 年,中国在美国的市场份额已减至 6. 75%。并于中国对美输出茶叶之衰落原因,1888 年美国驻北京公使登比在其报告中总结为:"假的货样、集合的包装、假茶之混杂,及其他有害的物质。"②中国学者也有清晰认识:"所以能取华茶而代之原因,故在于有系统有组织的茶叶经营,政府的严密监督与奖励,而产品能合于美国标准茶的规定,更是一个最主要的因素。"③

第三节　中日不同层面的反响和回应

19 世纪英国所掀起的纯净食品运动,清政府浑然不知,遑论意识到其可能给华茶带来的生存危机。当鸦片战争一触即发之时,直隶总督琦善、江南道御史周项、两广总督邓廷桢、直隶顺天府府尹曾望颜等人,还沉浸在"以茶制夷"的幻想中不能自拔,并奉为对英外交的信条。④ 鸦片战争后,清朝的对外茶叶贸易不但没有零落成泥,反而因贸易管制的解除和出口自由化的逐步实现而呈现出欣欣向荣的景象。1872 年英国出台《反食品与药品掺假法案》,对进口劣茶加大了惩处力度,外籍人士在清政府出版的报纸中对此有所留意:"今英京新报中云,查计上年所买中国茶叶运至英京有十八千三百万磅,内有伪茶一千万磅。既经查出,商部大臣立即奏明英国皇家,出论严行禁止。先将此等伪茶全行烧毁,然后派员密查英京及英属各口岸,凡有商人办到中国茶叶

① 中国茶典编委会:《中国茶典》,贵州人民出版社 1995 年版,第 2303 页。

② Dept.of State.*Commercial Relations of the United States with Foreign Countries*(*1886–1887*) , Washington:Government Printing Office,1888,p.862.

③ 李宗文:《国茶对美贸易》,《贸易月刊》1941 年第 7 期。

④ 此问题的论述可参见周重林、太俊林:《茶叶战争:茶叶与天朝的兴衰》,华中科技大学出版社 2015 年版,第 8—12 页。

至口,必定逐细查明。如有伪茶掺杂其中者,不准起岸。现在稽查甚严,又兼有人议及,俟后西商大可不买中国茶叶,尽可于印度置办,盖屡受中国茶商暗欺之故耳等语。"①该内容虽是从英国报纸转载而来,其中透露的信息却较为全面:其一,伪茶占所有输英茶叶的比例约为 5.5%;其二,英国法令的大致内容、检验程序及执行力度;其三,掺杂的弊端以及英国转移市场重心的趋势。

　　1875 年英国通过《食品与药品销售法》,规定对茶叶实施进口检验,并设有专门条款。对于英国议院酝酿出台法律,清朝只有一则关注消息:"阅英新来公信,知绿茶饰色事,经议政院特派议士逐议,得绿茶即以铜青、石膏、靛青等研末挽[掺]入,而所用无多,亦不足贻害于人。故绿茶非假饰过甚,尚无妨碍。又议不如使海关吏员于报关时,先将茶叶查验,若颜料果多,则即入公,以免无辜之店户被累。顾此事在议院中尚未决定,又查得英国内加颜料之弊,亦不多见也。"②此消息对英国即将要出台的法律漫不经心,认为掺杂、着色没有大碍;对于相关人士建议在海关进口检验之事,其可能带来的冲击,则浑然未觉,关注的更多是对英国杂货商的保护作用。据笔者目前所掌握的资料,在该法案正式实施后,清政府的各种报纸和公告中,没有什么回应。

　　同样的情况,在美国 1883 年第一次设定茶叶进口质量门槛时,也上演过。查文献资料,美国法令发布后的第三天,即 1883 年 3 月 4 日,《申报》在译介美国报纸时,才有所提及:"议院中有人言及,近来美国所用劣茶颇多,实足害人。故目下美廷论令凡中国贩茶赴美,须先在海关验过。佳者则准其进口,劣者摈而去之。该报以为此事颇关紧,要美廷当著以为律也。"③《申报》所载为美报转译而来,对其法令具体内容未作深究,也未进一步跟进报道。当时华茶正值出口鼎盛时期,业界尚未意识到产业危机即将到来,故对这则消息背后的深层次影响并未留意,反响甚微。

---

① 《严禁伪茶》,《教会新报》1873 年第 267 期。
② 《英议院察绿茶》,《申报》1874 年 8 月 21 日。
③ 《美报译录》,《申报》1883 年 3 月 4 日。

1897 年美国第二次设定质量门槛后,中国反应较第一次要更为积极。当年,《苏报》、《集成报》、《香港新报》、《萃报》等予以报道或转载。① 1897 年,《时务报》首次全文刊载清政府驻美使署翻译官周自齐所译《美国新定禁止粗劣各茶进口条例》。② 承绪《时务报》做法,《农学报》、《萃报》等报刊于次年转载了美国茶叶进口法案的主要内容。③ 湖南是近代茶叶输美的重要省份之一,故《湘报》以连续跟踪报道的方式,对此问题特别关注。第 26 号上刊登了清政府驻美国公使伍廷芳致总理衙门《请整顿中国茶务》的函。伍廷芳指出中国输美茶叶所存在的质量问题,并通告美国新例要旨:"美国医院以近年中国进口至美国之茶,拣选不精,修制多不合法,食者每致疾病,因特设新例:凡有船到口,须由茶师验明如式,方准进口;否则,驳回。"④《湘报》第 62、63 号上又全文连载了《美国新定禁止劣茶进口条例附茶办章程》,意在让国人掌握国外的相关信息,有针对性地改善华茶品质。

清政府驻外使节及时反馈信息,报界也积极报道,加之此时华茶出口颓势已现,海关关税和地方厘金都面临大幅下降的风险,这引起各级政府和官员的关注,开始倡议着手整顿。针对这种情形,总理衙门下令各地方官员,禁止茶叶的掺杂、着色行为。产茶区地方政府对此也极为重视,皖南茶厘局观察程雨亭得悉美国新法后,在 1897 年 11 月和 12 月连发整顿茶务三示,提出要讲究采制、力戒掺杂,并依照新法制作茶样、分发各地以做示范。在《整饬茶务第三示》中,程雨亭认为美国改行新例,中国倘若焙制益求精美,实为中国茶务振兴之机。他将周自齐所译《美国新例》12 条,刷印粘单,转饬各产茶处所,出示晓谕,规劝园户茶商,以期挽回茶务、广开利源。另外,他还提出要严惩掺假

---

① 《禁止劣茶》,《集成报》1897 年第 4 期;《美国禁茶》,《集成报》1897 年第 12 期;《验入口例茶》,《萃报》1897 年第 11 期。

② 周自齐译:《美国新定禁止粗劣各茶进口条例》,《时务报》1897 年第 46 期。

③ 《美国户部增修验茶章程》,《农学报》1898 年第 34 期;《美国新定禁止劣茶进口条例(附户部立定茶办章程)》,《萃报》1898 年第 23 期。

④ 《驻美公使函请整顿中国茶务》,《湘报》1898 年第 26 期。

造假等行为。上海县对茶商发布谕告，整顿质量："凡园户茶庄制茶，务须如法，精益求精……运茶出口，勿得掺和杂质……一经查出，定行严罚。"①

中央和地方政府、业界还尝试建立联动机制，以共同行动来克服茶务之弊端。1897 年底，宁波海关税务司穆麟德在上海一洋行的协助下，向海关监督报送备忘录，提出整顿浙江平水绿茶的四点建议，海关监督将其转达绍兴府，令其遵照实行。② 程雨亭则希望国家层面动员，联合洋商和茶号，从 1898 年起对出洋华茶厉行检验："克日飞咨总理各国事务衙门，转咨驻京各公使，并札总税务司，分别电达外洋，自光绪二十四年为始，凡各国洋商，来沪购运绿茶，秉公抽提，各该号茶商，均以化学试验，如再验有滑石、白蜡等粉，渲染欺伪各弊，即将该号箱茶，全数充公严罚。"③这一建议是为政府实施出口检验之嚆矢，惜未受应有之重视。1899 年的《书振兴茶务札后》提出了跟程雨亭相类似的观点："诚宜由地方官札饬产茶各属，出示晓谕，并剀劝园户、茶商，妥仿西法焙制，力图整顿，以期挽回，各洋关又须严加查核，如出口之茶有搀[掺]和杂质、或将茶渣重制者，一经察[查]出罚必加严。"④

其实，清政府向来就有查禁伪茶的禁令。《大清律例》规定："做造假茶五百斤以上者，本商并转卖之人俱问，发附近地方充军。若店户窝顿一千斤以上者，亦照例发遣。不及前数者，问罪，照常发落。"⑤其实，自宋代起，各朝各代几乎都有此类的禁令，但这类律令并不完全是为了消费者的身体健康，而是为了维护官府的榷茶制度或者攫取茶利，或是按照官府的意志维护茶叶市场秩序。在中西通商后，清政府查禁伪劣茶的目的有所改变，更多的是协调商人纠

---

① 《上海县示谕茶商》，《湘报》1898 年第 28 期。

② 中华人民共和国杭州海关译编：《近代浙江通商口岸经济社会概况——浙海关、瓯海关、杭州关贸易报告集成》，浙江人民出版社 2002 年版，第 45 页。

③ 陈祖槼、朱自振：《中国茶叶历史资料选辑》，农业出版社 1981 年版，第 198 页。

④ 《书振兴茶务札后》，《申报》1899 年 5 月 12 日。

⑤ 上海大学法学院、上海政法管理干部学院编：《大清律例》，张荣铮等点校，天津古籍出版 1993 年版，第 266 页。

纷与冲突,避免中外关系恶化。在英美等国出台茶叶进口法令之前,洋商在福州、上海、汉口等口岸购茶时,与华商因质量问题屡有纠纷,中国海关还时常发现"还魂茶"出口,处置方式主要由地方官员居间调停、销毁劣茶。1873 年 12月,在上海出现了一起典型案例。江海北关税务司水上巡捕在浦江查获还魂茶 21 包,称重 700 多斤,缉拿了名为黄木木的小船户。据船户交代,假茶是租界老闸地方之方姓江西人家所做。① 做假茶之人得到风声,早已逃之夭夭,这批假茶连同查获的其他批次假茶,最终被抛到吴淞口外的大海中销毁。如发生洋商投诉华商的情况,官员往往会同通商口岸的外国领事,联合侦办,一旦查实,会对违法者处罚。采取的是"杜弊"的措施,"头疼医头,脚疼医脚",尚无从根本上解决华茶品质问题的考量:"杜弊始能兴利也,卖运茶出洋,实为中国诸货之巨擘,若不整顿,茶色日坏,茶名岁敝,败累通商之事,实莫大焉。"②茶叶贸易对地方经济和民众生计有重要影响,故官员有查禁假茶的积极性,如在福建的名产茶区推行三管齐下的做法:其一,在各厘金分局卡严密稽查,发现后会按律究办;其二,密派暗哨访拿究办,同时发布告示;其三,鼓励民众举报专做假茶之人及窝屯处所,一旦定案则对举报者破格优赏、以示鼓励。③

　中国商人和商业组织也采取了一些措施阻止伪劣茶进入市场。地方茶业组织配合政府的市场规制,订立行规,禁止伪劣茶叶上市。在晚清时期,行业组织在市场中有较大的话语权,一些掺杂作伪者稍加收敛:"商人会馆互相察核,重议罚章,作奸者渐知无可售欺,亦颇自悔。"④但问题是仍有少量不法商人图谋作伪之利,敢于冒险犯规。这扰乱了市场秩序,导致逆向选择,出现劣胜优汰的"柠檬市场":"夫为此等弊端者,不过一二奸商,其在正经商家自顾

---

① 《假茶违禁》,《申报》1873 年 12 月 31 日。
② 《论贩假茶》,《申报》1874 年 1 月 2 日。
③ 《维持茶务》,《申报》1899 年 7 月 25 日。
④ 《论中国矿务之弊》,《申报》1891 年 12 月 29 日。

牌子决不为此。然谚云'坏人带累好人',西人一见有此弊端,遂疑中国茶商莫不如是,以至不肯受买。"①虽然地方官员作出了努力,茶叶同业组织也出面整治,但效果有限,茶叶掺杂使假的问题,仍旧继续,听规劝者甚少:"做造假茶,久干例禁,迭经地方官出示严禁,而无如言者谆谆,而听者藐藐也。"②1911年5月,美国禁止输入着色茶,"若不守之,则此着色茶输入美国时,遭美国官吏之检查,必认为不合格"。对于此次美国禁止输入着色茶,观察者认为对于这种新情况,中国简直没有应付的路径,只转而向土耳其和埃及市场销售有色的茶。1924年,美国纽约华商总会传来消息,美国各通商口岸各派代表前往纽约市参加会议,研究外国输入美国茶品之优劣,有代表提出要禁止中国各茶入美,原因是中国中上品茶叶,含有劣点颇多,"验出中国古劳茶与乌龙茶,且有枯叶,及染有污泥,又中国龙须茶梗太多,且有枯叶"③。1925年7月,纽约华商总会再次发来通告,敦请茶商注重改善品质。美国的政策,让国内茶业界风声鹤唳,1925年有业者在报纸上云:"近日忽得美国将行禁运华茶之警告,不免着了恐慌。"④除茶叶本身品质外,包装粗陋也对茶质造成了十分严重的影响,故美国茶业协会曾请华商注重改善包装。

与中国较为迟缓、滞后的反应相比,日本获得的信息更为丰富、思想上更加重视、行动更为积极。日本业界从19世纪70年代就着手纠正着色问题,明治政府对此进行奖励。京都府于1870年发布"严禁制茶滥制"的布告,次年又发布"严禁劣茶"的布告。1874年,中央政府在内务省设立了专门的部门,对劣茶进行管制;1879年在横滨、1883年在神户的全国茶业者大会上,从业者就整顿劣茶对策进行了商议,并提出了建议。在美国通过了禁止进口伪劣茶的法令后,农商务部农务局立即发布了严防伪劣茶的布告。尽管政府比较重

---

① 《论中国整顿茶业之要》,《申报》1886年6月20日。
② 《假茶违禁》,《申报》1873年12月31日。
③ 《纽约华商警告改良华茶》,《申报》1924年5月6日。
④ 太瘦:《为美国将禁之华茶入口事告经营茶业者》,《国货月报》1924年第1卷第3期。

视,劣质茶同样是源源不断。1883 年,美国第一次设立质量门槛是日本茶业真正觉醒之契机。当年5月日本驻美国纽约领事高桥新吉向时任外相吉田清成呈送《输入不正茶禁制》。7月,高桥新吉又向外务卿井上馨提交对美国输出茶叶的意见书。①

图 5-3 　高桥新吉上外务省意见书封面

1883 年9月在神户召开的第二次日本制茶共进会上,茶界首领大谷嘉兵卫说:"矫正粗制之弊病时候到了,我国海外贸易恢复信用在此一举,全国茶业同仁要团结一致、齐心合力,取缔掺假严重之现象。"全体参会人员共商应对之举,确定颁布取缔伪茶和粗劣茶的法令制度、组建茶业者组合组织等措施。

1884 年1月,日本政府发布《茶业组合准则》,要求各郡区和町村茶的种植、制造者、贩卖者都必须加入所设立的组合组织,全国上下共遵4条茶叶

---

① 《米国ヘ製茶輸出ニ関シ在紐育高橋領事意見進達ノ件附美術奨励ノ件》,東京:日本外務省外交史料館藏,档号:B11090940100。

质量规则,并着手实施出口检验。同年,在大仓喜八郎和丸尾文六的倡议下,农商务省和茶业者共同设立"中央茶业组合本部",各郡区也相继成立地区性的组合。① 日本以立法的形式,将原本较为松散的茶商组织缔造为组织严密、涵盖各方利益的产业共同体,以政府强力支持之商业组织,在日本每个港口设立茶叶检验所,取缔染色、赝茶等劣茶出口,统一包装与烘干,以强制侦察联合会会员出产责任;设立茶试验区及实验室,不断改良品种和品质;开展海外宣传、市场调查,组织直接输出等各项事业。② 1887 年,日本出台《茶业组合准则》,制定了更加严密的惩罚规则。

日本茶业建立了自身的组织和制度,以应对美国等设定质量门槛的冲击,而日本领事馆、商业组织和个人等,也通过多种途径将质量门槛的最新动态传回国内。1897 年 3 月 22 日,驻纽约领事内田定槌将月初刚刚出台的《美国粗制茶输入禁止条例》法令原件及日文翻译向本国递送,并标注"大急"字样,希望引起国内从业者的高度重视。自此之后,日本领事馆充分发挥信息前哨的作用,源源不断地传回信息。1898 年,该年度美国最新的检查实施细则及标准样茶的茶样同样迅速传回,其中重点关注了日本及台湾的茶样。③ 1899、1900、1908、1910、1913 等年份,纽约日本领事馆都将实施细则修改和追加、标准茶质量规制修改等方面情况搜集整理,其中还注意到 1908 年美国允许低于标准劣等茶入关用于工业原料、台湾茶受冲击等特殊情形。④ 1906 年 6 月美国颁布的《联邦纯净食品和药品法》以及 10 月颁布的《食品及药品法实施细则》,都对食品不纯净问题进行规制。这引起了日本方面的高度警觉,因为日

---

① 寺本益英:《戰前期日本茶葉史研究》,東京:有斐阁株式会社 1999 年版,第 74—82 页。

② 赵简子:《中美茶贸易概论》,《香港华商总会月刊》1934 年第 2 期。

③ 《米国二於テ製茶標準見本改定並製茶検查細則施行之件　附籠焙茶、鍋焙茶、無色鍋焙茶、粉茶及台湾茶見本送付之件》,東京:外務省外交史料館,档号:B11090900500。

④ 这些详尽的文档逐年积累,形成 300 多页的文本,成为日本外务省外交史料馆收藏美国进口茶叶检查规则和标准样茶档案第 1 卷的内容,参见《米国二於テ本邦茶検查一件附茶検查規則並標準茶二関スル件》第 1 卷,東京:日本外務省外交史料館,档号:B11091126200。

本出口茶叶存在用化学物质进行染色的问题。尽管 1906 年法案尚未对茶叶染色问题作出专门规定,但日本驻纽约领事对此高度重视,不仅将这些信息及时通告国内、警告业者,还对该法案执行对日本茶叶出口的影响作了评估。果不其然,茶叶着色问题很快引起了美国政府注意,并被纳入《联邦纯净食品和药品法》的规制范围。美国纽约、芝加哥、旧金山等地领事及日本驻美大使,从 1907 年到 1912 年持续跟踪美国对着色茶的检查条例和标准,记录着色茶通关被拒的情况,分析问题的成因,提出着色茶改良的方法,以及美国商人给出的建议,针对着色茶问题与美国政府交涉等。[①] 农商务省等部门不仅将这些信息及时通告业者,中央茶业组合和各府县联合会议所制定了本国着色茶取缔规则和禁令,如 1897 年中央茶业组合会议所在横滨、神户、长崎三个重要茶叶出口港设立检查所并发出《海外输出制茶检查的相关建议》,京都府在 1911 年制定《制茶取缔规则》,对茶叶中掺和杂物、着色、着香等粗恶茶制定了取缔规则。

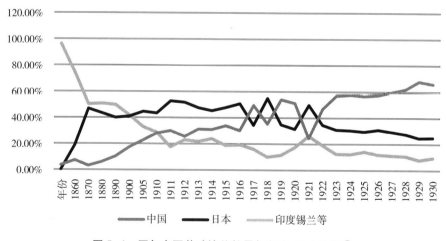

图 5-4　历年中国茶叶输美数量与印度、日本比较[②]

① 《米国ニ於テ本邦茶检查一件附茶检查规则並標準茶ニ関スル件》第 2 卷,東京:日本外務省外交史料館,档号:B11091126900。
② 何炳贤:《中国的国际贸易》,商务印书馆 1937 年版,第 97 页;何炳贤:《国际贸易导报》1933 年第 5 卷第 3 期。

　　经过各界共同努力,日本的系统改革取得了成效,茶叶品质逐渐符合美国规制要求,跨过了质量门槛。1906 年,它与华茶对美的出口量相等,次年就取代了华茶在美的地位。1915 年参加巴拿马赛会的中国人士蒋梦麟、章祖纯观察到:"日本政府明定法律,禁止茶商着色、加料,自设茶叶检查所,违法者不得出口,以保存信誉。相比之下,中国茶叶之运售美国,因着色或加料,为关员检出,拒绝入口者,时有所闻,大损中国声誉。"①

---

　　① 《日本出品》,章祖纯编(蒋梦麟、章祖纯调查):《巴拿马博览会农业调查报告》,农商部刊印 1916 年版,第 1 页。

第六章　中日同业组织的改造路径

西方茶叶贸易质量规制对中日两国产生了深刻影响。最直接地体现在产业组织方式上,特别是同业之间如何合作以提高出产品质、符合西方进口需求、应对规制的冲击。在此过程中,日本茶叶产业通过缔结统一的组织,实现了一体化的改造,为后期的统一检验、技术推广、直输出事业发展等提供了保障。日本茶业的改造方式给中国以借鉴。

第一节　中国传统茶业组织构造与积弊

《南京条约》宣告公行制度的结束,行商退出历史舞台。洋商在华采买茶叶有种种不便,仍需要代理人,于是广州的行商及最早从事外贸业务的人士摇身转变为买办,并在新的茶叶贸易中心上海、福州、汉口等地云集,隶属于洋商或为洋行提供服务。上海从事茶叶买卖的洋行众多,在 19 世纪 60 年代有怡和、宝顺、旗昌、琼记、同孚、杜德等 20 余家。洋商为强化输出垄断、沟通信息、实现联合,成立了上海茶叶公会(Shanghai Tea Association)。与丝、瓷器等可在市场觅买成品现货不同,茶大多需要提前一年预定,产地也多在山区等更为广阔的腹地,制造方法也因外销市场的需求不同而有较大差异,品种和等级较多。中国各产茶区有大量的茶号,这些茶商号将本地所出产茶运输到条约港出口,同样面临着怎样跟洋商交易的问题。于是洋商和中国茶商号之间需要一个仲买机构,"茶栈"应运而生。中西开埠通商以来,茶栈这一茶业组织的出现有其必然性,茶叶专家吴觉农对此等认识比较全面,分对外和对内两个方面。

> 茶叶品质之优劣,无确切不移之标准,而依需要地之嗜好习惯与市面情形,而有上落。卖买间之交易茶价,完全依所布小样而定,故布出小样之品质形状等,需与大帮完全相同,不能稍有参差。否则即将发生严重之争执而难以解决。因此非素有信用互相熟稔之人,不易获得买方之信任。茶栈对于内地茶号茶质,皆颇熟悉,于买茶洋行又为其唯一靠山,往来自然极其亲密,且有洋庄茶栈同业公会,可以在必要时担任保证之责。故从对外方面而言,茶栈乃有存在之客观需要。

> 从对内方面而言,制造茶叶之茶号,多僻处山乡,平时对于国际茶市,一无所知。且内地商人向无与外商交易习惯,不但言语隔膜,即商业习惯亦非素稔。若直接与外商往来,必致有手足无措之感。故宁愿出相当佣费,托茶栈从中介绍,以资便利。茶栈亦因有利可图,乐为介绍。双方既有此种需要,茶栈基础乃得稳固。①

正基于这种需要,茶栈出现的时间较早。上海在茶叶对外贸易中有重要地位,是最早出现茶栈的条约港。1939 年刊发的《上海茶栈之起源》载:"上海茶栈,为外销茶重要中间商,起于前清光绪初,盖由《南京条约》中所废除之公行制度变迁而来,故现在茶栈之英文名称,不曰茶行(Tea Hong)。初有绍兴人董簧茶栈而曰三者,开董久大丝行,始于怡和洋行西人合作兼营出口茶业,为

---

① 吴觉农、范和钧:《中国茶业问题》,商务印书馆 1937 年版,第 239 页。

茶栈之鼻祖,至光绪十年,乃有商人张光川等创设恒泰茶栈,内容组织,始具今日茶栈之规模焉。"①据该说所称上海茶栈起源时间较晚,实际上早在1855年上海便成立了茶叶会馆,当时与丝业一道,合称"丝茶会馆"。这一会馆是上海最早的洋庄茶栈同业组织,后因太平天国战事而停办。② 1868年,出于维持华洋交易秩序的目的,上海茶栈业决定设立茶业会馆:"茶叶一项与洋商交易,固因昭其信义,而山户往来,亦当各秉公平,若不设立会馆,剔除积弊,厘整章程,日之颓风,将何以挽。"③上海茶业会馆于1870年正式成立,又称上海茶业公所,由徐润、唐廷枢、唐翘卿(谦顺安茶栈栈主)等7人担任董事。徐润、唐廷枢等人本身又为买办,这折射了上海茶栈业的复杂性和竞争性,"对外贸易存在着洋行—买办—行栈、洋行—行栈两种并存而又竞争的交易模式"④。之后,汉口、福州等地也成立了性质相同的茶叶公所,并制定了规约。⑤

茶栈带有牙行性质,其功能类似于以前的行商,茶商必须将茶存入茶栈,由其作为中介卖与洋行,不得与洋行私自交易。茶栈收入主要有两种来源,一是从茶商所得茶款中抽取2.5%为佣金,二是向茶商高息放款,从中赚取不菲之利息。从事茶叶中间贸易的茶商主要有洋庄茶号、土庄茶号、毛茶行及茶贩等,各自承担功能不同:洋庄茶号主要对收集来的毛茶或者鲜叶进行精制,一般设在茶区,少量设在商埠;土庄茶号相比洋庄茶号实力较逊,一般设在商埠,对从毛茶行或茶贩处所收集的茶叶进行再制;毛茶行设立于茶区,收集茶农出售鲜叶或粗茶,将之加工为毛茶,再转售给茶号;茶贩则有山头、水客等多种类

---

① 《上海茶栈之起源》,《浙江农业》1939年第7—8期。

② 上海茶叶对外贸易编辑委员会编:《上海茶叶对外贸易》,上海茶叶进出口公司1999年版,第67页。

③ 上海東亞同文書院調查:《支那経済全書》第2輯,東京:東亞同文會1907年版,第674—675页。

④ 庄维民:《中间商与中国近代交易制度的变迁——近代行栈与行栈制度研究》,中华书局2012年版,第12页。

⑤ 《申报》光绪九年四月三日发布了1883年茶叶公所章程的简写本,全本见于上海東亞同文書院調查:《支那経済全書》第2輯,東京:東亞同文會1907年版,第672—674页。又见全汉升:《中国行会制度史》,新生命书局1933年版,第182—185页。

型,主要从事收购和贩运等方面的业务。学者曾对民国前期安徽茶业商业组织进行过细致分析,大体可以从中观察晚清中部茶区商业组织之复杂情形(见表6-1)。

表6-1　安徽茶叶商业组织构成表①

商业组织	承担职能	主事者身份	构成人员
洋庄茶号	精制外销茶之制茶工厂	本地绅商	掌号、账房、掌烘、看样、掌堂称、管厂、箱司、铅司、捡司、水客、采办、书手、包工头、工人
土庄茶号	开设于商埠之茶厂,以较少资本制成外销茶	洋行买办、茶楼通事、茶栈掌号	经理、账房、书记、工头、风箱工、箱尾工、看色工、看捡工、筛工、火工
毛茶行及茶贩	负责介绍粗制毛茶之交易,牙行中介性质	商人	内地茶行有掌号、帮手学徒;商埠茶行有经理、账房、跑街、水客、学徒、出店等
洋庄茶栈	介绍内地茶号制成之箱茶,代为布样,售出口商	洋行买办等	经理、管账、书手、通事、茶楼司事、学徒、出店等
输出商	收购茶叶,贩运回国	各国洋商	茶师、买办、栈房主任、过磅员及栈司、茶楼主任、翻译、账房、书记、办事员、打字员

　　茶叶收购时间颇短,资本耗费巨大,而各层级茶商资本短绌,洋商又预付一定比例款项给茶商以充本金,在茶季结束后收取利息,这就形成茶叶外贸市场的预付款制度。② 茶叶收购体系和信贷体系共同形成了严密的贸易网络体系,洋商通过资本层层渗透到茶区,在资本带动下茶叶源源不断地向通商口岸供给(见图6-1)。茶栈也是信贷网络中重要的一环。最初内地茶号在茶栈中只售卖茶叶,两者并无信贷关系。茶号在将茶叶运抵通商口岸时,往往会出现资本短缺的情况,不得已以茶叶为抵押向茶栈借贷,在售出茶叶后偿还或者

---

① 吴觉农、范和钧:《中国茶业问题》,商务印书馆1937年版,第202—214页。
② 预付款制度之起源及发展,参见陈慈玉:《近代中国茶业之发展》,中国人民大学出版社2013年版,第55—81页。

用售卖的茶叶抵扣。此后,茶商号为了充实资本,会从茶栈贷款,然后再收购毛茶,或从事茶叶的粗制或精制。在此情形之下,"茶栈乃渐渐脱离其单纯的牙行性质之地位,一跃而兼信用机关之职矣"①。茶栈控制了茶叶向洋商出口的通道,又有较为雄厚的资本,在茶业组织中处于优势地位。于是,茶栈不仅是牙行性质的中介,也不仅是金融信用机关,而是茶业组织中的垄断机构。茶栈通过降低收购价格、延长交易时间、削减茶叶应定等级等方式盘剥,形成诸多交易陋习,茶号苦不堪言。茶号又将这种损失层层转嫁,最终茶农的生产积极性大幅降低,更无动力出产高品质茶叶。

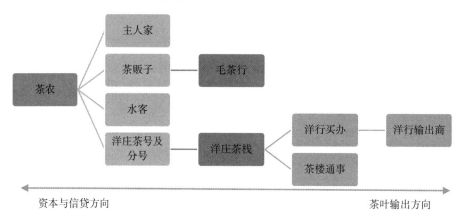

图6-1 华茶外贸茶叶商业组织图②

这导致当时茶叶外贸市场存在较为严重的信息不对称问题,是华茶质量下滑的重要制度性障碍:一方面,华商无法冲破洋商的垄断,没有进入美国等消费市场的可能,无法根据消费需求改良生产,提高茶叶品质;另一方面,为规避经营风险,洋商包括中国各级茶商在收购茶叶时,往往通过磅亏和压低收购等级等方式与下层级茶商以及最末环节的茶农交易。当时茶叶贸易中存在大量投机行为,"茶贩本专恃羼假营生,自近年庄号收茶规则废弛,此风愈炽,或

---

① 吴觉农、范和钧:《中国茶业问题》,商务印书馆1937年版,第239页。

② 资料来源:此图综合闻天均、吴觉农等人记录制成,闻钧天:《鄂省之茶业》,引自上海市商会商务科编:《茶业》,上海市商会1935年印本,第84—85页;吴觉农、范和钧:《中国茶叶问题》,商务印书馆1937年版,第202页。

掺以水,或杂以株柳等叶,或加以铁屑、土沙、滑石粉等质,或用黏质物加制,或用靛青及颜料染色,洋商啧有烦言,信用由兹扫地"①。在良性的市场交易秩序没有得到普遍建立的情形之下,晚清茶叶出口出现了"劣币"驱逐"良币"的现象,茶质一再下滑,引发抱怨。19世纪80年代前期是中国茶叶出口贸易的鼎盛期,同时也是伪劣茶进口数量骤增、问题较为严重的时期。查日本领事报告记录,可以看到大量中国绿茶向美国输出时,由于掺杂和着色问题而导致退货。如1883年4月日本驻旧金山领事馆领事报告称:"近日从日本、中国两国输入的红、绿茶叶中,有大量的伪制茶叶出现。外貌带有光泽,恰似精制的上等茶叶。其实是用老叶浸泡于上等茶叶的煎汁,用香料加以粉饰,貌似新茶的伪制茶叶。输入的茶叶中七、八成为伪制茶叶,其中数量绿茶最多。"②

中国茶叶外贸市场从19世纪80年代晚期转入买方市场,茶叶供大于求,于是洋商开始联合操纵市场,转嫁信息不对称的经营风险,压制茶叶收购价格,注重质量的茶商反而被不法茶商侵夺利润空间。洋商借机声称华茶普遍货样不符,以打折、磅亏、拖延付款等方式打压华商,贸易纠纷骤起,交易秩序趋于紊乱,华商损失严重。在此情形胁迫之下,华商选择联合起来,通过集体组织提升行动力量,试图降低质量等方面的信息不对称,借此实现交易的正常运转。以汉口为例,1871年华商为了共同的利益,在湖北、湖南、江西、安徽、广东、山西六大茶帮的基础上组建汉口茶业公所,首任负责人是鸿遇顺茶栈、汉口宝顺洋行买办盛恒山,继任者为张寅宾。茶商试图通过集体行动力量解决该问题。汉口公所与传统的会馆有很大不同,对此日本人水野幸吉有深刻观察:"会馆者,于一定规约之下,不拘业务如何,以有信用之同乡人,相集而

①　江苏省商业厅、中国第二历史档案馆编:《中华民国商业档案资料汇编》,中国商业出版社1991年版,第343页。

②　转引自王力:《近代驻华日本领事贸易报告研究》,中国社会科学出版社2013年版,第239页。

组织之,管理各人商业行为之一种自治团体也。公所者,无论乡里异同,为同业所组织,以定营业诸般之规约者也。"①汉口茶业公所是华商同业的集体组织,在维持市场交易秩序方面作用有二:一是对内监督约束成员的交易行为;二是对外联合华商在与洋商和政府的博弈中谋求利益。1872年,汉口茶业公所组织茶商举行会议,在汉口道台的帮助下出台交易规定:第一,要求茶商将全部货物运到经纪人的货栈,再由茶业公所特派人员从茶叶中随意挑选样品盒,卖家选送样品呈送的做法被禁止;第二,抽样和查看货物完成、交易手续办理完毕后,洋商三天之内必须付款并将货物运走;第三,只许在指定的汉口中心货栈公开交易,不得在汉阳或者其他地方暗中交易或者倒手交易。② 鉴于不断恶化的贸易形势,汉口茶业公所于1874、1876、1879年,不断重申各茶商必须严格遵守新的交易制度。1876年,茶业公所还明订章程,规定以直接调查的方式而非过磅打折的方式解决质量问题,对企图以劣充优者,一概处以罚金,力图减少或杜绝由此引发的贸易纠纷与争讼。③

尽管茶业公所作出诸多努力,但到1882年时,汉口茶叶外贸市场一些不守规矩的茶商私自递送样品、样品与大宗货物质量不一致问题仍普遍存在,洋行借此极力打折、克扣秤两、压低茶价,最终在1883年发生了公所茶商联合拒售茶叶的抵制事件。④ 对此事件学者评价为:"这次抵制行动也是十五年来控制产品质量运动的高潮,如果中国茶商想要提供一种人们所需要的、有可靠利润的产品的话,那么该产品的质量必须达到标准,因此,公所一直寻求消灭掺假和短秤现象以使价格和利润能真正建立在这些商品的市场价值的基础上。"⑤总

---

① [日]水野幸吉:《汉口——中央支那事情》,湖北嘤求学社译,上海昌明公司1908年版,第251页。

② 《茶商公议善后章程由茶栈抄粘禀复》,《申报》1876年6月27日。

③ 《湖北汉黄德道李照会》,《申报》1876年11月16日。

④ [美]罗威廉:《汉口:一个中国城市的商业和社会(1796—1889)》,江溶、鲁西奇译,中国人民大学出版社2005年版,第179—187页。

⑤ 彭雨新、江溶:《十九世纪汉口商业行会的发展及其积极意义》,《中国经济史研究》1994年第4期。

之,汉口茶业公所试图建立中外商人普遍接受的市场交易秩序和制度,但这一努力又时时遭到挑战,始终存在控制与反控制的博弈。汉口茶业公所在政府面前为商人争取利益,试图控制破坏交易规则的行为,协调维系中外商人交易的正常运转,短期内有一定收效,但因缺乏强制约束力,无法长期发挥作用。

在共同利益的驱使下,茶业从业者根据在产业链中的不同位置和所承担的功能,分别成立了行业组织。以上海为例,外国洋商联合设有"洋商茶叶公会"(又称洋商华茶公会、中茶洋商公会)①,其成员主要是各国从事茶叶贸易的贸易公司,偶尔破例吸收中国公司为成员,如唐叔瑶、唐季珊1916年创办的上海华茶公司曾跻身其中;在茶栈方面有上海茶业会馆,成员为茶叶洋庄,1924年改名为上海茶业公会,后根据《上海市工商同业公会法》在1930年更名为"上海洋庄茶业同业公会";毛茶同业在1914年成立上海茶商公所,又称毛茶同业公会,抗战后解散;负责从产区或茶行收购毛茶、再行精制的土庄茶栈业业主,联合在1926年设立上海制茶业公所,在1946年并入中国茶业协会;上海茶叶加工业的发展,带动了工人阶级的崛起和工人运动的发展,他们在1925年组织带有职工工会性质的上海特别市制茶公会(后改称上海市茶业职工会),后因抗战而停办;上海市茶叶店主、经理、协理及其他重要职员,在1927年还组织上海特别市商民协会茶业业会(又称上海市茶业同业公会、上海市茶业公所),同样因抗战而停办。②

形形色色的茶业组织,涵盖了茶商的各个行业和领域:"行会的权力最终取决于采取集体行动保护团体利益的能力,这可能表现在以'同门绝交的方式'驱逐违规者,反对外国人的行动,甚或是反对官方的征敛。"③多元化的行会组织为茶商集体行动、维持市场秩序提供了组织基础。同时,这些茶商组织

---

① 《上海茶叶公会致中茶洋商公会之信件》,1891年,上海档案馆藏,档案号:S198-1-87。
② 上海商业储蓄银行调查部编:《茶》,上海商业储蓄银行调查部1933年版,第90页。
③ Joseph and Fewsmith, "From Guild to Interest Group: The Transformation of Public and Private in Late Qing China." *Comparative Studies in Society & History*, 25.4(1983):617-640.

又有很大弊端,主要表现在两个方面:其一,旨在在谋求本群体的小集体利益,与外部群体存在矛盾和纠纷时,注重本集体的小集团利益而缺乏整体观;其二,不同组织之间势力并不均衡,强势的行会会利用优势的市场地位,对处于弱势地位的组织和个人进行倾轧。这就是不同茶商之间聚讼不断、纠葛众多的重要原因。有学者对近代上海茶叶市场作了详细考察和分析,认为洋行、买办和茶栈共同垄断了茶叶的出口贸易,纵向上形成了比较稳固的利益共同体,横向上实现了同业的利益最大化,造成特定团体各自的利益的均衡与共赢,但这种方式会分割市场,阻碍茶叶质量改进,排斥外部竞争;产业链中间环节投机思想盛行,行业基础部门抱残守缺,中国茶叶在国际市场上的性价比优势损失殆尽,最终导致茶叶外贸的衰落。① 特别需要指出的是,在 20 世纪 30 年代以前,整个茶业体系中最重要群体——茶农却没有团体或组织。茶农本身具有分散性,而他们缺乏代言人,没有团体维护他们的利益,这更加加剧了茶农在茶叶产业最底层的悲剧色彩。最终,茶农为衣食所迫,往往不得不粗制滥造,希冀多增收入,维持生活,中国茶叶产业链的最低端充满了风险、危机和不确定性。

表 6-2　晚清湖北茶厘税税率表②

税种	征收对象	税率(两/百斤)
箱厘	广庄箱、大面箱、洋庄箱、二五箱	抽箱厘银 1.25 两 小舢箱红茶抽银 0.937 两 花箱 0.62 两—3000 文 茶末、茶梗、茶片数十文至一二百文
业厘和行厘	头茶	731.6 文
	子茶	按头茶 7 折纳税
	夏茶	按子茶 7 折纳税
	秋茶	按夏茶 7 折纳税

① 张跃:《利益共同体与中国近代茶叶对外贸易衰落——基于上海茶叶市场的考察》,《中国经济史研究》2014 年第 4 期。

② 张仲炘等:《湖北通志》,京华书局 1967 年版,第 1199 页。

　　在这些复杂的商业机构和组织中,还有一个不可忽视的主体——政府。政府凭借其掌握的国家机器,向茶商和茶农征收各种税捐。市场存在交易,政府便对其管理、课之以税,自古已然。茶税在唐代已成定制,清代中前期征收便已十分繁复。[①] 晚清中央和地方政府因镇压起义、战败赔款等,导致开支浩大、财政短绌,而此时茶叶外贸大发展,于是对茶征收税金成为不二之选,主要有厘金、关税、杂捐等。厘金最初是清政府为了镇压太平天国运动而推出的临时性筹款措施,1855年湖南、江西等地开始创设省级厘金局,同年11月,湖北巡抚胡林翼奏请设立湖北省盐茶牙厘总局并获准,这是湖北茶叶厘金征收的肇始。[②] 此时,盐在湖北贸易结构中所占比例已经大为降低,而茶叶贸易则迅速崛起,所以该局的主要任务是对茶征收厘金。茶叶厘金分为箱厘、行厘和业厘,湖北当局按照包装规格、质量品级等确立了一套复杂的征收标准(见表6-2)。

　　茶厘是针对国内贸易而征收的税种,盐茶厘局以征收箱厘的方式将出口茶叶纳入征税之列。实际上,厘金下所列名目极其繁复、税率不一,中部各省标准不同,彼此时有冲突,加之机构和编制臃肿,耗费颇糜。如1861年汉口正式开港后,为进一步强化对输出茶叶厘金的征收、避免交易无序,湖北厘金总局下达指令要求中国商人将运入汉口的茶叶在指定的茶行存储后,方可再出售给洋商,这引发了汉口洋商、英国驻汉领事同当地官员之间激烈的冲突。1862年2月,湖广总督官文以"内地货物日渐昂贵,华商生计顿减,厘税日见短绌,目前大有碍于军需"为由,上书请求给予江汉关征税权。[③] 双方反复博弈的最终结果是当年在汉口设立江汉关,使得"官府特许经纪商成为汉口贸

　　① 高崎讓治:《中国明清代の国家财政の蔵入と蔵出の考察:农业税・盐税・茶税・商业税を中心として》,《いわき纪要》1994年第22号。
　　② 陈祖槼:《中国茶叶史略》,《金陵学报》1940年第1—2期。
　　③ 中华书局编辑部、李书源整理:《筹办夷务始末(同治朝)》第1册,中华书局2008年版,第136—137页。

易的一个永久性特征"①。设立江汉关带来另一个问题,即茶叶厘金与海关子口半税的利益冲突。盐茶厘金局是地方政府的厘金机构,代表的是地方政府的税收利益,而海关则隶属于清朝,子口半税代表的是中央政府的税收利益,这反映了晚清地方政府和中央政府之间对于财权的争夺。② 在清政府赋予内地茶商出口子口半税的权力后,地方政府为了确保厘金收入,将茶厘金的课税税率定为售价的 2.5%,这一税率与子口半税相同,并且纳税时用库平两,而不是海关两,这对商人是有利的。因此汉口出口方面的子口半税,1885 年以后几乎没有被华商所利用。③ 在正式的税收之外,茶交易中还包含多种类型的茶捐。

清政府的厘金、关税、捐税等加重了茶业的税收成本。1887 年江汉关税务司所呈报的调查称:每百斤茶叶完山厘钱八百文,完运厘银一两二钱五分,两宗共计合市纹约一两九钱;关税则须库平纹二两五钱,合市纹二两七钱二分;地方公事善举等等,又要抽银一钱余。各种税收成本相加,每茶百斤合输税课厘金,共约四两七八钱,倘若是粗茶,售价尚不足覆税金之所取。④ 茶厘往往按照茶叶等级征收。茶商为了逃避沉重的税收负担,在厘金关卡往往将高等级茶叶混入低等级茶叶,以便按低等级征收厘金,在偷税漏税的同时,导致了茶叶质量的混杂。

第二节 日本茶业组织的一体化再造

明治维新以后,茶业组织化问题在各种产业的共进会、集谈会中经常被讨

---

① [美]罗威廉:《汉口:一个中国城市的商业和社会(1796—1889)》,江溶、鲁西奇译,中国人民大学出版社 2005 年版,第 162 页。

② 何烈:《清咸、同时期的财政》,"国立编译馆"中华丛书编审委员会 1981 年版,第 134—136 页。

③ 城山智子:《19 世纪末的子口半税制度与内地贸易——以汉口为例》,程麟荪、张之香主编:《张福运与近代中国海关》,上海社会科学院出版社 2007 年版,第 116 页。

④ 彭泽益编:《中国近代手工业史资料(1840—1949)》第 2 卷,生活·读书·新知三联书店 1957 年版,第 308 页。

论,国家和各府县也在试图促进组织化的变革。1879 年 9 月,内务省和大藏省的主办下,第一次制茶共进会在横滨召开,业界资深人士召开了茶事集谈会,对组织化问题进行了探讨;之后又针对实质性问题组织探讨,更进一步推动了政府出台同业组合政策和制度。1883 年 3 月,美国出台《茶叶进口法案》,严格限制劣茶进口,要求进口茶符合品质良好、纯净和适于饮用的标准。纽约领事高桥新吉深知此法令对日本茶叶出口贸易的重大影响,2 月后向日本时任外相吉田清成递交《不正茶输入禁令相关报告》,称:"制茶人应当十分注意,禁止出口不正当茶。为保护物产,政府应当严格管制,希望能遵守以达成取缔之希望。"①日本茶业界和政府对此都颇感震惊,但也意识到这是矫正茶叶伪劣弊病、恢复日本茶的良好品质的契机。日本向来主要生产绿茶,海外最大销售地是美国,而茶叶也是当时日本仅次于生丝的第二大出口商品。如果任由伪劣茶泛滥、不能符合美国市场的进口要求,则日本殖产兴业的发展野心会受到扼制,出口贸易也会遭受致命一击。日本茶业界和政府都被迫重新考虑茶业的发展问题:业界在筹划怎样将茶业动员和组织起来;而在政府层面,已经从地方政府的反复劝导和谕告转移到国家怎样在战略层面上对茶商组织进行改造和规制。

1883 年 9 月,日本茶业从业者以在神户召开制茶共进会为契机,以征求改良制茶的意见为目的,举办全国茶业集谈会。集谈会一致认为,全国茶业者应当勠力同心,纠正粗制滥造的弊病:"同业者团结一致,对内一洗制造者和销售者的积弊,对外寻求自由买卖的计划和方法,避免贸易市场被压制的祸患。"②会议共同探讨了四个方面的主要议题:第一,日本茶叶产业的发展和目前所面临的形势;第二,茶叶贸易的历史和现状;第三,改良生产和提高质量的

---

① 《米国ヘ製茶輸出ニ関シ在紐育高橋領事意見進達ノ件附美術奖励ノ件》,外務省 1883年,日本外務省外交史料館藏,档号:B11090940100。

② 農務局:《第二回製茶共進会審查報告書》,《明治前期産業発達史資料》別冊(106)二,東京:明治文献資料刊行会 1971 年版,第 65 頁。

方法;第四,移除交易恶习并发展海外贸易。其中,后两个议题最受与会者关注,被视为当时之要务,与会者针对第三点提出 15 项意见书,针对第四点提出了 8 项改良盟约。要解决劣质茶问题,最重要的方法是建立全新的茶业组织,以在全国范围内实现检查与取缔;而建立茶业组织有助于保护产业,改进和改良制造,以为将来的海外直输出做准备。最终,日本茶业界向政府提出两点建议:第一,必须颁布法律以禁止劣茶的生产和贩卖,并初拟了 19 条意见;第二,应当成立茶叶同业组织以实现出产茶叶品质的总体改善。会议还决定在各产茶府县下设置一名理事,负责建言事务,据此各府县选出 31 名理事。

理事中的大仓喜八郎、丸尾文六、中山元成、今井平三郎、三谷八左卫门、山西春根 6 人负责向政府农商务省建言,东京附近的茶叶从业者也积极配合支持,劝说官员有所行动。游说工作取得良好效果,政府讨论决定遵从茶业者的意愿。1884 年 1 月,明治政府发布《茶业组合准则》。内务省、农商务省指出该规则的设立背景是近年来着色茶和伪茶增多,混杂了劣质茶,贩卖者趋之若鹜,影响了正常的营业秩序,对人们的身体健康造成损害,茶业相关从业者向政府提出了《茶业组合准则》,希望这一规约得到认可并向全国颁行。[①] 也就是说,这一规则并非政府本身主导制定,而是对茶业者主动作为的一种官方认可与授权。此时颁布的规则,共 10 条,主要规定 5 个方面的内容。第一,组合的参加成员是所有从业人员,不论是制造者还是贩卖者,都要以府县、郡区、町村等为单位设立组合。第二,设立组合的原因在于有业者制造贩卖掺进他物和劣质品或经过染色的不正规的茶,违反干燥法与包装法。第三,解决这些质量问题的措施有两点:设立制茶检查法,以鉴别茶叶是否符合标准;制茶包装上必须标明组合名称以及制造人、贩卖人的姓名,以便追踪和溯源。第四,在组织和管理方面,各组合要推举委员管理、检查会内事务,向会员颁发凭证,且该凭证要盖有府县的检验印章;各府县要设立监管所,统辖辖区内各组合。

①《茶業組合準則》,《官報》1884 年 3 月 3 日。

第五,组合可以雇佣专职人员,组合、监管所相关费用由各组合会员协商解决。

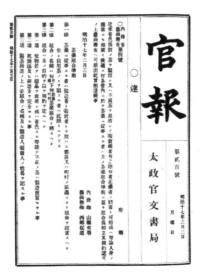

图6-2　1884年《官报》刊发的《茶业组合准则》

《茶业组合准则》有5个方面值得关注。第一,组合涵盖人员较为广泛,涉及所有茶业从业人员,不仅包括各种加工制造者和贩卖者,也包括了茶农,这与中国20世纪30年代以前各种茶业组织都不包含茶农的情况有所不同。第二,组合是按照地域和行政层级来组织的,形成一个统一的公会,而不是按照从业类型或者人群来划分,这与中国按照洋商、茶栈、制茶、毛茶等组织的方式也有不同。第三,制作自用茶者可不加入组合,这说明组合一开始便是面向贸易和市场的,无论这种贸易是国内还是国际贸易,但对自产自销的情形并不关注。第四,纠正质量问题是设置组合的初衷,这也说明美国等消费国的茶叶进口质量规制对日本茶业界产生了深刻影响,进而催生了变革的共识和集体行动力量。无论之后茶业组合被赋予了怎样的新的使命和职责,对茶叶质量检查与规制、进而提升茶叶品质的这一初衷是不变的。第五,组合作为行业自律性组织,自愿与政府紧密协作,会员身份要得到官方的验视。行业自身提出的规则,定要推动上升到国家意志层面,通过中央政府以官方文件的形式发布,而不是行业内部自行发布和实施以增强规制的强制性和约束力。

以该准则为基础,各地纷纷自行组织、成立了地方茶业组合或取缔所。但该准则存在较为明显的漏洞和弊端,即各地方的茶业组合怎样彼此调度和协同。各地茶业组织深感各组合需要气脉相通、意志相同,唯此方能谋求茶业的改良和发展。于是各府县茶业总代表相互联络,于 1884 年 5 月 15 日在东京集会,决议创立中央茶业总部,旨在从事改进制造及日本茶的海外市场推广。会议推选河濑秀治为统领,大仓喜八郎为干事长,丸尾文六、中山元成、大谷嘉兵卫、山本龟太郎 4 人为干事,山西春根为值勤干事。会议还设定相关规则,重点关注中央与地方组合的协调问题。会议讨论的规则同样再次被提交给了政府,同年 12 月 9 日农商务省发布第 38 号文件,将 1 月份发布的《茶业组合准则》增加 4 条,将第 10 条顺延为第 14 条,新增 4 点内容有:在全国适当之处设立中央茶业组合总部,使各地茶业组合监管职员气脉相通;中央茶业组合总部的规约要得到农商务卿认可;中央茶业组合总部的职员在各地茶业组合监管所的职员中互选而出;中央茶业组合总部的费用由各地茶业组合监管职员协商决定。①

1885 年 2 月 20 日,全国各府县 43 名茶业代表在东京农务局农产品陈列所内,召开第一回茶业中央组合总部会议,农商部官员岩山出席会议,向出席会议的人员陈述设立总部的目的。会议讨论了议事规则、总部规约、经费预算,并选举了总部的干部。3 月,日本茶业组合总部成立,原商务局长河濑秀治担任总负责人,大仓喜八郎就任总干事长,干事有大谷嘉兵卫、山本龟太郎、山西春根、宫本赖三。随后发布《中央茶业组合总部规约》,对总则、会议、议员、职员、地方组合、通信报告、经费、杂则等作出规定,计 8 章 41 条。自此之

---

① 《茶業組合準則中追加(内務卿連帶)》,《官報》1884 年 12 月 9 日。又见茶業組合中央会議所编:《日本茶業史》,第 44—45 页。两者都记录为 13 条,实际上 1884 年末新修订内容,并未删除之前第 10 条,而是将其顺延到第 14 条,该条款内容是"以上各条以外,组合认为有必要设立之事项,在适宜时可设立新的规约"。参见中江政庸编纂:《籠頭大日本諸罰則現行法律全書》續编,大坂:梶田喜蔵 1885 年版,第 330—333 页。

后,日本中央和各地方的茶叶同业公会系统正式组织起来。中央茶业总部是日本茶叶产业海外开拓最为重要的机关,品种改良、海外输出、市场调查和推广等各项工作,多是在其指导下组织开展。

1884 年颁布的《茶业组合准则》仍然存在一定缺陷,如中央茶业组合总部跟各府县茶业组合或取缔所的隶属关系怎样界定,茶叶质量检验怎样组织和实施,发现违规情况后怎样惩处,怎样通过加大惩处力度封堵假茶和劣茶等,这些尚没有明确规定,所以伪劣茶问题并无法真正禁绝。1887 年 10 月,中央茶业组合总部理事长大仓喜八郎代表全国茶业者,向农商务大臣黑田清隆请愿,提出《茶业组合准则》制裁和惩处力度有限,需要变更相关规则,增加罚则及设置更加严格的取缔方法。农商务省对此请愿予以认可,并在 12 月发布《茶业组合规则》(明治二十年农商务省 4 号令)36 条,替代之前的《茶业组合准则》。①《茶业组合规则》不是对《茶业组合准则》的颠覆和否定,而是在制度和可执行性方面进行全面完善和补充。因此,两者的设立目的一脉相承,体现在第二条的"凡茶业者,以制造精良,推广销路,买卖信实为宗旨"。

新颁布的《茶业组合规则》使茶业组合的组织系统更加严密,地方官员和农商务大臣的监管权限得到强化。根据《茶业组合规则》,中央茶业总部改称为"茶业组合中央会议所",各府县的取缔所改称"联合会议所"。会议所由郡区组合事务所、府县联合会议所、全国中央会议所三个层级组成,依次为业务指导关系,依照各层级的事务范围制定相应规则,上下层级之间事项的管辖权界限分明、不能混杂,联合会议所之事只可以在联合会议所会议,中央会议所之事只可于中央会议所会议。上下层级的组织联系主要体现在议员的选举和席位的配置上:联合会议所议员由属下组合的会员或委员选定,中央会议所议员由联合会议所议员选定;担任议员需要具有一定的标准,如中央会议所议员必须有 3 年以上的从业经历,且茶园具备在 1 町步(相当于中国的 15 亩)以

---

① 《茶業組合規則》,《官報》1887 年 12 月 29 日。

上、可制造 5000 斤以上茶叶的资本、制造茶叶可买卖 20000 斤以上的资本 3 项条件之一;会议所议员人数根据产额等情况确定,中央会议及联合会议所议员人数,根据章约所规定的地方产额及通商口岸输送之多寡而确定。各组合按照属地化管理,召开会议、修订规则、选举组长或改选议员、经费预算等要征得对应层级的地方官许可,中央会议所之事须禀明农商务省。

《茶业组合规则》进一步细化入会成员的条件。业茶者有制茶后亲自贩卖、自有茶园以鲜叶出售、代买鲜叶及制茶转售于人 3 类,毋庸置疑茶农亦包括其中。与之相比,1884 年所称"制茶者和贩茶者"失于笼统、含混;贩卖自用制茶零星生叶者,是否入会由各组合确定,不强行入会。原则上各类人员都加入同一组合,不能依照制茶贩卖、贩卖自己茶园鲜叶、经买或贩卖鲜叶及制茶等不同类型分设组合,除非农商务省大臣给予特殊许可。所有符合条件的成员,都需要加入组合,组合员不准另出组合营业渔利,即不许私行买卖。对不同层级茶业组织的职责和功能界定也更加具体、清晰。郡区的茶业组合所主要确定组合所地位,组合员票证,督察粗恶、不正茶叶的方法,职员选举的方法,组合员入退、接替的办法,违约者处分方法,活动经费的征收支出方法,以及其他情况的处理办法。郡县联合会议所事项包括办公处所,制茶改良贩路扩大的方法,制茶贩卖矫正弊害的方法,下辖组合事务及排解纷争方法,职员及事务员选举方法,联合会议所规程,违约处理的方法,活动经费征收及支出方法,其他地方上情况的处理办法。中央会议所事务包括办公处所,全国组合气脉连贯的方法,内外茶业实况、市面情形等调查方法,议员及事务员的选举方法,中央会议所规程,经费征收及支出办法等。①

违规惩处也更加具体。第 36 条规定违反第 2 条、9—11 条等 4 条款,要处 2 元以上 25 元以下的罚款。这 4 条主要规定了设立宗旨、规约等经各层级官员认可、另行组织组合或私行买卖、规约遵守和费用摊派等。由此可见,

---

① 茶業組合中央會議所編:《日本茶業史》,東京:茶業組合中央會議所 1914 年版,第 69—72 頁。译文参考《日本茶业公会规则》,《商务报》1900 年第 28 期。

《茶业组合规则》更注重茶业组织的一体化制度的建立。根据新的规则,1884
年4月中央茶业组合总部改组为茶业组合中央会议所,开启了新的发展历程。
之后农商务省发布了1889年(省令第5号)、1890年(省令第1号及第3号)、
1891年(省令第2号)、1892年(省令第5号及14号)、1896年(省令第6号)、
1899年(省令第17号)、1909年(省令第16号)、1911年(省令第32号)、1913
年(告示第28号)、1928年(告示第242号)、1929年(告示第75号及第202
号)、1931年(告示第140号)、1934年(告示第49号、第50号、第71号、第11
号)等通告,《茶业组合规则》经过近20次的条款改正、追加、删除等,内容和
机制不断完善。由这一规则所确立的日本茶业一体化组织,一直保持良好运
作状态,直到1943年《农业团体法》公布为止。这样缔结的坚强组织,在打击
伪劣茶、促进日本茶叶质量提升方面起到无可替代的作用,很好地团结了业
界,实现共同的发展。到20世纪初,中国在美国的绿茶市场的主导优势地位,
已被日本茶叶侵占殆尽。

　　如果将茶业组合的设立,置于日本明治维新"殖产兴业"总体背景下,就
会发现这不仅是适应美国的外部质量规制冲击之举,而是有深刻的内部改革
因素;这不仅是茶叶一个产业内部之事,而是产业整体发展之需。18世纪以
后的日本封建时代晚期,在京都、大阪、江户等商品经济发达的城市出现了大
量"仲间"(带有垄断性质的行业组织),控制外贸商品、调控价格、管理质量
等。这得到幕府和各藩主的认可,他们向仲间会员颁发从业资格的证明
"株",进行统一管理,并向株、仲间征收冥加金(献金性质的杂税)、运上金(营
业税、许可税性质)和流通税等。① 由此株仲间获得一定的市场独占地位,垄
断特定商品门类的经营,限制会员人数、限制从业者规模,起到为幕府增加财
政收入的重要作用。株仲间的功能类似于中世纪的欧洲封建行会,或中国旧

---

① 对株仲间起源和发展的追溯以及其中存在的问题,可参见[日]山口启二:《锁国与开
国》,呼斯勒、林思敏、任铁华译,内蒙古人民出版社2004年版,第190页;陈杰:《幕府时代江户幕
府》,陕西人民出版社2013年版,第111—112页。

时的行会。在各种类型的株仲间中,问屋株仲间占有重要地位。问屋是商品买卖的中介商业机构,主要负责货物的集散兼带营业性质,为生产者和货主代管商品,并同零售商和经纪人周旋,向买卖双方收取佣金。其组织形式有承担货栈功能的积间屋,承担收发行功能的荷受问屋,负责米、茶、油、棉等批发的诸色问屋,自我控制交易专业商品的仕入问屋等。问屋的形式有所不同,但其性质基本一致,都是封建性质的行庄,而问屋株仲间彼此联合,如江户十组问屋、大阪二十四组问屋等控制了商品的集散和流通。

由于株仲间的操纵,江户米价一度大涨,1841 年(天保十二年)老中水野忠邦政权发布政策,解散株仲间,但中央政府控制流通却导致市场的混乱。1851 年(嘉永四年),为平抑江户物价,作为天宝改革的一环,幕府发布《株仲间再兴令》,以实现株仲间的重组。[1] 明治维新以后,株仲间的政治和经济基础不复存在。1868 年京都发布《商法大意》废止冥加金,废除限制会员人数等方面的陋规;1872 年(明治五年)明治政府下令废除株仲间。[2] 政府废除了株仲间,却对如何再建流通秩序、缔结工商业公会组织等问题只字未提,于是出现了混乱和相互矛盾的局面:一方面大阪堺市、京都府等地方政府出台了规范市场的相关法律,工商业也开始组建新的组织形式;另一方面,株仲间并没有烟消云散,反而借尸还魂以不同的面貌继续活动。[3] 在株仲间被废除的同时,大隈重信、伊藤博文等政府首脑意识到,工商业没有同业组织很难管理,特别是 1878 年在同国外进行条约改正谈判时更是如此。此时,工商界开始积极组织商法会议所,其中涩泽荣一组织东京商法会议所,五代友厚组建大阪商法会议所,横滨、兵库、长崎、福冈等地也有了类似组织,到 1881 年全国已有 34 个

---

[1] 《嘉永の問屋再興令》,岡崎哲二:《江户の市場経済:歴史制度分析からみた株仲間》,東京:講談社選書メチエ1999 年版,第 102—103 頁。

[2] 農商務省工務局編:《同業組合及重要輸出品取締関係法規》,東京:農商務省工務局 1926 年版。《株仲間廃止》,《国史大辞典》第 3 卷,東京:吉川弘文館 1926 年版,第 524—525 頁。

[3] 藤田貞一郎:《近代日本同業組合史論序説》,《国連大学人間と社会の開発プログラム研究報告》1981 年。

商法会议所。① 这些商法会议所在政府产业政策支持、商业惯例和商情调查、条约改正支援等方面作出了贡献,但大都是自愿组织的任意团体(Voluntary Association),不具有约束性,活跃程度各地不一。于是,府县政府着手组建以府县和农工商部为主导的工商组织替代商法会议所,以适应日本急剧变化的产业发展。

因此,从封建制度向资本主义过渡的转轨来看,19 世纪 80 年代同业法规的出台以及新兴产业组合的设置,是传统株仲间行会组织形式的再组织化,并向资本主义生产组织模式过渡,即从株仲间(行会)的解体,到自主的自愿团体的缔结,再到同业公会组建。这是明治政权"殖产兴业"政策的重要一环。通过工商业组织的缔结实现对产业对规制,体现了新兴的统一资本国家要理清旧有特权经营、地域市场的总体基调。工商业组织的再造,还与 1881 年设立的承担"殖产兴业"职能的农商务省有关。农商务省成立初期推行的间接劝业政策,是推动产业组织改造的重要原因。② 茶叶行业在组织再造中充当了急先锋的角色:1879 年 9 月,第一次制茶共进会在横滨召开,日本茶业界趁此组织起来,这就是制定 1884 年《茶业组合规则》更为深层的背景。在日本茶业界实现组织改造后,1884 年(明治十七年)11 月,农商务省第 37 号发布《同业组合规则》,这是日本第一个以全行业同业组织为规制对象的法令。其他产业也跟进实施,1885 年《蚕丝业组合准则》出台,日本近代第一大外贸出口商品也组建了与茶业类似的组织。

参照同期日本蚕丝业组合准则会发现,其组织化的诉求几乎跟茶业如出一辙:防止粗制滥造,对产品进行检查以确保质量;通过组合的形式将产业最末端的生产者组织起来,由中央总部协调。从生产到最终输出的过程中,在商品中都会印有各个组合的标记,这样既可以对质量问题进行溯源,又可以让小

---

① 住ノ江佐一郎:《商法会議所》,《日本近現代史事典》,東京:東洋経済新報社 1979 年版。
② 白戸伸一:《明治前期における同業者組織化政策——〈同業組合準則〉をめぐって》,明治大学大学院編:《明治大学大学院紀要　商学篇》1980 年総第 17 巻,第 109—125 頁。

而散的生产者在市场中获得信誉保障,进而减少中间环节和地方势力的干涉和介入。① 这样就实现了政府宏观规制与中小产业者自主性的统合,在确保质量的同时发挥业者自由经营的积极性。这种产业化组织的一体化再造,阻止了生产和流通之间的相互博弈和内耗。在19世纪80年代因松方正义推行财政改革政策而导致通货紧缩的经济环境下,采取这种措施是十分必要的。而丝和茶是日本进入近代化后,第一和第二大外贸商品,立足中小从业者建立强约束性组织,通过小规模集合的方式实现大规模生产,同时符合世界市场对质量的稳定性需求,从而构建以出口为导向的产业体系。生丝和茶叶作为初级工业品,其批量出口为日本工业化提供了外汇的资本积累,并为进一步工业化提供了实训。如日本缫丝业早期通过丝业组合的方式,生产了符合美国市场需求的质量稳定的、中低价位的生丝,率先打破了洋商主导生丝生产的局面;在积累了技术、资本和管理经验后,组建现代化工厂、推进机器缫丝,将质量和品牌实现控制内在化,在国际市场上赢得销售溢价权,缫丝业的这一发展模式成为日本通过竞争性出口工业品而促进经济增长的典范,不断有其他产业对其学习模仿并取得成功。② 所以,无论是从日本传统的工商业组织的废除与变更,还是明治维新早期外贸业的发展、近代工业化革命的实现分析,19世纪80年代初日本茶业组织的一体化改造都具有特殊意义。

第三节　中国茶商组织整顿的两种资源

清末,中国已经注意日本茶业的组织化改造。1900年江南商务沪局在上海《商务报》创刊号上,刊登了《日本茶业公会中央会议所规约》、《日本茶业中

---

① 白户伸一:《明治前期における同业者组织化政策——〈同业组合准则〉をめぐって》,明治大学大学院编:《明治大学大学院纪要　商学篇》1980年总第17卷,第109—125页。

② [日]中林真幸:《日本近代缫丝业的质量控制与组织变迁——以长野诹访缫丝业为例》,《宏观质量研究》2015年第3期。

央会议议事细章》、《推广制茶贩路书》、《对美国贩路之计划、对俄国贩路之计划》以及《日本商业会议所条例》前23条。《商务报》在第2期时更名为《江南商务报》出版,刊登了《日本茶业公会规则》第23条到第40条。需要说明的是,《日本商业会议所条例》与《日本茶业公会规则》是日本茶业组合规则的上下两部分,分两期刊登,《日本商业会议所条例》的翻译有误。同年第28期,将前述上下两篇合为《日本茶业公会规则》再次刊出。① 1904年,工艺官局主办的北京《商务报》在第29、30期刊登《商部考察日本茶叶规则》,包括《日本业组合规则》、《茶业组合中央会议所规约》两篇。② 两份报刊刊登前后相隔5年,翻译文字彼此不同,翻译者亦应不同;条目相同,条款文字略有出入,所依据的翻译文件底稿所距当不远。日本茶业界法规被译介后,当时中国国内对其没有足够重视。

1919年,吴觉农考取浙江省教育厅的官费留学生,被派到日本专攻茶叶。他没有选择大学等教育机构,而是到日本农林水产省以及所辖的茶叶试验场、茶场等机构去实际操作,并到制茶株式会社参加茶业的具体运营管理,研究茶叶经济和贸易问题。在深入日本茶区、观摩茶叶产销供的基础上,吴觉农对日本茶业组织在提升茶叶质量、满足国际市场品质需求等方面所起的作用留下了深刻印象,并对中国茶业组织的弊端有了更加透彻的认知。在实际学习考察的同时,他搜集、参考大量资料,于1922年撰写论文《中国茶业改革方准》,发表在《中国农学会报》1923年第37期。文中重点介绍了日本茶业团体组织,他不无感慨地称:"日本对于团体的组织,尤较印锡为早;而组织方法,亦较印锡为完备。盖自1883年,已发布茶业组合规则,分全国为三府十九县,各郡市设组合,隶属于府县茶业组合之下,中央又设中央茶业组合,以为之统率。

---

① 《日本茶业组合准则》,《商务报》1900年第28期。《茶业组合规则》翻译自1892年更正并追加的版本,共40条。《茶業组合规则中更正追加》,《官报》1892年3月14日。

② 《商部考查日本茶业规则》,《商务报》(北京)1904年第29期。《商部考查日本茶业规则(续前期稿)》,《商务报》(北京)1904年第30期。

所以对内对外,都极有系统,宜其茶业之隆盛,能够驾我国而上之了!然而回顾我国则何如? 组织法既无系统,而办事者又乏专门的茶业常识,故今年一方面,亟应培养人才,一方面亟须组织团体。"①

吴觉农还根据日本茶业的组织模式,提出中国茶业的组织法,包括中央茶业委员会、全省茶业联合会、县茶业联合会、乡村茶业合作者四个层级。这一组织架构设想,特别强调共同的组织和联合,如在中央茶业委员会设定委员50人,其中14个产茶省每省2人计28人,政府聘任专家10人,农商、财政、外交三部门委派3人,每年定期开会,讨论一切应兴应革的事业。四个层级的设立及组织模式,参照日本茶业组合,而其所规划的各层级事业大纲,几乎是对日本茶业组合的职责任务作了全盘翻译。为让中国业界能够窥见日本茶业组合模式,《中国农学会报》还在同一期翻译刊发了《日本静冈县茶业组合会议

图 6-3 《中华农学会报》1923 年第 37 期封面

---

① 吴觉农:《中国茶业改革方准》,《中华农学会学报》1923 年第 37 期。

所规约》，介绍日本最重要的茶叶生产和输出地静冈县茶业组合联合会会议的组织情况。该文没有标注翻译者，鉴于吴觉农在日本考察茶业的情况，或许应为吴觉农本人翻译。

中国政府全业界真正重视日本茶业产业组织模式及其所带来的力量，始于南京国民政府组建后。自 1928 年底，上海市社会局发布《整理华茶意见书》，提出组织系统团体和机关方面的改革设想："大致可分乡村茶业合作社，县茶业联合会，省茶业联保会及中央茶业委员会等。另设茶务局一处，隶属于农矿部或建设委员会，而由中央茶业委员会监督之。乡村合作社为联合各地茶户作经济上、生产上各项之联合，以县茶业联合会统率之。每省集合各县茶业代表，组织全省茶业联合会，又由中央茶业委员会以总其成。中央茶业委员会。定委员五十五人，设总会于首都，分设办事处于上海。由每省茶业委员选派代表两人，计如产茶各省为陕西、河南、贵州、四川、云南、广东、广西、福建、浙江、江苏、安徽、江西、湖南、湖北十四省，计二十八人。上海、福建、汉口三销茶地各两人，计六人。由政府聘专家八人，又由农矿、财政、工商、外交四部，及建设委员会、上海特别市政府各派代表两人。茶务局长为当然委员。合计五十五人。"①此组织模式几乎照搬日本经验，只是组织层级从三层扩展为四层；委员名额分配和推选，也是兼顾产茶省份、茶叶输出口岸、政府部门等。对此，社会局直言不讳，并高度肯定日本茶业的组织模式："至日本则自一八八三年颁布茶业合作社规程，令各郡设立合作社，而隶属于各府县茶业组合联合会议之下，又在东京设中央联合会议，所以总其成，对内对外，极有系统。以后虽遇内地生活费过度之增高，而对外贸易，尚能维持于不敝者，受此种组织力之赐也。"②日本茶业的组织模式深为民国茶业界所艳羡："日本的茶业组合，郡县及中央，都有切实的联合，对内对外，系统分明，每年耗于茶业方面的费用，也

---

① 上海市社会局：《整理华茶意见书（续）》，《新闻报》1928 年 12 月 27 日。
② 上海市社会局：《整理华茶意见书（续）》，《申报》1929 年 1 月 10 日。

在百万元左右,这都是我们所望尘莫及的。"①

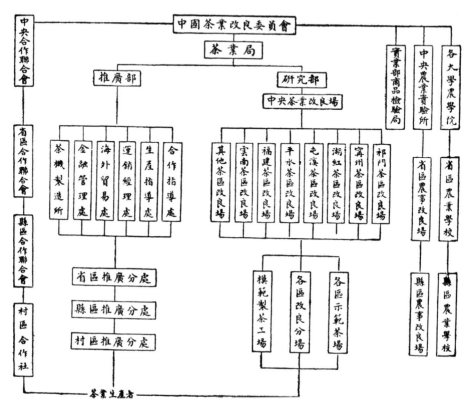

图6-4 中国茶业的组织及系统改造构想②

实施出口检验过程中,随着对茶区市场调查的深入以及对国外茶业情况的考察,国民政府当局意识到茶叶国际贸易的衰落在于供需不平衡,茶业上下游产业链相互倾轧严重;中间交易商过多,洋商垄断出口环节,提高了交易成本,与国外竞争处于劣势;小农生产方式散漫落后、效率低下,墨守成规、标准不一、茶类繁多。要根本解决中国茶业之弊病,需要从生产和运销等环节着手,对茶业组织进行再造。在当时的情形之下,无论是华商、洋商还是茶农,都

---

① 宜盦:《复兴华茶的几条路线》,《申报》1933年5月22日。
② 吴觉农、范和均:《中国茶业复兴计划》,上海商务印书馆1935年版,第186页。

没有能力承担这一历史使命。在形式上完成统一的南京国民政府志在发展经济,作为出口创汇重要商品的茶叶受到重视,"茶业复兴计划"随之提出。

　　要对茶业彻底改造,单凭出口检验这一事后把关的方式,无法从根本上解决问题,设立茶叶改良场虽有效果但仅起到局部示范作用,无法迅速扭转局面。于是,吴觉农等人倡导创建茶业合作社,将分散的茶农组织起来,共同从事运销和改良等活动。合作社的倡导受到日本茶业模式的深刻影响,吴觉农云:"日本茶叶进步的推动力是两方面,一方当然是政府的提倡奖励;而一方却在有组织有系统的茶叶组合。这茶叶组合,不像中国只是贪图一部分利益的商人所集合的公会或会馆,而是联合茶户销户茶号茶栈乃至出口商图谋茶业共同利益的集团。由乡村而市县而中央,是有系统的极为明显的组织,是类于现在国内所提倡的合作社组织。"①较早提出合作社设想的是汉口茶业公所,1929 年呈请行政院暨工商部救济茶业,陈意见十四条,其文云:"组织官督商办工农合作社,作大规模改良完成统系,以便指导制造、种植、推销各法,俾全国同归轨道而昭划一,亡羊补牢尚未晚。"其所倡导的合作社属金融机关性质,通过合作股份方式推进创办茶业银行,以金融资本助力茶业的复兴和对外推销。② 1933 年,商品检验局鉴于茶商濒于危境之情形,拟具《救济华茶步骤》,其改良工作重要举措是"实行改良组织运销合作社"。同年 3 月,在祁门茶业改良场的发动和组织下,成立祁门平里村无限责任信用运销合作社。初创之时,农民对其多不信任,参加不甚踊跃。在多方努力之下,改良场营业一年,获得利润超过 10%,起到很好的示范作用。之后,安徽祁门坳里村等地的合作社相继成立,至 1936 年合作社数量已达 36 家,江西等地的合作社也得以成立。

　　新成立的合作社组织在改变茶叶交易陋习、降低交易成本、提高品质等方面作出诸多探索,促进个体茶农向合作社社员角色转变,变革以茶号为中心的

---

　　① 吴觉农:《日本茶业及其对华的侵略战》,《申报》1933 年 5 月 22 日。

　　② 《汉口茶业公所呈请行政院暨工商部救济茶业文》,《申报》1929 年 10 月 17 日。

传统茶叶生产格局,实施联合生产和共同运销,发展乡村金融合作等方面作出一定贡献。① 茶叶合作社发展过程中,内外两个方面出现了很多问题。就外部支持系统而言,传统制度根深蒂固,大户茶农和小户茶农地位不平等,有很强的隶属关系,合作不易;少数茶商从中作梗,茶叶十之八七仍在茶商手中,恶习难改;茶业金融失调,银行为牟利不肯承担损失,与运销办事处屡有争执。而内在组织亦不健全,主要体现在合作社是自愿而非强迫性质,原料和技术尚不足以自立,丧失自产、自制和自销之原则;与原有茶号相竞争,增加毛茶成本;社员盈亏根据合作社收支总数计算,与其所提供毛茶优劣真伪无关,社员倾向于只提供劣茶而不供给优质茶;茶农智识低下,无自主力量与自觉主张,无自我管理能力和制茶经验,严重依赖改良场的支持和扶助。加之,合作社缺乏统一的协调机构,彼此各行其是,无法系统推进。早在合作社成立之初,有识之士就已经指出成立合作社在中国虽是一个最理想最妥当的方法,却难以推行:"不过地[它]的缺点,就是迂缓。尤其在中国,地位既大,人才又少,农民又急切难以合作,不免是扶得东来西又倒,何况农村已频[濒]破产,茶业又是这样的衰颓,怎能使我们耐着心儿,再慢慢地来改良呢? 所以这一条路线是可走而也不是一时走得通。"②

在这种情形之下,对茶业实施国家统制作为一剂"灵丹妙药"被提出:"统制政策的实施,即在使用国家的力量,充分实现改良的计划,否则百病在身,头痛医头,脚痛医脚,即使局部有了功效,仍然没有回春的希望。"③要复兴中国农村和振兴对外贸易,必须利用国家力量统制,成为各界普遍经济共识。④ 所

① 详见魏本权:《农村合作运动与小农经济变迁:以长江中下游地区为中心(1928—1949)》,人民出版社 2012 年版,第 282—301 页。

② 宜鑫:《复兴华茶的几条路线》,《申报》1933 年 5 月 22 日。

③ 吴觉农、范和均:《中国茶业复兴计划》,商务印书馆 1935 年版,第 147 页。

④ 对茶叶实施统制的思想来源是多元化的,除在检政实施过程中摸清产业弊端之根源外,日本茶业共同体制度之成功、苏联计划经济之模式、战时经济之思想,以及中国历史上的榷茶制度等都是促成力量。战时统制思想可参见郑会欣:《国民政府战时统制经济与贸易研究(1937—1945)》,上海社会科学院出版社有限公司 2009 年版。

谓茶业统制政策是指用中央及各省政府和人民的力量,来合作经营,选择各省宜茶的所在,厘定茶区,用最新的科学方法,派遣专门人员,分别裁制,凡关于栽培、制造、贩卖各项,都由国家计划进行实施。即统制政策是在资本主义私有制的前提下,对经济活动的部门内容实施国家干预或者国家经营。茶业的统制政策始自 1936 年安徽省建设厅发起、全国经济委员会协调江西省筹组的"皖赣红茶运销委员会",试图以统制运销的办法来救济红茶对外贸易。统制运销主要是解决运输、销售和贷款问题,在这三个方面作出探索。茶商对国家干涉市场的做法激烈反抗,视其为与民争利之举,联合请愿,上海洋庄茶叶甚至以停兑歇业为胁迫废止的手段。该年官商围绕茶叶统制而形成的纠纷和风波,以茶商合作和妥协而告歇。① 但茶业统制并未停止,反而以皖赣红茶运销统制为基本模式,在全国经济委员会、国际贸易局茶业统制委员会的推动下,各地方政府继续扩大推行运销统制,闽茶、两湖红茶等茶叶出口贸易都被纳入统制范围。②

在此之后,国家干预经济的情况变本加厉,1937 年实业部称,我国本来是世界上最有名的产茶国家,只因茶种不知改良,制法不求进步,以致茶的品质一天坏似一天,在国外的生意,逐渐被外人夺取,近年来产茶各省的官民都纷纷请求政府救济。③ 实业部经过多次研究,确定新的办法:联合安徽、江西、湖南、湖北、浙江、福建各产茶省份,发起官民合办的中国茶叶公司。该年 2 月启动公司各项筹备事宜,拟具组织章程,规定资本总额及官商出资配比,商讨董监事会人选等。5 月,中国茶叶公司在上海正式成立,其经营宗旨为:"提高茶叶品质,确定标准,及扶助改进一切产制运销事项,藉以推广贸易、复兴茶

---

① 1936 年统制运销的详细情况,参见郑发龙:《1936 年祁红运销纷争探微》,《安徽史学》2000 年第 4 期;陈涛:《华茶销售衰败与祁红统制运销中的官商权势纷争》,《安徽史学》2011 年第 2 期。

② 《两湖红茶实行统制》,《申报》1937 年 3 月 4 日;《闽省统制红茶出口》,《申报》1937 年 1 月 27 日。

③ 《实业部筹设中国茶叶公司》,《茶报》1937 年第 1 卷第 1 期。

叶。"中国茶叶公司是国民政府对茶叶实施统制政策的升级版,标志着国家承担起茶业复兴的历史使命,对茶叶的收购、制造、贮存、运输和销售环节全面推行统购统销、官方垄断的政策。在公司实际运转过程中,公司商股比例逐渐降低,茶商董事数量亦在减少,1940年行政院通过决议将商股和地方各省的官股强行退出,公司转变为国家独资经营,全权负责茶叶统制工作。经改组后的中国茶叶公司不得不面临着效率低下和腐败的难题:机构臃肿、尸位素餐,玩忽职守、贪污舞弊、弄虚作假、账目混乱。① 甚至茶叶霉烂、变质的情况时有发生,茶叶易货及外销业务绝大多数未能履行,运输茶叶时发生掺杂石块、以次充好的情形,这背离了公司成立的宗旨,最终在参政员等各界的舆论压力之下,1945年财政部发布训令,裁撤业务、人员和资金等,运行8年的公司宣告寿终正寝。

吴觉农等到日本学习和考察茶业时,也深感统一的行业组合对茶叶品质改良的重要作用。在全国经济委员会的号召下,茶叶学术界及茶商领袖在1936年2月成立了中国茶业协会。协会前期多在南京筹备,总办事处设在上海福煦路,理事长为上海汪裕泰茶号经理汪振寰。中国茶叶协会的定位是"统一的茶业界之公共团体",也就是说,这一协会设立的初衷不是为了茶业中的某一集体谋利益,而是为中国茶业全局性共同发展服务。故协会以各地茶业团体为中坚力量,并积极联络茶业与相关的政商领袖。正是基于"联络同志研究茶业问题,促进茶业发展"的宗旨,协会在6月扩大组织,其参加人员有上海商品检验局局长邹无忌、茶叶检验主任吴觉农,国际贸易局局长张禹九、指导处朱仪农,重要城市的洋庄茶业同业公会、制茶业同业公会、毛茶业公会、店庄茶业公会等。②

当年10月中国茶业协会召开第一届年会,聚焦茶业产销之改进问题。会

① 中国茶叶公司发展的来龙去脉,具体可参见郑会欣:《从官商合办到国家垄断:中国茶叶公司的成立及经营活动》,《历史研究》2007年第6期。

② 《中国茶业协会扩大组织》,《国际贸易导报》1936年第8卷第8期。

议颇为盛大,有150余人参加,历时3天,参会人员主要有4种类型:政府机关代表,来自实业部、上海市社会局、国际贸易局、商品检验局、福建建设厅、浙江省建设厅、安徽省建设厅等;技术机关代表,来自农本局、祁门茶改良场、皖赣红茶运销委员会等;团体代表,有交通银行、上海市商会等;上海、汉口各通商口岸及各主要产茶省份代表,这是参会的主体人员。会议提案由大会主席、华茶公司经理唐季珊提出,参会代表共提交130多件议案,几乎与会者人均一件,表现较为踊跃;议案议题涉及茶业等产制、运销的方方面面。会上,实业部代表马克强较为精准地指出了中国茶业及茶业组织存在的问题:"以前组织散漫,在于从事茶叶者,各为个人利害计划,而不顾及整个事业之发展。政府鉴于此衰落,将失去国际贸易之地位,而研究其缺点,在于技术之落后。后实业部两次召集会议即从事研究改良。茶业协会即于是时发动组织,更着手组织各省茶场,改良生产,并严格检验以提高品质。至于运销方法,亦研究改善。惟一般商人,误认政府为操纵及垄断其自身营业,其实政府乃以整个利益为前提,决非代表一阶级或一部分之利益,尚望全国茶商贡献意见,俾得体察各方情形,确定根本办法,共谋发展。"①这段致辞虽然比较简短,提供的信息却比较丰富。第一,指出了中国茶业协会成立的背景,即政府意在图谋整体事业的发展、改变茶业各主体只为己谋的现状,该协会的宗旨与政府的愿望是契合的。第二,政府及中国茶业协会所实施的检验等方面的改良措施是极有必要的。第三,试图澄清政府茶业统制政策的初衷。马克强的讲话内容与汪振寰主席的观点相呼应,汪振寰在会上给出的关键词同样是"改革"、"团结"。他认为当时中国整个的茶业都需要改革,这种改革需要中国茶叶从业者全体团结,而不仅仅是少数人的努力,还希望政府方面给予协会以指导和指示,同时,政府的茶业行政计划能够听取协会所代表的意见。

---

① 《中国茶业协会年会记要》,《国际贸易情报》1936年第1卷第34期。

两人所发表的意见固然其言切切,而面对具体问题时则是另一番光景,颇具讽刺意味。10月12日议案审查完毕,次日举行第二次大会,各茶商、各茶业公会为争取协会理事名额而牵涉新旧会员资格认定问题,出现相互排挤的现象,致使会议不能按照原定程序进行。上海市党部代表及社会局代表不得已出面调解,会议最终不欢而散。这显然与"团结一致,合力对敌"原则相违背,也反映出不同茶商之间的利益博弈,以及整体性统一利益的难以调和性。王文元认为中国茶叶协会是"空怀改进心愿",却对一些问题置若罔闻,如对国际上日本和印度茶对中国茶的排挤,特别是"东邻"日本在国际上用卑鄙手段对祁门红茶进行恶意宣传,在东北对华茶额外征收高税率的进口税。① 其实,当时茶业中人对华茶在国际市场上被日本等新兴产茶国排挤的现状已有相当程度了解,只是没有列入议案而已。中国茶业协会怀有一腔改革热情确是事实,在1936年因年会上爆发的纠纷而草草收场,在此之后该协会鲜有活动,次年全面抗战爆发,这次茶业联合的尝试无果而终。

抗战胜利后,组建茶业"健全统一"的公共团体之事再次被提上日程。为谋复兴茶叶、发展国外贸易、协助政府经济建设,1946年寿景伟、吴觉农、叶世昌、汪振寰、孙晓村再次发起成立"中国茶业协会",协会主要参加力量为上海市洋庄、茶店、庄行、各公会及茶业同仁。经过多方筹备,4月3日在上海市商会举行成立大会。② 其成立后最主要业绩,一是争取政府的扶持,如曾鉴于茶业苦况,一度请求政府出面收储茶叶;二是为协调上海茶叶输出业同业公会、第一二区制茶工业公会、上海茶行同业公会等团体,以及各茶叶产区茶叶同业公会的关系,向四联总处(中央银行、中国银行、交通银行、中国农民银行联合总办事处)贷款,扶持茶业发展等。1948年,中国茶业协会理事长寿景伟对中国茶叶的衰退情况颇感痛心:"我国茶叶出口量,在一九一五年廿世纪初,全

---

① 王文元:《半月来的中国经济生活》,《现世界》1936年第1卷第6期。

② 《中国茶业协会筹备成立大会启事》,《申报》1946年4月2日。

盛时期达一百万公担之多,一九三四—三八年间达四十万公担,而一九四六年出口量仅六万九千公担,短短卅余年间,其衰减程度至足惊人。"①而第二次世界大战结束后,中日茶业发展同样差距明显:1947年中国向美国输出15569公担,计入经香港向美国转口贸易亦不过在2万公担上下;日本在美军总部管辖下,设立国外贸易部,处理茶叶出口业务,1946年向美输出700万磅(合31751公担),是中国输美量的近两倍。总而言之,此时经济崩溃,金融大坏,茶业同样凋敝,对外出口不升反降,中国茶业协会能发挥的作用已经十分有限。

中国茶商组织改造的另一路径,是借鉴自英国在印度、锡兰以及荷兰在爪哇所建立的茶业协会。这些茶业协会官方背景较弱,主要是各种茶商自愿入会,共同推进茶业发展,行业约束性较强;在产茶国和消费国都有会员,双方之间密切互动,相互传递产销信息,致力于茶叶的市场营销和推广。这种茶业组合模式给在英国从事中国茶叶进口的贸易商以启发,他们不甘心华茶就此在英国国内衰落、生意陷入困顿,又对中国政府呼吁改良声音大而效果小的现状深感不满。他们意识到言传不如身教,决定仿照殖民地模式成立中国茶业协会(The China Tea Association)。1907年1月16日,英国的华茶进口商在伦敦开会,选举产生中国茶叶协会的中央委员会,主席为查理斯·舍利(Charles Schlee),委员有布吕姆(Messrs.H.Blubm)和西奥多(F.E.Theodor),在上海、汉口、福州等地设有地方委员会,负责人为亚里克斯·坎贝尔(Messrs.Alex.Campbell),爱德华·怀特(Edward White),詹姆斯·杰美逊(James N.Jameson)和麦克莱(H.Macray)。② 他们相信中国茶的品质罕有敌手,中国红茶将会再次赢得有鉴别力的公众的青睐,并将英国医生安德鲁森·克拉克

①　《世界茶产供不应求　我去年输出量增加　寿景伟勉茶商把握时机》,《申报》1948年2月22日。

②　"The China Tea Association", *The North-China Herald and Supreme Court & Consular Gazette* (*1870-1941*), Apr.19,1907,p.125.

（Andrew Clark）的观点当作协会的座右铭和生意信条："汝从汝之病人，如欲饮茶，茶不损身，并振作精神，请饮一杯中国红茶。"①该协会有助于华茶在英国的品质口碑提升、开拓销路，得到了上海茶业公所捐助，海关也给予部分津贴。在经费的支持下，华茶经销商以广告等营销方式开拓数年，中国上等红茶销售有所提升。其后，中国辛亥革命、军阀割据，海关津贴常年无法支付，故茶业协会的活动陷于停顿，无所作为；第一次世界大战后，中国茶叶在英国鲜有人问津。

1918 年，欧战行将结束时，该协会试图重组中国茶业协会，吸收世界各地茶叶消费市场的华茶经销代表，将英国的单一性组织拓展为万国性质。② 在上海圆明园路英国商会，天祥洋行麦克莱等召集美国、俄国、中亚与中国之华茶经销商商讨，推举美时洋行桑德斯（N.T.Sanders）为美国代表，新泰洋行乌诺夫（W.E.Ulanoff）为俄方代表，玛哲德（A.Majia）为印度代表，中亚与中国代表未曾选定。除了推举代表、确定会员资格和会费标准外，此次会议最主要动议是筹集华茶海外营销和贸易振兴之经费，他们希望中国政府从输出海外的茶叶中每担提取一钱银，茶叶公所向洋商销售的茶叶每担提银五分，洋商运茶出口每担捐银五分。③ 此次会议的主张，未见有实质性运转，遑论成效。

总体观之，在日本茶业组织模式的刺激之下，中国茶业者曾试图缔造日本样式的茶叶商业组织，但没有完成彻底的改造，各种利益的非一致性导致不同群体之间矛盾和冲突不断。在战争等新的形势下，政府对茶业实施统制，整体

---

① Great Britain.Foreign Office, *Diplomatic and Consular Reports on Trade and Finance.China. Report For The Year 1891 on The Trade of Wênchow*, Annual Series No.1010, London：Harrison and Sons,1892,p.3.

② "China Tea Trade Association Ceases to be a Purely British Body", *Millard's Review of the Far East(1917-1919)*,Dec.14,1918,p.75.

③ "China Tea Trade Revival：A New Association to Be Formed", *The North-China Herald and Supreme Court & Consular Gazette(1870-1941)*,Dec.14,1918,p.672.

上提升了茶业的组织能力,却又因为高度垄断的体制带来众多弊端。而印度、锡兰等地建立的行业协会模式也被茶商重视和借鉴,几次缔结新兴组织,却鲜有成效。这说明西方式的高度行业自律的组织模式,也很难与中国茶业组织相兼容。

第七章　中日出口检验制度的应对路径

检验制度是依据特定的合同、标准、法令和法规等,对交易物的品级、规格、包装等方面进行合格性评价的制度。在西方通过设定质量门槛建立进口检验制度后,中日两大茶叶出口国为了应对西方规制,也开始在进口环节设立出口检验制度,通过自我的提前检验,以获得国际信誉。

第一节　中国的制度供给与官商博弈

晚清时期,中国已有设立出口检验的倡议。但凭借国家力量开展出口检验业务,增加交易程序,也招致了商人的攻讦。民国时期的出口检验制度供给,并非一帆风顺,而是在饱受争议中试图走向完善,以期望改善品质、提高中国茶叶的出口质量。

一、茶叶出口检验的倡议实践与初次争执

如何应对西方市场准入门槛,提高华茶品质,振兴和恢复华茶世界市场之辉煌地位,成为晚清一项关乎国计民生的重要议题,各方人士提出诸多设想。①

---

① 朱从兵:《设想与努力:1890 年代挽救华茶之制度建构》,《中国农史》2009 年第 1 期。这些设想多集中在技术和器物层面,并未梳理晚清在茶叶检验方面的设想和实践。

其中,对出口茶叶品质实施检验,作为挽救华茶的一剂良策被提出。1887年上海格致书院秋季课艺考试,贡生李培禧撰《今议整顿之法,其策安在》,提出整顿茶市四法,第一条便为聘茶师:"洋商之业茶者,每岁新茶初上市,必延老于品茶之洋人为茶师,一市听其指挥。华商亦宜仿照办理,数家公请一茶师,品评茶之优劣,价之低昂。凡茶之火候不齐、颜色不一者,听其指挥挑剔。如有挽[掺]夺买卖、违犯市规,许秉公议罚。数茶师合为一局,则华商心志齐而规橅肃,足与洋商颉颃矣。以挑选货色为词聘茶师,洋商决无异议,此则茶市之宜整顿者也。"①受洋商在通商口岸设立专职检验人员的启发,李培禧希望华商从其制,联合雇佣茶师从事检验,以实现华茶品质之自觉。其时,华茶外贸被洋行垄断,华商为销茶常彼此倾轧,没有动力、也没有能力实现这一构想。

1897年美国颁布《茶叶进口法案》后,安徽茶厘局观察程雨亭深知美国设立市场准入的质量门槛,会对华商出口产生重大影响,故希望政府联合洋商、茶号,对出口的茶叶进行检验。②作为对茶业现状有深刻认识的政府官员,程氏看到了检验的复杂性,寄希望于彼此的联合,但其建议未提及由何种力量来主导,也未有任何制度性的设计,故仍停留于号召层面。1911年,上海棉花市场迤为洋商设立验花公所,权归税务司执行,内地各商、华厂及出口各帮交易,均须由洋人验过后,如无掺水等弊,方准销售。③上海棉业华商大受损害,为避免大权旁落,清政府农工商部及税务大臣饬上海、汉口等地组织"验花公会"。其中,汉口地方政府认为茶叶亦应查验,遂将该检验组织定名为"茶棉检验所",由劝业公所商务科长胡瑞霖为总理。④这标志着晚清已有出口检验的尝试和实践,但该时期各界对检验的知识、技术和制度等方面准备尚阙如,而洋商则牢牢把控住出口检验,倡议和实践多无果而终。孱弱的晚清政府无

① 该答卷获超等第一名,由薛福成命题并鉴定,参见陈忠倚:《清经世文三编》卷32,清光绪石印本。后此文又被杞庐主人收录于《时务通考》一书。
② 陈祖椝、朱自振编:《中国茶叶历史资料选辑》,农业出版社1981年版,第198页。
③ 《徐兆玮日记》,黄山书社2013年版,第1207页。
④ 《茶棉检查所成立》,《申报》1911年8月18日。

法实质性推进,故只得反复发布谕告,晓令茶商、山民等,禁止掺伪着色等。①

　　尽管国家层面未有实际行动,地方层面的实践却并未停止,主要由产茶区的地方政府试办。民国时期,茶业领袖、商业团体和各地方政府等,对于茶叶出口检验方面提出倡议,并进一步探索。1915年,安徽茶业专员赴上海调查茶务,后向省长上书报告,具陈商人意见,提出分设检茶所等主张。省长批复均为切要之事,请农商部门迅速核办。此事不了了之,没有下文。1915年,赴美赛会监督处监督陈琪参加巴拿马世界博览会,了解华茶在美销售情况。1916年4月28日,上海茶叶会馆邀请陈氏及各省驻沪茶商代表、本埠各茶栈主,共议推销华茶之策。会上,陈琪提出:"美人所恶者,一种搀[掺]色之茶,谓其有碍卫生也。现亟应由国家设立检查所,凡大公司之出口茶叶,一体检查加封,声明不搀[掺]色,合于卫生之中国茶。如此可望美属人人欢迎。"②陈琪已经意识到,茶叶出口检验事业应由国家来主持。他也试图利用国家力量,来解决茶叶品质问题,将从旧金山进口茶叶检验局取得的标准茶样送交北洋政府;农工商部制作了样本,并向福州、汉口、上海等地的茶业组织分发,饬令茶商改良品质。③ 1918年,江汉道尹倡议特设茶务检验员。湖北省财政厅发布训令称,该职位之设立对于杜绝茶商、业户各弊,双方均有益,只是经费无从筹措:"惟所需经费,拟在牙税附加,不无窒碍……商民负担已不为轻,若再附加,殊恐有妨正税。"④

　　各种力量之间还彼此联合,试图解决华茶品质之良莠不齐,比较有代表性的是温州设立的永嘉茶叶检查处。温州是中国重要的绿茶产区,其茶叶大多经上海出口美国。在外销日渐畅旺之形势下,有部分种茶山民与不肖伢贩,见

---

　　① 程雨亭:《整饬茶务第三示》,阮浩耕、沈冬梅、于子良编:《中国古代茶叶全书》,浙江摄影出版1999年版,第601—603页。

　　② 《推销华茶之大会议》,《申报》1916年4月29日。

　　③ 《饬福州茶业公所、汉口茶业公所、上海茶业会馆据赴美赛会监督详送美国茶叶优劣标准饬发传知各茶商注意改良由》,《中华全国商会联合会会报》1916年第7期。

　　④ 《武昌》,《申报》1918年10月11日。

茶商赴山争先恐后采购,乃以别种嫩芽树叶,做成伪茶,掺和混售,以图盈利。这导致上海各茶行损失惨重,茶业前途遂有一落千丈之势,给外销茶市发展和茶农生计造成无穷之影响。1914 年浙江行政公署向余杭、德清等 47 个产茶县的知事发出训令:"上年浙省运销外国绿茶,仍有前项着色等往事,殊堪痛恨,若不预先设法禁止,不但有碍茶业销路,于税源商务两有妨碍。"①省行政公署统一拟就白话布告一则,以各县民政长官的名义刊印发布,分发城乡产茶处所张贴,派员分赴各处,按照布告意义,鸣锣宣讲。② 为杜绝欺诈、振兴国货、维持地方、振兴实业起见,1916 年,在永嘉商会茶业董事王宝的动议下,永嘉统捐及茶捐局局长钟云龙决定设立茶叶检查处,官商共同拟具简章、缮具、说帖及戳记图样、凭单式样等,请浙江巡按使公署立案核准。浙江巡按使公署认为所请允当,同意先行试办一年,令永嘉、平阳、瑞安、泰顺等各县出示晓谕、遵照办理,并指出要慎选妥人,以免流弊。从检验政策的实施来看,各方配合比较紧密:每年茶市开始之前,先由地方行政官厅,出示通告,严禁山户掺和假茶;检查处派茶工,分驻产茶适中之地,于收买之时,仔细逐一检查,如无掺假问题,则加盖检查戳记,发放凭单,准予起运;茶叶经过各关局,要查验凭单等,如无戳记,则扣留货物;地方官员还要知会就近警察,协同检查处所派茶工,以免发生事端和争执;检查确有伪茶者,则当众销毁,并送附近官厅治罪。③ 此次检验工作实施,茶商和地方政府利益一致,故能彼此协同,共同推进,在局部取得较好效果。但也存在诸多问题,如检验主要针对茶农山户,未将茶商自身作伪纳入监管;货品一旦离开温州地界,各关卡是否严格检查全凭自觉;整个

---

① 上海出入境检验检疫局:《上海商品检验检疫发展史》,上海古籍出版社 2012 年版,第34 页。

② 无论晚清还是民国时期,各方力量彼此联合、声明严禁掺假的措施经常采用,但收效有限。如 1930 年平水茶因山户用滑石粉及杂质,被锦隆洋行等验出拒绝收购,故上海茶业会馆请浙省政府饬产茶各县出示,严禁掺用滑石粉,并由该会馆印刷通告到处张贴,以期达到禁绝目的。参见《议致张律师函》,上海茶业会馆档案,上海档案馆藏,档案号:S198-1-15。

③ 屈映光:《财政厅、永嘉等四县据永嘉统捐局详茶董整顿茶业设立检查处一案批准试办由》,《浙江公报》1916 年第 29 号。

过程时断时续,检验结果无法作为洋商检验的依据,增加手续,引发抱怨。1926 年,永嘉茶叶检查处改由瓯江出口茶检验所继续办理,茶商改经平阳鳌江运沪以避检查,永嘉茶叶检验处名存实亡,各项工作遂告中断。这次地方试办前后持续时间较长,证明在一定区域内开展检验存在局限性,同时又为国家层面实施实施检验作出有益探索。

民国之后,由政府统一规划、设立全国性的茶叶出口检验机构成为一种新的趋势。中央政府也曾尝试设立检验机关。1912 年,北洋政府工商部拟就出口货丝、茶、棉、羊毛等四项,在汉口、上海、广州、营口、张家口等地设立检查所。1914 年 10 月 15 日,税务处督办梁士诒在《为请减出洋茶税以兴实业由》中提出,应制定茶叶出口取缔标准,联合商会设立机关,实施检验。袁世凯批令:“茶叶为出口商务大宗……至严禁作伪,改良制造各节,尤为当务之急,并交农商部查照核办。”10 月 26 日,农商总长张謇对批令回应,在《为制定茶叶检查条例给大总统的呈》中,建议在上海、汉口、福州等重要的茶叶出口地,设立茶叶检查所:“凡出口茶之色泽、形状、香气,质味,均须由检查所查验,其纯净者,分别等级,盖用合格印证。其有前项作伪情弊者,盖用不合格印证,禁止其买卖。并拟于每岁检查事竣后,汇集各项标本茶审核。”①还推出《茶叶检查条例》,拟定了较为周备的检查方案,共计 8 条,对茶叶检查之对象和程序、费用收取、内容与项目、等级划分等方面拟定都较为详备。该方案因经费等方面困难,没有付诸实施,却成为在国家层面设立检验部门的嚆矢。

1923 年,政府农商部再次动议设立出口检查局,肉类及茶叶都被列于检查之对象。上海茶业会馆听闻消息,立即致函上海总商会,登报声明不能对茶叶实施检查,理由有四:洋商购茶,华商卖茶,双方合意,遂即成交,无法检查;洋商购货以外洋市情为转移,高中低货色都有需求,检查没有可依的标准;检查职位重要,政商两界无合适人选;如雇佣洋人检验,则俸禄较高,且太阿倒

---

① 《农商总长张謇为制定茶叶检查条例给大总统的呈》,江苏省商业厅、中国第二历史档案馆编:《中华民国商业档案资料汇编》第 1 卷下册,中国商业出版社 1991 年版,第 343 页。

持,会以检查结果要挟茶商。该茶商组织痛陈:"徒滋靡费而贻笑柄,如果有纤毫利益,当欢迎之不暇,茶商血本所关,自知趋避,毋劳大部为之借箸也。"①茶商领袖陈翊周又致函上海总商会转呈农商部,请求宣示茶业检查办法。农商部在批令中对此回应,称正在筹议之中,是否首先设立,一时尚无成议。②中央政府试图推进茶叶检查事业,茶商团体又坚决予以抵制,政府进退两难之情形可见一斑。但是,呼吁国家设立检验机关的呼声并未停止,同年11月11日,恒桢、心如在《申报》撰文极力主张:"速设茶叶检查所,可附于出口之海关,由农商部派化学专员主之,严定茶格,举凡出口之茶,必须呈验,其不及格者,不准贩运出口,惟染色茶叶,除俄庄报明特别,概不许出口,则对外信用可彰,茶号亦不能孟浪从事矣。"③1924年5月9日,上海总商会以听闻"华茶质量欠优、有禁止入口消息"为由,出面调和,致函茶业会馆云:"欲祛除搀[掺]杂积习,挽回已失之令誉,似非从设所检查入手不可,而政府设立检查所之议,上年又为贵同业诸君所否认,似不如由茶商团体自行办理,易得同业信仰。"④此次茶叶出口检验在官商之间引发初次争执,规模、强度和波及范围不大,却实开南京国民政府茶叶检验风波之先声。

二、茶叶检验规程与茶商集体请愿

1928年2月,国民党二届四中全会通过改组国民政府,设立工商部(1930年12月改称实业部)、农矿部等政府部门。1928年6月15日,南京国民政府发表《统一宣言》和《修改不平等条约宣言》。在此背景之下,新成立的部门志在发展经济、振兴产业、扩张贸易,实现独立自主。1928年11月,农矿部长易培基函呈行政院院长谭延闿,主张设立大规模之检查所与农事试验场,其函云:

①《茶商反对设局检查函》,《申报》1923年1月22日。
②《请示茶业检查所办法之部批》,《申报》1923年4月12日。
③ 恒桢心如:《中国五大富源之现状及改进方针(续)》,《申报》1923年11月11日。
④《总商会请茶业自设检查所》,《新闻报》1924年5月9日。

查北平农工部卷内,有筹设出口农产物检查所及棉业、茶业检查所各案,其理由则以各国对于国外输出之农产物,均有检查机关……同时美农部与十四年荷兰政府均有照会声明,中国运出农产物品,须经负责机关设立检查所,证明给照,方准入口,是此项检查机关对于国际贸易之信用,农产销路之推广,以及害虫病菌之消除,皆有莫大之利益。①

旋即,承担该职责的工商部便着手筹备机构、厘划章程等前期事宜。12月 25 日,行政院发布指令,饬工商部遵令办理出口商品检验事务,接手上海棉花检验局,并核准其所拟具的商品出口检验局章程及暂行规则。② 1929 年 1月,上海商品检验局成立,邹秉文出任局长。邹秉文当月接受记者采访时云:"世界各国,对于其本国出口商品,大都各设专局,从事检验,以是对于国际贸易日著,而商品亦日见发达。吾国商人,间有只图一时之私利,而于商业道德,不甚注意。从前政府不知设检验,致欧美各国,有禁止吾国商品进口之举,国际贸易上之信用,遂日见低落。近年外人在沪特设机关,代任检查。主权丧失,殊为可叹。"③工商部公布《商品出口检验局暂行章程》及其《商品出口检验暂行规则》,其中茶叶被列为实施检验的商品。④ 可以说,西方推出市场准入政策、中国贸易商品品质下滑是设立检政的直接原因。因此,制定检验政策时,分为四大原则:提高信誉、增进对外输出、督促生产改良、保障人民食用。⑤

上海商品检验局成立之初,开展棉花检验、牲畜正副产品检验等业务,

---

① 《农矿部拟设农事两机关:农产物检查所与农事试验场》,《梧州经济策进会月刊》1929年第 1 卷第 2 期。
② 《中华民国国民政府行政院指令:第一六七号》,《行政院公报》1928 年第 9 号。
③ 《工商部筹设上海商品检验局》,《申报》1929 年 1 月 26 日。
④ 《商品出口检验局暂行章程》,《江苏省政府公报》1929 年第 91 期。
⑤ 吴觉农、范和钧:《中国茶业问题》,商务印书馆 1937 年版,第 257 页。

1929 年 5 月又开始接手万国生丝检验所,筹备生丝检验。① 茶叶检验也是最早施行的项目,前期做了诸多筹备工作,包括仪器购置、人员招聘与培训,搜集各国检验标准和规则,面向国外华茶经销商征求品质改进意见等。② 1930 年秋,农作物检验处下设茶叶检验课,由刚就任的技正吴觉农主持工作。鉴于在茶叶检验方面,日本已有颇为成熟的经验,上海商品检验局决定向国民政府日本总领事馆致函,请其搜罗相关资料。③ 在吸收日本经验的基础上,1931 年 6 月 20 日,上海商品检验局公布《实业部商品检验局茶叶检验规程》,该检验规程对报验程序、取样规则、不合格之情形、检验时限、检验费用等作出明确规定,其中不合格情形包括:低于标准样茶,着色剂利用黏质物制造,掺入杂茶、纤维、矿质或粉饰,有霉蒸烟臭或腐败用品,粉末超过 5%,同号货物品质参差不匀或混有尾箱,包装不良或有破损等。④ 1931 年 6 月 26 日,行政院核准《实业部上海商品检验局茶叶检验细则》,这是政府出台的首个出口茶叶检验法令。细则对检验规程进一步细化,以弥补其不足,具体表现在四个方面:每年 4 月之前确定年度标准茶,以此作为检验依据,检验采取形状、色泽、水色、香气、滋味、熏干等综合审查之法;掺杂着色之茶,还需行“立特”式检验显微镜检验及化学检验之法,查出的着色茶不能销往美国,茶商若销往他国,可提出准予运销请求,商检局和实业部核准后,可暂准出口;包装材质应为板箱、锡

---

① 接手万国生丝检验处颇为周折,详见宋时磊:《检权之争:上海万国生丝检验所始末》,《中国经济史研究》2017 年第 6 期。

② 邹秉文:《上海商品检验局的筹设经过与初期工作概述》,中国人民政治协商会议全国委员会、文史资料研究委员会:《文史资料选辑》第 88 辑,文史资料出版社 1983 年版,第 113—114 页。

③ 《局务纪要》,《国际贸易导报》1931 年第 2 卷第 2 期。这些收集的资料最终被翻译发表,参见农作物检验组茶检课译:《台湾茶叶检验章程》,《国际贸易导报》1934 年第 6 卷第 9 期;农作物检验组茶检课译:《日本茶业检验各项规程》,《国际贸易导报》1934 年第 6 卷第 9 期。

④ 《实业部商品检验局茶叶检验规程》,《国民政府公报》1931 年第 806 号。日本上海总领事村井仓松对此规程颇为留意,将其全文及时向中国各地领事馆及日本外务省作了报告,见《農、林、海産物関係/茶》,《外国ニ於ケル貿易品検査施行関係雑件》中国ノ部第 2 卷,東京:外務省外交史料館,档号:B08061976400。

罐,不得有损坏及陈旧之情形;报验人对检查结果有异议,进一步规范复验程序和时间期限。① 该细则自 7 月 8 日起全面施行。

图 7-1　刊登茶叶检验规程的《国民政府公报》第 806 号封面

标准样茶是检验的基础性工作,能否得到广泛认可至关重要。为慎重起见,1931 年 6 月 29 日,商品检验局聘请中外专家 15 人在上海举行第一次委员会会议,商讨茶叶检验的标准。从委员会委员的构成来看,商检局尽量考虑到了各利益群体的代表,政府官员有实业部技监徐善祥、司长徐廷瑚、上海市社会局长吴恒如 3 人,茶叶化验专家有王兆澄、张伟如、卢世振、张康泽、叶元鼎、吴觉农 6 人,茶商代表有唐季珊、陈翔周、朱葆元、洪孟盘 4 人,外商代表有锦隆洋行茶叶部经理英人金氏、协助会茶师俄人梅克罗夫氏 2 人。② 经过磋商和讨论,茶叶标准委员会议定检验标准(见表 7-1 所载 1931 年标准)。7 月 6日,商检局予以公布,并正式实施。

---

①　《实业部汉口商品检验局茶叶检验细则》,《工商半月刊》1931 年第 3 卷第 22 期。
②　《实业维持茶叶对外贸易》,《观海》1931 年第 1 期。

7月8日至31日,商检局报验出口红绿茶叶,总计27990担40斤,其中检出着色茶占报验次数的46%。这证明当时茶叶掺假着色之严重情形,也说明中外商号茶叶出口贸易确受质量参差之苦。西方贸易公司洋行方面,曾陈述理由,表示反对检验,但他们不想与政府有直接冲突,故转嫁经营风险,通知各茶栈,未通过检验不能出口之茶,除原筒退还外,还须担负各种无形损失。① 在华茶外销被洋商把控、垄断的局面之下,华商无力与其博弈或反抗,却深虑一旦严行禁止着色等茶出口,国内店庄又无法销售,遂将矛头对准出口检验,组织请愿团,向行政院实业部、商品检验局施压,请求取消出口检验。前期华商曾推代表至检验局请愿,不得要领。8月3日下午,外埠旅沪茶商在茶业同业公会会馆召集大会,公推领袖郑子瑜为主席,商讨请愿取消检验茶叶等事宜,与会茶商代表众多,计有两湖、祁红、路庄、平水、宁红、温州等代表共计60余人。会议报告前番请愿经过,推举9人为常务委员,通过章程,议定撰呈文、办公、经费等事项。② 外埠茶商号的中坚力量大多出席此次会议,华商的集体行动力量就此被组织起来。

9月26日,在沪之湘鄂皖赣浙五省全体茶商,公举代表郑子瑜、钟坦然等,赴南京请愿。35人联名呈书致电行政院、实业部,请求取消检验,声称:"出洋茶叶实施检验之日,即我茶商束手就毙之时,病深切肤,奉行无计。"概而言之,请愿团提出取消的理由主要有三点:第一,茶商正自谋出品之精益求精,以挽垂危之局,政府亟应奖掖,助其发展,而非疗疾饮鸩,拯溺垂石,着色与否,掺和黏质粉末多寡,皆是根据客户之需求,量为供给,并未对饮用者健康有损伤;第二,出口检验不是在茶产地制箱之前实施,而是在货已出售、洋商打包起运之时,倘取缔不合格者,已无法改销国内,一切损失洋商俱要求茶商承担,其中还存在检验员徇私舞弊、随意评判的风险,给华商造成无谓损失;第三,检验规程所载语义含混不清,规定茶叶应于装运包捆前向所在地

---

① 《茶商反对检验之进行》,《申报》1931年8月3日。
② 《请取消检验茶业事宜》,《新闻报》1931年8月4日。

之商品检验局或分处报验,应是指茶叶尚未装箱之前由产地之检验分处检验,但实际执行过程中,商检局对中途经过上海的茶叶加以检验,与定制相违,这也给外商压价提供了口实。当然,华商看到了政府维护国际贸易信誉之坚强决心,故在请求中作出了一定程度的妥协和让步:"准予依照规程,选派富有制茶学识人员、分赴各产茶之区域,实地指导监督,取销[消]中途检验办法。"①

次日,实业部即回复,对洋庄茶商的疑问予以专门解释,并援引数据等详加驳斥。实业部重申了出口检验"督促茶叶之改良制造,以坚消费者之信仰,而图竞争于国际市场"的宗旨,并认为茶商所称多为不实或者误解之言。第一,着色茶叶已经为美国市场所摈弃,这些茶使用柏林青(普鲁士蓝,笔者注)等颜料,饮之入腹,遇胃酸后,会产生强烈的青酸气体,性极毒烈,出口检验是国际惯例,断不可废除;第二,《检验规程》第二条规定所指是出口商埠之检验局或其分处,不存在产地检验,倘有评断公允之异议,可依照条例,请求复验或切实举发;第三,对于出口检验取缔导致茶盘陡落问题,不过是茶商的口实,事实上 7 月 23 日以后销路大畅,8 月初旬茶市益旺,珍眉等绿茶涨至 10 余两。最终,实业部给茶商请愿定性为:不明近年海外贸易之趋势,阻挠大计、殊属不合;给出的答复结论是:所请停止检验、碍难照准。②

从政策发布和执行的时间节点审视,1931 年的检验规程和茶样标准,主要针对当年秋茶。与上半年春茶相比,该时期交易量和货值都要小很多,但茶商意识到出口检验政策会打破既有的市场均衡和利益格局,故勇于行动,企图以集体力量阻碍新政之落地。初次拟定出口茶标准之时,政府尽可能地邀集各方利益代表,其中商界代表有 4 人。既然已有代表,何以仍招致华商激烈反对?查唐季珊等人的履历和背景,会发现这些人主要是在上海专门从事茶叶

---

① 《请求取消检验茶叶与中代表赴京请愿》,《申报》1931 年 9 月 26 日。
② 《解释检验茶叶之理由》,《申报》1931 年 9 月 27 日。

经营的商人,深知华茶之弊,希望借政府整顿以提升出口竞争能力。① 而反对茶叶出口检验的华商群体,则主要是各产茶区的茶商号,他们主要负责从产地运销至上海销售,对茶叶检验所造成的不便和潜在的经营风险有直观的感知。虽然实业部据理驳斥,但这批商人废除出口检验之志却未罢休,仍坚持恳请政府予以废除,如 1932 年春茶上市之前,华商又发动了一轮抗议活动:"湘鄂皖赣浙苏六省茶商,以华茶出口,年逾数千万,须经商品检验局逐一检验,于装潢〔潢〕及其他手续,诸多滞碍,特呈实部,恳免检验。"②他们声称自 1931 年实施检验以来,中外茶商群相惊恐,茶叶贸易顿形冷淡,行情亦因之一再跌落,迄今存货未能清售,华商损失,不可胜计。

对于这些请求和抗议,1932 年 4 月 29 日,实业部发布训令,以官方文书的形式,正式回应华商所请。训令指出,据上海中国银行 1931 年度调查报告,茶叶外贸数量微增,出口总货值增加 3/10,利润增加了 1/3;据 1929—1931 年物价指数分析,向来着色掺假较多的婺源绿茶价格指数已与祁门红茶接近,1931 年祁门红茶指数为 306,婺源珍眉茶指数 350,已经打破 10 年以来茶价之记录;1931 年下半年茶价低落是因为此时为秋茶,品级较次,且洋行基本完成收购任务,已无采买之愿望,市场供多于求;上海茶叶公会调查,1931 年茶栈存货并不多。③ 通过此四个方面分析,训令直言茶商代表所陈均不足辩,取消茶叶检验之事毋庸议。在茶叶出口检验取消与否的博弈过程中,政府对推行检政的态度坚决而明确,对茶商代表之论点直接驳斥;华商对此无计可施,只得遵照法令执行。在之后的政策执行过程中,政府和商界因检验问题偶有纠纷,如 1934 年汉口商品检验局扣留已交出洋的不合格箱茶 304 箱。④ 汉口茶

---

① 唐季珊系华茶公司经理,华茶公司是上海最具影响力的茶叶公司之一;粤商陈翊周担任上海忠信昌茶栈经理、上海茶业会馆总董等职;朱葆元开设上海震和茶栈,并参与了华茶公司的经营;洪孟盘是安徽知名茶商,开设金健茶号,曾为上海茶业会馆董事。

② 《茶商请免出口检验》,《申报》1932 年 4 月 10 日。

③ 《实业部训令:令湘鄂皖赣浙红绿各帮茶商代表郑子瑜等》,《实业公报》1932 年第 70 期。

④ 《茶叶公会请免检验箱茶》,《新闻报》1934 年 8 月 8 日。

叶公会向实业部申请免检箱茶,实业部对此批复仍是"应毋庸议"。

三、检验风波余绪的处置与检政推进

对于商民的各种反对和吁请,政府据理驳斥,并坚定不移地推进茶叶检验工作。而中途检验等事,确实给茶商带来了不便,甚至是损失。商检局对于这些政策执行过程中暴露的实际困难和扦格不通之处,未持漠视或忽略态度,而是坚持松紧适度、稳步推进原则,希望在执行过程中解决检验中茶商所提出的问题,以求增进检政成效。

(一)循序渐进、逐步提高标准

兼顾茶商的承受能力,检验标准循序渐进、逐年提高。第一,每年召开茶叶标准技术会议,研讨年度执行标准,出口茶叶最低标准和技术指标在保持稳定性的同时,又逐年稳步提升,规定逐渐趋于规范和完善(见表7-1)。1931年最低标准规定以湖南次红为标准样茶,经过6年的实践和探索,1937年首次将红茶区分为祁红、宁红、湖红三种,要求不断提高,标准更加细化。第二,年度执行标准较为柔性,考虑到实际情形,及时动态调整。1932年绿茶、红茶之灰分以7%为最高标准,但实际上7%—7.5%的含量亦给予合格。对于较难执行的政策,及时作出调整,1932年关于水浸出物的规定,次年便取消执行。第三,通过升级换代实现检验标准的提升。除1931年外,茶叶水分一直以8.5%为标准,但实际上1935年水分衡量改用霍夫门氏方法,较前用之称量法平均高1.5%,即茶叶水分要求已提高至7%。第四,检验项目逐渐增多,覆盖的范围越来越广泛。最初只规定了茶叶检验的最低标准,1934年增加了着色茶的取缔标准,1936年又增加了茶箱取缔办法。经过两次修订完善,茶叶检验不仅针对茶叶本身,还将生产制作工艺、包装运输等环节纳入其中。

表 7-1　1931—1937 年出口茶叶检验标准①

年份	年度标准	备注
1931 年	最低标准:红茶以湖南次红为标准茶;绿茶以浙江绍兴平水茶为标准茶;茶叶灰分不得超过 7%;茶叶水分不得超过 8%。	
1932 年	绿茶以平水二茶八号珠茶为标准,红茶以湖南次红为标准,其余各种茶叶以色洁相当、味香可口为标准;茶叶水分以 8.5% 为标准,但本年度绿茶水分以 9% 为合格、红茶以 11% 为合格,其余各种茶叶,以 12% 为合格;绿茶、红茶之灰分以 7% 为最高标准,但本年度最高以 7.5% 为合格;水浸出物,红不得低于 26%、绿茶不得低于 32%,浸过红茶、绿茶均不得超过 60%。	水浸出物本年度内为试行。
1933 年	最低标准:绿茶改为以水二茶七号珠,其余同 1932 年,取消水浸出物标准。 着色取缔办法:凡商人报验着色茶时,须将所着色料之名称详细填明,遇必要时,得令呈验颜料商之分析成分单;茶叶着色过浓与制定之标准茶相同或更重者,禁止出口;凡着有黄色铬酸铅(俗名淡黄、三鱼黄、义记黄等)、绿色亚砒酸铜气氧化铜(俗名砂绿等)及其他有毒色料者禁止出口。	
1934 年	最低标准:红茶水分以 10.5% 为合格,其余同 1933 年。 着色茶取缔办法:对着色化学成分详加说明,第三条改为"凡使用含有铅、铜、砒、铬、钡、镉等金属(如习用之淡黄、三鱼黄、义记黄及砂绿等)及其他无机或有机质之有毒色料者,禁止出口"。	本年起将严格执行着色取缔办法。
1935 年	同 1934 年,未调整。	
1936 年	出口茶最低标准:同 1934 年。 着色茶取缔办法:同 1934 年。 茶箱取缔办法:箱内四角及上下边缘,须各加钉木条四根,计共十二根,以增茶箱之支持力;铅箔内壁,须裱糊坚洁纸张,使茶叶与铅箔完全隔绝,箱外须注明茶类、商标(大面名目)、件数、总重及净重、(新制)采制时间、制茶庄号及地点。	水分检验标准似与 1934 年一致,但实际上已提高 1.5% 左右。本年度改用霍夫门氏方法,较前用之称量法平均高 1.5%。

① 1931 年标准见《检验茶叶标准》,《申报》1931 年 7 月 18 日;1932 年标准见《二十一年度茶叶最低标准之施行》,《新闻报》1932 年 7 月 26 日;1933 年标准见《呈送茶叶检验标准及着色茶取缔办法》,《国际贸易导报》1933 年第 5 卷第 5 期;1934 年标准见《二十三年度茶叶检验标准之施行》,《国际贸易导报》1934 年第 6 卷第 6 期;1935 年标准见《二十四年度茶叶检验标准》,《国际贸易导报》1935 年第 7 卷第 5 号;1936 年标准见《二十五年度茶叶检验标准》,《国际贸易导报》1936 年第 8 卷第 4 期;1937 年标准见《二十六年度茶叶检验标准着色茶及茶箱取缔办法》,《茶报》1937 年第 1 卷第 1 期。

续表

年份	年度标准	备注
1937 年	最低标准:绿茶以平水二茶七号珠茶为标准,红茶分为祁红、宁红、湖红三种标准,温红依据湖红,宜红依据宁红,不达标准者不得出口,其余各种茶叶有检验细则第七条四、五两项规定之一者,不得出口;茶叶水分、以 8.5% 为标准,但本年度除绿茶(包括针眉、秀眉)不得超过标准外,红砖茶暂以 10% 为合格,其他茶叶以 11% 为合格;茶叶灰分,红茶、绿茶、红砖灰分,以不超过 7% 为标准,但绿茶砖茶及其他茶叶,暂以 9.5% 为合格。 着色茶取缔办法:同 1934 年。 茶箱取缔办法:箱内应加钉干燥木条十二根,但枫木箱板厚在市尺三分以上,或杉木箱板厚在市尺四分以上者,得减少箱面及箱底木条各四根;铅箱内壁,须用坚洁纸张,妥为裱糊,使茶叶铅箔完全隔绝;箱外须注意茶类,商标、(大面名目)件数、毛重及净重。	

(二) 增设机关,开设产地检验

为给茶叶检验提供更大便利,商品检验局最初采取的做法是增设机构。汉口是中部最大的茶叶交易市场,为方便茶叶出口贸易,1932 年 11 月 20 日,汉口商品检验局茶叶检验处成立,这是继上海之后的第二个茶叶检验处。实业部汉口商品检验局局长王龙佑 1933 年对检验处开办半年内的工作概括为:"除红绿茶样品不计外,共验红茶 6500 余担,绿茶 2000 余担,红绿砖茶 116300 余担,茶梗 300 余担,统共 127200 余担。惟因开验过迟,茶商存货悉系上年制成,水分、灰分多数不能及格,颇感困难。"[1]汉口茶叶检验处及时调整标准,检验量稳步提升,1934 年 1.6 万公担,1935 年 14.9 万公担,1936 年 11.9 万公担,1937 年 14.6 万公担。[2] 1937 年 3 月,实业部又令广东商品检验

---

[1] 实业部商业司第二科编:《第二次全国商品检验会议汇编》,实业部总务司第四科发行 1933 年版,第 45 页。

[2] 实业部汉口商品检验局:《检验统计》1934 年第 1 期、1935 年第 2 期、1936 年第 3 期、1937 年第 4 期,汉口中华印书馆。

局在福建开设检验处,办理闽茶出口检验业务。

　　商品检验局在上海、汉口等地举办的出口检验,属于茶叶输出前的报关检验。如果发现不合标准的茶叶,此时茶叶已经捆扎成箱,会给华商造成损失,也给洋商增加很多手续,这也是当初华商激烈反对的重要原因之一。彼时,华商已经提出产地检验的建议,限于各项检验只是刚刚起步,骤然之间难以落实。各方对产地检验的优势存在共识的:对于商检局而言,可以减轻出关检验的工作量;对于茶商而言,可以在输出本境之时,就地发现问题,便于及时挽回补救、降低损失;对于茶农而言,可在生产制造时便讲求品质,以便提高销售溢价。对此,政府亦有观察:

　　　　实业部自施行出口检验以来,华茶在国外市场上之声誉,业已抬高不少。惟出口检验,施行于茶叶成交之后,仅与出口商有直接关系,对于内地生产者尚须经过六七层中间人,故政府法令往往不易深入。出口检验,遇有质量、包装、着色、不合部颁标准取缔办法者,虽予禁止出口,但其结果徒然为商人之损失。内地生产者,不仅不明禁止之原因,抑且不知禁止之事实;因此出口商每有以此种困难陈诉,并要求实施地产检验者。良以产地检验实施后,不但可补出口检验之不足,且可就近指导茶农茶厂之采制,俾质量得以提高,包装得以改良,着色得以取缔,粗制滥造搀〔掺〕杂搀〔掺〕伪之风,得以除灭。①

　　1936年初,实业部部长吴鼎昌召集上海商检局研讨工作,提出举办产地检验之设想。1936年,在上海商品检验局的筹备下,茶区产地检验委员会成立,直属实业部国产检验委员会管理,由胡浩川、范和钧、张维、向耿酉、冯绍

_____

① 《实业部派员办理茶检四省及沪市共十区主持人员昨已出发》,《申报》1937年4月8日。

裴、庄晚芳、潘忠义七人担任委员。鉴于中国外贸茶叶主要产自祁门红茶区和屯溪绿茶区,该年产地检验主要在这两地举办。其中,祁门红茶区主任委员为胡浩川,屯溪绿茶区主任委员为范和钧,该年6月检验人员出发赴产地。检验人员对于合格者每箱给予"产地检讫"证,不合格者不颁发,并不予装运。① 1936年9月,产地检验基本完成,据范和钧称"结果颇佳"②。产地茶叶检验的更大意义在于,让茶叶检验员和检验主管人员深入实际,助其了解农村茶叶经济的现状以及茶业发展之根本弊端,为后期推出提升品质的政策提供了实践基础。

1937年,产地检验继续推行,各项工作也更加规范化。在机构设置和运行方面,设立茶产地检验监理处,由蔡无忌为处长、吴觉农为副处长,负责于茶叶上市期间,在各茶叶重要产销地点酌设办事处、执行产地检验事务,厘定暂行章程共10条,办公地点在上海北苏州路1040号。③ 建章立制,发布《实业部茶叶产地检验规程》和《实业部茶叶检验产地规程实施细则》。④ 在宣传和推介方面,创办国内唯一茶业刊物《茶报》,每月出版1期,内容有茶市报告、国内外行情统计及茶业新闻、茶业研究等,于4月16日发布创刊号。⑤ 在产地检验覆盖方面,在皖赣浙闽等省及上海市重要产制区域,设立祁门、至德、浮梁、宁州、平水、温州、屯溪、福州、福鼎以及土庄共10区,各设办事处一所,派专人负责。在赴产地时间选择方面,春茶还未开市之前,检验人员便分途出发。⑥ 与1936年相比,该年度茶叶产地检验准备较为充分,程序周详,结果亦颇有声势,成绩卓著,受到茶商欢迎。特别是,永嘉茶业同业公会赠大银杯2

---

① 《实部切实改进茶叶 实行茶区产地检验》,《新闻报》1936年6月17日。
② 《茶叶产地检验结果圆满》,《国际贸易导报》1936年第8卷第9期。
③ 《实部在沪设茶检监理处》,《申报》1937年1月10日。
④ 《实业部茶叶产地检验规程》,《实业公报》1937年第331期。
⑤ 《出版界》,《申报》1937年4月17日。
⑥ 《实部派员办理茶检 四省及沪市共十区 主持人员昨已出发》,《申报》1937年4月8日。

座以示敬意。① 产地检验之实施,在一定程度上解决了检验风波时期茶商遇到的困难,故他们的态度发生转变,从反对、对抗走向赞誉和褒扬。

值得一提的是,中国商人集体反对出口检验不仅发生在茶业领域,在其他行业也出现了华商请愿取消检验的风波和事件。1930 年,商品检验局决定从2 月 1 日起,实行出口生丝的公量检验。江浙两省内地丝厂迭次开会,申诉检验所造成的种种困难,声称倘检验局孤行己意,不顾丝商利害,将一致罢工停业,听候解决;各地丝业代表驰赴上海商品检验局请愿,请求暂缓执行。② 无论是茶业还是丝业商业团体,提出反对诉求本质上是在维护自身利益,因其担忧国家法定的强制性政策会打破既有均衡状态,但是他们所提出的执行困难、不能治标等方面的问题,又是客观存在的。政府一方面对反对民意、高压弹抑,体现出振兴海外贸易的强烈意志和愿望,另一方面,在实际的政策执行过程中,又对合理性的建议予以考虑,设定缓冲期限,多种举措给商人以便利,并通过改良和调查研究等手段从根本上解决问题。

总体来说,茶叶出口检验有利于纠正主观因素造成茶质下滑之问题,可以直接制止茶叶之着色掺杂等乱象,间接督促茶叶制造改良,以重获国外市场信誉。在一定时期内,这一策略收到了效果。20 世纪 30 年代前期,华茶出口再度出现回暖迹象。据胡浩川 1934 年称,出口检验实施以来,输出数量没有减少,反有 8% 的增加。③ 如新西兰对从中国输入之茶叶,一向要求卫生局检验,认为合格者始准出卖,不合格者不准出售,并须罚款缴检费 1 磅 1 先令。中国茶叶故只能销售给当地华人,给出口贸易造成了不良影响。国民政府开设茶叶出口检验后,惠灵顿中国领事馆与新西兰政府交涉,提出进口环节实无对华茶再行检验之必要。1936 年,新西兰政府经权衡后,决定入口之华茶凡经中

---

① 《茶叶产地检验之光荣》,《茶报》1937 年第 1 卷第 4 期。
② 《地方通信:无锡》,《申报》1930 年 3 月 2 日。
③ 胡浩川:《输出茶的检验与贸易》,《申报》1934 年 6 月 11 日。

国政府检验合格,持有证书者,免予检验,并不再限售于华人。① 可惜好景不长,茶叶出口检验工作因随之而来的全面抗战爆发而中断。

第二节　日本输出港的联合检验

黑船来航之后,日本开埠通商,其茶叶进入国际市场。在日本茶向美国输出的前一二十年,总体处于卖方市场、供不应求,无论是美国还是日本对茶的品质问题都不甚注意,大量有质量问题的日本茶叶流入了世界茶市。这给日本出口茶的口碑造成了伤害,日本地方政府较早意识到此问题,1872 年静冈县政府部门曾向茶业者发布了《不良制茶取缔》谕告书,提醒从业者注重茶叶的品质问题,半年后又设立了半官方的制茶改良会社等。② 1873 年静冈县又发布《不正茶取缔布告》,1877 年又有《日干茶取缔论告》。不仅地方政府反复告诫,中央政府同样如此,也曾禁止红茶粗制滥造之弊。这些布告、劝谕等跟晚清地方政府面向茶农、茶商发布的各种严禁掺杂使假的规则类似,苦口婆心、反复告诫其中弊端,也不乏要严惩、送交官宪处理等字眼,但多是茶业者或地方政府整顿和规范市场的自觉自发行为,对于违规事件较难处理,也无法根本上杜绝。虽有反复劝阻,但掺杂使假的情况愈演愈烈。

1884 年在茶业界的一致要求下,日本出台《茶业组合准则》,旨在通过组织化改造的形式,呼吁全国茶商团结一致,打击伪劣茶,发展茶业。准则发布后,各地以及中央成立了不同层级的茶业组合。中央茶业组合总部从私立性的机构,摇身转变为茶业的公共机关,或者说执行官方意志的半官半民的行业自律机构。经过 1884 年、1885 年的组织改造,这些茶业组织开始有机而系统地组合在一起。1885 年 2 月,中央茶业组合本部召开第一次会议,根据《茶业

---

① 《纽丝纶政府对华茶入口准予免验》,《新商业》1936 年第 2 卷第 1 期。
② 茶业组合中央会议所编:《日本茶贸易概观》,東京:茶業組合中央會議所 1936 年版,第 108 頁。

组合规则》和各府县茶业代表的讨论,出台了《中央茶业组合中央本部规约》。规约的目的是实现全国茶业者的气脉相通,调查国内外制茶实况,廓清制造和贩卖之弊端,以求正本清源。规约的第一章总则第六条规定,要向横滨、神户、长崎三港派遣调查委员会,各地茶业取缔所之间要建立制茶样品交换办法。①第三章第二十三条,还对委员会的职责作出了说明:主要包括注意港口制茶场所、内外市场之茶况、买卖茶叶品质合格与否,以及相关注意事项;如果各产茶地输送至港口的茶叶中发现不合格茶,则记录该货主的住所、姓名及货品,向中央总部及各地方取缔所通报。为了明确职责,中央茶业组织总部还制定了《职员职务规定》,其中有对横滨、神户干事工作职责的说明,所依据的是前述第二十三条,没有新增内容。② 1885 年规约确立了在茶叶重要输出港检查的原则,初步说明了要开展的业务,但尚未有更为具体的条款。

　　1886 年在中央茶业组合总部第二次会议上,日本茶业界在《茶业组合准则》中以副约形式追加了"不正制茶检查法",出台不正茶、矫正方法等相关条款,以强化对违规行为的取缔。在规约部分,对不同层级的组合以及质量和检验方面的职责作出了明确界定;各郡区组合委员的职责之一是督查粗恶不正茶叶,并设定违约者处分办法;联合会议所确定辖区内制茶及贩卖矫正弊害的方法、下属各事组合纷争的排解办法及违约办法;中央会议所要出台全国组合加强沟通和合作的方法。因《茶业组合准则》从修改到得到农商部最终确认需要一定时间,于是,与会者率先修订《中央茶业组合本部规约》,确立了粗恶不正茶的种类认定及检查方法。在《不正茶认定之种类》中,将粗恶不正茶区分为三种类型。第一,不正茶,制茶时掺入其他似茶之叶,混淆良茶者;制造时混入黑砂并他物,希图增加分量者;受潮湿腐之品,再晒干后制茶时,掺入之而

---

　　① 《中央茶業組合本部規約》,安達披早吉編:《京都府茶業史》,京都:京都府茶業組合聯合会議所 1935 年版,第 56 頁。

　　② 《中央茶業組合本部役員職務規定》,茶業組合中央会議所編:《日本茶業史》,東京:茶業組合中央會議所 1914 年版,第 54 頁。

混淆良茶者;粗硬叶用黏质物制成良茶之形状,掺入之而混淆良茶者。第二,着色茶,即制茶用锑、黑铅、黑烟等着色,掺入之而混淆良茶者;制茶时加绿矾、铁气等而成黑色,拟充良茶而混淆良茶者。第三,赝品茶,以日光晒干之绿茶,掺入之而混淆良茶者;粗硬之茶叶,以种种手段使之腐败,用黑色拟充良茶者;以阴干腐败之叶,掺入之而混淆良茶者;以茶之粉末,掺入拟制之良茶,或用其他不正之手段,希图增加斤两;砖茶之制造后腐败者;其他如前项类似之品。

制定粗恶不正茶认定标准,为检查所的检验工作提供了基本的依据。《中央茶业组合本部规约》增加了5条"不正茶检查法",对如何开展检验工作提供更深一步说明。第一条提出在横滨、神户、长崎3个商埠设立检查制茶所,这些检查所隶属于中央茶业组合总部,由总部直接派遣检查委员,负责检查从产地运输到港口销售的茶叶。3个港口的批发商,要自行检查从产地运来的茶叶是否持有当地的检验票证或存在不合格茶的情况,如果货物存在这些情形,则要扣押货物,并向当地检查所委员报告。检查所还可派遣委员督查批发商或批发商分支机构的茶叶品质。根据标准确认不合格茶及无票证的货物后,要报当地政府并得到认可,并向中央茶业组合总部报告。按照此检查法,商品检验制度由三部分构成:一是茶产出地的检验,由当地组合或联合会议所负责;二是批发商的自我检验;三是中央茶业组合总部在主要茶叶输出港派出机构的行业团体检验。

明治二十年(1887年)的中央会议后,横滨、神户、长崎的制茶检查规模得以扩大,中央茶业组合总部决定在横滨、神户两港增设检查委员长,在长崎港设立检查所,由坂三郎担任横滨港检查委员长,检查方法根据前一年确定的程序实施。从新茶上市直至年末,查处的不正茶有91宗,无票证货物175宗,由真田武左卫门担任神户港的检查委员长,神户港的数据为不正规茶15宗,无票证货物246宗。[①] 长崎港的检查事务向来由长崎港监管所负责,1886年设

---

① 茶業組合中央會議所编:《日本茶業史》,東京:茶業組合中央會議所1914年版,第85頁。

立检查所,并由总部选定了检查员,从新茶上市开始实施检验。检查员与长崎港的关系并不好,经常对总部的计划提出异议,即使尽力调查情况并调停和解也无法奏效。这一状态下,各项事务始终不能顺利实施,于是总部将检查员免职,在选定继任者之前将检查事务委托给长崎监管所职员处理。但继任者并未找到,故长崎监管所查处工作成效有限,扣押的无票证货物仅有5宗。早期制定的《不正茶检查法》在检验抽样规则、检验费用、处理时限等方面,尚未明确规定。随着检验工作的持续推进,这些问题得以完善。检验程序和茶叶质量标准等,最终都纳入了1887年的《茶业组合中央会议所规约》,在第五章检查所事务规程。

1904年,北京《商务报》曾刊登了《茶业组合中央会议所规约》的翻译稿件①,共计68条(1887年为54条),从中可以窥见当时日本茶叶检验的规定。检查所主要从事粗恶不正茶的检查与处分,相关经费的征收,内外茶况调查及买卖实况等。按照总包数的1/20抽样检查,但也可根据具体情况增加抽样。检查所每日按照上述标准检查市场上流通的茶叶,鉴定合格后颁发检定票证。检查出违规情形,则将全部货物押存,通知货主及所隶属组合的事务所,以50日为限,如逾期不处理,检查所可即行弃却。如果货主不服检查结果,则应在货物被押存20日内提出申诉,并向检查所事务员提出再验请求;事务员收到请求书后30日内,安排与此事无直接利害关系的3人(货主所在地方茶业组合联合会议所之委员、检查所职员、押货地组合所职员)公评,以此为裁断,所评结果报中央会议所及货物所在地方之联合会议所。再验费用方面,有异议的货主应当先行垫付费用,如检查所检验不实,则将费用全数退还;各府县组合会议所如有请求事件,检查所可以应之,但费用由该组合或联合会议所缴纳。各府县联合会议所所有检定票证,如遇不贴其票之货,或重用票证被检查所查出,即将该货押存,通知货主所在地方之组合事务所;在被处分、缴纳罚金

---

① 《商部考查日本茶叶规则(续前期稿)》,《商务报》(北京)1904年第30期。

后开释,经检查所检查合格后发放票证。不同府县的检查票证,相互之间认可;在横滨、神户、长崎等商埠出口的茶叶,必须经该口岸检查验明,检定票证要给收货方查验;各府县组合与横滨、神户、长崎之组合缔结联合条约,则三地检查所可认可各出产地的检验。当时抽检力度较大,19 世纪末横滨港的茶叶出口年抽检率在 15% 左右,神户港的茶叶出口年抽检率在 11%—13% 之间(见表 7-2)。

表 7-2 横滨、神户港口二港制茶检查对比月别表①

| 月次 | 横滨检查所 | | | | 神户检查所 | | | |
| | 1899 年 | | 1900 年 | | 1899 年 | | 1900 年 | |
	总包数	检查抽样数	总包数	检查抽样数	总包数	检查抽样数	总包数	检查抽样数
1	—	—	321	43	—	—	438	47
2	—	—	151	32	—	—	589	81
3	—	—	123	32	—	—	997	81
4	—	—	298	115	156	75	292	71
5	103694	18178	83808	16187	51246	9171	37993	6938
6	49316	7020	40154	5947	56507	6305	49840	5785
7	35919	5127	36662	4539	30604	3071	28472	3131
8	25881	4047	23324	2926	13132	1424	13160	1424
9	15461	2278	18345	2375	5089	667	5809	667
10	4982	563	9290	1155	1904	225	1609	199
11	1512	163	2385	255	1485	155	—	—
12	913	86	473	76	473	76	—	—
总计	237678	37462	215334	33682	160596	21169	139199	18244

1897 年 5 月,美国修订《茶叶进口法案》,禁止劣质茶进口,制定了样品标

---

① 農商務省:《輸出重要品要覧・農産之部・茶》(1—4 次),東京:農商務省 1909 年版,第 23—24 頁。

准,在海关检查方面也更为严密。1898 年加拿大政府仿照美国,开始实施劣质茶进口禁止令。茶叶消费国发布的质量规制法令,再次给日本茶业界强烈刺激。他们提出日本作为生产国必须完善检查法,开展更为严格周密的检查。如果出口国茶叶质量有明显提升,需求国就不必对进口茶实施检查。然而,横滨、神户、长崎三地的检查,只是停留在出口港集中的制茶检查,无权全面检查向海外出口的制茶。仍有出口商为眼前利益,出口不符合美国标准的劣质茶,损坏了日本出口茶叶的品质和声誉;也不乏西方贸易公司为了迎合美国等国家的市场需求,而着色的情形。所以,日本茶业界希望由政府出面,建立统一的强制性法定检验制度。

1898 年第十七回茶业组合中央会议召开时,与会的 43 名代表共同提出了《输出茶检查建议案》,建议日本政府参照美国粗劣茶进口禁止条例,制定本国的粗劣茶出口禁止条例,由国库拨款在出口港海关设立制茶检查所,采取适当的检查措施。当年 3 月,中央茶业组合会议所将这一建议案提交给了内阁、大藏、外务、农商务、内务、司法等各省大臣。4 月,召开了第十八回临时会议,讨论制茶检查所设置费用、委员会选举等事宜。1899 年第十九回茶业组合中央会议召开时,议题众多,共有 35 项,核心问题是美国茶税对日本茶叶输出的影响及应对办法。茶叶出口检验也是比较核心的议题,2 月 23 日开会时,伊藤市平认为输出茶叶中混杂恶品,失坠日本制茶声价,故不可不厉行检查法于输出茶;相泽喜兵卫亦云,新定条约实施之期已近,内外人杂居之日已迫,由神户、横滨商馆所输出制茶,欲检查之事不得周到,故如政府于税关行精密检查,则其效力甚大。[①] 日本茶业界一直试图推动政府层面的茶叶出口检验,政府虽支持茶业团体自行组织检验,但此举关系外国商馆,日本政府对此有所顾虑,对茶业界的建议案未有明确回复。

日本茶业组织并未就此罢休,而是坚持向政府请愿。相关从业者倾向

---

① 《日本全国茶业组合中央会议:译时事新报》,《湖北商务报》1899 年第 9 期。

于把附加在《茶业组合中央会议所规约》中的检验章程独立出来,上升为国家法律,扩大检验范围。他们认为茶业公会中央会议所在横滨、神户、长崎三港设立制茶检查所,检查各地区运送来的制茶,以此防止出口劣质茶,并努力引导改良,保持日本制茶的国际信誉,取得了不俗的成绩,这在业内众所共知。为使其方法更为有效和提升,避免出口粗劣茶,横滨、神户、长崎三港的制茶检查需要进一步强化。这是因为之前会议所实施的检查仅限于在横滨、神户、长崎三港的初制茶,再制后出口海外时则无法检查和证明,无法获得需求国消费者的直接信任。因此,要在出口时进一步加强检查,仔细鉴定内外商贩的出口品是否合格,以证明其品质。这样才能对出口粗劣品加以淘汰,让制茶检查更为有效适用,进而让进口国逐渐信赖日本的出口检查,赢得日本制茶的好声誉,基于此,消费国有望最终废止对日本茶实施的进口检查。

进入 20 世纪,中央茶业组合会议所开始通过各种途径推动国家层面设立出口检验。1901 年,中央茶业组合会议所议长大谷嘉兵卫和事务员相泽喜兵卫向外务省提出建议,请政府出台法律,在海关设立茶叶输出检验所,由官员和国内外当业者成立委员会,完善设施、严密检查,以阻止粗制滥造的茶叶的输出,提高日本茶的国际声誉、实现国家利益。该建议是美国废止质量门槛的替代方案,希望日本本国设立商品出口门槛。[①] 1906 年 1 月,中央茶业组合会议所再次向农商务大臣松冈提出请示:希望通过政府法律或是敕令,制定制茶出口检查法;出口制茶的检查应该在出口环节,在各出口港海关内方便处实施;赋予茶业公会中央会议所实施出口制茶检查的法定职能;检查所的经费由国库拨款,并征收检查费以补充制茶检查费用。检查所主要有 3 个岗位,检查长、评议员和检查员。检查长由茶业公会中央会议选定,得到主务大臣的认可后就职;评议员由中央会议在内外茶业者中选定,得到主务大臣的认可后任名

---

① 《米国输入茶检查所废止建议》,《本邦人民建议请愿杂纂》第 2 卷,东京:外务省外交史料馆,档号:B130806630001901。

誉职;检查员由检查长与评议员选定任用。在检验时,检查员根据标准样品实施检验,而标准样品由评议员核定,且要得到主务大臣认可;对制茶检查有异议时,由评议员解决。

中央茶业组合会议所还拟定《制茶检查规则》。在机构设置方面,扩大检查所的覆盖范围:横滨检查所下辖横滨港、清水港,神户检查所下辖神户港、长崎港、四日市港。出口制茶在各出口港海关内接受检查,未接受检查的茶叶不得出口,经检验不合格的茶叶禁止出口,但评议员认为能整改的可以通过再次审查后,允许出口。按照50箱抽1箱的抽检率抽检。检查完毕的制茶要附上证明以保证品质;出口装船之时,要核对装船的证书发票等,每份都要检查。检查所对每个出口茶箱征收15钱作为印章费,茶叶末一律征收5钱。《制茶检查事务施行细则》中,对一些具体事务深入细化。但实施出口检查并不意味着制茶的原产地检查就此停止,而是需要与出口检查一并施行。这是因为即使设立了出口制茶检查所,如果废止原产地检查所,影响地方生产监管的积极性,最终将影响港口的出口量。为使市价更低,地方生产者根据市场情况,自然而然地开始购买劣质品,这可能导致粗制滥造的行为。如果一旦取消对出口港的制茶的原料检查,将会贻害无穷,因此原产地检验仍保留。

日本政府对从国家层面上组织茶叶出口的检验并不积极,更倾向由茶业团体组织办理。当然,农商务省等也在以部门法令的形式,推动不正茶的取缔。1911年美国强化对着色茶的进口检验,农商务省迅速发布第20号省令,对用黏质物质制造或将此项物质混入其他茶内、用物料着色或将着色茶混入其他茶内、腐败茶或将其混入他茶之中、混入土沙及其他不纯品等4种情况严格取缔,对于此类制造、转让或出售者处以100日元以下的罚款。[1] 1924年4月,农务局发布《制茶取缔办法》,其中对茶叶出口检验情况作出规定:由地方

---

[1] 《茶業取締ニ關スル件》農商務省第20号,《官報》1911年4月28日。

官厅职员和茶业组合及联合会议所之检验员,随时可赴再制茶工厂检验,以期对出口捆装前之制茶为周密之取缔。① 1924 年 8 月,农务局首次修订该制茶取缔法规,增加供给茶素之原料出售或转让者,如不抵触日本《刑法》第十九条第 1 号或第 3 号,经地方长官准许,不受取缔限制,可以买卖。② 1925 年经再次修订,补充在第一条第 1 号"对用黏质物质制造"例外情况,即用茶粉和海草类所制出的无害黏物质来制造茶叶者除外。1936 年 6 月,农林省发布《制茶取缔规则》,废除前述不正茶取缔法令。③ 新的规则法令不是颠覆性的,而是将已经实行的合理性内容保留并加以完善。新的规则增加了出口不受检验的情况,主要包括小包装邮递、商品样本以及制造用标本和学术研究用途等;规定了向朝鲜、南洋群岛等殖民地茶叶出口检验的例外情况等;升级了处罚手段,如违反第三条检验规则,不但可处以 100 元以下罚金,还可判处 3 个月以下杂役。④ 法令规定由农林大臣确定茶叶检查标准,其检查工作经农林大臣认可委托的茶业组合中央会议所组织实施。

总体来说,日本茶叶检验在法令和政府规制方面有三种依据。一是《茶业组合规则》,其中不仅规定了日本茶业的组织形式,也对茶叶检验的总体框架作了说明,其形式是农商务省省令,带有政府强制性。二是针对具体质量问题发布的文件,如 1911 年发布《着色茶以外的取缔相关省令》,同样具有法令性质。三是中央机关向地方长官发布指导信息,要求地方政府严格检查执行,如 1911 年和 1914 年农务局发布《着色茶取缔有关农务局长通牒》,声明不正、粗恶茶取缔对于日本制茶贸易振兴的重要意义,并将相关依据告知

---

① 《制茶取缔办法》,参见农作物检验组茶检验课译:《日本茶业检验各项规程》,《国际贸易导报》1934 年第 6 卷第 9 期。据该文称,翻译的《制茶取缔办法》系日本农务局 1924 年 4 月公布。查农务局系农商务省属单位,该局应无法令发布权;笔者没有找到该办法对应的日文资料,尚待进一步考证。

② 《茶業取締二關スル省令改正》農商務省第 17 号,《官報》1924 年 8 月 1 日。

③ 《製茶取締規則》農林省第 6 号,《官報》1936 年 6 月 12 日。

④ 《茶業取締二關スル省令改正省令》農商務省第 17 号,《官報》1924 年 8 月 1 日。

地方政府。① 这些上位的法令和规制文件包括历次的文本修订,最终体现在《茶业组合中央会议所规约》中的制茶取缔、检查条款及其检验实施细则,这是指导包括茶叶输出港口在内的全国三府十九县联合会议所及其下属各组合开展检验的依据。

日本茶叶检验标准特别是出口茶的检验标准,受美国影响甚大。不仅体现在美国 1883 年、1897 年、1911 年出台的茶叶进口法令中,日本茶业界迅速将其内容体现在本国相应的法规中,更体现在茶业组合中央会议所设有标准茶制定委员会,每年确立出口及输入茶的标准茶样并向全国分发,而出口标准茶以美国政府所确立的标准样茶为基准。

在这一检验体制的制度安排之下,其检查覆盖比较全面,既有移出地检验,也有输入地检验,检验既可在茶叶产区实施,检查员也可检查批发商、制茶工厂和制成输出品。实践中建立了一套检验协调机制,产地、输入地和输出港口之间的货主、检验员等之间的纠纷处理,有了气脉相通的协同工作机制。早期检查手段以感官测试为主,随着现代科学的发展,立特式检验、显微镜检验和化学检验成为常规手段。检查的项目除感官性的色泽、水色、香气、滋味等,也有木茎混杂量、着色、水分、灰分等方面的检验。日本茶叶质量要求较高,如在 1915 年时就规定水分不能超过 6%。② 这比 1931 年上海商品检验局所确定水分不得超过 8%的标准要更为严格,中国的这一标准甚至在 1937 年还有所放宽,如绿茶为 8.5%,红茶为 10%,其他茶叶为 11%。这种标准上的放宽,客观上说明中国出口茶叶在制作和品质上仍有很大改进空间。从各检查所实际检验情况来看,日本茶叶总体合格率较高,这意味着其品质有了根本性的提升(见表 7-3)。

---

① 静冈县立农事试验场茶业部、静冈县茶业组合联合会议所:《茶业全书》,静冈:静冈县茶业组合联合会议所 1915 年版,第 300—302 页。

② 《茶业组合中央会议所规约》,静冈县立农事试验场茶业部、静冈县茶业组合联合会议所:《茶业全书》,静冈:静冈县茶业组合联合会议所 1915 年版,第 306 页。

表 7-3　检查所别制茶检查并承认数量①

项目	1936 年	1937 年	1938 年	1939 年	1940 年
检查件数	4314	5890	5652	6878	4144
检查数量（封度）	27198298	50544534	37684336	43687127	26810039
合格数量（封度）	26303901	50119322	37035127	42597389	26055389
不合格数量（封度）	894397	425212	649209	1089738	754650
经检查后认可数量（封度）	2282039	4170095	7130116	15799633	57777046
检查所申请总数量（封度）	29480337	54714629	44814452	59486760	32587085
检查不合格率	3.29%	0.84%	1.72%	2.49%	2.81%

---

① 《日本茶輸出組合統計年報》第 1 卷, 静冈: 日本茶輸出組合 1941 年版, 第 73 頁。

第八章　中日产制技术的应对路径

中日两国要满足西方茶叶质量规制，在出口环节设立检验制度只是"治标"之术，实现茶叶出品的品质提升，满足西方茶叶消费需求的"柔性质量规制"或"潜规制"，从根本上解决生产和技术问题，才是实现质量提升的"治本"之道。

第一节　面向海外的传习与改制

质量不仅是生产的结果，或者是由一套标准所确定的技术规范，也是"一组固有特性满足需求的程度"。[①] 消费者对产品质量高低的判断，是根据其能否满足自身特定需求而作出的，满足程度越高，则质量越好。此界定在茶叶领域同样适用，在中日相继开埠通商后，大量茶叶向海外市场输出，而这些茶叶质量的高低，不仅是各国依据一定的客观标准或技术规范对其固有特性进行检验，还在于能否满足各国消费者的主观需求。就当时的国际市场而言，需求量最大的是红茶，主要销往欧美国家，以及西亚、中亚等国家；其次是绿茶，主要销往美国、加拿大、北非等国家。而俄国、蒙古等对砖茶有较高需求。特别

---

① *ISO 900：2015 Quality Management Systems-. Fundamentals and Vocabulary*, https://www. iso.org/obp/ui/#iso：std：45481，2021-12-10.

是各个茶叶进口国设定质量门槛后,对茶叶纯净度、着色等方面也提出了更高要求。而处于供给方的中日两国,如何满足国际市场的这些消费需求及其变化,是提高其质量美誉度和市场口碑的重要途径。

在茶叶贸易之初,日本政府看到中国在与英国的茶叶贸易中赚取了巨额外汇。日本制茶优势向来在绿茶,而且1876年起其向美国输出的绿茶价格低迷,高等级绿茶收益滑坡、无利可图,普通绿茶数量虽多,但售价很低,货值甚少,日美茶叶贸易受到打击。于是,日本方面着手开拓新市场,改制中国福建样式的红茶,并计划将红茶出口比例提升至全部出口量的1/3。1876年的贸易报告中提到了这些茶的一些实验样品,并收录了关于样品的报告和销售建议,显示了这些茶在纽约和伦敦市场的估价和品级。从伦敦收到的销售建议通知来看,结果令人满意,一些小批量茶叶以每磅1先令3.5便士到1先令6便士的价格出售。这些茶叶与阿萨姆茶的特性相近,但由于这些茶叶是新品,在未来供应充足时,可能会获得更高的估价和价值。日本茶商表达了他们的愿望,希望把这些商品的供应量提升到700万磅。[①] 但横滨的大多数茶叶检查员不同意这些报告中某些夸张的观点,纽约的进口商和代理商也不苟同。

然而日本的传统制茶是绿茶,于是政府决定改制红茶,以同中国争利。民间缺乏足够的见识、方法来掌握红茶的制作方法,也不了解海外红茶生产的品质情况,无法独立承担生产转型的任务。于是政府主动担负起这一使命,通过各种政策来适应世界市场对红茶的需求。19世纪70年代以前,日本政府对茶叶的生产和贸易虽然比较重视,但没有针对性措施。1871年,京都府开始雇佣中国人制茶。在与中国人的接触过程中,日本政府了解到,中国湖北、福建出产"赤茶",茶种不轻易出售给外国人。京都府希望国家出面,从中国购买赤茶种子。正院(太政官所属的最高行政机构,1871—1877年设置)收到地

---

① Great Britain.Foreign Office, *Commercial Reports by Her Majesty's Consuls in Japan*, London: Harrison and Sons, 1877, p.59.

方政府请求后,委托大藏省办理,大藏省又委托日本驻上海代领事品川忠道办理。上海总领事馆向上海本地道台、茶厂经营者和茶商等询问,得到回复:"中国所制茶有红茶绿茶之分,但其区别不在茶树品种,而在于制法之不同。以日本之茶叶制造红茶,也未尝不可。"①所谓"赤茶种子"本系子虚乌有之事,而日本颇费周折寻访,客观上说明各界对红茶的认识尚属肤浅。"赤茶种子"是日本方面不熟悉红茶制作技术而导致的一场闹剧,但日本方面一直通过各种途径获取中国茶种,借此改良日本茶种和茶叶品质,此过程前后持续了几十年。②

　　与此同时,日本开始改革政府机构,对茶叶发展予以重视。1869 年,大藏省设立劝业寮和劝农寮;1872 年废除劝农寮,其事务转移至租税寮下的劝农课。岩仓具视的全权大使、时任大藏卿大久保利通到美国、欧洲等地深入考察后,意识到日本产业的发展不仅在于重工业,还在于农业、加工制造业和海上运输业的各方配合。1873 年,大久保利通将劝业课提升为内务省一等劝业寮(1877 年改为劝农局),设立内务省以与 1870 年设立的工部省相配合,共同推进殖产兴业,又设立农务局;1874 年 3 月,日本在劝业寮下设立制茶挂,这标志着茶叶的制造加工及其品质提升问题开始受到政府的重视。在中央政府的带动下,各县亦设立劝业课,谋求丝、茶各业殖产。③ 设立专业的机构后,日本在茶业方面扶持政策不断,其中最为集中的是劝业传习制度以及改制红茶之举措,前者实现了知识和技能的组织化和体系化,后者是为了迎合国

　　① 《清国产茶实在汉口町田领事ヨリ农商务省へ寄赠ノ件附清国武昌县产茶实(6)》,东京:外务省外交史料馆藏,档号:B11090876700。

　　② 1890—1891 年日本驻汉口领事町田实一等持续购买当地茶种,邮递回国内试验;1907 年汉口领事受外务省及静冈县知事李家隆委托,为静冈县农业试验场购买茶种;1910 年福州、上海、汉口、重庆等地领事受外务省之命,为静冈县知事始源健三再次购买中国茶种。参见《清国产茶实在汉口町田领事ヨリ农商务省へ寄赠ノ件附清国武昌县产茶实(6)》,东京:外务省外交史料馆藏,档号:B11090876700;《製茶貿易上ニ関スル取調並清国湖北省産茶種子購入一件附日本共同製茶株式会社設立ニ関スル件/分割 1》,東京:外務省外交史料館藏,档号:B11091329300。

　　③ 重野安繹:《大日本維新史》,東京:善隣訳書館、静思館 1899 年版,第 36 頁。

外消费需求。

1878 年,内务省劝农局发布《红茶制法传习规则》,详细介绍了传习制度出台始末。日本意识到,虽然制茶是其一大物产,其利甚多且广,然红茶技术却被中国以及印度所掌握。中国是传统的红茶生产国,向美国和欧洲等出口甚多。但费用高昂,于是英国在印度谋求新的红茶制法,出产精良。而当年高知县仿效红茶制法试制,尝试贩运销售,以辨是否符合国外喜好:"倘出口之茶叶品质粗劣,势必丧失海外信誉,继而影响全国红茶的声誉,其害无穷。"① 规则称传习所教授的主要内容是印度风格的红茶制法,实际上则包括印式红茶与中国红茶两种。所制品类主要有白毫、碎白毫、小种、工夫、武夷、箕子、粉末、砖茶(用粉末茶制造),1879 年将白毫和碎白毫合并为"白毫",将工夫和武夷合并为"工夫"。每个府县内限招 10 名以内、35 岁以下笃志于茶事之人士。传习人各项费用均由政府承担,对于业务熟练者还要给予额外奖励。传习人学艺完成后,要向其颁发卒业证书;劝农局将会派遣卒业者到各地传授所学红茶制法。地方上也可雇佣卒业者教授制茶方法,而卒业者在制茶或教授制茶之法时,如果方法不当、制作质量粗劣,政府将会收回卒业证明。所制之成品茶规定了统一的包装规格,要粘贴统一的"日本红茶"标签,并注明生产年、府县名、商号名等,便于追溯。在规则的指导下,各地出现创建红茶传习所的热潮。1878 年 4 月,东京、静冈、福冈、鹿儿岛等一府三县设立传习所。到 10 月时,招收 243 名传习生,制造红茶 35000 余斤,这些茶叶一部分由三井物产会社销往伦敦,另一部分由沃尔什·霍尔洋行负责销售。② 这些红茶取得了可观的销售业绩,刺激了红茶传习事业的发展。1879 年,静冈、滋贺、三重、鹿儿岛 4 县设立红茶制造传习所;1880 年,岐阜、堺、熊本 3 县设立红茶制造

---

① 《红茶製法伝習規則》,藤本保雄编:《大日本法律規則全書·続編》,神户:柳影堂 1884 年版,第 758—767 页。
② 日本茶輸出百年史编纂委员会编:《日本茶百年輸出史》,静冈:日本茶輸出组合 1959 年版,第 55 页。

传习所,在鹿儿岛、大分县设立分部。① 这些传习所招收了651人,所出产的茶叶销往美国、澳大利亚等,可评价却急转直下,成绩不佳。这主要是因为各方看到了红茶贸易的巨大利润,不仅传习所出产制造,其他茶商也纷纷效仿。日本红茶制作水平本就不高,对消费国的红茶喜好和品质需求更一无所知,失败在所难免。

传习制度目的在于通过技术扩散的方式,提高日本茶叶制作的品质。当时全球以红茶消费为主,俄国则大量消费砖茶,中国是这两种类型茶叶的主要供应方。日本主要面向美国输出绿茶,这对于市场和贸易规模的扩大是不利的。日本的茶叶传习以能够生产符合西方国家消费需求的中国式、印度式红茶为出发点,并学习砖茶制作技术。从政策的目的来看,日本的茶叶传习制有很强的指向性,即通过自身品质的提升来竞争,进而侵占中国既有的茶叶销售市场。从技术层面而言,改制红茶、砖茶还可开发低等级茶的价值,充分开发利用日本制作釜煎、黑口、青煎等茶使用优质嫩叶后所剩原料的价值。这可以防止茶叶从业者为逐利在绿茶中掺杂下等茶的情况,又可以用下等茶来开辟新的海外市场。

为实现这些目的,日本政府倡导并推出了一些政策和措施。1874年3月,在上林茂、光野泰然等人的建言下,劝业寮试验制造红茶,印制《红茶制法之告谕书》,向各主要产茶府县发行。1875年2月,在新宿试验场内设茶系,置1.5万坪茶园,向澳大利亚墨尔本万国博览会派遣事务官桥本正人;3月,用九州、中国(中国是日本区域概念,位于本州岛西部)等地方的本土茶叶制造红茶。日本红茶制作技术欠佳,故向中国、印度等学习制茶技术,其方法是聘请外国工人。1875年3月,劝业寮委托品川忠道从中国聘请茶师到日本教授制茶技术;4月,雇佣中国制茶工人姚桂秋、凌长富,在大分县和熊本县建立制作所,向日本人传授红茶制作技术。在中国技术人员指导下生产制作的茶

① 茶業組合中央会議所編:《日本茶業史》,東京:茶業組合中央会議所1914年版。

叶,由多田元吉送至清朝茶叶市场,评定质量高低。1876 年 8 月,茶样评价不佳,中国雇员及学徒解散。然而日本雇佣中国制茶师的热情并没有就此打住,政府机构、民间企业、茶商仍从中国选聘茶工,这些赴日的茶工最初担任高层次制茶教师,后期则多为一般茶工。日本给出的工资待遇虽不如西洋技师,但与日本工人相比,算得上丰厚。据不完全统计,明治前期日本雇佣的中国制茶技师有 64 人,而在 1888 年以前日本共雇佣中国人 253 人。[①] 在日本雇佣的中国人中,从事茶叶制作者的比例为 25.2%,这表明日本极其看重中国的制茶技术。黄遵宪考察日本时,对其改制红茶、聘请中国红茶专业人员教导的情况也颇为留意:"近年以来学制红茶,明治七年劝业寮创编《红茶制法》一书,颁布诸府县,民间始有学制者。八年,驻扎上海领事官特聘我国人二名,于肥后之山鹿、丰后之木浦等处学制而未能得法。"[②]

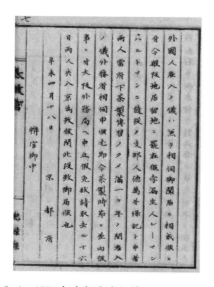

图 8-1 1871 年京都府雇佣德万和保记的记录

---

① ユネスコアジア文化研究セター一编:《资料御雇外国人》,東京:小學館 1975 年版,第 493 页。日本雇佣中国茶技师人数,已有论文专门统计,参见董科:《明治初期日本对中国茶业技术吸收之研究》,浙江大学 2007 年硕士学位论文。

② 黄遵宪:《日本国志》,天津人民出版社 2005 年版,第 925 页。

　　在这些承担中日制茶技术交流、提升日本制茶品质的中国雇佣人员中，最早见于记录的是京都府雇佣的德万和保记，两人系普鲁士人莱曼·哈鲁德曼普的随从①；姚桂秋、凌长富、吴新林在日本茶业界也较为出名②，但最值得一提的是岭南人（今广东）胡秉枢。1877 年，胡秉枢携带自撰的《茶务佥载》到日本驻上海总领事馆自荐，建议日本应改制红茶："贵国茶质之佳美，实在非敝邦所能及，而不适欧洲人之嗜好，皆因其法之未备，所以愿为贵邦传其制法。"③品川忠道见其对制茶法颇为精通，遂向劝农局推荐。胡秉枢携书籍及推荐信前往日本。劝农局对胡秉枢颇有兴趣，"令胡氏试制，果然得到精品"。当时日本红茶传习的热情有所衰退，胡秉枢被劝农局短暂雇佣后，又被静冈松村吉平雇佣，在远州小鹿村传授红茶的制作方法；1878 年 4 月，又转至三井国产担任制茶工人，1879 年 3 月聘期结束后归国。胡秉枢对日本茶业的贡献，不仅在于传授了制作方法，培养了杉山彦三郎等选种、育种专家，更重要的是为日本贡献了一本非常重要的茶业技术书籍《茶务佥载》。与中国古代的茶书相比，《茶务佥载》对饮茶及其文化底蕴关涉极少，而是专门探讨茶叶的生产和制作，是一部试图系统总结中国传统茶叶生产、制作技术的综合性著作，而这种新变也体现了中国传统茶书向近代转型的尝试，但这部著作并没有在清朝出版，而是由内务省劝农局翻译为日文，1877 年在日本刊行。

　　《茶务佥载》的刊布有明确的目的性，体现了日本政府的实用主义特性。为该书作序的织田完之比较详细地阐明了出版缘由。织田完之曾看到 1877

---

　　①　《茶製伝習ノ為メ字清両国人二名雇入届》公文録·明治四年·第 56 卷，日本国立公文書館藏，请求番号：公 00508100，件名番号：027。

　　②　《支那製茶方伝習ノ為メ同国人ヲ見て雇入レ尋テ増給雇継ケ》太政類典·第二編·明治四年—明治十年·第 66 卷·外国交際九·外客雇入三，日本国立公文書館藏，请求番号：太 00288100，件名番号：031。

　　③　織田完之：《緒言》，胡秉樞：《茶務僉載》，東京：内務省勸農局 1877 年版。目前，《茶务佥载》已被斋藤美和子、林学忠翻译为中文，收录于郑培凯、朱自振主编：《中国历代茶书汇编》，商务印书馆（香港）有限公司 2014 年版，第 938—1014 页。该书收录了日文版与中文翻译，本研究采用其译文。

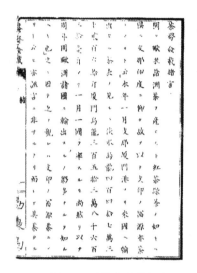

图 8-2 《茶务佥载》封面及序言首页(日本国会图书馆藏)

年中国厦门港向美国出口的茶叶数量表,淡水乌龙 4473260 斤,厦门乌龙 353863 斤,深感中印之富源在于茶。而日本本土山野自生之茶,其制法过于 简易,产量有限,只能满足国内销售。胡秉枢的《茶务佥载》让织田完之看到 了日本茶发展的契机,他希望:"自今以后,我山野自生之茶,悉效此法,与固 有之传统制法并存,使其品位益加精良,本邦生产之茶叶亦能适应欧美诸国需 用,而使中国、印度不得独擅其美也。"织田完之毫不掩饰野心,那便是让日本 茶的品质大幅提升,与中国、印度正面竞争,进而从市场中分一杯羹。

从《茶务佥载》的内容来看,重点讲解绿茶、乌龙茶和红茶的制作技艺,包 装、运输、防弊等贸易问题也比较详细,种植和栽培技术则比较简略。《茶务 佥载》的内容与古代茶书有很大不同,胡秉枢关注中西茶叶贸易问题,探讨不 同类型茶叶的贸易形势和西方需求,其中所讲述的茶叶主要是外销茶,这在以 前的中国茶书中是很难看到的。其中提到茶叶的着色问题,文中称:"出洋之 绿茶,必用滑石粉并干洋靛。二年前,据洋人医士之考究,谓此二物食之伤人, 故有将平水茶烧毁者。盖平水茶用洋靛、滑石甚多之故也。"对于西方抵制着 色的举措,胡秉枢丝毫没有警觉之心,反而认为滑石对身体有益,而没有害处;

洋靛性轻扬,以滚水泡之,尽浮出水面,以气吹却,或泡满之时,令其水溢出,则靛随泡沫而去,亦无害处。他还特意申明两物的功用:"如不用此二物,茶色不能纯一也。"胡秉枢甚至还给出了用于着色的上等材质的辨识方法和添加剂量。《茶务佥载》详细记载染色等方面的技巧和知识,说明这是晚清普遍流行的茶叶染色的成规,与罗伯特·福琼的记录相参照,两者基本一致。胡秉枢将这种在当时认为无伤大雅的陋习,通过书籍的方式同样向日本的同行教授。日本学习了这种茶叶制作方法,为后期着色茶问题埋下了隐患。

日本政府不仅"请进来",吸收外来人员传授技术,还积极主动"走出去",考察主要产茶国的茶叶生产状况,以为本国茶叶改制提供基础信息支撑。1875 年,劝业寮深感中国之茶能够适应欧美需求,且销路甚广、利益甚厚,遂派遣新招录的茶业专家多田元吉前往中国考察。此行除了前文所述携带传习所出产的茶样在中国品评、试售外,更主要是考察中国茶叶产地。多田元吉与外务省翻译官神代延长一同走访了苏州洞庭山、杭州天竺山、江西九江等地;特别是到汉口学习砖茶制造方法,并到砖茶的茶源地咸宁、崇阳等地实地考察。① 他们带回一批茶树种子、砖茶样品以及茶叶制作器械。

自从英国在印度等南亚国家开辟植茶事业以后,印度、锡兰等以大叶种茶树品种(包括与中国茶树杂交的品种)制作的红茶,香气和滋味与中国迥然有别,很快受到西方国家消费者青睐。由此,日本又热衷向印度学习技术,改制本国红茶。1874 年,日本派遣富田冬三前往旧金山,了解到印度制茶多用蒸汽机械,生产效率远比中国要高,品质更加稳定。劝业寮知悉后,颇为震惊,决心了解印度茶业情况并学习印度红茶制法。1876 年 3 月,日本委派多田元吉为制法视察委员、石川正龙为器械视察委员、梅浦精一为商务委员,前往印度考察茶业实况,研究印度红茶制法。② 他们在印度阿萨姆地区、大吉岭地区、

---

① 農林省農務局:《明治前期勧農事蹟輯録》下卷,東京:大日本農会 1939 年版,第 1274—1325 頁。

② 《勧農局沿革録》,東京:農務局 1881 年版,第 9 頁。

加尔各答和德拉敦、锡兰岛等地进行调查,收集印度和锡兰制茶的相关书籍,试图掌握其红茶的制作技术;购买并带回阿萨姆野生种以及杂交品种,分发到东京新宿试验场以及静冈、三重、爱知、滋贺、京都、高知等府县,进行试植。多田元吉与梅浦精一合译莫奈的《红茶说》,并综合中国、印度和日本茶树栽培和制造法等情况,编写了《红茶制法纂要》;他们还在高知县与熊谷义一使用本土山野茶叶、采用印度制法制作红茶,受到西方人士欢迎。日本茶叶生产者受到鼓舞,决定大规模增产:"乃将其制法遍告各府县,并设传习场,受业者凡五百余名云。"①多田元吉到高知、静冈、三重、滋贺、福冈、熊本、大分、长崎、鹿儿岛诸县,指导红茶的制造。19世纪80年代以前,日本掀起的这股改制红茶的热潮因地理环境的不适宜、制法和技术的不到位、比较优势的不具备等因素最终归于失败。1890年,农商务省大臣陆奥宗元废除了1878年的《红茶制法传习规则》。②

　　需要指出的是,日本觊觎中国茶叶市场的野心不仅局限于红茶市场,还包括绿茶、砖茶和乌龙茶,可谓是全盘学习,并试图全面超越。特别是俄国对砖茶的需求甚大,这让日本早已蠢蠢欲动。多田元吉第一次出访成果之一,便是在劝业寮内将绿茶粉末试造砖茶,其结果是器械压榨而未能坚实,干燥程度不够,多霉烂和变质。第二次出访时间较长,前后历时1年,除重点考察印度的情况外,还用2个多月的时间再次到中国的福建、江苏、浙江等地,考察绿茶、乌龙茶和红砖茶的生产情况,并从福建购置砖茶机器并带回日本。之后,日本屡屡试图在砖茶方面有所突破:"十一年,全权公使榎本武扬由俄国东部陆路归朝,闻俄人素嗜砖茶,购数种携归。至十一年,元吉与上林熊次郎又如法制造,赠之美商。茶商田川某亦传其法,俄人遂与定约购买云。"③19世纪80年

---

① 黄遵宪:《日本国志》,天津人民出版社2005年版,第926页。

② 大藏省印刷局编:《紅茶製方傳習規則廢止》農商務省第20号令,《官报》1890年10月28日。

③ 黄遵宪:《日本国志》,天津人民出版社2005年版,第925页。

代后,中国台湾、福建出产的乌龙茶在美国市场受到欢迎,农务局(1881 年由劝农局改组)拨款资助试制乌龙茶,到中国调查乌龙茶制法,在日本设立乌龙茶传习所。①

在学习和改制过程中,日本吸收中国、印度等国技术,结合本国的实际,对传统制法有所创新。如日本在 19 世纪 70 年代普遍采用日光干燥的方式制造绿茶,严重影响茶叶的香气和品质,成本虽低,在国际市场却招致差评。多田元吉深知此举对日本茶叶的伤害,故将从安徽带回的用于红茶制作的竹焙笼进行试验改制,创造适宜绿茶使用的焙笼。这种焙笼可以避免日光干燥法的弊端,提高茶叶的香气,同时节省了干燥时间,提高了日本绿茶的市场溢价。新型焙笼在日本各地开始大量推广,获得良好效果,成为日本式绿茶的代表。1926 年日本效仿我国绿茶制法,在静冈制造出了"玉绿茶",同为日本特色茶叶之一。更重要的是,在此过程中,政府和业界掌握了产业发展的基本方法和路径,培养了一批技术和商业人才,这成为日本茶叶贸易发展的重要资源。

日本的茶叶传习制度,在中国也产生了一定影响。在近代教育转型过程中,台湾巡抚刘铭传、湖广总督张之洞等人都试图开展茶学教育,张之洞创办的自强学堂(武汉大学前身)起初意在培养茶叶国际贸易人才;1899 年农务学堂开设相关课程,1907 年四川通省茶务讲习所开设专门的班级。② 当然这些茶叶教育,与日本以产制茶叶为目的的传习所尚有所区别。在民国时期,天津曾模仿日本,创办茶业传习所,极富成效,甚至湖北省都计划从天津延聘人才,试图推广。③ 1925 年,四川广元县也开设茶务传习所,招收学生、传授制茶技艺,其课程分为学理、实习两种。④ 总体而言,这些传习多是地方政府的自觉

---

① 　[日]纳米山止、九久土言耳:《新解茶、茶道与茶文化》上册,中国文史出版社 2005 年版,第 18 页。

② 　陶德臣:《中国近现代茶学教育的诞生和发展》,《古今农业》2020 年第 2 期;宋时磊:《茶与武汉大学的前世今生》,《茶博览》2020 年第 6 期。

③ 　《鄂省振兴实业之动机》,《申报》1916 年 8 月 11 日。

④ 　《四川广元县组织茶务传习所》,《中外经济周刊》1925 年第 106 期。

行动,中央政府没有统一的整体性规划。

中日应对西方规制所采取的改制措施,还有推广制造纯净无害的本色茶。所谓本色茶,是相对于着色茶而言的,即不使用蓝靛、石膏等制造茶叶。着色茶的泛滥以及对消费者造成的身体健康危害,是西方出台茶叶质量规制的重要原因。清末,产茶区的少部分地方官员及乡绅,得到洋商或者消费国的信息,开始整顿着色茶问题。当时,一批有识之士,如政府官员中的内阁中书刘铎、南洋大臣刘坤一、安徽茶厘观察程雨亭,驻外公使有伍廷芳、周自齐,地方乡绅有湖南善化皮嘉福和湖南善化许崇勋、湖南浏阳王扬淦、安徽何润生等人,在提出的整顿茶务的条陈和建议中,都或多或少对此有所涉及,可惜当时没有强有力的执行措施。日本也行动起来,1875 年劝业寮设立本色茶制造场,尝试制造不加色素、干燥充分的茶叶,用于直输出。在政府率先实行再造、直出口的情况下,高知县的冈本健三郎得到政府允许,在东京木挽町设立国营试验茶场,借用劝业寮的器具,推广制造本色茶。[①] 但由于市场需求的下降,这些计划无疾而终。1876 年神鞭知常携带本色茶茶样前往美国试销,备受欢迎,于是计划每月寄送 33000 磅。1877 年,日本掀起制作本色茶的热潮。在日本再制和直输出公司大量组建、从居留地商馆中夺回毛茶精制权后,日本着色茶问题得到了比较好的治理。

由于经过着色的茶叶品相出众,中国方面在陷入路径依赖以后,倾向于继续着色。1911 年,美国出台禁止进口着色茶的规定,曾在中国茶业界引发恐慌。尽管如此,直到 1933 年召开第一次全国商品检验技术会议,中国才开始出台着色茶取缔办法。该办法出台时间恰好是茶季中期,"各茶商以中间尚有困难、迭请补救"[②]。商品检验局为体恤商情,决定在该年度内暂缓执行,次年新茶上市,依着色茶取缔办法之新规,切实取缔。为循序渐进取消着色茶,

---

① 日本茶输出百年史编纂委员会编:《日本茶百年输出史》,静冈:日本茶输出组合 1959 年版,第 90 页。

② 《着色茶出口部令暂准通融》,《申报》1933 年 10 月 14 日。

上海商品检验局甚至采取替代方案:开展试验研究,发明多种无毒色料,交由上海制茶同业公会设厂承造,低价售予各地制茶茶商,替代妨碍卫生健康的有害染料;在该年年底委派祁门茶业改良场技术员傅宏镇等人,到安徽茶叶主产区宣传禁止着色茶输出之意义,并向茶商推广使用无毒代用色料。[1] 1933 年着色取缔办法为:凡商人报验着色茶时,须将所着色料之名称详细填明,遇必要时,得令呈颜料商之分析成分单;茶叶着色过重者,禁止出口;凡着有黄色铬酸铅(俗名淡黄、三鱼黄、义记黄等)、绿色亚砒酸铜气氧化铜(俗名砂绿等)及其他有毒色料者禁止出口。[2] 1934 年,实业部上海商品检验局调查发现,非洲等国外市场,尚有消费着色茶叶之习惯,遂发布公告开禁,允许出口。[3] 经过几年的动员和准备,1936 年茶季开始之前,商品检验局方严厉取缔着色茶,一经查出,禁止出口。

第二节　茶叶试验与品质改良

在被纳入世界体系以前,中国制茶技术通过不同途径传到日本,改变了日本茶叶加工制造工艺,其蒸、炒等杀青方法都成熟和发展起来。其中,蒸青绿茶最为常见,一般而言,春夏秋冬皆可采茶、制茶,但春茶一直是主流。尽管如此,日本仍存在其他种类的茶叶制作,如夏茶有兵库县筱山高仙寺的番茶,秋茶有鸟取县的鹿野番茶,冬茶有爱知县的寒茶。近世以后,随着城市数量的增多和规模的扩大,茶叶消费人群亦日益壮大,这对生产提出了更多要求。日本的地理环境多山地,适合茶树的生长,于是广大山区被开发出来,用于种植茶叶、养殖桑蚕等,这些成为农民重要的副业,有些地方甚至成为主业。18 世纪

---

[1] 《商检局派员赴徽属宣传取缔着色茶》,《新闻报》1933 年 12 月 1 日。

[2] 1933 年标准见《呈送茶叶检验标准及着色茶取缔办法》,《国际贸易导报》1933 年第 5 卷第 5 期。

[3] 《商品检验局特准着色茶叶出口》,《申报》1934 年 4 月 7 日。

后茶叶产地向全国扩展,九州、四国、东海等地区出现很多小规模茶园。茶也成为全国范围内广泛流通的大宗贸易品,并且成为日本税赋征收的重要对象。总体而言,此时的煎茶和番茶是两大主流,制作方法各地差异较大。近代日本被迫走向开放,日本茶叶进入国际市场。国际市场消费的品质需求跟国内有很大不同,明治早期日本政府和茶业界所推出的传习红茶、砖茶改制措施,是在借鉴吸收中国、印度、锡兰现有技术基础上,适应本土化发展的策略。这是对外来技术的迁移和改造,并不能从根本上提升日本茶叶的品质。故而需要利用现代化的科学和技术手段,从根本上研究日本茶叶的育种、栽培、制造等基础技术,分析茶叶成分等生化指标,为品质改良提供最为基础的支撑。传统茶叶种植技术并不讲究良种的选育,没有形成育种思想和方法。

明治维新以前,日本茶多分为本茶和非本茶,本茶是指日本本土品种,非本茶是指从中国传来的品种。其实,本茶最初同样来自中国,这种品种的区别没有多少科学依据,更多是基于偏见的一种泥古思想;江户时代初期贝原益轩编辑的《大倭本草》,将茶叶区分为野生和种生两种,这借鉴了中国传统的分类法。明治维新以后,日本茶叶种植技术有了新的变革。多田元吉等人最先是从中国引进各种茶种,后从印度阿萨姆等地引进种子,又不断试验与本土品种的杂交繁育。茶叶生产有很强的季节性,为了实现从春季到秋季都可采摘茶叶,确保品质的连续性和稳定性,日本在育种方面试图实现早中晚各期都可采摘。19 世纪 80 年代,日本民间育种取得了较大进步,在静冈县,1885 年五和村的小杉庄藏培育了牧之原早生,1887 年初仓村的富永宇吉育选了富永早生;在茨城县,沓挂村的仓持三右卫门在 1890—1891 年间培育出了早中晚品种,以仓持晚生最为出名。[①] 该时期的杉山彦三郎、大林雄也等人,形成了有体系的品种改良思想,培育出众多优异的茶叶品种,并大力推广种植范围。例如,杉山彦三郎在选种方面付出极大心血,放弃了祖传的家业,在明治 20 年代

---

① 大石贞男:《日本茶業發達史》,東京:農山漁村文化協會 1983 年版,第 340 頁。

从日本选拔了 200—300 个品种,最终选育出早生种本所 1 号和安倍 1 号、中生种薮北、晚生种晚 1 号等,其中薮北品种成为日本广泛种植和推广的绿茶主要品种。

在民间个人进行的品种试验和改良之外,1900 年后茶业组织、日本政府也开始积极介入。日本茶业组织内部,最先行动起来。1904 年,农商务省技师大林雄也趁休假时到访静冈县榛原郡,茶业界人士充分利用这一契机,组织恳谈会。会后小笠、榛原两郡联合于 1905 年 1 月成立了茶业研究会,在此基础上于 1906 年成立静冈全县范围的茶业研究会,这两者为 1908 年成立静冈县县立茶业试验场提供了必要条件。静冈县县立茶业试验场得到了会员以及静冈县茶业组合联合会议所、茶业组合中央会议所等同业组织 2 万日元的资金补助,在牧之原购买 4.33 公顷的茶园、设置相关科室,主要从事茶树栽培、制茶法、生产状况调查以及制茶传习教师的培养等。① 几乎与静冈县同时,其他产茶府县也自行组织了试验场,如 1901 年鹿儿岛市在县立农事试验场内设立了茶叶试验机构。这些地方性质的试验场,多局限于本区域内特定品种的茶叶的生产和改良,在系统性和整体性方面尚存在不足。因此,设立中央层面的试验机关,成为日本茶业界的共识。

明治维新以后,日本政府已经投入力量开展农业技术开展研究,最初主要聚焦于水稻、大麦等主粮。1900 年前后粮食之外的其他农产品研究也受到政府重视。1905 年,日本农商务省主导的农事试验场设置制茶部,从 1908 年开始研究生叶处理、蒸汽加热与质量测试的相关性、火候温度与质量的关系、揉捻与可溶性成分的关系、糖分含量等。大正以后,这些研究更加细化,衍生出各种相关的新的技术研究机构。第一次世界大战前后,日本茶业界趁世界动荡期间,大力推动茶叶出口。同时,他们深知要想长期保持日本茶叶的出口优势、符合各国需求,必须从根本上提升茶叶质量,而这就需要设立专门的试验

---

① 寺本益英:《戦前期日本茶業史研究》,東京:有斐閣株式会社 1999 年版,第 129 頁。

和研究机构。行业组织还与政府积极联动,推动政府在茶叶技术方面有所改革。1916年初,茶业组合中央会议所尾崎伊兵卫和大谷嘉兵卫等人,向时任农商务省相河野广中提交国家投入经费设立制茶试验场的请愿书:"制茶贸易的重要性自不待言,政府夙日在西之原设试验场以实现制造及栽培之目的。但随着近时人文的发达,斯业的进步,需要新的相应之设施。茶树的选种及栽培,绿茶的制法,红茶及砖茶的试制等尤有研究之必要……特别是近年来,如根据茶树病虫的受害情况采取驱除之法、制茶机器的新方案年年层出不穷,进行比较研究及创办比较紧切的设施极有必要。因此,在制茶的重要产地,选择适当地区,投入国家经费设立独立制茶试验场,是众望所归。"①为推动国家层面有所作为,静冈县茶业组合联合会议所在1917年还提出,可以提供5万日元捐款,作为试验机构的启动资金。在茶业界的呼吁下,农商务省也积极行动,向大藏省提出设立试验场的预算申请,但遭到否决。但日本茶业界并未就此停止推动工作,1918年静冈县茶业组合联合会议所再次提出请愿,该年全国茶业大会也将其作为重点推进的工作。在各方努力争取下,1919年日本政府决定在静冈县榛原郡金谷町设立国立茶业试验场,次年开始运作,主要开展试验及调查、分析及鉴定、分发种苗及制茶标本、讲习及培训等4项主要事务。

国家和各府县设立的茶叶试验场和改良场,对日本茶叶质量的提升以及品质问题的解决起到了基础性的作用。第一,在育种和选种方面,以改良茶树品种、大面积推广栽培为目标,从事良种培植、病虫害、肥料等方面对茶叶品质的影响研究,探索出若干颇为有效的生产方法。例如1928年日本遭遇大规模霜灾,各茶园损失惨重,试验机构将关于冻害处理的方案运用到生产中,为稳定该年茶叶品质作出贡献。第二,发明一套可行且快速高效的检验方法。水分对茶叶的贮藏有重要影响,一般而言,比较理想的状态是低于4%,超过6%则容易变质、发霉。传统的水分检验需要专门的设备以及专业机构检测,费时

---

① 静冈县产业组合聯合会議所:《静冈县茶业史》统篇,静冈:静冈县产业组合聯合会議所1937年版,第448页。

费力,这使大宗交易时茶叶的水分鉴定十分困难。日本茶叶试验机关经过反复尝试,发明干湿简易检定法:使用一种简便的氯化钴纸,根据试纸颜色变化即可测定茶叶中的水分含量。这种快速检验法大大提高了效率,可以防止因干燥不充分导致的茶叶质量下降问题。第三,20 世纪前期各种制茶机械不断研制、快速普及,但如何合理使用机械以及各机械之间如何有效衔接、搭配使用,需要给予业界专业指导。试验和改良机关根据蒸热、揉捻、再干、精揉等有关工序,确定茶叶的投入量、温度、转数等方面的明确要求。标准化生产工序和方法,为品质的提高作出了贡献。第四,怎样让制茶工人掌握这些方法同样极其重要,使用者对机械的知识缺乏、使用技术的不熟练,会导致粗制滥造问题进而招致品质低下。各级试验和改良机构于是组织了各种讲习所,对制茶者进行系统培训和技术指导,收到了良好效果。

日本在茶叶试验和品质改良方面最为典型的案例是茶叶采摘问题。日本茶叶采摘向来沿用中国的提采、折采、双手提采等手采方式,特别是宇治茶这类需要嫩叶原料的茶叶更是如此。1907 年,静冈县森町的藤江龟太郎最早设计出茶铗(采茶剪刀),并将铁铗运用于茶叶采摘,可惜其销售并不成功。1915 年,静冈县小笠郡西方村(今菊川町)的内田三平改进了茶铗,使之更加实用化,其方法是在刀尖上安装一个网兜,刀片剪下的茶叶可储存在里面,网兜盛满后转移到采茶篮中。这种采茶工具将茶叶的采摘效率提高了 5—10倍,内田三平因此获得发明专利,随后创办内田刀具公司。这一新式工具刚出现时并没有得到普遍应用,因为使用剪刀采摘会混入枯枝烂叶及茶叶碎片,这就是被美国所抨击和诟病的"木茎茶";另外,剪刀采茶会带来茶叶切口出现单宁氧化现象,导致茶叶质量下降。最初,一些茶区禁止使用茶铗,如静冈县茶业组合联合会在 1915 年 3 月曾发出使用警告,称使用茶铗除混入老叶外,还会导致茶叶外形不规整,破坏成品茶的品质,并会带来再次发芽不均匀等问题。[①]

---

① 静冈県茶业组合联合会议所编:《静冈県茶业史》,静冈:静冈県茶业组合联合会议所1926 年版。

于是,静冈县茶业组合联合会议所要求对下属组织所出产的茶叶进行成品茶检查,并向生产者发出警告。但"木茎茶"问题一直找不到合适的根本性解决办法,制茶者不得不雇佣女工,设立专门工序,手工挑拣木茎。这无疑增加了生产成本,且无法确保品质的稳定性。针对这些情况内田又通过改进淬火工艺增加剪刀的锋利性,将茶叶的网兜从铁丝网换成棉布袋和尼龙袋以降低对茶叶的损伤。

图 8-3 后藤泱子绘茶铗①

第一次世界大战后,日本出口茶叶增多,日本劳动力成本飙升,茶铗的需求量快速增加。1927 年后在平地茶的采摘中,茶铗已经十分普及,鼎盛时期每年出售 10 余万把。但大量使用茶铗,会导致茶树的长势衰退。这是因为茶农不注重茶树的修剪,会导致树形不规则、外形膨胀,进而引发树体歪斜甚至倾倒。为此,国立茶业试验场对茶铗影响下的茶园管理问题展开专题研究,

---

① 图片引自西尾敏彦:《摘採作業の効率化に貢献、内田三平の茶摘みばさみ》,《農業共済新聞》2003 年 6 月 2 週号。

1927年提出一番茶(即中国的明前茶、雨前茶、火前茶)后,在二番茶和三番茶采摘前要增加施肥量;剪枝以确保树形,整枝以平整采摘面,秋季采摘时确保表面整齐等技术建议。这样一来,即使使用锋利的茶铗采摘茶叶,也不会对茶树及茶叶品质产生根本性影响。1919年静冈市佐濑佐太郎开发出木茎分离机,茶铗采摘所携带的部分残留木茎被机器筛分出来,茶叶变得相对纯净,品质得到保障。

采摘方面,最值得关注的是小规模茶园的组建以及平原茶园的开发。明治维新后,日本在农村推行土地改革,废除了封建藩主土地所有制和禁止土地买卖的禁令,承认土地的私人所有权,颁发地券,允许自由买卖,修改地券,测量土地并向所有者颁发执照;废除传统的实物贡赋制度,推出与土地制度相匹配的税收制度。土地制度改革使茶叶种植面积的扩大,以及较大规模茶园的出现成为可能,而这为日本茶叶的增产奠定了基础,为更大型的现代化采茶机械的应用提供了便利。静冈县是明治维新后的核心茶叶产区和茶叶贸易输出港,从1869年起,其牧之原新开辟了1400町步(1町步合1公顷)茶园,同三方原有100町步的茶园(号称"百里园"),富士山麓的万野原以及爱鹰山麓等地也有众多茶园,这些新辟的茶园面积总和相当可观。[①] 埼玉县狭山一带也开辟了若干茶园,这些茶园大多归士族(新武士阶层)所有;三重县的伊势、宫城县的熊本,以及鹿儿岛北部的山间地带、大隅两半岛等地,情形都基本相似。这些茶园多设置于山间缓坡或平地,为小型机械化的入场和作业实施提供了可能。茶园的经营规模虽然比印度、锡兰和爪哇等地要小得多,却优于中国茶农数亩茶园甚至利用田间地头种茶的副业经营模式;园户小规模茶园的专业化产制模式,与当时日本工业化起步时农村人口相对密集的情形相匹配。随着平整茶园的普及、更加先进采茶机的推广,木茎茶问题在20世纪20年代后得到了根本性的解决。

---

① 大石贞男:《日本茶業發達史》,東京:農山漁村文化協會1983年版,第285页。

在不断试验和品质改良的技术进步推动下,日本茶叶施肥、剪枝、采摘等有了长足发展,不仅使日本茶叶生产有了根本性的改善,而且每亩茶田的采摘量也大幅增加。从表 8-1 可以看出,随着日本人口从乡村快速向城市转移,茶园种植面积有一定程度的下降,但茶叶产量却在稳步增加,这主要得益于种植、栽培、采摘等方面的技术进步。

表 8-1　1892—1931 年日本茶园面积与产量数[1]

年别	茶园平均面积(亩)	指数	制茶平均数量(担)	指数
1892—1896	944842	120	498926	95
1897—1901	851191	107	471707	91
1902—1906	807758	102	433512	84
1907—1911	794588	100	517562	100
1912—1916	784196	99	570062	111
1917—1921	781870	98	628837	121
1922—1926	712904	90	604437	117
1927—1931	663225	84	641250	124

与日本相比,中国茶叶试验和改良的起步略晚。19 世纪末,外商开始对华茶制作等进行改良,据日本驻厦门领事馆报告称,1897 年福州的外商与本地茶商联合,曾在福州府北岭设立福建茶叶改良公司,仿印度之法制作茶叶,大有改观,遂决定增资扩大规模,使之成为真正的股份有限公司。[2] 次年据《农学报》记载,该公司出口 4 万箱,获利颇为丰厚。1905 年,郑世璜等人前往印度、锡兰考察回国后,推动江南商务总局在南京钟山成立江南商务局植茶公所,旨在"参用西法,改良土造,扩张茶业,维持商务",并希望将来设立制造厂。该植茶公所由官方出资 2 万银两,委托裕宁官银钱局管理,生息所得用于

___

[1] 吴觉农:《日本茶业及其对华的侵略战》,《申报》1933 年 5 月 22 日。
[2] 李少军编:《晚清日本驻华领事报告编译》第 1 卷,社会科学文献出版社 2016 年版,第 127 页。

各项开销。所谓"西法",便是郑世璜等人所考察的印度、锡兰新的茶叶种植法。初期主要根据印锡之法,侧重于播种、修剪、下肥等,在青龙山桃源设立分所,并在钟山灵谷寺附近开建新式茶园。① 其最大业绩在于育苗,1907 年培育6 万株,1908 年 8 万株。② 公所还模仿印锡茶园试验场和日本茶事试验所章程,逐条试验,包括分区试验、播种时期试验、肥料试验、播种粒数试验、播种深浅试验、茶地高低平斜试验、移植期试验、独本丛本试验、驱除虫害试验、未移栽之营养试验 10 个方面。试验所得结果和参数,面向全社会公布。③ 不仅如此,江南商务局植茶公所从 1910 年起,还开办茶务讲习所,自编教材、购置机器,讲授种植和制造的新法,这种做法受到日本的影响。辛亥革命后,公所经费短绌,宣告停办。江南植茶公所的业绩引起日本方面的高度关注,1909 年南京日本领事馆将江南商务局关于公所的业绩报告做了全文翻译,外务省还将该信息迅速传递至静冈县等重要的产茶地县府。④

作为中国派员到国外考察的重要成果之一,植茶公所开启了清末茶叶改良和试验的风气之先,在其影响之下,1909 年湖北省劝业道在羊楼洞建立茶叶示范场,并附设茶叶讲习所;1910 年四川省在雅安设茶叶公司,在邛崃建制茶工场,在灌县设茶务讲习所;1910 年江西省在宁州设立茶叶改良公司,从事茶叶改良。⑤

北洋政府成立后,在农商部总长周自齐的推动下,1915 年江西和安徽设立茶业试验场。江西总区设立于浮梁和修水,安徽总区设立于祁门和六安。该场主要研究茶叶的种植和制法,如从各产茶省分别征集茶种,分区试验,比

① 《植茶公所禀报成效南京》,《申报》1909 年 1 月 10 日。

② 《江南植茶公所委员会陆溁报告光绪三十二年至三十四年九月止两年茶务成绩》,《北洋官报》1909 年第 2098 期。

③ 《续江南植茶公所委员之报告》,《万国商业月报》1909 年第 14 期。

④ 《江南茶植公所茶栽植成績報告ノ件》,《茶関係雑件附珈琲、「ココア」》第 4 卷,東京:日本外務省外交史料館,档号:B11090907600。

⑤ 詹罗九主编:《茶叶经营管理》,农业出版社 1992 年版,第 46 页。

较优劣,以图改良。① 在总区附近还设立分场 40 处,凡种植出力而敏慧者,且予以补助金,一方既着成效,乃推而到他处。茶业试验场名义上隶属于农商部,但经费由赣皖两省每年各担任 6000 元。曾在植茶公所任委员的陆溁担任试验场的场长。陆溁本系郑世璜访印的书记员,无农科教育背景,在实际管理中出现了巨额亏损。陆溁、安徽省、江西省以及农工商部围绕欠款问题纠缠不清,最终试验场在 1920 年收归部办,由农工商部负责资金筹措。② 据报道,1915 年设立当年,茶业试验场已经呈现示范效应,当地茶农开山种茶,纷纷效仿,传习新式种法,已有六七十处之多。③ 在制度化建设方面也颇有建树,1917 年制定《茶业试验场章程》,规定试验场的主要工作内容;1918 年出台《农商部茶业试验场茶叶品评审查会规则》,确立红茶、绿茶、砖茶等在形状、色泽、发酵、香气、茶味等方面的评分点。试验场所收集的茶树品种也较为齐全,到 20 世纪 20 年代初栽培湖南、江西、湖北、福建、浙江、安徽等各主要产茶省的茶树,还从日本引进静冈原种、ピンカ(panka)等品种。南京国民政府时期,又在湖南高桥(1932),福建崇安(1935)、江西修水(1933)、浙江三界(1935)、湖北羊楼洞(1935)、贵州湄潭(1939)、云南宜良(1940)、云南顺宁(1940)等地建立茶叶改良场(厂)。④ 1941 年国民政府财政部贸易委员会在浙江衢县成立东南茶叶改良总场,1942 年将福建崇安的改良场更名为茶叶研究所。

在各地的茶叶改良场中,因回应茶叶检验不足而出台的改良场值得关注。无论是在通商口岸实施出口环节把关,还是在产地实施检验,都是治标的手段

---

① 《创设茶业试验场》,《新闻报》1915 年 10 月 26 日。
② 《茶叶试验场收归部办》,《益世报》(天津版)1920 年 6 月 26 日。
③ 《农商部茶业试验场成绩》,《时报》1915 年 12 月 24 日。
④ 中国农业百科全书总编辑委员会茶业卷编辑委员会编辑:《中国农业百科全书 茶业卷》,农业出版社 1988 年版,第 333 页。实际上,这些茶叶改良场的传承谱系,有些内容有讹误,还需要进一步考证,如 1929 年《农矿月刊》曾刊登湖北羊楼洞茶业试验场釜炒老茶及机器制茶的两幅图片。因此羊楼洞茶业试验场的创办时间要早于 1935 年。

和措施,并未从根本上解决华茶品质问题,扭转国际贸易之颓势,故一直有商人对此表示反对。1934 年,胡浩川在《输出茶的检验与贸易》一文中,列明了两种反对意见:一般的人,未能明了检验是促进贸易的一种政策,而称之为"病商"之举;比较进步的议论家认为,茶业的复兴,应该专走栽培及制造改良之路,检验是从茶的成品着手,舍本逐末,未免徒劳无益。胡氏认为,因检验标准逐年提高,生产者不得不改善栽培技术以求质量的天然进步,改善采摘以求原料的质地精纯,改善制造以求技术的竭尽能事。故从设计意图而观,检验是为了海外贸易之拓展,是积极的改良政策,并非消极的限制主义,具有兼顾消极和积极的双重性质:"所谓消极方面的检验,无非取缔掺伪作假,禁止劣茶及不良包装之出口,藉以提高品质,配合洋人的胃口;所谓积极方面的检验,无非促进产制、及运销至根本的改良。"①

　　但实际情况是,在复杂漫长的茶业交易链条中,中间商更关注行情的起伏和短期利益的获取,无心从事改良,个体茶农处于产业链最末端,忍受经营风险转移之恶果、饱受倾轧,无力从事改良。在这种情形之下,商品检验等部门和机关又承担起产业振兴之职责,推行积极的改良政策。1932 年,中央农业试验场、上海及汉口商品检验局决定,承租在江西修水的粤商陈翊周等所创立的振宁茶植公司之茶场,合办茶业改良场。该茶场有茶园 1500 余亩,制茶机械器具较为完备,为改良场迅速投入使用提供了基础条件。1933 年 3 月,各方接洽已就绪,确立的 11 条改良场章程得到实业部批准,上海商品检验局茶叶检验课技术员俞海清被委派为该场筹备主任。改良场所从事的业务主要有茶叶栽培试验、茶园管理、茶叶制造包装、土质气候测验、病虫害之驱除及天灾预防、茶业调查统计、茶业改良宣传推广及指导、茶业问题之咨询、练习生之训练等。4 月,俞海清及技术、场务人员到场,着手改良制造。5 月,第一批制成数十箱,寄到上海评定。据《申报》报道,这批茶叶质量甚佳,一等仿制的改良

---

① 胡浩川:《输出茶的检验与贸易》,《国际贸易导报》1934 年第 6 卷第 7 期。

红茶色味已可和印锡茶相匹敌,第二、三等也与最优的祁门红茶相类似。另外,该场在制茶机械方面亦有成绩,6月,俞海清和技术员设计、冯绍裘制造红茶萎凋机一种,运转灵便,其所萎凋茶叶与传统晾青工艺接近。商品检验局还积极跟地方茶叶改良机构合作,以其人员和技术力量协助从事改良工作。1933年,商检局局长蔡无忌接受报纸采访时指出,除例行之检验工作外,该机构还将茶叶状况调查和栽培制造方法改良视为重大急务,联络湖南省立茶事试验场、安徽省立茶业改良场,分头担任各项红绿茶之改良工作。① 安徽省立茶业改良场成立之初,技术较为薄弱,函请上海商品检验局派员协助,商检局茶叶检验主任吴觉农前往协助。吴觉农还借此机会,赴秋浦、祁门、婺源、休宁、歙县、屯溪等产茶区域,作详细之调查,图谋振兴皖南茶业。

第三节　制茶机械化的兴起和推广

英国、荷兰等西方国家在印度、锡兰、爪哇等地的制茶事业,之所以能够后来居上,在短短数十年超越中国和日本的传统优势地位,除品种的试验和改良、大规模茶园种植等因素外,还有一个重要的因素,那便是19世纪中后期威廉姆·杰克逊、萨缪尔·戴维森等人发明和不断更新揉捻机、干燥机、分拣机、筛分机、装箱机等,这些制茶机器为红茶的初制和精制提供了一整套现代化设备。与手工制茶相比,机器制茶有众多优势:第一,效率更高、产量更大,传统制法每日每人平均只能制作六七斤干茶,机器制茶则可日产数百斤;②第二,节约人工、成本更低,机器代替人工后,虽然有燃料、设备维护等方面的费用,但整体费用要比人工低,特别是日本农业人口大规模向城市迁移后,农村制茶

---

① 《最近茶业改进及检验方针》,《申报》1933年4月16日。

② 日本高林谦三最初发明的制茶机械1日可处理生叶120贯,只需要6人操作,平均每人20贯,手工揉制每天只能处理5贯,即机器的效率是手工效率的4倍。在制茶机器更加成熟后,效率则有几十倍甚至上百倍的差距。大石贞男:《日本茶業發達史》,東京:農山漁村文化協會1983年版,第316頁。

劳动力成本提高,机器制茶更是一种刚需;第三,干净卫生、品质稳定,传统制茶手搓、脚踩,在西方消费者看来卫生堪忧,且手工制茶的品质因人而异、因批次而异,连续性和稳定性差,机器制茶则可较好地解决这类问题。在被纳入世界资本主义体系以前,中国以及从中国不断汲取制茶技术滋养的日本,从采摘、揉捻到发酵、成形、烘干等,全程靠人力手工完成。制茶在机器尚未发明和成熟之前,两国凭借长久积累的经验而取得竞争优势,在英国等在利用现代科技改造茶叶生产方式后,手工制茶的劣势日趋明显。开眼看世界后,无论是日本的多田元吉,还是中国的郑世璜,在考察印度等地后,都对机器制茶留下深刻印象,他们现场观摩、实际感受后带回的信息,刺激了中日两国对制茶机器的热情。

尽管如此,明治初期日本制茶仍主要使用从中国传入并经过改造的锅釜。从各产茶地输往横滨、静冈等地的茶叶,还需要雇佣中国茶师精制。无论是在茶山的毛茶厂,还是居留地的再制工厂,均使用手工,耗费颇大,出品亦不均匀。印锡等地在推广和应用机器等方面已经较成熟,但很难引进到日本直接使用,这是因为日本与两国茶树品种迥然有别,日本为小叶种茶,印度和锡兰为大叶种茶,需要诸多调整和改造,更重要的是既有的机器主要针对红茶的制作,而日本主要出产绿茶。而且,通过向中国的不断学习,日本对手工搓揉技术已经掌握得比较纯熟,茶叶外观和内质已经比较稳定。如果全面转向机器制茶,则需要大量投资,且制茶机器发明之初,也无法达到手工制茶的水准,因此明治早期日本茶业界对手工制茶有很深的路径依赖。

据美国茶叶专家乌克斯调查,日本最早使用机器制茶的是居留地的商馆。1892 年,弗雷泽·法利和弗努姆商馆已经将一种机器运用到茶叶复火工序,之后亨特商馆和赫勒商馆洋行也配备了再制机器,"其装备情形皆守秘密"[1]。实际上这一记载并不准确,日本发明制茶机器要早于洋商,先驱为高林谦三。

---

[1]　William Harrison Ukers, *All About Tea* (Vol. Ⅱ), New York : Tea and Coffee Trade Journal Company , 1935 , p.219.

高林早年开辟山林、经营茶园,试图通过出口为国家贸易作贡献。在实际经营过程中,他深感传统制茶效率低下,于是转向茶叶机械的发明制造。1885 年高林谦三发明了滚筒式绿茶蒸茶机、制茶揉捻器等。次年日本颁布《专卖特许条例》,强化对知识产权的保护,高林谦三很快便申请取得了茶叶蒸茶器机、焙茶器械、制茶摩擦器等机器的特许经营权。这些机器都是针对绿茶工艺而专门制作的。值得一提的是,高林谦三获得的专利号是 2-4 号,1 号是军方专利,也就是说,高林谦三是日本最早的民用专利获得者。这坚定了他从茶叶生产者向茶叶机械制造者转变的信心。1886 年他以自己研制的机器为展示核心,举办讲习会,吸引了 3 府 8 县数千人前往参观。但机器的销售并不成功,主要是因为此时机械制茶的品质尚达不到手工揉制品质,高林谦三的事业归于失败,付出了先行者的试错代价。与高林谦三同时期探索的还有埼玉县饭岛常八,他从 1879 年开始热衷于研究茶叶机械制造,1887 年研制了蒸叶、揉捻、干燥三种机器。①

19 世纪 90 年代中后期,日本茶叶出口进入黄金时期,国际市场供不应求,制茶机械的需求大增。1896 年,高林谦三发明了新式粗揉机(见图 8-4)。在其带动下,静冈县出现了众多茶叶机械的特许专利申请。高林谦三在其技术助手远藤定吉的帮助下,又对前期的成果作出改进,在机器中增加模拟手工揉制的装置,1898 年 12 月高林式茶叶粗揉机获得政府特许专利第 3301 号。其后,高林谦三将其授权给东京染井、静冈松下幸作等公司制造,其他机构或个人又紧随其后发明 10 余种粗揉机。② 该机器内部有两个构件即揉手和抖叶,前者负责揉搓叶片,后者负责抖动叶片,实现对手工揉制动作的模拟;其中还有控温装置,将温度调到 35℃左右,保证茶叶的色香味。高林谦三创制的机器十分实用,即便到当下该机器只是动力变化(最初为手工转动)和体积大

---

① 《製茶機械發明》,《官報》1887 年 5 月 24 日。
② 静冈県立農事試驗場茶業部、静冈県茶業組合聯合会議所:《茶業全書》,静冈:静冈県茶業組合聯合会議所 1915 年版,第 179 頁。

型化(如今可容纳 200 公斤蒸叶)而已。粗揉机的发明具有革命性意义:一方面大大减轻了揉制时的繁重、重复的劳动,有效提高了劳动效率;另一方面,需要投入更多的蒸青鲜叶,生产出大量的粗揉鲜叶后,也需要其他工序配合、快速跟进处理,这就需要采茶机、蒸机、揉捻机、中揉机、精揉机、干燥机的配合,这些机器的发明也就随之提上日程,推动了日本茶叶制作的机械化进程。因此,粗揉机的出现表明日本茶叶制作从手工时代发展到半机械化制茶时代。

图 8-4　后藤泱子绘高林式茶叶粗揉机①

　　在日本向制茶机械化发展的进程中,半机械化制茶时代尤其值得关注。日本制茶机械并非直接从手工迈向全机械化模式,而是因地制宜、因情而异、进阶性向前过渡。几乎与高林谦三同时,1896 年望月发太郎发明揉捻机,1898 年发明了揉燥机;1899 年臼井喜太郎开始研制茶叶精揉的机械化问题,实现了蒸青绿茶初制的全部机械化并于 1903 年取得特许专利;1902 年松村錬太郎发明了中揉机。大正以后,茶叶蒸制环节也开始走向全面机械化,为此作出贡献的有三重县秋场安吉、富永惣次郎、宫村壮一等。在各种机器纷纷发

---

　　①　西尾敏彦:《製茶機で作業を省力化、世紀を越え活躍する高林謙三の発明》,《農業共済新聞》2003 年 5 月 2 週号。

明之后,怎样使这些机器相互配合、协调生产,通过一体化集成,实现功用最大化,成为一项需要解决的难题。在这方面作出贡献的是望月发太郎,他通过机械整合,研发出完整的制茶机体系,被称为"望月式"。一套望月式制茶机包括打叶机、揉捻机、干燥机、揉燥机、精制机五种机器,有大小两种规格,所使用的动力包括蒸汽、电力及内燃机、水力等(见表 8-2)。这套机器在 1896 年已有初步应用,1897 年三重县伊藤小左卫门会社、1898 年静冈县佐仓同协社制茶场也开始使用。除动力实现现代化变革,日本制茶的燃料也有了新的更替。日本蒸茶、煎茶以及干燥工序都需要热量,随着热风火炉等新设备的发明,热源的燃料也从最早的木柴、煤炭发展到焦炭、电热、重油、液化天然气等。[1] 新型燃料让茶叶的制作避免烟熏、炭灰、油气味等沾染,制造环境更加干净卫生。

表 8-2　日本全国制茶机器动力情况[2]

年份	原动力		发动机		水车动力		蒸汽动力		合计	
	台数	马力	台数	马力	台数	马力	台数	马力	台数	马力
1929 年	3909		3773		1443		31		9156	
1930 年	5135		4022		1249		32		10438	
1931 年	5795		4247		1288		95		11425	
1932 年	5651		4590		1293		39		11573	
1933 年	5815		4725		1259		26		11825	
1934 年	6141		4785		1267		24		12217	
1935 年	6721	8242.0	4741	9841.5	1261	2073.5	24	119.0	12747	20276.0
1936 年	6776	8357.5	4740	9897.0	1257	2092.5	35	176.0	12808	20523.0
1937 年	6133		4686		894		26		11739	23153.0

---

① 静冈县茶业组合联合会议所编:《静冈县茶业史》续篇,静冈:静冈县茶业组合联合会议所 1937 年版,第 306—308 页。

② 1929—1938 年数据来自茶业组合中央会议所编:《茶业组合中央会议所统计年报　昭和 13 年度》,东京:茶业组合中央会议所 1940 年版,第 4—5 页;1939 年数据来自日本茶输出组合编:《日本茶输出组合统计年报　昭和 16 年度》,静冈:日本茶输出组合 1942 年版,第 4—5 页。

续表

年份	原动力		发动机		水车动力		蒸汽动力		合计	
	台数	马力	台数	马力	台数	马力	台数	马力	台数	马力
1938 年	7966	11241.5	4296	9752.0	1078	1837.0	19	95.8	13359	22925.5
1939 年	8010	11044.0	3918	8826.0	962	1841.0	20	122.0	12910	21833.0

　　20 世纪 20 年代初,随着对机器制茶优点的大力宣传,机械推广与应用进入快速发展阶段,这降低了生产和制造成本,茶叶价格随之下降。但是不容忽视的是,机器性能并非完美,仍有生产瑕疵和缺憾,导致茶叶品质呈下滑趋势,有些地方一度又回到手工传统制作方式。大正中后期、昭和初期,机器性能问题得到较好解决,才真正达到普及。煎茶、釜炒茶、碾茶等都基本实现了完全机械化,机械所制作的茶叶品质已可与手工制作匹敌,且甚至克服了手工制作不稳定、不卫生的弊端。使用制茶机械的技术员十分活跃,通过不同方式比较自家产品与其他企业产品的优劣,反复试验,以方便客户使用;各地举办机械制茶讲习会,培养新型的制茶技术工人,并且注意因机械滥用导致的品质下降问题。

　　当然,先进的制茶机械,如望月式新动力制茶一体机和后来研发的更加大型化的机械(昭和时期三重县野吕米三郎的连锁式机械、静冈县栗田重作的一连式机械等),在日本广泛推广和使用并非朝夕之间可完成。反倒是高林式的半手工半机械的机器,在广大的中小微茶业者群体中受到欢迎。这是因为大型的望月式机器一套需要 3000 元,小型化的仅需要 460 元。如此一大笔投资,非大公司难以承受。高林式粗揉机最高价只有 130 元,如果再配一台价值 240 元的 2.5 马力的烧玉式发动机,总价也不过 370 元。[①] 因此,当时茶叶

---

　　① 大石贞男:《日本茶業發達史》,東京:農山漁村文化協會 1983 年版,第 318 页。1914 年出版的《模范茶业者集谈会记事》记录了静冈县 26 名茶业者的技术学则,详见静冈县茶业组合所编:《模範茶業者談會記事》,静冈:静冈县茶业组合所 1914 年版。

经营者根据自身茶园田亩、经营规模、销售目的地等情况,选择不同的加工方法,有手工揉制者,有半机械化者,有全机械化者。即便采用半机械或机械化制茶机,也多将不同类型的机器搭配使用,以实现效用的最大化。综合来看,日本制茶机械化的推广普及的基本路径是,从平地茶园向山区茶园发展,从大型制茶工厂向中小业者普及,并且随着中小茶业者的集中度越来越高,机械的使用也越来越广泛(见表8-3)。因此,在制茶机械化推进和技术变迁方面,体现出实用性、独创性、渐进性、适用性和独创性等特点,这是日本在现代化过程中吸收外来技术并有所创造的一个侧面和缩影。

表8-3　日本全国制茶机械使用台数[①]

年份	蒸机	粗揉机	打叶机	揉捻机	精揉机	其他	合计	干燥机	采摘铗
1929 年	6914	22349	4507	5704	7612	—	47086	10293	106794
1930 年	7105	22965	6483	6237	8453	—	51243	11944	107377
1931 年	10652	24090	7903	6543	8986	—	53174	12457	121371
1932 年	11010	24703	8399	6749	9380	—	60241	13240	117769
1933 年	11467	24519	8752	7014	9604	85	61468	13362	110128
1934 年	7888	25184	9641	7166	10173	1714	61766	14143	103020
1935 年	10535	25049	10534	7673	10759	1635	66185	12786	115054
1936 年	9912	25062	10744	7731	10933	106	64488	14688	118120
1937 年	11390	24833	11828	8643	11664	295	68653	14634	129664
1938 年	11533	21988	13097	8946	12320	250	68143	14301	133466
1939 年	13820	26420	20607	12921	16828	277	90873	17834	136607

与其他茶类相比,绿茶制作需要将采摘下的鲜叶快速处理,否则会导致过度发酵,影响茶叶品质。公路的修建和交通运输条件的改善、卡车等大宗物资运输工具的使用,让茶叶制造可以摆脱一家一户、自采自制的局限,茶户可将

[①]　1929—1937 年数据来自茶業組合中央會議所編:《茶業組合中央會議所統計年報　昭和 13 年度》,茶業組合中央會議所 1940 年版,第 4—5 頁;1938—1939 年数据来自日本茶輸出組合編:《日本茶輸出組合統計年報　昭和 16 年度》,静岡:日本茶輸出組合 1942 年版,第 4—5 頁。

鲜叶在市场上售卖或者直接卖给制茶工厂,这促进了茶业产业内部的劳动专业分工。昭和前期,日本茶户总数一般维持在 10 万—16 万户,采用机械制茶的茶户数所占比例也有所提高,但一般未超过 12%。未采用制茶机械的户数所占比重较大,这固然有手工揉制、自产自销的情况,但茶户不加工鲜叶、直接出售才是真正的主要原因。当时,在日本茶叶出口基地静冈县牧之原及其周边诞生众多买叶工厂。其实在大正末期,日本大规模制茶工厂已经比较常见,如 1920 年规模在百人以上的工厂有 651 个,50 人以上未满百人的有 638 个,30 人以上不满 50 人的有 696 个,15 人以上未满 30 人的有 1979 个,5 人以上未满 10 人的有 1575 个,总计 5812 个。[1] 一般而言,制茶工厂在 50 人以上属于中等规模、百人以上属于大规模,而两者相加占比为 22.2%,制茶的规模化发展已经有所凸显。此外,制茶机械化始终在不断推进,工厂所拥有的机器数量也在增加。在第二次世界大战处于胶着状态的 1941 年,日本制茶机械化的情况为:拥有 31 台及以上机器的工厂有 122 家,21—30 台的有 225 家,16—20 台的有 1118 家,11—15 台的有 3792 家,6—10 台的有 4689 家,3—5 台的有 4317 家,3 台以下的有 3565 家。[2] 在这些拥有制茶机械的 17828 家企业中,拥有 20 台以上的仅 347 家,但参照当时使用机械制茶户数,大致可以判断当时机械的使用已经非常普遍(见表 8-4)。

表 8-4　茶叶制造户数与机械制茶户数[3]

年份	使用动力制茶户数	茶叶制造户数	机械制茶所占比例(%)
1929 年	8997	130494	6.89

[1] 《日本内地に於ける製茶事業》,茶業組合中央會議所編:《茶業彙報》第 14 輯,1926 年,第 8 頁。

[2] 日本茶輸出組合編:《日本茶輸出組合統計年報　昭和 16 年度》,静岡:日本茶輸出組合 1942 年版,第 2 頁。

[3] 《茶業統計》,茶業組合中央會議所編:《茶業彙報》第 31 輯,茶業組合會議 1939 年版,第 11—13 頁;日本茶輸出組合編:《日本茶輸出組合統計年報　昭和 16 年度》,静岡:日本茶輸出組合 1942 年版,第 1、5 頁。

年份	使用动力制茶户数	茶叶制造户数	机械制茶所占比例(%)
1930 年	10261	123806	8.29
1931 年	9925	163167	6.08
1932 年	10306	168063	6.13
1933 年	10281	160400	6.41
1934 年	10033	175835	5.71
1935 年	11899	166782	7.13
1936 年	11769	154723	7.61
1937 年	12422	163173	7.61
1938 年	13151	108649	12.10
1939 年	13060	115991	11.26

中国机器制茶事业起步于俄商在汉口经营的砖茶厂。19 世纪 70 年代,汉口的俄国砖茶厂顺丰、新泰、阜昌等购入英国机器,用来压制砖茶。这些工厂规模较大,制造和出产也颇多,如阜昌洋商:"客内之烟囱高插云霄,工匠百数十人,昼夜制造不息。"[1] 砖茶厂使用机器的外力,将带有蒸汽的茶压制紧实,以便于向俄国长途运输。与人力或畜力的旧式压制法相比,新式的机器压制更加平整、匀称,水分也更少。[2] 但这种制茶法与红茶、绿茶的搓揉等工艺不同,故机器使用还不具有代表意义。19 世纪 70 年代,中国市场已经售卖英国发明的新式筛茶机器,在《申报》等报纸亦有商业广告刊登,但无法知悉是否被购买。朱从兵曾收集文献资料,论证表明从 19 世纪 90 年代,各界都已经注意到制茶机器的优势,希望清政府能够在机器制茶方面有所作为。[3] 据笔

---

① 《汉镇火警》,《申报》1878 年 9 月 25 日。

② 日本对俄国在汉口的机器制茶事业颇为关注,1901 年九州制茶会社请日本驻汉口领事馆调查俄国砖茶制造工艺、机器购买费用等,以为其引进俄国机器做准备,详见《本邦产製茶並ニ支那茶ノ見本ヲ露国へ逓送シ同国人需要ノ適否問合一件》,《見本関係雑件》第 1 卷,東京:日本外務省外交史料館藏,档号:B10074351700。

③ 朱从兵:《设想与努力:1890 年代挽救华茶之制度建构》,《中国农史》2009 年第 1 期。

者考证,在中国茶叶出口最为鼎盛的 1886 年,已有论者注意到机器制茶的优势在于品质稳定、成本低:"洋人之制茶以机器,中国之制茶以人工。人工则数百斤之中,用力有轻重,功侯有迟速,颜色必不能一律。机器则枯焦、浓淡虽千万斤而无变,更用力少而成功多。以视华人,其便捷实相倍蓰,而谓中国之茶务有不日下乎?"①1887 年,清政府总理衙门饬令海关总税务司赫德调查茶叶情形,翌年呈送《访察茶叶情形文件》,其中多次提到机器制茶问题。据相关学者考证,1895 年筹办、1896 年由福州中西商人合股正式开办的福州焙茶公司(福州机器造茶公司),是中国最早的机器制茶实体,拥有 5 台卷叶机、3 台焙叶机。② 该公司机器制茶之风,《北华捷报》《农学报》《申报》《时务报》纷纷报道,还吸引了英国资本家、印度大茶园主费尔哈斯特(Fairhurst)前往一探究竟。郑世璜在印度考察后,向周馥、清政府农工商部递呈的《改良内地茶叶简易办法禀文》,提倡以新法提升品质,其首条为择地设厂,在安徽祁门设立机器制茶官厂,以便商民效仿。总体而言,清末机器制茶多是个别现象,没有特别明显的进展。

进入民国,晚清举步维艰的情形有了很大改观,机器制茶渐次成为一种风潮。1915 年宁州茶叶振植公司在江西修水成立,设立目的之一便是"用机器以代手工,以冀挽回华茶大利"③。该公司开始使用的是日本制造的 9 部式揉捻机,后因质量存在问题,改从英国购进印度式揉茶机 4 部。但该公司茶叶生产未实现全过程机器化,焙茶器具还是袭用旧法之焙范。1924 年,杭州省立农业试验场场长周清、浙江省省立农业学校校长高孟征、余杭林牧公司经理庄景仲及上海商人,在杭州北部的余杭设立振华制茶厂。发起人的目的在于革新中国历代传袭手工制茶法,普及新制茶技术于一般民众。④ 工厂机器都从

① 《再论整顿中国茶务》,《申报》1886 年 3 月 8 日。
② 谢天祯:《中国最早之机器制茶考》,《福建茶叶》1983 年第 2 期。
③ 《宁茶振植公司股东会成立》,《申报》1918 年 4 月 2 日。
④ 李卓吾:《中国机器制茶之新事业》,《新农业季刊》1924 年第 3—4 期。

日本引进,有蒸汽发动机、蒸茶机、揉捻机、粗揉机、采茶机、焙茶机等,并开展了试制日本绿茶的尝试。工厂由留日专事茶叶学习的吴觉农负责经营,技师是同有留日经历的方翰周,浙江农业学校 10 名毕业生是技术指导员,员工有 60 余人。投产当年可以制造 15 种不同等级的红茶和绿茶,与旧式制茶法相比,新式制茶法在 6 个方面都胜出,茶品至美。该厂被时人誉为"中国新法机械制茶之鼻祖",其产品受到上海贸易公司的青睐,美国亦有商人来电订购,当年基本售罄。① 振华制茶厂经营较为得法,到 1935 年仍在经营;振植公司同样如此,1939 年仍在营业。另外,湖南安化茶业学校设立湖南机器制茶厂,有绿茶机 12 部、红茶机 10 部。该厂不仅使用进口机器,还使用本土生产机器、自造机器或者是定制机器:从上海定制截断机器 4 部,校办工厂自造干燥

图 8-5　中国发明的金属质地卷叶机器②

　　①　《振华制茶公司之新发展》,《申报》1924 年 11 月 21 日。
　　②　曾耀坦:《说茶》,《东方杂志》1913 年第 10 卷第 4 期。曾耀坦在文中共介绍了 9 种制茶机器,并附有图片及说明。

机器 6 部,向铁工厂定制 14 部。① 这些机器的技术含量多不高,但毕竟是本土茶叶机器制造业之肇始,具有特殊意义。工厂还从上海延聘 2 名机器制茶师。1937 年,官商合办的中国茶叶公司成立后,浙皖赣湘鄂闽等省都设立机器制茶厂,西南的川康滇贵也在推进,四川灌县亦如此。② 机器制茶出现普及化的迹象。

江西、安徽等茶叶主产区的机器制茶事业也有进展。江西修水茶叶试验场 1933 年 4 月由中央农业实验所等三单位接办,茶厂设备较先进,利用机器加工红茶,提高了茶叶品质。至 6 月底,《中央日报》报道称:"现闻该场头茶已转运到沪,经各大茶号及购茶洋行品评,红茶之色香味均极良佳,其优者堪与印锡红茶相匹敌,次者亦不亚于祁红。兹该场以原有器械尚不甚完备,对于制茶机械改良研究不遗余力,除由吴觉农、方委员翰周设计所造之绿茶机械运场试用,成绩甚佳,并由该场主任俞海清、技术员冯绍裘制造红茶萎凋机……极为灵便;该机已于本月十四日实地试用,所萎凋之叶,无异于阳光晒青者。如是则中国多年以来天雨不能制造红茶之困难,一旦迎刃而解矣。"③据 1937 年《市场新闻》报道,宁红机制茶打破历史最高售价。同时,试验场还将机械加工的方法推向民间。在安徽,1933 年,祁门茶叶改良场引进德国克虏伯厂茶机、日本大成式揉捻机和印度的烘干机,经冯绍裘技师试验,加工的红茶不仅品质良好,而且节省劳力和生产时间。随着改良场试验工作的成功开展,周围茶区的茶农纷纷要求实行机器制茶。

这些有代表性的机器制茶的陆续出现,标志着新兴产业力量的成长。与晚清时期机器制茶业相比,民国时期的进步表现在:其一,人才与机器相互结合,特别是茶叶专家发挥了领导作用,如振华制茶厂的吴觉农、方翰周,振植公司的陈翊周等;其二,技术与专业教育给制茶业提供了指导和帮助,如湖南机

---

① 《机器制茶厂将开始制茶》,《实业杂志》1926 年第 102 期。
② 陈祖椝:《中国茶业史略》,《金陵学报》1940 年第 10 卷第 1—2 期。
③ 《江西修水茶叶改良场发明制茶机械》,《中央日报》1933 年 6 月 28 日。

器制茶厂依托湖南安化茶业学校,振华制茶厂更是依靠杭州省立农业试验场和浙江省省立农业学校;其三,制茶厂的资本更加雄厚,不乏投资几十万的制茶厂,在发展中出现了股东增资的情况。在机器制茶原理的启发下,各地还对传统的手工制茶方式进行改造,体现"土洋结合"的发展趋势。在湖北、云南等地较大范围地推广"木质揉茶机,人力、畜力可以两用",与引进的印度、日本同类机器相比,克服了动力条件不足的限制;安化茶场设计的筛分机使用灵活,非引进者可比;"祁门茶场制有萎凋柜、足踏茶筛及特置加温萎凋室;婺源茶场的木质筛分机、发酵加温箱、及以烘筒代替锅炒;平水茶场的机械杀青机等,均极合乎实际应用。"①

当然,我们也要看到民国时期的机器制茶业还存在缺陷:限于资本、人才和技术等方面的困顿,机器未普遍推广和应用,只局限在一些示范性的工厂。《申报》称1935年安徽省大部分茶场仍以手工制茶为主,只有霍山的示范茶场仿效日本绿茶制法,以机器制茶;江西省也大同小异,除振植公司用机器外,其余均用手工。各产茶区主要为山区,交通极其落后,无法使用汽车快速运输到交通便利之地,这就导致民国时期无法孕育出大型的专门收购鲜叶加工的制茶工厂;山区大型制茶机器难以运输,而电力、石油燃料等基础能源和动力又无法配套,这同样限制了产茶区机器制茶业的发展。相反,山区人力、畜力、林木等资源较为丰富,手工机械制茶工具的创制和推广,就成为顺应市场资源现状的理性配置。这种前现代的制茶方式,抑或说不彻底的机器应用,也就限制了民国时期茶叶品质的改进以及生产成本的降低。

---

① 中国茶叶学会编:《吴觉农选集》,上海科学技术出版社1987年版,第268—269页。

第九章　中日海外直输出
贸易的应对路径

　　茶叶海外输出的成功,不仅取决于国内商业组织的整顿与改造,还需要打破洋商的输出垄断,发展海外贸易事业。对日本而言,还包括如何培养本土的贸易人才,以降低对中国茶叶买办的依赖。茶叶海外贸易发展的策略包括海外市场调查、海上运输能力的拓展、再制茶工厂的设立、直输出贸易机构的培育等。其中,设立再制茶工厂,一方面可以掌握海外消费市场的茶叶需求,可以根据西方等主要国家的茶叶规制标准生产,以降低贸易时的不确定风险;另一方面,则实现相对标准化的全天候、大规模生产,避免传统茶叶商号粗制茶时季节性过强的弊端,更可节省成本、提高劳动效率。而直接输出贸易的发展,则可以减少中间贸易环节、打破垄断、收回商权,同时利用海外销售分支机构,收集调查当地消费信息,迅速向国内反馈以便及时改进。至于海上运输能力问题,不属本研究的研究对象,暂不讨论。①

---

　　① 具体可参见招商局和三菱的比较研究,朱荫贵:《国家干预经济与中日近代化:轮船招商局与三菱·日本邮船会社的比较研究》,社会科学文献出版社 2017 年版。

第一节　中国茶海外直营与公司组建

随着晚清开放的不断扩大以及贸易规模快速扩张,西方洋商居中贸易"卡脖子"问题,受到越来越多国人的重视。苏伊士运河开通后,富有眼光的先觉人士在上海《申报》、《汇报》等报刊积极倡导同西方发展直接海外贸易。1872 年《申报》刊登的《中国商人宜亲出洋贸易论》分析了西方积极同中国贸易,可以破除信息壁垒,实现莫大的经济利益。相比之下,中国两种最大的出洋之货茶丝,仅在通商各口鬻与西商,中国不了解西国所贵者何等之茶丝,所卖者何等之价值。因此,"运至其地不但可得重价,而且不至滞销,又无须从中经手,互相贩卖之人任其勒掯,听其吞挪,兼可即在其国购其为中国所必需之货,运回又得善价。是重利皆归于自己之囊橐,不至反填旁人之溪壑,善莫善于此矣"。① 中国近代最早呼吁茶叶海外直营先驱还有唐廷枢。容闳发起、唐廷枢等协助创办的上海第一个股份制中文报纸《汇报》,1874 年 7 月 14 日刊发唐廷枢的《丝茶宜出洋自卖论》。该文认为,丝茶两项是中国出洋最巨之货,倡导两业应越过洋行直接向国外出口,或是委托上海的西商汇洋代售。② 这在当时是非常有见地和战略眼光的提议,可谓"识高言正"。当时中国茶叶在世界市场尚属紧俏,正处于贸易的急剧扩张期,中西商人的贸易纠纷尚不普遍,业界尚未有警觉之心。7 月 16 日,《申报》便有论者撰文批驳,认为唐廷枢所称有时洋行与华人买货现银不便则立限单并有失信之举,这都是个案:"向来西人买丝办茶于货离口之次日,即行付银,历年如此。或偶有失信不付者,然不足以为例……然总未闻上海西商有办买茶丝,许客以定期付银后,而令其俟货至外国卖出,始行清账之习也。"③唐廷枢认为洋商从中作梗、彼此交易隔

---

① 《中国商人宜出洋贸易论》,《申报》1872 年 7 月 8 日。
② 唐廷枢:《丝茶宜出洋自卖论》,《汇报》1874 年 7 月 14 日。
③ 《书〈汇报〉丝茶宜出洋自卖论后》,《申报》1872 年 7 月 16 日。

阂,该作者却认为中西通商事体各异,有分歧是正常的,华人之间交易有时都需要中间人说价,何况是中西商人之间;退一步讲,即便是丝茶各商自行运往外国亲卖,同国外的用丝、食茶之人交易仍须仰仗通事。至于通过洋商汇洋代售:"试思中国丝茶各商,非皆有家资巨万也,或向钱庄挪移,或向银行借贷,货至上海,即须卖出归还,安能俟伊海外归来再行清款乎?"①当时,确实有一些丝业人士尝试同海外直接贸易,包括1874年有上海商人向英国贩卖生丝、计划设立商贸公司,1876年香港华商设立宏远公司,计划在伦敦、香港、福州、上海四埠设立机构并向美国纽约拓展。② 这些设想和计划都没有实现。

　　清末,业界已经对洋商垄断深感无奈。1894年,有汉口访事人云:"近年华商之业茶者,屡经亏本,以致自寻短见,时有所闻。顾华商之赢亏,其权实为西人所操纵。"③华商无力,商权由洋商所控,各茶商号多任由宰割。政府也深知此为关键,张之洞云:"卑职每与南茶商人谈及近来茶市每为孖占所困,而南茶商人向来不悉洋务,较他省尤为吃苦,缘孖占能通彼国语言文字,货物之优劣,价值之低昂,胥由孖占操纵,是以茶商诸事隔阂,不能不仰给于孖占。"④张之洞所言之"孖占"即买办,这一群体在为贸易提供方便的同时,又操纵贸易以渔利,当时无论是茶业组织,还是地方官员,多寄希望于将数量众多、组织散乱的茶商联合,共同抵御洋商及其买办。在两湖地区,湖南巡抚吴大澂曾与湖北督抚张之洞协商,筹集款项,如洋商所出茶价不够,则华商不准售出,暂由茶务局兜底代购,先支付一笔预付金;待市场盘面稳定,茶务局出售后,再将尾款支付给华商。设局收买督销不失为一种方法,但问题是茶叶收购款项巨大,政府难以保全,政府收购定价与茶商的接受度也是一大难题,加之"借款未经

　　① 《书〈汇报〉丝茶宜出洋自卖论后》,《申报》1874年7月16日。
　　② 丝业早期试图外贸直销的考证,可参见王翔:《中日丝绸业近代化比较研究》,河北人民出版社2002年版,第734页。
　　③ 《保全茶业》,《申报》1894年5月16日。
　　④ 吴剑杰编著:《张之洞年谱长编》上,上海交通大学出版社2009年版,第308页。

议准"①,故基本无法实现。更重要的是,这种做法并不彻底,仍旧改变不了茶叶输出商权由外商把控的局面。

茶叶的海外直销尝试始于晚清重臣张之洞。他所主政的两湖地区是重要的产茶区,其茶叶外贸的发展对于当地民生和近代化资本积累有重要贡献。他洞悉洋商操纵之弊,故十分注重由华商自行贩运茶叶到外洋贸易,以收回利权,掌握外洋市场情形:"惟有自行运赴俄国销售,庶外洋茶市情形可以得其真际,不致多一转折,操纵由人。"②他也深知在当时的情形下,商人凭一己之力去开拓海外市场,机会成本高、风险极大,需要官方出面示范,开风气之先,如果取得成功,则会纷纷效仿:"然茶商力量最薄,必须官为提倡,方能开此风气。"③为此,张之洞会同湖北巡抚谭继洵、湖南巡抚吴大澂,于1894年、1896年两次向俄国尝试直接运销茶叶。经费方面,由湖南、湖北两省从茶厘金中借拨垫款,用于购办出口茶叶、缴纳各种税费款项;运输方面,通过俄商新泰、顺丰等洋行代运,第一次走海路运输至敖德萨,第二次水路运往莫斯科、陆路赴恰克图,具体由新泰洋行老板佘威罗福承办;俄国销售地出售事宜,则委托清朝出使俄国大臣许景澄照料周全。④ 两次共销售320箱茶叶,盈利1400余两,颇见成效。连续两次销售成功,张之洞备受鼓舞,同时也让他对与俄国茶叶贸易的情况有了基本认识:"茶价高低,销路广狭,运程难易,一切利弊,均已了然。"⑤这两次运俄销茶虽是由中方主动发起、全程由中方主导,但还是不

---

① 《鄂督张之洞等奏购办红茶运俄试销以维商务折》,王彦威、王亮辑编,李育民等点校整理:《清季外交史料》第4册,湖南师范大学出版社2015年版,第1951页。

② 《鄂督张之洞等奏购办红茶运俄试销以维商务折》,王彦威、王亮辑编,李育民等点校整理:《清季外交史料》第4册,湖南师范大学出版社2015年版,第1951页。

③ 《鄂督张之洞等奏购办红茶运俄试销以维商务折》,王彦威、王亮辑编,李育民等点校整理:《清季外交史料》第4册,湖南师范大学出版社2015年版,第1951页。

④ 详细过程可参见陶德臣:《张之洞对近代中国茶业的贡献》,上海中山学社编:《近代中国》第11辑,上海社会科学院出版社2001年版,第124—442页。

⑤ 《鄂督张之洞等奏购办红茶运俄试销以维商务折》,王彦威、王亮辑编,李育民等点校整理:《清季外交史料》第4册,湖南师范大学出版社2015年版,第1951页。

得不依赖俄商。其中,让张之洞感触最深的是运输之艰难,特别是第二次运销时,俄国茶船担心附装中方茶叶会分其利,不愿承运,经再三婉商,方才勉强依允,声明以后不再捎带。为解决此问题,他希望"招商局可以自造茶船,自立公司,于俄境自设行栈销售,收回利权"①。张之洞试图通过"官为之倡,商为之继"的示范方式带动华茶的海外贸易发展,可惜在当时缺乏足够的时机和条件。两次昙花一现般的实践,难能可贵,为后人蹈武效仿提供了方向和思路。

民国以后,各界开始尝试用现代公司制来推动华茶的海外贸易。民国初年,临时工商会会议曾提出"组织出口茶叶公司实行茶叶保育政策"的议案。中国茶业的转型和发展,自然离不开现代化生产组织方式——公司。民国时期,早期设立的公司带有示范性质,主要从事茶叶的生产改良和制造改进。随着产业的发展,一些新设的公司开始进入运销领域,甚至尝试打通从生产到销售的各个环节,通过现代化的经营方式,改造旧有的产业组织模式。1914 年,俞樾在《茶号与茶贩之比较论》一文中提及,当时茶商"不甘洋商杀贱",打算组织贩运英美之茶业公司,但资本匮乏,希望国家出面资助。② 1916 年,各省茶商议定"组织大公司实行推广",后在上海茶叶会馆开会时,议定三个事项,首条是采用集股的方式集资设立"上海组织茶叶公司",参会者 72 人均赞成。③ 同年,以前身"谦顺安茶行"为基础,在上海组建"中国茶业公司"。该公司以"从改革旧法入手",不仅在采摘、制造方面有一定成效,还在销售改良、外销茶包装、商品宣传等方面产生一定影响,在茶业现代化方面迈出重要一步。1917 年春,许芥浦等人成立中华红绿茶有限公司,组织招股、设立章程等。但因张勋复辟、第一次世界大战等政治和国际局势变化,交通运输不便,

---

① 《购茶运俄试销有效拟仍相机酌办折》,苑书义、孙华峰、李秉新主编:《张之洞全集》第 2 册,河北人民出版社 1998 年版,第 1225 页。
② 俞樾:《茶号与茶贩之比较论》,《申报》1914 年 7 月 24 日。
③ 《中国茶业大公司之发起》,《新闻报》1916 年 6 月 17 日。

公司没有实质性运转便已停办。

民间或茶商组织无力组建茶叶输出公司之时，要求由官方或者官方主导开办输出公司的设想开始出现，甚至不乏要求对出口茶叶实施专卖政策者。1910年江宁劝业道李哲浚的公牍称，中国茶叶对外贸易失败根源在于"我国商家既无能力，国家又不干涉"。要扭转这种局面，必须组织大公司，将出洋之茶归官专卖，并在产地设立大制茶厂，实现生产到输出的一体化。由农工商部派官员担任公司的茶务监督，并与海关联动。公司的宗旨是"奖励茶户，维持茶商，改良制造，扩张销路，统一茶业，挽回利权"①。此时清政府大厦将倾，显然无法在全局上实现茶叶贸易的专卖。值得注意的是，清政府为了抵抗英国殖民者对西藏等地茶叶贸易的冲击，在1909年筹设边茶公司，最终于1910年4月12日在雅州设立"商办边茶股份有限公司"，并在邓州、天全、荥经等地设茶厂。这一公司虽名为商办，实则寄予了政府意志与期望。驻藏大臣、四川总督赵尔丰注意到价格更为低廉、质量更高的印度茶在西藏大受欢迎，给四川的茶业发展带来危机。于是派雅州知府武瀛筹办公司事宜，赵尔丰在《雅安县禀整饬茶务遵檄禁伪招股由》中云："再能于种蓄、采摘、烘焙诸法力求改良，以期进步，应不致使外茶充斥也。"当时开办公司很重要的原因便是提高边茶的质量，采取的措施主要有提高烘焙和制作技术，并将制作技术最好的茶号产品作为示范推广，以及严禁假茶，开办茶务讲习所等。通过一番努力，边茶的品质有所提升，在藏区的市场信誉得到一定程度恢复。②边茶贸易整顿虽然仍属国内贸易的范畴，但针对的是印度茶叶在西藏的入侵，还是具有国际性意义。

民国时期，也组织了一些华茶贸易出口公司。1916年广东人唐翘卿在上海成立华茶公司，早期股东还有茶栈行业的代表人物卓镜澄、陈翊周、朱葆元

---

① 《江宁劝业道李呈度支部农工商部整顿出洋华茶条议》，《江宁实业杂志》1910年第3期。
② 该公司开办的详细情况，可参见陈一石：《清末的边茶股份有限公司》，《思想战线》1987年第2期。

等。在上海的众多出口商中,华茶公司出口量位居首位,每年出口数万箱。1930年李邦贤在上海成立华商出口行,从事茶叶的出口经营;1933年唐炳熙、黄仲昭、沈镇组建永发行,从事绿茶的出口;道光年间成立的汪裕泰茶号,1934年开始涉足茶叶的对外出口。这些公司资本规模都不大,出口业务仍主要局限于上海,尚未打通在国外市场的直接销售通道,故销量及从中获得的收益都有限。

近代中国真正具有直输出意义的公司是1937年成立的中国茶叶公司(China Tea Co., Ltd.)。该公司的成立背景是国内日益盛行的统制主义经济思想,主要有四种力量和思想资源:第一,当时日本侵略中国的步伐越来越紧密,中国政府和经济学界看到了日本对经济进行干预的巨大优势;第二,20世纪30年代初世界经济危机之后,要求国家对经济进行调控的凯恩斯主义盛行;第三,苏联的计划经济较为成功地避过世界经济危机,在短时间内显示了巨大的体制优势;第四,中国历史上向来有榷卖的传统,特别是对重要的生产和生活物资更是如此。1936年,各地方政府便着手对重要产业统制,如1936年在安庆成立皖赣红茶运销委员会,由江苏、安徽两省财政厅厅长任常务委员,采用统制运输和销售的方法挽救红茶国际贸易。中央层面对茶叶进行统制,同样始自中国茶叶公司。该公司最初为官商合办性质,由实业部、地方政府、茶商共同出资组建;抗战爆发后,中央政府对其进行增资改组,强制退还地方政府和茶商资本,全部变成国家资本,让公司承担全国茶叶统购统销的任务。从公司的业务范围来看,由外销、内销和边销三者构成,其中经营重心是国际市场的销售。在海外直营方面,中国茶叶公司在纽约、伦敦和北非摩洛哥等地设立办事处,以达到国内和国际市场的信息通畅,谋求对外贸易的拓展。抗战后,为扩大海外市场,1938—1941年间在香港开设分公司,以此为中转向全世界各地运销;公司还派职员到英国、美国、苏联、法国、德国以及北非摩洛哥等地,调查当地茶叶市场情况,了解消费嗜好。在国内则希望中央与地方相互配合,从根本上改进运输、改良生产制作,提高茶叶品质、降低成本。1938年2

月,曾与安徽祁门、江西修水、湖北羊楼洞、湖南安化、浙江诸暨等地的茶场或改良场订立收购合约,派遣人员进行技术指导,开办茶叶精制工厂;在恩施开办实验厂,在云南、四川、贵州等地调查生产和运销情况,并与云南省建设厅、富滇新银行合作,1938年底组建云南中茶贸易公司,派遣范和钧、张石城等在佛海(今勐海)设厂,制造砖茶及外销红茶。在高度统制体制之下,短期内中国茶叶公司的对外贸易取得一定效果,扩大了中国茶的海外市场,但最终因种种弊端,在抗战胜利前夕的1945年3月开始裁撤、解散。①

1946年,国民政府又以官商合办的名义,成立中国茶业联营公司。该公司资本12亿法币,中央信托局和全国各茶区茶商各占一半股本,茶商主要涵盖全国9个主要产区,以及上海、汉口、福州三个茶市。公司成立目的是联合经营茶叶仓库,统筹茶叶生产、制造和运销,并协助中央信托局办理对苏联的外贸货事务。该公司以官僚资本为主导,其业务主要向苏联运送砖茶还债等,因全面内战爆发,其发挥的作用非常有限。

第二节　日本再制与直输出公司的组建

日本被迫开港后,从1859年到19世纪末,外国人在横滨、神户等地设立居留地(即租界),开设商馆,从事贸易。居留地贸易是日本在不平等条约下普遍存在的贸易形式,外国商人受到各自政府的完全保护,并在合同中获得某些特权,而日本本土商人处于从属地位,外商和本土商人在商品价格、品质和汇率等事项中纠缠不清、屡有纷争。日本国内商人希望采取措施解决分歧,以便更好地开展平等公平贸易。日本开港早期的茶叶贸易,主要被西方贸易公司以及中国的中间商人所控制,因为前者拥有强大的海运能力,熟悉消费市场,并在消费国构建分销网络,而后者长期以来积累了丰富的贸易经验,成为

---

① 中国茶叶公司的发展历程,可参见郑会欣:《从官商合办到国家垄断:中国茶叶公司的成立及经营活动》,《历史研究》2007年第6期。

日本茶叶的买办商人。日本所制作的茶叶多欠精良,为此洋商在横滨等港口开设了再制工厂,收购毛茶(粗制茶)进行复火、精制等深加工。这一工作需要特别的经验和技巧,最初日本人多无法胜任,只得从中国聘请制茶师。

日本茶业者并不甘于屈居产业末端,希望实现贸易的独立和自主。他们很早便试图绕开洋商和中间代理人,谋求向英国、美国、澳大利亚等市场直接输出蚕卵、茶叶、大米以及生丝等商品,并积极尝试再制工作,以摆脱横滨居留地的外国商人之手,此谓之"直输出"事业。"直输出"是日本茶业界的一种表述词汇,是指由日本人负责茶叶再加工、打包工序,同时承担直接出口最终损益结算。也就是说,日本要掌握茶叶深加工、海外运输和贩卖等过程,不再依赖外国商馆及其买办,实现茶叶的直接贸易,而非假手于人的间接贸易。日本茶业界之所以提出并不遗余力地推动直输出事业,是因为假手于他人贸易,无法获得核心利润,也不利于日本在国际市场的价格竞争;另一方面,外国商馆再制工厂为迎合国际市场,多有染色等不正之举,不利于在消费者心目中树立日本茶的品质口碑。掌握再制环节,成为实现质量内在化的关键之举。

最早尝试茶叶直输出事业的是京都物产引立惣会社及南三郡茶商社,1871 年这两个公司雇佣商人莱曼·哈特曼向美国出口茶叶。① 1872 年,横滨茶商嘉平建立茶叶改良公司,致力于日本高品质茶叶的出口。1876 年 11 月,平尾喜寿、益田孝、依田治作、坂三郎等人在东京九段玉泉亭举行会议,就茶叶直输出问题缔结合作协议。高知县士族冈本健三郎、鹿儿岛平民藤安左嘉卫门等,也在同年提议茶叶的再制和直输出。② 但这些茶商并不熟悉国外语言和交易行情、亏损颇大,他们组建的这些公司不久便解散,首次尝试均宣告失败。此外,日本本土成立的综合性商社,也尝试开拓直输出业务。1877 年,三井物产会社在大津町(今滋贺县大津市)设立茶叶加工所,还在三重县、岐阜、

---

① 横浜市編:《横浜市史》第 3 卷上,横滨:横浜市 1961 年版,第 718—719 頁。
② 《勧農局沿革録》,東京:農務局 1881 年版,第 11 頁。

京都、静冈等地设立办事处,收购各地出产的粗制茶并再制,然后将这些成品茶直接出口到美国,试图掌握从生产制作到销售出口的全过程。① 但因生产部门的收支不平衡,三井物产会社后来废除生产部门,专门从事产品的收购和直接出口。

1877 年后,以静冈为中心,日本茶业界发起向外国直接出口的较大规模尝试,"这其中既有对抗横滨贩卖商人的因素,更有在不平等条约下夺回被外国商人所掌握的商权的意图"②。1875 年,为向制茶者贷款以增进生产并垄断狭山茶销售,埼玉县高丽郡狭山市以地方豪强(富农)繁田武平为首,成立狭山会社。该会社前期由个人筹资 3000 元,1876 年、1877 年分两次向政府共借得贷款 1 万元。1876 年,狭山会社与美国纽约的日本商人佐藤百太郎缔结协议,狭山会社负责收购当地茶叶,横滨的佐藤商店分店负责向美国直接出口。一年之后,佐藤商店销售回款困难,无力偿还政府劝业金并宣告倒闭。受此牵连,狭山会社的出口业务中断,只得转向国内市场,1883 年最终倒闭。1877 年,在内务省劝农局的支持下,静冈沼津市的江原素六、依田治作、坂三郎等怀着收回商权的目的成立了积信社,资本金 3 万元。该社成立初资金紧张,后从三井物产、横滨正金银行贷款,扩大红茶制造等事业,甚至策划向俄国出口红茶。③ 积信社在美国纽约市场扩大销售的设想,得到总领事富田铁之助、大藏省商务局长河濑秀治以及神鞭知常的支持,积信社委托三井物产纽约分店销售。在美国销售初期,尚十分顺利,每年销售量在 25—30 吨,后超过 100 吨。其后恰逢劣茶出口的高峰期,日本茶叶在美国的口碑下降,市场行情下滑,积信社 1882 年向美国出口的着色茶和粗劣茶被拒绝入关,只得

---

① 富澤一弘:《明治前期に於ける生糸直輸出の位置》,《高崎経済大学論集》2002 年第 45 卷第 1 号,第 35—54 页。

② 原口清、海野福寿:《静岡県の歴史:近代・現代編》,静岡:静岡新聞社 1979 年版,第 49 页。

③ 沼津市史編さん委員会、沼津市教育委員会編:《沼津市史 通史編 近代》,沼津:沼津市 2007 年版,第 87—89 页。

退回横滨。① 对于直输出事业起步不久的初创公司而言,这无疑是一场灾难。1883 年积信社债务已达 9 万元,同年美国首次出台茶叶进口规制法令成为压垮积信社的最后一根稻草。1878 年萩原佐吉、丸尾文六、冈本左市等从政府获得借贷金 4 万元,自身筹集 2 万元,在静冈创办了有信社,从事再制茶生产,试图向美国输出。② 其在美国的销售主要通过三井物产会社和弗雷泽商馆(Fraser Co.)开展,因生产方法不当,有信社 1880 年、1881 年连续亏损,并于 1881 年解散。综上可见,直输出事业之成功,非短期内可以实现,需要制作技术、专业人才等各方面的长期积累,1877 年,英国领事威尔金森(H. S. Wilkinson)在报告中曾指出:"本土托运人仍继续自行将茶叶托运到美国,但就目前所能确定的结果来看,并不是很令人满意。他们看起来似乎不知道美国市场上所需要的茶叶的正确制作方法。所托运的茶叶没有恰到好处地复火,缺乏风味和清新气,这不是美国市场最需要的茶叶。"③

19 世纪 70 年代后半期到 19 世纪 80 年代前半期,日本成立的茶叶直输出公司以乡土地域为中心、存续时间短、自有资本金少,且多需要借助于其他途径和力量销售,无法在海外市场开展独立营销活动。狭山会社、积信社、有信社等公司,创办者多为地方上有名望或有财力的豪强,以地方町村等地域为中心组织公司,狭山会社虽营业 8 年,但真正从事直输出业务的时间仅 1 年左右。创办资本金亦不大,有信社也不过 6 万元,其中资金多来自政府,自有资金所占比例更低。类似的公司还有 1879 年北村祥之助等创办的清水制茶会社,早期通过横滨弗雷泽商馆寄售,其后通过日本商馆向美国输出;1881 年,在内务省劝商局和横滨正金银行支援下伊藤基等成立横滨日本红茶商馆,面

---

① 静岡県茶業組合聯合会議所編:《静岡県茶業史》,静岡:静岡県茶業組合聯合会議所 1926 年版,第 482 頁。

② 大石貞男:《静岡県茶産地史》,東京:農山漁村文化協会 2004 年版,第 394 頁。

③ "British Consular Trade Report for Kanagawa for 1877", British Consulate, *Kanagawa*, *Japan Weekly Mail*(Vol. Ⅱ), No.14, July 30, 1878, p.409.

向澳大利亚输出日本红茶。这一时期日本地方士族豪强之所以热衷于从事茶叶直输出事业,离不开 1875 年起内务大臣大久保利通所力推的直输出保护政策。① 内务省、外务省、大藏省、农商务部等中央部门是政策的推动者,向业界提供劝业金借款、金融汇兑、海外市场信息等方面的支援,相关政策一直推行至 1883 年。而各地方府县鼓励民间贸易,以期在国际市场推动日本商品输出、恢复本国商权。当时日本主要出口商品是生丝(含蚕种)、稻米和茶叶等,在此阶段成立的直输出公司中,茶叶公司数量达 8 家,其次是生丝出口公司(含蚕种)6 家,稻米出口公司 2 家。② 据笔者统计,此时期成立的与前文所述会社目的相同、性质相似、结局相近的企业,还有新潟县的村松制茶会社、九州福冈的星光社、熊本的东肥制茶会社、高知的混混社等。可见,日本产业对茶叶国际贸易的利润多有觊觎。而此时也恰是英美等国注意茶叶掺假问题、提高市场准入门槛的时期,这些事业刚刚起步、资本孱弱的日本直输出会社,难以承受市场不确定性带来的风险和损失,在严格的规制面前大多应声倒下。

作为后起的资本主义国家,日本的外贸主导权最初被在居留地的外商所控制。外商的资本更加雄厚,技术优势地位比较稳固,对国际市场信息的掌握更加便捷,这是日本早期创立的以直输出为宗旨的公司难以与外商竞争的重要原因,本土直输出商品也多通过外国商馆等寄售。但日本的茶业者并不甘于失败,而是在府县甚至更大范围内开展规模化联合,以抵御海外市场的不确定性经营风险,进一步提高日本茶叶直输出的能力。19 世纪 80 年代中期,三重县制茶会社、山城县制茶会社、京都制茶会社、大阪制茶会社、静冈制茶输出会社、埼玉县制茶会社等新型直输出公司相继成立。

在这些公司中,典型代表是三重县奄芸郡豪农驹田作五郎所创立的三重

---

① 直输出的详情,可参见海野福寿:《直輸出の展開》,《横浜市史》第 3 卷上,横浜:横浜市 1961 年版,第 615—629 頁。

② 富澤一弘:《明治前期に於ける生糸直輸出の位置》,《高崎経済大学論集》2002 年第 45 卷第 1 号。

县制茶会社。驹田作五郎的制茶事业,最初也起步于同狭山会社、积信社等类似性质的资本弱小公司。驹田作五郎是三重县的议会议员,拥有面积 12 公顷的茶园,自产自制。在日本传习、改制红茶风潮的带动下,1880 年驹田向英国出口 10 吨红茶,次年成了制茶输出会社,试图扩张茶叶直输出事业。1881 年驹田生产了 34 吨红茶,委托横滨的贸易商馆直接出口,从横滨正金银行贷款 1 万日元。贸易商馆根据当年市场情况,将茶叶分别向荷兰、德国、俄国和澳大利亚输出,一部分通过三井物产向美国输出,还有一部分通过大仓组向英国出口。① 这批茶叶海外市场评价不高,保险商破产,提供外汇支持的正金银行遂减少向其借款,这三重因素叠加导致驹田公司破产。但驹田没有就此退缩,而是在 1882 年重新组织三重县制茶会社。他认为防止茶叶粗制滥造、收回被外人攫取的商权,需要募集资本、加强团结,以实现茶叶的对外直输出。他认识到资本的重要性,遂将公司的资本金提高到 20 万元,实际出资现金为 2 万元,其他多通过不动产抵押方式募集。直输出事业起步初期,失败者居多,故当时业者多持观望态度。驹田怀有坚忍之心,在津(日本地名)设立总部,于自家茶园设立再制工厂,运往设立在横滨的分公司,委托沃尔什·霍尔洋行向美国销售。1882 年出售的绿茶和红茶遭遇美国市场茶价下行,损失 3000 元。于是驹田关闭设置在津的总部,把横滨的分公司转让给亲戚驹田彦之丞和铃木三右卫门。这是驹田作五郎制茶直输出事业的第二次失败。

1883 年美国出台《茶叶进口法案》,刺激了日本茶业界改良制茶的决心,也再一次激发了驹田作五郎的直输出梦想。他邀请横滨沃尔什·霍尔洋行的创办人托马斯·霍尔(Thomas Walsh)到三重县,向县内茶业从业者讲授美国茶叶市场情况、扩大销路的方法和直输出的意义等。托马斯·霍尔是最早在日本从事茶叶贸易的美国公司先驱,他的公司 1859 年在横滨美国居留地 1 号

---

① 日本茶输出百年史编纂委员会编:《日本茶输出百年史》,静冈:日本茶输出组合 1959 年版,第 91 页。

设立,被日本称为"美国1号",当年向美国出口了第一批日本茶叶。① 利用此契机,驹田作五郎制定了一份新的直输出方案:以向美国出口为目的,收购三重县内的制茶公司,并募集新的资本金用于设立新的公司和事业扩张;设立再制茶工厂,负责验收粗制茶、品级鉴定、茶叶精制等,并向卖方预支货款;直输出的茶叶不再使用化学颜料染色,改制本色茶,并注意改善包装;遴选负责收货及监督、检查、汇金处理等事务的合适职员。托马斯·霍尔对驹田作五郎的这一方案持有浓厚兴趣,认为应派专人对再制工厂的茶叶品质等各方面检查,并开出具体合作条款,包括茶叶到达美国后茶款付款比例、茶叶售罄的回款期限和中介手续费等。对于沃尔什·霍尔公司而言,此举可以垄断三重县的茶叶出口,又能避免茶叶收购的投机性,获得稳定的佣金收入;对于驹田作五郎而言,可以避免在美国市场的经营风险,扩大出口。两人营造的氛围和相对切实可行的商业方案,获得三重县众茶商的支持,103名制茶业者纷纷响应,共同成立三重县制茶会社。

新设的三重县制茶会社向三重县发出保护请愿,该县县令岩村定高将此转呈农商务省,农商务省又转交大藏卿。中央政府各官员对民间的商品出口抱有极大兴趣,决定将该公司从三重县到横滨、从横滨到美国的金融汇兑等业务,都交给正金银行负责;农商务省派出官员负责制茶品质的鉴定及监督,三重县也派出2名制茶事业监督。1884年,三重县制茶会社从横滨聘请了再制工人,在四日市新设了总公司和再制工厂,再制茶和直输出事业步入正轨,出口额一路呈上升趋势:1884年茶叶出口量为26.2万斤,1885年为31.2万斤,1886年为56.4万斤,获得了相当可观的利润。② 三重县制茶会社产生良好的示范效果,其他各地纷纷学习其营业模式,设立了一批类似的公司。日本制茶

---

① William Harrison Ukers, *All about Tea* (Vol. Ⅱ), New York: Tea and Coffee Trade Journal Company, 1935, p.212.

② 日本茶输出百年史编纂委员会编:《日本茶输出百年史》,静冈:日本茶输出组合1959年版,第94页。

输出以小规模公司为主的情形为之一变,新成立的公司与三重县制茶会社相类似,以县域和较大规模资本为经营和立足的基础。如明治十八年(1885年),在静冈县茶叶经营者联合基础上成立静冈县制茶直输会社,社长崎伊兵卫、副社长山村浅次郎、董事丸尾文六和海野孝三郎计划每年对外出口30万斤茶叶,经大仓组横滨支店之手,直接出口到美国,以纽约的梅尔巴尔(メルバル)商馆、拜比(ベービ)商馆为平台销售。①

然而好景不长,随着中国、日本、印度、锡兰等大力开拓,美国茶叶市场出现供过于求的情况,货品滞销、积压严重,1887年茶价猛烈下跌。这一时期美国是日本茶叶的主要销售市场,行情的艰难给刚进入直输出勃兴阶段的日本茶业者以巨大压力,有的公司被迫缩小出口规模,有的则选择放弃出口、转向在日本国内销售,更有甚者直接将公司解散。危机之下,也给了从业者抱团合作、谋求共进的推动力。1889年2月,三重县制茶会社、山城制茶会社、京都制茶会社、大阪制茶会社、静冈制茶直输会社、神户制茶会社等6家公司在东京集会,洽谈合作事宜。会议认为应该成立以这6家公司为中心的全国性的海外贸易公司和联合输出同盟,避免日本茶叶从业者相互恶性竞争,一致对外以谋求海外市场的拓展。他们分别向公司所在的府县递交成立"日本制茶会社"的请愿书。驹田作为代表向农商务大臣说明此举的目的和意义,希望政府予以保护,政府方面并未同意。

驹田的愿望和动议虽然受挫,但他不是独行者,其他茶叶从业者有同样的目标和追求,都希望在全国范围内实现聚集和联合。1889年9月,全国121名茶叶从业者集会,举行"全国茶业有志者大会",讨论日本茶业所面临的危机及开拓市场等方面的问题。讨论成果有二:一是认为应改变以美国市场为主的单一输出局面,应扩大向俄国的输出,以挤占中国茶叶在俄国的市场份额;二是应扩大联合,创办新的统一的茶叶出口公司。因此,组建强有力的直

---

① 静冈县编集:《静冈县史　通史编　近现代一》,静冈:静冈县1989年版,第379页。

输出公司势在必行,茶业界实力派人物如高知县平尾喜寿、京都府山西春根、伊东熊夫、江崎信太郎,静冈县多米八郎、丸尾文六、坂三郎,东京府大仓西八郎、河赖秀治,大分县小野义三郎,横滨大谷嘉兵卫,德岛县石田贞二,滋贺县真田武左卫门,大阪矢野佐太郎等成为新会社的筹备委员。

1890 年 3 月,在东京召开的第三回茶业组合中央会议上,新设出口公司的动议再次被提出。与会者认为应该举全国茶叶产业之力,向政府申请拨款 20 万元补助金。茶业中央会议所对此极力支持,计划每年提供 6000 元补助金,分五年给付。平尾喜寿、多米八郎、伊东熊夫等作为代表,继续向政府申请补助金,经过一番周折,政府在 3 月底终于同意拨付 20 万元给予支持。新设立的公司与驹田的设想相同,为"日本制茶会社",注册资金 50 万元,每股 50元,募集 1 万股。是年,正值日本经济危机爆发,茶业者普遍资金短缺,日本制茶会社无法募集到足够股份,只得修改章程,一再降低股价,甚至一度降低至每股 5 元。农商务部十分恼火,各股东出现动摇,内部一度混乱,甚至对政府出资颇有攻讦。最终,农商务大臣陆奥宗光于 1891 年下令,要求返还政府补助金。承载宏大心愿的日本制茶会社胎死腹中。

日本制茶会社的筹组看似曲折、无果而终,却具有重要意义。其一,表明日本茶业界要实现直输出的强烈决心,这不是一个人或者某一特定群体的决心,而是已经形成整体性的氛围,是共同的追求和目标。其二,深刻认清了直输出的巨大现实利益,一旦目标实现则会破除外国商馆的利益垄断,收益实现倍增,还可以解决居留地内的赝品茶和伪劣茶问题,掌握消费国对其品质和品种的需求信息,实现质量控制的内在化。其三,日本政府表现出对直输出的浓厚兴趣,以协力的方式积极支持日本茶叶向海外市场的扩张。其四,茶业界的经营和管理人才在会社的筹组过程中表现出不凡的领导力和组织才干,这为新直输出会社的组建提供了人力资本积累。

1895 年日本在中日甲午战争中获胜,滋长了其扩张的野心,茶业界对直输出的情绪也随之高涨。曾被农商务大臣指定为日本制茶会社社长的大谷嘉兵卫,在横滨成立日本制茶株式会社,由长井利兵卫、尾崎伊兵卫、三桥四郎次、海野孝三郎等人担任董事,资本金 20 万日元。① 1896 年,神户成立日本制茶输出会社,京都成立伏见起业合资会社。新成立的公司,充分吸取之前直输出公司的经验和教训,不再委托居留地的洋商销售或者是寄售给三井物产、大仓组等日本商社的海外分支机构,而是通过国内的再制茶公司直接向设在消费国的分支机构或者日本开设的茶叶代理店供货。在北美地区,纽约设有古谷、芝加哥设有水谷、蒙特利尔设有西村、圣路易斯设有本间等商馆,各会社再制茶在国外的销路和通道已经打开。如神户的日本制茶输出会社一度委托芝加哥的诺贝尔·戈特利布(Nober Gottlieb)为代理,但很快戈特利布就与日本满谷商社合组为戈特利布·满谷商馆,进一步打通静冈和芝加哥之间的商业联系。② 这减少了贸易中间环节,从生产、输出到海外销售都纳入日本商人的掌控之下,实现了真正意义上的直输出。海外消费市场对茶叶品级、种类、价格等方面的需求信息,也通过这一渠道及时反馈至国内,降低了信息不对称所带来的各种潜在风险。这一目标的实现得益于近代日本的金融信贷、保险、外贸人才、海外分公司的同步发展,整体商业环境得到极大改善,可以实现相互衔接和配合,共同开拓海外贸易市场。

日本制茶输出会社和伏见起业合资会社两家公司发展比较顺利,快速扩大了直输出规模,其他地方也借鉴其经验,类似性质的再制造和直输出公司以雨后春笋之势发展起来。比较典型的公司集中在静冈县的静冈市、堀之内町、江尻町(今清水市)、藤枝町、远州吉田、牧野原、挂州町、冈部町、岛田町、金谷町,主要有 1898 年设立的富士合资会社、静冈市东阳制茶株式会社,1899 年设立的静冈县制茶会社,1900 年设立的富士合资会社分店,1902 年森荣助、伊

---

① 静冈新闻社编集:《静冈县政の百年:その步みと群像》,静冈:静冈新闻社 1978 年版,第 125 頁。最初设立在横滨宫川町,该会社 1906 年发生火灾后,为适应新时代日本制茶中心的转移,搬迁到静冈县静冈市安西之地。
② 茶业组合中央会议所编:《日本茶贸易概观》,東京:茶業組合中央會議所 1936 年版,第 158 頁。

藤春吉、成冈甚之丞等人成立的商店以及东海制茶会社、笹野德次郎商店，1903 年设立的吉川觉次郎商店，1904 年设立的骏静制茶合资会社，1905 年设立的铃木常次郎商店、中村元一郎制茶部、牧野原制茶株式会社、小笠制茶株式会社、骏冈社、斋藤仪太郎商店、岛田制茶会社、村松制茶会社等。① 静冈县纷纷设立以再制茶和直输出为目标的公司，勃兴繁荣，给日本茶叶贸易带来两大变化：一是输出港从横滨转移至清水港（1900 年辟为商埠），二是日本茶业发展从商业资本模式向产业资本模式转化。这些新变化的出现，是日本茶业者掌握茶叶再制工艺和直输出后的必然结果。就贸易市场的迁移而言，静冈等地是重要的茶叶产地，靠近产地设立工厂，减少了将粗制茶或者鲜叶运到横滨再制的环节，节省了生产和运输等方面的费用。横滨是港口城市，风大且潮湿，不利于茶叶的干燥和保存，而静冈则距离海洋有一段距离，更加适合开展茶叶加工制造活动，且附近有优质的清水港可资利用，制造完成后可直接输出。新型的茶叶再制工厂和贸易公司主要分布在静冈县，而京都、神户、三重等地涌现了一批类似的公司，且同样出现了向生产地迁移的趋势，以降低各方面成本。

日本茶叶直输出事业在 1887 年和 1888 年曾出现新的转机，这两年是三重县制茶公司、日本制茶会社等较大规模直出口公司的活跃时期。即便在这种情况下，1887 年日本对外出口的茶叶数量为 3566 万斤，金额 760 万元，其中由日本直输出的数量仅为 140 万斤，金额 20 万元。② 按照比例换算，日本直输出茶叶数量占比仅为 3.9%，金额占比更低至 2.6%，金额占比低于数量占比，说明日本直输出茶叶价格比外国商馆输出的价格低廉。1897 年，直输出数量占比已经增加至 13.2%。20 世纪初期，日本制茶的海外直输出呈现繁荣景象。得益于各个公司通力合作，日本茶叶的直输出贸易量大幅提升，1907

① 茶業組合中央会議所編：《日本茶貿易概観》，東京：茶業組合中央会議所 1936 年版，第 157—158 頁。
② 農商務省編：《第三次輸出重要品要覧農産ノ部（茶）》，東京：農商務省 1909 年版。

年在全部海外输出制茶中所占比例提升至 30% 以上,次年接近 50%(见表 9-1)。在各界不懈努力之下,日本包括茶叶在内的商品直输出事业最终取得突破。据统计,1874—1900 年,日本贸易商社出口的商品占总出口比重,由 0.6% 提升至 37.1%。① 日本的再制茶直输出能力有了极大突破,具备了与外商一较高下的能力,外国商馆不得不让渡市场。1903 年底,美国驻神户领事塞缪尔·李昂(Samuel S.Lyon)在报告中称,与 1902 年同期相比,在 1903 年的前 6 个月,更多的日本茶叶被输往美国。在此期间,由日本商人向各个国家直输出的茶叶金额增加至 1136937 美元;日本全部出口的茶叶总额为 2887883 美元,而在 1902 年同期出口总额为 1750946 美元。② 塞缪尔·李昂认为,日本茶叶直输出的成功可能要归功于质量的提高和更大力度的市场开拓。1930 年以后茶叶直输出增速进一步加快,1935 年日本共出口茶叶约 3359 万磅,其中日商直输出为 2000 万磅,外商约 1360 万磅,日商占比近 60%。1937 年,中国金陵大学农学院刘轸对此深深感慨:"(日本)追过外商,收回过半之输出商权矣。"③

表 9-1　日本制茶直输出数量表　　　　　　　　单位:斤

年份	直输出量	外商输出量	制茶总输出量	直输出量占比(%)
1875	21872	19609339	19631211	0.1
1876	239542	17734935	17974477	1.3
1877	27240	19208405	19235645	0.1
1878	162781	21242059	21404840	0.8

① 与此同时,进口贸易的主动权也取得突破。由日本贸易商社进口的商品在总进口货物中所占比重,由 0.3% 提高到 39.4%,见松本清:《近代日本贸易史》第 2 卷,东京:有斐阁 1971 年版,第 135 頁。

② Samuel S.Lyon, "Japanese Direct Foreign Trade, December 22, 1903", in Department of Commerce and Labor Bureau of Statistics, *Monthly Consular Reports* (Vol. Lxxv), Washington: Washington Government Printing Officer, 1904, p.217.

③ 刘轸:《日本茶叶贸易史》,《中华农学会报》1937 年第 160 期。

续表

年份	直输出量	外商输出量	制茶总输出量	直输出量占比(%)
1879	102094	23985653	24087747	0.4
1880	442367	27114284	27556651	1.6
1882	100411	28200723	28301134	0.4
1883	14936	27845250	27860186	0.05
1884	18349	26835122	26853471	0.07
1885	167769	30766371	30934140	0.5
1886	101437	35595301	35696738	0.3
1887	1595358	34016148	35611506	4.5
1888	1508363	31660393	33168756	4.5
1889	316027	32020517	32336544	1.0
1890	396997	36853731	37250728	1.0
1891	616865	39307134	39923999	1.5
1892	985052	36533151	37518203	2.6
1897	4316870	28315813	32632683	13.2
1907	9717858	20966614	30684472	31.7
1908	12889715	13773256	26662971	48.3
1909	14404626	16336944	30741570	46.9
1910	19328755	13617662	32946417	58.7

资料来源:横浜市編:《横浜市史》第 3 卷上,横浜:横浜市 1961 年版,第 723 页。

　　静冈日本茶业者再制和直输出事业的发展,给横滨、神户等传统的茶业贸易港口以较大冲击,特别是居留地的外商茶业经营出现困顿,一些商馆不得不放弃茶叶外贸业务。1893 年,位于横滨居留地 7 号的太古洋行(Butterfield & Swire)解散了茶叶部。1898 年底,居留地 48 号的莫里森商馆(Morrison & Co.)、22 号的斯韦纳顿商馆(Middleton & Smith)、史密斯·贝克商馆(Smith,Baker & Co.)、143 号的弗雷泽·维纳姆商馆(Frazer & Vernum Co.)等都撤销了制茶部,停止向国外市场输出茶叶。1899 年,协和洋商(Hellyer & Co.)趁日本颁布《内地杂居令》,实现全面开放的契机,在静冈市设立分公司并建设再制茶工厂。1901 年末,33 号的莫里扬·海曼商馆(Mourilyan,Heimann & Co.)在竞争中经营不善,宣告倒闭;221 号的康世商馆(Cornes & Co.)废除了经营 35 年的制茶部,委托 216 号的卡特·美时商馆(Oliver Carter Macy,Inc.)再制。1902年,横滨 162 号约翰·C.齐格弗里德商馆(John C.Siegfried)关闭了横滨的制茶工厂,向静冈县搬迁;1912 年,乔治·美时(Geo.H.Macy & Co.)关闭了位于横滨 101 号的堆栈,前往静冈。此时,在横滨从事茶叶贸易的外国商馆已经不足 10 家。日本另一重要的茶叶再制港口神户,外商的萧条情形与横滨并无二致。1902 年以后,神户的协和、史密斯·贝克、约翰·C.齐格弗里德和卡特·美时等各商馆,在日本制茶输出会社强有力的竞争下退出或业务转型。① 经过 40 余年孜孜不倦的努力,日本茶界终于将商权和利权收回,再制茶及其海外直输出取得了成功。

---

① 茶業組合中央会議所編:《日本茶貿易概観》,東京:茶業組合中央會議所 1936 年版,第 159 頁。

第十章 中日茶叶的国际推广与市场调查

作为一种消费饮品,茶叶的口感对重复消费人群的吸附性至关重要。以印度出产的红茶为例,因其口感过于浓烈,最初在英国市场并不受欢迎。经过不遗余力的推广,英国消费者适应了印度红茶的滋味,将其视为纯正的英国式红茶,反而认为中国红茶烟熏味过重,质量较差。因此,茶叶质量除保持其内在品质的连续性和稳定性外,口感的市场推广以及不断推出新口感的茶叶,成为满足消费者质量需求隐性规制的重要手段。近代以来,为更好展现科技力量和各国实力,各种国际性的工业、农业博览会层出不穷,为商品的营销和品质展示提供了丰富的场所、契机和空间。根据传统的分类法,茶叶属于农副产品,但在茶叶制作实现机械化后,茶叶同时又是工业制成品。中国和日本都不同程度地参与了西方国家主导的各种国际博览会,并在会议中展出推广各自的茶叶,以满足消费者对茶叶的需求。

第一节 国际博览会及国内赛会

1851年,英国伦敦首次举办万国博览会,以此为肇始,欧美国家掀起举办博览会的热潮,借此展现本国工业和经济实力。1862年,英国驻日公使阿礼国(Rutherford Alcock)收集了与日本相关的展品,在第二届伦敦万国博览会设立专柜展出。这次展览并非日本官方行为,受制于展品的代表性,展出效果有限。日本正式在国际展会亮相,始于1867年。当时德川幕府即将土崩瓦解,各藩有进入国际市场的积极愿望,其中佐贺、萨摩两藩最为主动。幕府以及萨摩、佐贺两藩参加了法国拿破仑三世举办的1867年第二届巴黎万国博览会,组织了小规模的展出。此次展会设立了吃茶店,有三名年轻日本女性专事招徕,受到欢迎,颇有人气。此后,日本在参加世界各类博览会都会设置茶店,作为推广日本茶叶的必备营销手段:"日本庭院中,必有吃茶店,以妙龄当垆,是又一招徕之法也。"①

图 10-1 1867 年巴黎国际博览会展馆
日本萨摩藩展馆外景②

图 10-2 日本展馆内部吃茶店③

日本首次在国际博览会展出茶叶,是1870年在美国旧金山举办的工业博览会上。1876年,日本参加美国费城世界博览会,在会上展出日本茶叶等产品,这是日本茶业在美国开展宣传的开端。1879年,大仓组将各红茶制作传习所出产的约8374磅红茶,送往澳大利亚销售,并参加悉尼万国博览会。最

---

① 李文权:《中国对外博览会之失败及对于本年日本巴拿马三宝垄三博览会出品意见书》,《中国实业杂志》1914年第5卷第1期。

② *Japanese Satsuma Pavilion at the 1867 International Exposition in Paris*, https://www.pinterest.com/pin/570972058990778341/.

③ "Types Nationaux à l'Exposition Universille.-Japon.-Intérieur de la Maison du Gouverneur de Satzouma," *Le Monde Illustré*, Sept.28, 1867, p.197.

终传习所制造的红茶获得优等奖,这令日本茶业界倍感振奋。1880 年澳大利亚墨尔本举办万国博览会,日本鹿儿岛县士族纳新卓尔、爱媛县士族佐佐木猛纲见澳大利亚红茶消费量大,有利可图,遂将传习所出产的红茶向澳大利亚贩卖。1881 年 1 月,纳新卓尔输出红茶 5000 磅,佐佐木猛纲输出 4500 磅。① 博览会窗口的展出效应,对日本茶叶销售带动作用非常明显,但因为技术不到位、品质不稳定等因素导致伪劣茶等问题出现,日本在澳洲市场的尝试遭遇重创。但这没有浇灭日本参加国际博览会的高涨热情,至 1885 年已经参加20 次。

图 10-3 1876 年美国费城万国博览会日本馆外景②

美国学者威廉·乌克斯注意到日本参加世界性博览会的积极性甚高,并在展会上不遗余力地宣传和推介,以满足西方消费者的需求和嗜好:"在 1876年费城的百年纪念博览会、1893 年的芝加哥博览会、1894 年的安特卫普、1898年的俄马哈、1904 年的圣路易士⋯⋯直到 1933 年的芝加哥博览会上,都有日

---

① 角山栄:《茶の世界史—緑茶の文化と紅茶の社会》,東京:中央公書 1980 年版,第 15 页。
② 日本国会图书馆网站,《博覧会・近代技術の展示場》,1876 年フィラデルフィア万博・日本館(即売会場),http://www.ndl.go.jp/exposition/s1/index.html。

本的茶叶展出。在这些博览会上，日本建造了日式亭阁、园地，并用年轻女子身着日本服饰招待观众，以推介日本茶叶。"①来自中国的旅美人士也注意到这一现象，并与中国状况作了对比："日本赴赛甚认真，他们的茶叶展览，附设品茗处，即在布景的茶田旁，采茶女白衣白帽，洁而美的神气，宣传了表里一切。中国代表团先闹人事纠纷，携带难以解释的家眷，出品既贫之，准备亦不够经心。"②日本参加国际博览会时，各方面相互配合，组织比较严密。1892年，日本中央茶业组合联合会议所受邀参加芝加哥世界博览会。伊藤雄男被派往先行考察，伊藤一平被派往芝加哥进行筹备，留美学生古屋竹之助予以协助，山口铁之助任经理。展览会期间，山口及筹备人伊藤一平遍游美国，考察各个主要消费市场。

图 10-4　1893 年美国芝加哥世界博览会
日本茶室

图 10-5　1898 年博览会日本茶室③

　　在参加各国世界博览会的过程中，与会人员深感博览会的宣传推广与示范带动作用，于是积极推动在日本国内举办类似形式的赛会，称为"劝业博览

　　①　［美］威廉·乌克斯：《茶叶全书》，中国茶叶研究社社员译，中国茶叶研究社 1949 年版，第 104—115 页。

　　②　沈亦云：《流亡期间观巴拿马万国博览会》，陈占彪编：《清末民初万国博览会亲历记》，商务印书馆 2010 年版，第 317 页。

　　③　"Japanese Tea Garden，G.G.P.［i.e.Golden Gate Park］，1898"，The Bancroft Library，University of California，Berkeley，https：//calisphere.org/item/ark：/13030/tf9p3011w7/。

会"、"共进会"等。劝业博览会所包含的产品种类较为丰富,农业和工业产品皆有之,属于综合性博览会;共进会主要针对某一或某几种商品,相比较而言,行业性较强。无论哪种形式,其办法都借鉴了西方博览会模式,在政府的组织下,将各府县本辖区内的特色物产,汇聚一堂、共同展出,聘请专业人员甚至观众品评等级和质量优劣,向获奖物品或生产者颁发奖章。

起初,被大米和茶日本政府列为共进会的物品,后又拓展到生丝等,由于这些物品是当时出口创汇的重要商品,其品质的高低、市场认可的广泛程度等会直接影响国外市场的开拓水平。1879 年 3 月,劝农局松方正义局长从法国博览会视察归来,商务局长河濑秀治随后也归国。松方正义对法国产业奖励保护办法颇为赞赏,会同内务省、大赞省长官,共同商议路径和方法,确定了举办"共进会"的具体事宜。5 月,发布生丝、蚕茧、制茶等行业召开共进会的通告。9 月 15—31 日,在横滨召开制茶共进会,前后历时半月有余,这是日本召开共进会的嚆矢。本次展会出产各类红、绿茶叶 1172 种,出品人员 846 名。负责审查茶叶的专业委员会由 28 人构成,内务省御用挂的多田元吉任委员长,劝农局上林熊次郎以及茶叶制作者和茶商代表大谷嘉兵卫、丸尾文六等任委员,这些人后来成为日本茶业界的领军人物。共进会颁发特别一等奖 1 名(宇治制茶),一等奖 6 名(丸尾文六等出品),二等奖 26 名,三等奖 33 名,四等奖 23 名。在颁奖会上,内务卿、大藏卿、劝农局、劝商局等政府要员悉数出席,共有 500 多名参加者,演奏军乐,极为隆重。博览会方面,1877 年 11 月,日本召开第一回国内劝业博览会,向出产茶叶品质优良者颁发龙纹奖牌 11 名、凤纹奖牌 45 名、花纹奖牌 41 名、奖状 65 名。

日本政府和茶业界在借鉴的基础上还有所创新,共进会举办期间还举办茶事集谈会(座谈会),就种植、制造、贩运等问题展开探讨,以提升日本茶叶的产量、品质和销售利润,并签订合作协议。第一回茶事集谈会由劝农局局长松方正义、劝商局局长河濑秀治召集,共邀请茶叶审查委员会及茶业有识之士39 人参加。参会人员在会议上发言较为踊跃,讨论了提高茶叶生产的方法,特别是用于出口的茶叶的栽培及粗制问题。各方意识到由于茶叶贸易的商权被外国商馆所控制,茶叶出口无利可图,这是造成粗制茶泛滥的重要原因;茶叶交易和销售中的种种弊端,对日本茶叶造成不良影响,这既有国外原因也有国内因素,但从根源上看还是制造问题,因此需要在生产和制造环节进行改良,已是迫在眉睫之事。集谈会上,各方代表要求建立茶业交易的规则:横滨的茶叶商代表大西吉松,希望日本茶商和外国商馆之间打破交易的陈规陋习,扫除现有的交易障碍,避免茶叶进入商馆仓库后因各种问题(如火灾)所引起的纠纷;三重县福冈太郎兵卫、东京神鞭知常等希望在问屋仲买与制造者之间要有一定规则,并应设立组合,实现诚信经营、不为外商所欺侮,以振兴茶业。[①] 集谈会与会人员对茶叶交易和制造等方面提出的根本性变革,最终在1883年的《茶业组合准则》中得到体现,另一方面说明《茶业组合准则》的组织思想在第一次集谈会中已经初步形成了共识。

制茶共进会及集谈会对日本茶叶经验的推广、技术的共同研究和学习、优质茶的筛选与宣传等方面的作用是巨大的。自此之后,日本在中央层面举办共进会、集谈会成为一种惯例。1881年,召开第二届国内劝业博览会,出产茶叶受到奖赏者,有功奖牌一等6名,进步奖牌三等2名,有功奖牌二等26名,等同三等62名,奖状62名。1882年9月,第二届制茶共进会在神户召开。出品茶叶品种4397种,出品者3752名,颁发一等奖金杯2名,二等奖10名,颁发银杯一座、现金10元,三等奖20名,颁发银杯一个、现金5元,四等奖30名、奖杯一座,五等奖100名银杯一座,六等奖木杯一个200名,七等奖木杯一个400名,功勋奖14名,追加奖14名。10月9日,制茶集谈会召开,商讨贩路扩张、制茶品质的改良等相关问题。本次制茶集谈会作为茶业组合的起点,标志着茶业组织的正式缔结。召集会议所形成的学习共同体所带来的最大成果,是在美国推出质量门槛后,日本茶业界能够快速行动,出台《茶业组合准

① 内务省劝农局、大藏省商务局:《共進会报告:製茶部茶事集谈》,東京:有鄰堂1879年版,第87、80页。

则》,组建了日本茶业界中央领导团体以及与地方联动的模式。

全国组织的博览会、共进会和集谈会,给各府县官府以示范。与会代表返回各自府县后,积极推动当地政府举办类似活动,当地官员派遣代表参加活动,提供奖金、积极援助,不遗余力地推动本地茶叶等商品的品质改善和市场推广。官行之,则民效之,日本掀起举办博览会和共进会的热潮,即便是在通货紧缩时亦热情不减。

表 10-1　松方通货紧缩期的博览会和共进会的举办次数[1]

年度	博览会	共进会	
		茶	总计
1881	6	—	8
1882	7	6	15
1883	6	5	36
1884	13	9	65
1885	9	15	110

与日本相比,中国在世博会上的亮相要早很多。1851 年,为展示英国发展成就,伦敦举办第一届世界工业博览会。在这届博览会上,来自上海的香山商人徐荣村以"七里湖丝"摘得桂冠,这一荣誉已被久为传颂。除此之外,一个在华英国官员和商人自发组织的中国馆、来自"耆英号"商船的希生广东老爷、一个四口的中国家庭等在这次世博会上亮相。[2] 在中国馆,展出的商品包括了茶叶,其种类有工夫茶、白毫茶、宁阳茶等。这次博览会不仅将茶作为单一的商品呈现,而且全方位呈现与茶有关的方方面面:茶叶生产、包装、装运的模型和图画,闻茶香的器具以及茶罐、茶杯等相关物品,茶树及叶子、

---

① 根据《明治前期産業発達史資料》第 4 集(1)、(2)、(3)、别冊(ⅰ)の一、の博覧会掛ないし博物局の各年博覧会表・共進会表制作。
② 仝冰雪:《世博会中国留影 1851—1940》,上海社会科学院出版社 2010 年版,第 12—33 页。

花、芽等样品。① 植物学家罗伯特·福琼在徽州等地偷偷收集的添加了石膏、姜黄根以及普鲁士蓝的染色绿茶叶样本,送回英国,在1851年的伦敦工业博览会上展出:"这一项公开展览代表的是,西方人运用科学方法,揭开英国国民饮料的神秘面纱。"②福琼揭露中国制茶工人的染色行为,通过博览会公之于众,其目的在于警示公众关注进口茶的品质,进而敦促英国加快实现茶叶质量控制的内在化,助推印度新兴的茶叶试验。

此后,中国茶在各地世博会经常出现,甚至有专门的茶艺人员。1867年巴黎世博会,有两名身着中国传统服饰的美貌女孩,在现场表演茶艺奉茶。两位姑娘来自中国福建省,名字分别为阿彩(A-Pchoe)和阿妮(A-Nai)。③ 她们在会场出现引起轰动,较好地扭转了西方人对中国茶的印象。1873年,维也纳的奥国万国商品陈列公会,一家中国茶馆向游客提供体验中国传统休闲生活的机会;1893年芝加哥四百年志庆万国赛奇会,设有中国戏园,其中有茶馆,提供各色茶品。在这些展会上,茶作为中国馆的特色点缀元素,展现的是东方古国的一种生活方式,而不是以贸易和销售为根本目的。当时,中国参加展会的多为外国商人组织,或者是号召商民、使馆派员、海关寄物等方式参加,少有系统组织,展出的商品缺乏系统规划,品级并不高。1878年,时任驻英法大臣、曾国藩次子曾纪泽在参观法国巴黎炫奇会时,对中日差距有深沉的感慨:"有论中国赛会之物,挂一漏万。中华以丝茶为大宗,而各省所出之绸,未见铺陈;各山所产之茶,未见罗列。至磁器之古,顾绣之不精,无一可取。他如农具、人物,类同耍物。堂堂中国竟不及日本岛族。岂日本之管会乃其土人,而中华则委西人之咎乎?"④记叙之中,对清政府组织不力的状况甚为不满。

① 上海图书馆编:《中国与世博:历史记录1851—1940》,上海科学技术文献出版社2002年版,第54,116页。
② [美]莎拉·罗斯:《植物猎人的盗茶之旅》,吕奕欣译,麦田出版社2014年版,第102—103页。
③ 仝冰雪:《世博会中国留影(1851—1940)》,上海社会科学院出版社2010年版,第42页。
④ 曾纪泽:《使西日记》,湖南人民出版社1981年版,第14页。

图 10-6　1867 年巴黎世博会的两名福建茶女合影

中国茶叶第二次较为引人瞩目地出现在世博会,是 1876 年美国费城世博会,但再次出现颇为尴尬的质量问题,遇到了销售困难。此次博览会设有"大清国"的独立展馆,参赛物品 720 箱,总货值 20 万两,茶同丝、瓷器、绸缎、雕花器和景泰蓝等一样,被推为第一。① 此次展出的茶叶,虽受到推崇,但在销售方面颇有困难,原因有二:绿茶掺杂过多,不够纯净;茶箱体积过大,批发和零售都有诸多不便。生丝也因做法不善,粗细混杂,质量较劣,为洋人所厌。受清政府委派参加展会的李圭认为,茶叶改为小包装,每磅(合中国十二两)一小匣,同时讲求匀净无伪,茶和丝的贸易都会有大的发展。这说明中国人在融入世界的过程中,开始认识到自身商品品质方面的不足,有意识地提出改进策略,以尊重外国商情、满足消费国的柔性质量规制。

参加 1904 年美国圣路易斯博览会、1915 年的巴拿马世博会时,中国官商

① 李圭:《环游地球新录》,湖南人民出版社 1980 年版,第 8—9 页。

对世界赛会有更加清晰的认识,组织参展等方面较为系统。筹备圣路易斯博览会时,清政府方面,外交部给光绪帝呈有奏稿,庆亲王载振等有参赛条陈,南洋商务大臣对参赛事宜也优待保护。政府派出贝勒溥伦为正监督,黄开甲、美国柯乐尔为副监督,筹集75万两平库银作为参赛经费。经历过甲午之败、辛丑之耻之后,中国实业界活跃起来,实业救亡图存的思想盛行。政府参与赛事、积极作为,得到商人的响应,将其视为收回外溢利权、参加商战的一大契机:"凡以振兴商务,收回利权,当经奉旨依议。中外有识之士,无不同声庆幸,以此举为中国商战之一大转机。凡有血气者,宜如何黾勉从事,踊跃争先,庶无负此良法美意。"①为参加圣路易斯博览会,上海商人设立章程,发行股份、募集资金,创办茶磁赛会公司(Shanghai Tea and Porcelain Company)。他们认为,中国的茶叶和瓷器无法在西方畅销,并非工艺不足,而是没有合适的商务和管理人才。故在安徽监制茶叶,在景德镇烧制瓷器:"务在翻新涤旧,择精选良,届期运赴美国会场,当场比赛,以期夺帜,遐方增光君国,于通商大局不无裨益万一也。"在系统的组织下,经万国评议官、农学博士等考验评论,公司送展的各种上等茶分数均在95分以上,由此获得各式超等文凭和金牌。此时,茶不再是生活情趣,而是有着很强的贸易指向性,通过品质的展示来吸引订单。上海茶磁赛会公司与美国布兰克公司(Blank Company)签订了一项具有里程碑意义的协议,购买现场零售所剩下的4万磅茶叶,布兰克公司成为该公司的美国代理商,负责全美的销售事宜。1905年,清政府颁布《出洋赛会通行章程》20条,鼓励各省商人选择精良物品,用于赴赛。

　　1912年3月,接到美国代表罗伯特·大赉(Robert Dollar)参加旧金山举办的巴拿马太平洋万国博览会的正式邀请时,中国各方面的准备和条件已与圣路易斯博览会时不可同日而语。彼时,北洋政府刚刚成立,急于展示国际形象、发展实业,而组织1910年南洋劝业公会的陈琪等一批善于举办会展的专

---

① 《江西茶磁赛会公司呈外务部禀稿》,《申报》1903年3月3日。

业人士脱颖而出,各方面条件相对成熟。中国很快派出 2 名代表赴美接洽,选定馆址;1913 年成立筹备巴拿马赛会事务局,隶属工商部,委派陈琪为局长和赛会监督;工商部筹措经费 190 多万元,动员组织展品,调查地方物产,审查、选择出品;制定和颁布了一系列规则和章程等。① 不仅如此,在听闻日本政府将拨款 100 万元支持丝茶两业参展巴拿马博览会时,我国浙江、江苏、湖北等地区都派专员参加了 1914 年的日本大正博览会,了解日本前期筹备巴拿马赛会的情况,并学习其振兴实业的方法。这种现场观摩和学习,带来的经验和教训足以让国人警醒并加以改进:"吾国向对于外国博览会也,出品亦十数次矣。然而失败者多,成功者少。推其缘故,一曰不重实业,二曰不求竞争,三曰不善研究,四曰不善经理。"② 在国内,事务局在上海、广州、汉口、天津等主要城市举办联合展会,各省也分别组织物品展览会,在这些展会的基础上,根据《筹备巴拿马赛会展览会出品检选规则》,遴选赴美参赛物品。

丝绸、茶叶、瓷器向为中国天然物产,品质出众:"尤为外国人所称羡,就历年海关贸易表观之,实为我国输出之大宗,亦我国国际贸易之命脉也。"③ 故在筹备事务局开办后,迭次行文各省,于丝、茶、绸缎、陶器等最应注意,劝导商人,征集精品,改良制作、研究装潢,以宣扬中国产品之光荣,扩张海外之销路。即此次展会宣扬国货品质、扩张贸易的指向性极为强烈,是博览会质量展示功能的鲜明例证。具体到茶叶而言,赛会事务局认为,近来印度、锡兰、日本茶盛行欧美,以致华茶有江河日下之势,亟应设法改良,以投外人之嗜好,而扩固有之利权,故 1914 年 2 月在局内召开茶叶出品讨论会。

---

① 参见梁碧莹:《民初中国实业界赴美的一次经济活动——中国与巴拿马太平洋万国博览会》,《近代史研究》1998 年第 1 期;马敏:《有关中国与巴拿马太平洋万国博览会的几点补充》,《近代史研究》1999 年第 4 期;洪振强:《民族主义与近代中国博览会事业(1851—1937)》,社会科学文献出版社 2017 年版,第 209—221 页。

② 李文权:《余于日本大博览会之意见》,《中国实业杂志》1914 年第 5 卷第 1 期。

③ 裘毓麟:《巴拿马赛会中国丝绸茶磁介绍书》,《中华实业界》1915 年第 2 卷第 9 期。

表 10-2　筹备巴拿马赛会事务局研究茶叶出品会议纪事①

事项	现有弊端	改进策略
调查时应注意事项	制茶向由妇女用手足摩擦,致蒙外人不洁之诮。	务须改用他法制造。
	茶商资本充足者不一而足。	须请大资本家出品,并须指导海外贸易之方法。
		南洋开劝业会,有南洋群岛侨商制茶机器出品,此项机器所值仅二千余元,制茶甚佳。招募侨商,集合国内各茶商改用机器制茶。
	羊楼洞制茶,往往于蒸茶时,不待水干即行销售于市,或以伪品混合致失茶之真味。	须征集干洁出品。
制茶时须参考事项	手工制茶。	机器制茶须参考日本及华侨之制法。
		制茶须参考日本以木板代人之手足擦磨及云南普洱茶之制法。
茶之包装方法	前赴圣路易赛会所用粗木箱,外观殊属不雅,且有用纸包者,外人多蔑视之。	改良包装,查日本用圆洋铁管装茶,印度用方洋铁管装茶,内又置有圆筒密盖,不使茶之香味散发,其法甚好。现在广东、安徽等省改用方漆盒或玻璃瓶装茶,尚有可采。兹拟由泰丰公司制成直方扁盒装茶,分半磅一盒,一磅一盒,二磅一盒,余用大箱。

　　最终,赛会事务局向各商埠茶商发函,要求以各商帮组合牌号,如平水帮要组合为平水茶业组合某某牌号,徽帮、广帮、福州、西湖各茶业,亦应由各帮联合公定组合号牌,这种组合方式参考了日本的做法,便于组织展品并为将来的国际贸易做准备;还要求改良包装,仿照英美纸烟公司的办法,标准化包装和定价,使用锡纸或洋铁罐盒并用美术印刷品为饰,其上标明使用方法与注意事项;此外,还提出要注意广告,如说明特别种茶改良制茶煮茶之法,及茶味茶

---

①　《筹备巴拿马赛会事务局研究茶叶出品会议纪事》,《申报》1914 年 2 月 3 日。

色茶质与他国特异之点,以用英文译印为合格。① 事务局这种事无巨细、耳提面命式的谕示,让茶商意识到了满足西方需求的重要性,一些茶商在充分吸收这些意见后,其做法比官方更进一步。如谦安顺、忠信昌茶栈编印宣传手册《华茶说略》(*China Tea*, *A Compendious Description*, *Panama Pacific Exposition* 1915),共 8 页,中英文双语对照,详细介绍中国红茶和绿茶的制作方法和优点,起到了很好的宣传和推广作用。

图 10-7　1915 年巴拿马世博会《华茶说略》

经过各地精心筹备、认真组织,推选出的展品品质优异,无论是在中国政府馆的 6 间陈列室,还是在中国参展的 8 个专馆中,茶叶都为大宗,展品种类和花色最为丰富。这次博览会上,中国获奖 1211 个,在 30 个参展国中居首位,其中最高等级的大奖章 57 个,而第二名的日本获奖只有 1100 余个,其大奖章只有 25 个,仅为中国获奖数的 43%。② 中国茶叶"品质优美,甲于全球",在赛会上同样获得极好的成绩,共获得奖项 45 个,其中大奖章 8 个、名誉奖章

---

① 陈琪:《筹备巴拿马赛会事务局致各埠茶商函》,《申报》1914 年 4 月 26 日。
② 《中国参与巴拿马太平洋万国博览会闭幕后之确情》,《中华全国商会联合会报》1916 年第 3 卷第 6 期;《巴拿马出品得奖总数》,《中华国货月报》1915 年第 1 卷第 3 期。

6 个、金牌奖章 21 个、银牌奖章 4 个、铜牌奖章 1 个、奖词 5 个。① 相比较而言，日本共 24 个，其中大奖章 2 个，金牌奖章 12 个，银牌奖章 5 个，铜牌奖章 5 个；印度和锡兰只获得金牌奖。在奖项评审环节，中国和日本两国围绕茶叶获奖等级之间的较量值得关注。在前两轮的分类审查和分部审查中，各省茶叶展品之说明书对其品质和底蕴缺乏详尽说明，获奖数未能与日本拉开明显距离。身为评议及补行审查会的特别委员陈琪，在最后的高等审查环节据理力争，要求审查总长改变只将茶叶大奖颁给中华民国的计划，改为七省各给大奖一枚，因这七省皆产名茶，足以代表中华茶之特色，并"应于七省茶叶各给大奖外，其他省他项农业名产请详加复查择优给大奖，以示优异"。②

在茶叶评比会上，日本以美国进口其绿茶最多为由，要求获得大奖，万国审查委员、旧金山领事钱文选予以驳斥："此次为万国赛会，非美国一国赛会，中国有四百兆人民，无不饮茶，华茶已销售于欧美各国。比较销路与人数，华茶当得大奖。"③钱文选的理由得到其他委员支持，日本又四处活动游说，希望通过其他渠道获得大奖，以便助力日本茶叶在国际上的销售。后有人居中调停、充当和事佬，提议将茶分为红绿两类，中国在国际上主要销售红茶，日本主要销售绿茶，让两国在红绿上各有突破。中美在赛会上围绕茶叶品级得奖的较量，受到旧金山报纸的关注："中国与某国（即日本，笔者注）因茶叶得奖事，极力争之，意在驾乎某国之上，否亦与某国相等。"④两国关于奖牌的争夺和较量，看似是数量之争、荣誉之争、国家颜面之争，从经济上看是希望凭借博览会获奖的公信力，拿到进入更多西方国家市场销售的质量门槛准入券。

中国所获奖牌数量虽超日本，实际上与日本仍有差距。首先，在日本馆内

① 筹备巴那马赛会事务局编：《中国参与巴那马太平洋博览会记实》，筹备巴那马赛会事务局 1917 年版，第 190—192 页。
② 陈琪主编：《中国参与巴拿马太平洋博览会纪实》，商务印书馆 1916 年版，第 117 页。
③ 钱文选：《环球日记》，上海商务印书馆 1920 年版，第 160 页。
④ 钱文选：《环球日记》，上海商务印书馆 1920 年版，第 160—161 页。

设有专门的吃茶店,政府给予2.2万日元的补助金,下达15条管理命令书,并定有详细的经费预算。[①] 茶店有微型茶园,用少女泡茶,设儿童席,突出各牌号茶叶。这些新颖的手段,给人以良好的品质感官,吸引了很多游客。反观中国陈列略显杂乱,把茶叶视作土特产,缺乏管理,质朴无华,没有招徕顾客的足够手段。在日本的刺激下,中国方面赶紧整改,收到了较好效果:"近数月来,西人入室品茗而兼购茶叶者亦渐称盛。"从展品的数量看,日本绿茶及台湾出产的乌龙茶、包种茶、红茶等,品种虽少,但多属精品,便于消费者辨识,中国各省各地、各种式样的茶叶品种繁多,让购买者难以抉择。而从实际展出效果和销售情况观察,日本的绿茶和印度的红茶机器制造,色香兼美,几乎夺去中国茶叶的市场。[②]

图10-8 农业馆中国出品的茶叶[③]

---

① 農商務省:《巴奈馬太平洋万国博覧会参同事務報告》,東京:農商務省1917年版,第236—246頁。

② 《悲夫中国之丝绸茶瓷》,《中国实业杂志》1915年第9、10期合卷。

③ 章祖纯编(蒋梦麟、章祖纯调查):《巴拿马博览会农业调查报告》,农商部1916年版,目次前插画第2页。

从被动参与到主动组织参加,清政府及北洋政府对于赛会的认识更全面和深化、对其性质也有更深的了解,中国人对世博会的认识涵盖娱乐实现、商贸促进和文明交流等多个维度。① 随着工商业的发展,商人、地方政府和中央举办各类物产会、劝业会和商品陈列所的积极性也逐渐高涨。1906 年,农工商部举办京师劝工陈列所,各省会和商埠也纷纷举办,各具特色。1909 年,在湖广总督陈夔龙的发动下,武昌举办规模盛大的地方性博览会"武汉劝业奖进会";偏远的四川也对赛会极为热衷,从 1906 年起连年举办。在清政府统治崩溃前夕,1910 年在南京举办的南洋劝业公会,集众多地方性赛会精华于一会,将晚清的"赛会热"推向高潮,是我国第一个全国性兼国际性的博览会,也是中国"数千年历史上未有之事"。民国时期,各种形式和性质的国货展览会比较繁多,特别是 1929 年的西湖博览会具有历史意义。在这些赛会上,茶始终是重要的展销品,这是由当时中国商品与贸易结构所决定的。

中国国内所举办的赛会与日本存在显著差异。其一,日本多是中央政府组织示范,地方纷纷跟进,行业团体起到非常重要的作用;中国则是地方率先探索,并最终在中央层面得到发扬光大。其二,日本非常注重通过团体开展经验交流和共同研究,以逐渐实现品质改进,如日本茶业界在共进会期间举办的恳谈会等。

第二节　国际市场的调查与营销

中国和日本长期奉行闭关锁国政策,两国人民海外贸易的时间、空间和地点受到严格限制。在这种贸易体制下,中国仅限于广州的十三行贸易,日本同样停留在长崎贸易。两国被动地卷入全球贸易体系,却对海外市场状况知之甚少。无论是中国的第一次鸦片战争,还是日本幕末开国,都是西方用坚船利

---

① 陈占彪:《论清末民初中国对万国博览会的三种认知》,《社会科学研究》2010 年第 5 期。

炮,对东方传统国家施加的一种"规制":将其纳入西方国家所主导的一套政治、经济和文化体系中去。西方商人凭借在资本、航运、信息等方面的先发优势,牢牢控制了中日海外贸易。两国对世界的状况、海外市场的需求信息获取非常闭塞,因此掌握海外市场状况、了解各国对本国出产商品的需求,成为中日发展海外贸易的势在必行之举。19 世纪大规模建设铁道、铺设海底电缆、在大城市普及电报、开辟运河、发明新式轮船等,打破了区域性的贸易圈,全球性的世界市场已经形成。在这一贸易体系中,商业信息和情报的搜集极为重要,可以为商业决策和市场进出提供可靠的信息。

这些信息和情报,一方面可以从各自国家的公开出版物获取,但更需要深入调查,搜集和获取一手的资料。而在获取相关信息和资料后,怎样将这些公共信息传递给相关主体,以方便他们及时阅读和利用,还需要建立较为完备的信息分发渠道。就茶叶而言,中日两国同为出产国,销售目的地多是不产茶的西方国家。在近代茶叶国际贸易中,严重的信息不对称会导致市场转移和不可避免地衰退。① 信息不对称当然也包括质量信息的不对称,洋商想了解中日茶叶的质量状况是一件困难之事,同样中日想了解西方茶叶消费的质量需求信息也无从下手。中日要开展海外直接贸易,就必须了解西方的显性规制,即进口时对茶叶有怎样的质量标准和技术规范;还要了解西方的隐性规制,即消费者喜爱何种类型茶叶,茶叶还有何种竞争品(如咖啡)等等。

日本茶叶国际市场的调查方式和信息来源,主要有五种渠道和方式。

第一,从事茶叶贸易的商社的调查和收集。三井物产商社是近代日本最大的综合性商社,在茶叶贸易早期负责茶叶的直输出。该商社在伦敦、上海、香港、纽约、巴黎等地设有海外分店或办事处。其内部有一套信息调查与搜集系统,但所获得的行业情报特别是重大的商业情报,主要在商社内部共享或少数领导层知情,带有封闭性和私密性。

---

① 刘礼堂、宋时磊:《信息不对称与近代华茶国际贸易的衰落——基于汉口港的个案考察》,《历史研究》2016 年第 1 期。

第二,民间的经济情报服务机构及其出版物。世界上较早从事此类工作的是 1843 年詹姆士·威尔逊所创办的《经济学人》,日本类似的杂志是田口卯吉 1879 年创办的《东京经济杂志》。这些出版物多提供国际性经济信息,服务于本国商业,其内容部分来自报纸的经济栏目和外国动态,但比综合性报纸提供的经济内容更为全面和专业。其提供的茶叶国际贸易信息多是速递性的,有价值的、深入的研究式调查信息尚不足。在这类机构中,东亚同文书院的活动值得注意。东亚同文书院前身为日清贸易研究所和南京同文书院,1901 年在上海开校,系由日本东亚同文会经营的私立学校。东亚同文会的最大特色是,在 1901—1945 年间,派遣数千名学生到中国各地开展广泛而全面的调查,出版了《支那经济全书》和《支那省别全志》等众多出版物,内容涉及工业、商业等方方面面。在《中国经济全书》第 2 辑中,对中国茶商作了较为全面的调查和分析,对概论、茶商品上观察、茶政与公所、供给国与需要国之关系及将来之趋势等。① 除此之外,还对上海茶叶贸易和茶馆、汉口茶和茶叶输出洋行、会馆调停纠纷与商业习惯制定等作出详细调查。

日本国际市场调查的第三个渠道是领事及其报告系统。为改变前三种收集和调查信息的不足,同时也为快速了解一个国家的商况,作为外交官的领事成为承担这一使命的重要群体。领事往往精通所驻国的语言、风俗和文化,经过长期经营会与当地的政治家、商人及各种团体保持密切而独特的联系。母国的外交部或所驻国的总领事馆,往往要求各地领事定期报告所在地的动态,汇总出版发行。这种报告称为"领事报告",有时也称为"领事通商报告",因领事报告的主体内容多与商业有关。近代英、美等国家在中国的领事报告里,有大量关于茶叶贸易的内容。这些国家在明治前期的日本同样如此,如 1873 年英国领事报告《日本茶业生产报告》,沃森和格兰格尔详细调查山城及宇治的茶叶生产情况,提供署名为"曾文"的 9 幅日本画,以图像的形式呈现日本

---

① 東亜同文会:《支那経済全書》第 2 辑,東京:東亜同文会 1907 年版,第 236—326 頁。该辑在 1908 年以中文形式出版,见《中国经济全书》,两湖都署藏,1908 年版。

茶从栽培到加工制造的全过程。领事报告中所提供的市场调查和情报,不仅有利于本国商人了解基本信息,更主要的是为其快速开拓市场提供服务。在借鉴西方国家的领事报告的基础上,日本外务省记录局在 1881 年开始编辑《通商汇编》,创刊号序言称:"应驻外公使及其他通信所需,非专于记载通商贸易之事。苟有通商贸易事,亦采而载之,以知吾国货物商情及对外贸易概况。"①在文首有"明治十四年在外驻扎领事官姓名",共有领事 20 名,其中以外国人为主,本国人只有 9 名。这说明当时日本外交人员人力缺乏,也反映出当时日本对国外认知不足的状况。此后,日本在全世界设置领事馆的数量逐年增加,所雇佣本国人员的比例快速提升。《通商汇编》十分注重中国茶叶的发展状况,从 1884 年 4 月底到 12 月底,驻上海领事馆先后发出 24 次报告,围绕茶叶之集散地汉口及宁波、福州、上海茶叶市场,对安徽、江西、湖北、湖南、浙江、福建等省新茶上市品质、数量、价格,中外商家之购进卖出,运往欧美国家的数量等,作出具体记载,并与以往年份进行了比较。②

1886 年底外务省又将《通商汇编》改为《通商报告》,名称的变化标志着政府信息公共服务职能的转变:不是自上而下行政命令式向民间传递信息,而是根据民间的需求而广泛搜集各类商业情报。在制度方面,日本政府先后颁布《日本领事官训令》、《贸易报告规则》、《帝国领事报告规程》,形成了月报、年报、临时报告相结合的报告机制,月报侧重于数量、价格、嗜好、品评等,年报以领事驻地和驻在国主要通商口岸过去一年的贸易状况为主,临时报告则提出本国商民应注意的事项,各方面已经趋于严密和规范。③ 1886 年 12 月至 1889 年 12 月的《通商报告》载有日本驻上海、天津、芝罘、汉口、福州、广州、牛庄、香港领事馆的报告,这些报告与《通商汇编》不同,更多关注各口岸的具体

① 外務省記錄局編:《明治十四年　通商彙編》1,東京:外務省記錄局 1886 年版,緒言。
② 李少军编:《晚清日本驻华领事报告编译》第 1 卷,社会科学文献出版社 2016 年版,第 2—3 页。
③ 李少军:《近代中日论集》,商务印书馆 2010 年版,第 332 页。

货物之商情,综合性的商情较少。其中在各种货物中,茶叶是最受关注的商品,8 个城市的领事都关注到茶叶,其中汉口、福州报告最多,驻汉口领事馆发出的 73 件次报告中,涉及汉口和其他口岸茶叶商情的有 30 件,驻福州领事馆发出的 69 件次报告中,福州茶叶商情 15 件;上海共有 62 件报告(仅次于有79 件报告的生丝),广州也仅次于生丝;北方的天津和芝罘领事馆则关注本口岸茶叶输入情况,1888 年驻天津领事注意到,当年茶叶居日本输入天津货物首位,在中国北方日本茶与福建茶掺和销售,芝罘领事馆则报告日本从 1879年开始向山东输出茶叶,1888 年已达 27 万斤,是该地从国内输入茶叶数量的将近 6 倍。① 日本方面对中国茶叶贸易的特别留意,是因日本茶叶与中国处于竞争地位,而天津和芝罘等地的报告,显示晚清中国茶叶的危机已经来临,"日茶倒灌"形势日益严峻。

1887 年《通商报告》第 8、13、24 号,分 3 次发布了日本上海领事馆报告的《清国产茶实况》(上海、福州、天津、芝罘、牛庄、汉口 6 个领事馆协助),这是日本官方对中国茶业的第一份正式调查报告。这份报告详细记录了中国出产茶叶种类、产地、名称等方面信息,还别有用心地专门介绍了日本所知甚少的砖茶,列出了其制造方法、生产和需求情况。1888 年《通商报告》第 52 号《中国制茶贸易的衰落情形与调查委员会之意见书》一文,分析了中国对外贸易从鼎盛到衰落的发展趋势,指出粗制滥造是衰退的重要原因。海外市场的风吹草动,各国领事便第一时间传回、以便引起国内警觉,如在美国初次设立质量门槛之时,1883 年 5 月驻美国领事高桥新吉向时任外相吉田清成呈送《输入不正茶禁制》,1899 年 3 月美国改定茶叶检验标准,芝加哥日本领事也迅速向国内报告。值得一提的是,这些报告并非只是供主管机构决策使用,也是一种情报公共产品,在公开出版后,主动向有关商品的行业协会提供信息,以满足其海外贸易拓展需要。日本还允许官方报刊《东京日日新闻》、内务省劝农

---

① 李少军编:《晚清日本驻华领事报告编译》第 1 卷,社会科学文献出版社 2016 年版,第7—21 页。

局《劝商杂报》、大藏省商务局《商务局杂报》、1883 年创办的日本政府《官报》
等,刊登领事报告的相关内容或者开设专门栏目。

日本领事在海外市场调查方面,可谓不遗余力,用尽各种手段,甚至是直
接窃取商业情报。1908 年,驻汉口领事馆事务代理矢田七太郎见俄商阜昌洋
行所经营的砖茶事业获利丰厚,制茶工厂宏壮,颇为垂涎,故对其积极调查、想
一窥究竟。但日俄战争以后,俄商对日本十分警惕,警戒极为严密,调查并不
顺利。日本方面仍苦心钻营调查,入手工厂写真 17 幅,委托静冈县农事试验
场技师山田繁平带回,供国内业者参考。① 这些照片带回日本后,被转送到外
务省通商局、静冈县知事、茶业组合中央会议所议长大谷嘉兵卫等单位和个
人,成为日本各界了解中国砖茶事业的重要信息通道。1916 年,熊本九州砖
茶株式会社创建时,致信驻汉口领事馆,请其调查汉口砖茶制造事宜。领事馆
对在汉口的俄国新泰、阜昌、顺丰三家洋行以及中国的兴商公司的产额、销往
地、运输费用和方法作出非常详尽的调查报告,并附有兴商等公司砖茶茶样图
案的 12 枚写真图。② 这次调查适值第一次世界大战期间,资料获取亦十分困
难,故照片以中国的兴商公司为主。

第四个渠道是政府农商部门或者是行业协会、制茶会社专门的派员调查。
日本开国后,信息极为闭塞,在开眼看世界之初,自然而然选择长期与日本保
持紧密贸易关系、已经被西方打开大门的中国。在明治初期,日本通过新闻报
刊获取中国商业信息,官方和民间人士纷纷到中国搜集商业信息,这些调查对
日本制定经济政策、扩大对外出口起到了重要作用。③ 1873 年 11 月,内务省
劝业寮派遣多田元吉、田边太一等人赴中国考察茶叶生产、贸易情况,回国后
向内务省提交《清国商况视察报告书》,1878 年劝农局发行《红茶制法纂要》,

---

① 《漢口ニ於ケル阜昌磚茶製造工場写真在同地帝国領事送付ノ件》,《茶関係雑件附珈
琲、「ココア」》第 4 卷,東京:日本外務省外交史料館,档号:B11090906900。

② 《漢口輸出磚茶ニ就テ報告ノ件》,《農工商関係雑件》第 9 卷,東京:日本外務省外交史
料館,档号:B11090061300。

③ 王力:《明治初期日本对中国商业的调查》,《历史教学》2012 年第 22 期。

部分内容是在中国江西、湖北等地调查所获取的成果。其实,多田元吉在中国、印度等地的活动,算不上是调查,更确切说是考察,他关注的重点是日本制茶的品质如何改进,以及怎样才能从这些先行国家吸收制茶技术来提高日本制茶水平。1884 年陆军大佐梶山鼎介到张家口调查商况,报告了蒙古人需要砖茶的情报并带回了砖茶样品,这些信息在当时没有引起日本国内的特别关注。

政府部门的派员调查有很强的目的性,在一定程度上与商社的目标相一致,但存在偏重宏观,不够细化。重要出口商品的行业协会,可弥补政府调查的不足,市场调查更为细致,对行业的指导也更具针对性。1884 年中央茶业组合本部甫经设立,便开展了海外制茶商况的情报调查活动,成为派员调查的重要组织和实施主体。1886 年派遣平尾喜寿及翻译二末友尾,到中国、印度、锡兰等地调查,撰写实况调查报告;1888 年又派遣平尾喜寿到俄国各地调查茶叶市场,形成意见书。① 连续出版《中央茶业组合本部报告》,从 1884 年 6 月(开始出版)一直持续到 1888 年 1 月第 43 期。其中记录了输出港景况、外国景况等方面的内容,1881 年总第 43 期中记载《海外派遣传习生复命报告》②,在海外调查方面获得一定效果。与同性质的纺织联合会所出版的《联合纺织月报》相比,茶业同业组织的海外调查,在自主性、组织性和信息的丰富性方面都有所欠缺,没有完全确立自身的情报收集系统,无法摆脱对领事报告的依赖。③

20 世纪后,为配合日本茶业的海外市场开拓,茶业组合中央会议所设立贩路扩张委员会,加大派员调查的力度,在 1912 年汇编《海外制茶贩路扩张派遣员报告》。从 1918 年起,加藤德三郎、茶业组合中央会议所等编辑发行《茶

---

① 《本邦製茶販路取調ノ為メ茶業組合員平尾喜寿露国ヘ派出取調ニ係ル意見書》,《本邦製茶外国ヘ輸出関係雑件》,東京:日本外務省外交史料館,档号:B11090940600。
② 《海外派遣傳習生復命報告》,《中央茶業組合本部報告》1881 年总第 43 号,第 1—84 页。
③ 角山栄:《茶の世界史—緑茶の文化と紅茶の社会》,東京:中央公論社 1980 年版,第 148—149 页。

业汇报》，到 1939 年已出版 34 辑。在这些汇报中，各年度的茶业统计里，都有海外市场调查所得数据，还有多个专辑以海外制茶调查为专题，如《最近满洲、澳大利亚、西伯利亚情况》（1926 年第 5 辑别册）、《制茶对外贸易相关演讲》（1926 年第 11 辑）、《海外制茶事业》（1926 年第 13 辑）、《在新销路地的茶业报告》（1935 年第 22 辑）、《海外新销路茶市场调查诸报告》（1935 年第 30 辑）、《海外新销路茶市场调查诸报告》（1936 年第 32 辑）、《海外制茶市场调查报告》（1938 年第 33 辑）、《海外制茶市场调查报告》（1939 年第 34 辑）等。

日本茶业组合中央会议所还在纽约、芝加哥、蒙特利尔、海参崴和巴黎等地设立了分支机构。这些办事处旨在为茶叶贸易商和茶叶消费者提供便利，同时也可接待日本国内派出的海外市场调查人员。他们在茶叶领域往往有长期从业经验，不仅代表会议所开展活动，还是日本茶叶企业在国外的雇员，故对行业信息十分熟稔，是从事海外调查的主力人员。例如古谷武之助作为会议所代表参加 1894 年的芝加哥世界博览会，同时又为神户制茶出口会社、横滨日本制茶会社以及静冈东洋茶叶贸易会社等机构服务；西村绍从 1900 年起负责会议所在加拿大蒙特利尔的分支机构，并与横滨的日本茶叶会社保持紧密协作关系；光野友常 1897 年起担任会议所驻芝加哥的代表，1901 年他与诺贝尔·戈特利布合伙在芝加哥开设戈特利布·满古公司，从日本进口茶叶。①

第五种渠道是个人搜集、整理和撰写的海外茶叶市场报告。近代日本有大量人员在欧美国家留学或工作，他们对日本茶在海外市场的发展情况颇为关切，出于自发的使命感和责任感，从个人视角搜集、整理国际市场茶叶信息，提出日本茶品质改良的建议和对策。其中，较有代表性的是松本君平的《海

---

① "Prominent Americans：Interested in Japan and Prominent Japanese in America", *Supplement to the January Number of Japan and America*, New York, 1903, pp.83-87.

外制茶贸易意见》。① 松本君平出身制茶世家,身边熟络之人也多从事此业。他深感日本国内业茶者多见识狭隘,不掌握海外贸易形势,只得委托外商交易以致其有跋扈之势、陆梁之逞。松本在欧美完成学业,周游四方,考察各国风土人情,对日美贸易颇为留意,而日美贸易涉及面颇为广阔、难以窥见全豹,故他缩小观察面,对其熟悉的茶业开展调查。站在日本侵略者的立场上,他认为甲午战争为日本赢得了国际声誉,这是日本茶开拓海外市场的良好契机;而日本茶业的危机在于对海外市场较为陌生,对外国消费者的嗜好和趣味知之甚少,无法投其所好。即日本与海外茶叶市场之间的信息不对称问题,十分严重,日本茶无法满足西方的柔性质量规制。为此,松本君平提供了海外市场对于茶叶品质和嗜好等方面的信息,并提出"新工风"的概念:逐渐实现新生产方法的发明,或者改变茶叶外形,或者色泽有所更替,通过工艺和品质的更新实现千变万化的生产,以提升消费者的购买欲望,最终扩张日本茶的海外贸易。他相信:"无论是生产方法,还是物料之形状,都要在新工风方面不遗余力,相信早晚会出现日本茶盛行新办法。"②日本茶国际市场推广和贩路扩张方面,松本提出了五项对策:第一,用组织力量巩固同业制度,集中财力和人力开拓;第二,在海外中央市场及各大市府招徕有实力的茶叶代理商;第三,在海外各地设立小商店,向国外消费者直接提供日本茶;第四,经常选派通晓海外市场的人员到各地观察茶叶销路和市场形势;第五,促进商业道德观念的发达。

在这五种主要的海外市场信息搜集和调查方式中,最显著特色是政府和商民围绕生丝、茶叶、纺织品等形成紧密协作的共同体,彼此之间共享公共的调查信息资源。世界各地的领事馆,是日本商人开辟市场的前哨和信息港,它

---

① 在中国新闻史中,松本君平的《新闻学》在 1903 年被翻译成中文,是中国最早翻译的外国新闻学专著,松本君平的生平,可参见陈立新:《松本君平其人其事》,《国际新闻界》2011 年第 3 期。

② [日]松本君平:《海外製茶貿易意見》,東京:経済雑誌社 1896 年版,第 47 頁。

们对当地相关行业的商人进行细致调查,向本国商人提供对接信息。本国制作出产的样品会请领事馆拿到相应国家品评、鉴定,如多田元吉指导劝业寮改制和传习的红茶,曾委托上海领事馆品川忠道在中国品评质量状况。也就是说,领事人员因对驻在地的情况极为熟稔,在一定程度上充当日本商社信息源、营销人员的角色;领事馆是日本政府和民间商社从事商贸活动的中心,积极服务本国的商业开拓;其编辑出版的各种调查报告和通商信息,主动向民间机构、领袖人物、报社等非政府部门免费提供,起到信息公共服务的作用。日本茶叶在海外市场被曝出质量问题时,各地领事馆会与相关单位联合深入调查,查找事件的成因,如1906年日本在俄国贝加尔湖一带销售的砖茶存在混合问题,符拉迪沃斯托克领事馆会同九州制茶输出会社开展联合调查,得出要注重原材料、改良制法等结论。[①] 领事馆和领事人员所承担的这些功能,与西方国家同类机构和人员有很大区别;政府和民间企业紧密合作的程度和体制,与中国清末官商相争的状况也迥然有别。

中国从事茶叶国际市场调查、开展营销活动的主力,最初是从事华茶经销的洋商。清末的中国茶业协会,在英国伦敦成立,曾宣传中国茶叶品质,促进了上等红茶的销售。[②] 中国人自行组织的茶叶海外市场调查,在清末已经展开。1877年丁宝桢出任四川总督后,对英国在印度的活动及其在西南地区的进出颇为忧虑,故派精于舆图、熟知算学仪器的黄楙材协同章鸿钧、聂振声、裴祖荫等主仆6人,于1878年前往印度调查。黄楙材对印度茶业的状况及其对中国的潜在威胁有所留意,在《游历刍言》、《印度札记》等文中都有所记录。[③] 当然,黄楙材等属于国情考察性质,并非专门的茶业考察团。此时,尚是中国茶叶海外贸易的繁荣期,印度茶业日新月异的发展尚未引起国内人士的足够

---

① 《日本磚茶有害発表ノ実否取調方ノ件》,《茶関係雑件附珈琲、「ココア」》第3卷,東京:日本外務省外交史料館,档号:B11090904700。

② "China Tea Trade Revival:A New Association To Be Formed", *The North-China Herald and Supreme Court & Consular Gazette*(*1870-1941*),Dec.14,1918,p.672.

③ 刘章才:《"近代游历印度第一人"黄楙材眼中的印度茶业》,《茶博览》2019年第8期。

重视。19 世纪 80 年代末期,中国茶叶在英国市场受到激烈竞争、严重倾轧和强烈排斥后,英国人在南亚植茶事业的成功才引起国人注意。在晚清各种挽救华茶的方法中,向印度学习、改进传统产制方式成为主流意见,《时务报》、《商务官报》《农学报》《东方杂志》《申报》《时报》等不断刊登印锡茶业消息。为学习印锡之长、重振中国茶务,1905 年时任两江总督的周馥向印度、锡兰派出首个官方的茶业海外考察团,由郑世璜率团,前后考察 4 月有余。郑世璜回国后,递交《印锡种茶制茶考察烟土税则事宜》、《改良内地茶业简易办法》等禀文,结集为《乙巳考察印锡茶土日记》刊布印发,《东方杂志》、《南阳官报》、《四川官报》、《秦中官报》、《政艺通报》等在 1906 年也纷纷刊载,影响颇大。① 考察团的郑世璜、陆溁等人受到印度茶业模式的深刻冲击,不遗余力地推进中国茶业的改良、机器化使用和推广,还主导建设江南商务局植茶公所等。

与日本同期相比,中国海外市场的调查有诸多欠缺:其一,主要调查有直接竞争关系的印度和锡兰,对日本茶业的进步情况所知甚少,只有黄遵宪《日本国志》有简略介绍;其二,目光聚焦在产茶国,对进口国茶叶消费情况缺少调查,多通过翻译西方报纸得来;第三,中国调查的次数屈指可数,在规模和频次上无法与日本同日而语,特别是日本茶业界的情报搜集和市场调查有强烈的市场抢占意识。

农业和茶业的访问团、交流团、观察团多会不同程度地开展市场调查活动,各种国际赛会参会人员也会举办相关活动。1910 年,美国太平洋沿岸联合商会代表团访问中国,代表团邀请中国商业团体到美国考察。回访因辛亥革命爆发而未成行,在商人罗伯特·大赉以及巴拿马博览会劝导员爱旦穆的敦促下,中华全国商会联合会决定组织中华游美实业团。1915 年,徽州茶务总会议董俞燮作为茶业界的唯一代表,参加由 17 人组成、烟台张裕酿酒厂创

---

① 陶德臣:《中国首个茶业海外考察团的派遣》,《农业考古》2017 年第 5 期。

图 10-9　中国茶业出国考察第一人郑世璜

办人张振勋为团长的中华游美实业团,游历旧金山巴拿马太平洋万国博览会,在美国调查 60 余日,经过美国省份及特别区域 28 个,举办茶会及谈话会 20 次。[1] 在旧金山期间,李伟伯提供了诸多调查信息。美国考察结束,实业团第一批 9 人乘"西伯利亚号"船回国途经日本,7 月 27 日俞燮和孙观澜抵横滨,到静冈牧之原茶业试验场调查,在日华人孙润江襄助俞燮颇多。8 月回国后,俞燮当即写成《游美调查茶业之报告书》,对美国各地茶叶消费的区划、消费茶叶的国别和种类、贸易机关和职员分工、茶叶商标与名词、主要进口口岸、茶叶的竞品饮料种类、嗜好与交易惯例、爱好新异的特征、南方试验种茶之沿革等作出非常详尽的介绍。其中提到"美国人喜外观,虽其中物质平庸,而外观有耀,亦无不乐于购买者"、"美国最畅销之茶,每磅既在五毫以下之数种价格,则知美国并不一定需要最高庄茶叶之品格也。然亦不可过于陋劣,或挽[掺]杂作伪,如侨美之中国商店,贩卖之茶之质量,是为切要,红茶不必论矣。绿茶则如平水之色味已足畅销,但茶味尤以能较浓厚为贵,是则在茶户培植采

---

[1]　农商部著编:《中华游美实业团报告》,商务印书馆 1916 年版,第 5 页。

制上之大加改良耳"①,等等。

俞燮在美国消费市场调查中所得到的这些结论,涉及质量与包装、质量与价格、质量与销量等方面的关系,不乏现代社会对质量理解的真知灼见。质量一般的茶叶,如装潢精美,令人感官愉悦,消费者也乐于购买;质量受成本和价格的制约,并非无限制追求质量而忽视成本,质量越高不见得越受市场欢迎,质量的关键是适销对路。② 他还发现美国茶叶营销中的定价策略和消费心理引导,如低价高量售卖法、尾数定价法、赠品搭售法等。他还特别注意到美国对卫生纯净的偏好以及对绿茶的质量偏见:美国人一般尚未明白红茶绿茶同出一种,以为红茶系自然生成为红茶者,绿茶未必生成,如此绿色,多系用药料染成,恐于卫生上有所妨碍。这是美国人从绿茶消费转向红茶消费的重要原因,也是中国向美国出口之茶不可用丝毫药料染色的原因所在。对中国国内已经报道过的有色茶禁止进口法令,他看到了具体操作流程:"美国财政部有茶务局……局内既备有验色器具,并将该器具制成,颁之于旧金山及各进口海关,令各海关之茶务专员于外国茶进口时,必如法悉心试验之者也。"③

在美国市场,日本是中国的最大竞争对手,故俞燮对日本茶叶调查颇为留心。他发现美国颁布不准进口有色茶法律后,日本遂乘此时机,极力经营,设检茶所、设试验场、设制茶机械厂,出台取缔不良制茶之规则等种种努力:"凡以征美人之信用也。其向在美国纽约所设售茶之店铺,仅一二家,四五年来,已增设至七家矣。"④日本有意树立与中国截然不同的质量形象,进而挤占中国市场:租赁最干净、热闹之市街,便于美国人购买日本茶叶,与唐人街较为脏乱的环境拉开差距。在广告营销、茶叶包装等方面精心经营,日本已占美国茶叶市场的百分之四十六七分。他还将静冈县立农业试验场茶业部考察结果详

---

① 俞燮:《游美调查茶业之报告书》,《中华实业界》1915年第2卷第10期。
② 王泽洪、周德文编著:《宏观质量管理》,中国标准出版社2013年版,第4—6页。
③ 俞燮:《游美调查茶业之报告书》,《中华实业界》1915年第2卷第10期。
④ 俞燮:《游美调查茶业之报告书(续)》,《中华实业界》1915年第2卷第11期。

细记录,得出了日本在种植、修剪、病虫害、施肥、成长管理、采摘、机器制造等方面精益求精的结论。在此基础上,提出三条改进方案:改制红茶、严格取缔着色绿茶、组织中华茶叶研究所。海外市场调查让俞燮对中国茶业弊病认识更加深刻,他又相继撰写了《拟改良徽州茶业意见书》《宜推广茶栈于国外说》,一方面希望国内改进出品,另一方面则倡导中国茶的海外直营。1916年,他将美国华盛顿麦邱尼茶叶报告书《美国本年六月前进口各种茶叶磅数报告》译为中文,在《申报》刊登;1917年受安徽省委托,俞燮再次东渡日本,考察其茶业,以为后续的茶务讲习所设置、种植和制造改良作准备工作;他还写成《考察日本茶叶种植制造报告书》,内容比上次仓促所得更为详备;他再次申明茶业改良的方向和手段,撰有《二次与徽州茶业诸君商榷改良书》。鉴于俞燮熟悉海外市场,1918年安徽省省长任命其为安徽省立第一茶务讲习所所长。

中国参加国家性赛会,从中收获了不少或显性或隐性知识。其中,1915年巴拿马太平洋万国博览会最为显著。就赛会本身而言,中国在此次赛会上的茶叶陈列,虽然不如日本、印度引人注目,较圣路易斯博览会赴赛时已高一筹。赛会中的优劣对比和调查研究,也让中国方面有了直观的收获。参加赛会的蒋梦麟、章祖纯调查所得:"吾国亟宜组织大公司,在沪设立收货总机关,将各省茶叶汇齐、挤和、复制,俾归一律,然后分别高下。创立商标,其种类至多不得逾三种,俾外人易于辨识,一登广告,即足以坚其信用。质品不可过佳,价值不可过高,否则行销不旺。"①在他们的调查报告中,组织机构、茶叶检验、品牌创立、品质信用、定价策略等,各方面的建议比较全面。他们还记录了该次赛会日本茶叶展出情况,当时茶叶在日本农产品的重要性中居第二位,在大米之后、花生之前。日本在政府馆中设立茶寮,由政府补助经费,以便宜价格出售茶叶,借此在美国市场树立信誉。

---

① 章祖纯编(蒋梦麟、章祖纯调查):《巴拿马博览会农业调查报告》,农商部刊印1916年版,"食品馆调查录"第3页。

赛会监督陈琪前往旧金山、纽约各处调查,发现美国市场以锡兰和日本茶为主,中国茶从英国伦敦转运赴美,并在其中掺入锡兰茶、混合销售,他还带回了美国市场上销售的日本、印度等茶样,供国内业者参考。1916 年 2 月,同样参加博览会的谦顺安茶栈主陈翊周,邀请陈琪到中旺街的茶业会馆,商讨在美国推销华茶的办法:在纽约设立总机关,联络各商部华茶经销商;在国内设立大型茶业公司,红茶生产标准化、品种简单化;国家设立检查所,大公司之出口茶叶,一体检查加封,声明不掺色合于卫生之中国茶。①

中国驻外领事充当茶叶调查角色的时间,晚于日本。1931 年实业部商业司通商科编辑《茶叶调查报告汇编》。该汇编资料来自外交部,系各海外领事馆呈送外交部,外交部汇总转实业部刊行。内容主要分为两个部分:其一为各国华茶市场贸易情形及人民嗜好,由苏俄、英属各地、美国及美属各地、日属、荷属、瑞典、秘鲁、墨西哥、古巴、巴拿马、芬兰等使馆报告;其二为各国华茶进口检查规则及特别征税,特别报告了茶叶进口质量门槛和规则问题,由苏俄、英国及英属各地、加拿大、法国、美国及美属各地、日本及日属各地、意大利、德意志、瑞典、挪威、秘鲁、墨西哥、古巴、芬兰等使馆报告。从呈送的内容分析,本次报告目的在于了解茶叶消费国商情及进口规则,以服务于中国茶叶的出口。② 可惜这只是一次专题性的文档汇集,并没有形成常规性的报告制度。

第三节　国内市场的信息调查

海外市场调查获取的信息,是从外部了解消费国对茶叶嗜好、品质要求及价格、同类竞争品的出售情况,以及掌握度量衡、汇率、保险等方面的通商惯例以服务于商业扩大,但终归要回到内部:利用信息指导和引导本国的生产,以

---

① 《推销华茶之大会议》,《申报》1916 年 4 月 29 日。

② 实业部商业司通商科编:《国外商情调查报告汇编·第一期·茶业》,实业部商业司通商科 1931 年版。

便于大规模产出品质稳定、适销对路的茶叶。而掌握本国所出产的茶叶种类、品级、产量、价格,茶园的种植人口与户数、田亩数,机器使用的规模、型号、动力、使用范围,茶叶外贸的数量、国别价格和等级等较为翔实的数据,方可指导生产、提高品质、降低成本,以夯实本国茶叶出口的国际竞争力。

日本很早便重视本国市场的调查。明治初期,日本政府命令 75 个产茶府县调查统计本区域内茶叶产额,经过汇总国内消费约 2000 万磅,向海外平均每年输出 1800 万磅,两者合计 3800 万磅,这一报告引起在日英国领事的特别关注,并作为其领事报告《日本茶叶生产相关报告》的第二部分。茶业组合中央会议所成立后,在设定的规约第三章对"通信报告"事宜作出具体规定:所有关于茶业内外市面之境况、出入之数量价额以及新闻上有益等事,即但凡茶业要紧事件,都要汇总辑类编纂月报、年报及临时报告;各处茶业组合联合会议所须调查报告的事项包括制茶贩卖价格并栽培制造之景况,卖与外国人转运及自行运往外国之制茶斤两、价额,制茶产额并组合之人数及茶园之广狭等;各地方提供的信息,由中央会议所汇总、整理、编辑后,按期发行,向组合内部成员或外部相关人士提供信息。前文所论及的本部报告,即是在该机制下所形成的资料,其中涵盖了国内茶叶产制销等方面的诸多调查信息,如每年产额、出口额、各地检查取缔所业绩等。

最早对中国国内市场进行系统调查的,同样是西方人。英国东印度公司职员萨缪尔·鲍尔(Samuel Ball)在 19 世纪初被派往广州负责茶叶采购工作,1804 年担任验茶师助理,1808 — 1827 年升任验茶师。当时广州是英国人能够直接接触中国的前沿城市,尽管交易地受到严格管控和限制,但他还是在工作之余,想尽办法对中国国内茶叶状况展开调研。他与来自茶区的茶叶种植者和茶商对话并逐一记录,从中国人手中搜集书面文件,努力寻找汉语书籍中与茶有关的记载,并与一位长期居住在福建的西班牙传教士关于茶叶问题保持通信。他把收集到的材料,以一种易于理解的形式,做好记录和保存。这项工作在 19 世纪 30 年代以前已经基本完成,后续又搜集印度、爪哇等地茶业进展,提供补充说明,最终在 1848 年出版了《中国茶叶种植与加工大全》(*An Account of Cultivation and Manufacture of Tea in China*)。在序言中,鲍尔直言不讳地阐述了该书的写作目的:"希望能够消除迄今为止对中国茶叶种植和加工普遍存在的错误观念和误解;但主要是急业茶者之所急,他们长期又无效地搜寻信息,本书旨在襄助目前英属印度和世界其他地区扩大茶树种植规模的诸种努力。"[①]也就是说,鲍尔的调查服务对象是从事殖民开拓的产业经营者,为的是帮助英国对中国茶实现进口替代,绝非帮助中国扩大茶叶出口或者改善出品。类似情形和性质的调查,还有罗伯特·福琼《两访中国茶乡》。与鲍尔相比,第一次鸦片战争后中英签订的条约,赋予了福琼在中国内地茶区旅行的权利,因此福琼在产茶区的直接见闻和切身感受,要比口头和纸面式未深入田野的调查更加真实可信。此书所得调查信息也刷新了英国人对中国茶染色等质量方面的认知,坚定了其在印度等地开拓新的茶叶种植园的信心。

中国人主导的国内市场调查,或始于近代中国留学美国第一人容闳。他从美国毕业回国后,在上海海关任职期间,曾在 1859 年 3 月从上海出发,到浙江、江西、湖南、湖北等产茶区域调查,走访杭州、江口、兰溪、衢州、南昌、湘潭、长沙、汉口等重要商埠,其中对聂家市、羊楼洞两地黑茶制造之法及运装出口之法,了解甚详,写有《产茶区域之初次调查》一文。容闳将砖茶制造之法与印度茶制法进行对比,认为两者相同之处在于简便,区别在于:"印茶之性质极烈,较中国茶味为浓,烈亦倍之。论叶之嫩及味之香,则华茶又胜过印茶一倍也。总之印茶烈而浓,华茶香而美。故美国、俄国及欧洲各国上流社会之善品茶者,皆嗜中国茶叶;惟劳动工人及寻常百姓,乃好印茶,味浓亦值廉也。"[②]容闳的观点在清末较有代表性,依然认为华茶在品质上更胜一筹,尤其受上流社会欢迎;却未意识到,中低端市场的品质需求,最终会带来整个口感和风尚

---

① Samuel Ball, *An Account of Cultivation and Manufacture of Tea in China*, London: Longman, Brown, Green, and Longmans, Spottiswoode and Shaw, 1848, p.Ⅶ.

② 容闳:《西学东渐记》,徐凤石、恽铁憔译,湖南人民出版社 1981 年版,第 48—49 页。

的变化,进而因卫生和纯净等问题导致华茶被厌弃和排斥。

清末对国内茶叶现状有目的、有组织的调查,始自海关总税务司的《访察茶叶情形文件》。1887年,清政府总理衙门饬令海关总税务司赫德调查茶叶情形,翌年呈送《访察茶叶情形文件》。各地海关及华茶公所等行业组织的调查报告中,都不同程度地将矛头指向华茶质量问题,称质量是导致出口受阻的重要原因:"近来中茶之逊前,共说有四:一则其茶自摘取之后,距熏烤之时,旷日已远,且欠于炮制,则茶质不能耐久,茶力亦薄,茶味已失;一则装箱之时,其残败之叶,不能检去,致与茶叶同有污染之味,并茶末太多,又有他项之叶搀[掺]杂其内;一则所用之箱,不能坚固;一则照原看之茶样订购,及谈妥,而后来到手之茶,与原式悬殊。是茶叶之逊前如此。"①针对这种情形,总理衙门下令各地方官员,禁止茶叶的掺杂、着色行为。曾跟随郑世璜到印度考察的陆溁,1910年受劝业公所委托,到江西九江、湖北汉口和羊楼洞调查茶业情形,撰有《调查国内茶务报告书》。当时意识到:"查近年印、锡、日本所产红绿各茶,盛行欧美,华茶销数日减,有江河日下之势。非亟筹抵制不可。而抵制之法,尤以相机择地,自设机器制茶公司,将烘制、装潢各种办法,切实改良,俾得畅销外洋为第一要义。"②

民国时期,农工商及贸易等部门对茶叶都比较重视,对国内市场开展了不同层面的调查。1932年,实业部部长陈公博提议在全国范围内开展调查,并编写"全国实业志",由国际贸易局局长何炳贤主导、《国际贸易导报》主编侯厚培具体主持。该调查分省进行,规模宏大,涉及各个产业,形成《全国实业调查报告》,总题名《中国事业志》。该报告产业覆盖面比较齐全,对各产茶省的茶叶发展情况有比较详细的介绍。1935年杨荫溥编的《经济新闻读法》(黎

---

① 海关总税务司:《访察茶叶情形文件》,《美国哈佛大学图书馆藏未刊中国旧海关史料》第208册,广西师范大学出版社2014年版,第524—525页。

② 陆溁:《调查国内茶务报告书》,王强主编:《近代农业调查资料》第18册,凤凰出版社2014年版,第367页。

明书局发行)对中国茶市种类、品质等有比较详细的调查分析。行政院新闻局1948年印行《茶叶产销》。各地方政府、中央部门地方派出机构,也有针对本地区茶行业的专门调查,如财政部贸易委员会浙江办事处调查科的《浙江省平水区茶区概况调查报告》,福建省政府建设厅编《调查福建北路茶叶报告》《福建茶产之研究》《恩施实验茶厂调查报告》《四川峨、夹、乐三县茶业调查报告》等。

在政府部门中,实业部商品检验局还从事更为基础的茶业调查和研究。1933年,商品检验局拟定救济华茶的具体步骤,第一项要务便是调查考察,主要通过两个途径进行。一是国内的调查,与全国经济委员会携手1934年派专员赴浙、皖、赣、闽、桂、粤、湘、鄂、川等各产茶区域调查茶叶产制情况,并宣传改良品质之政策,如1934年傅宏镇曾以调查皖省茶业专员的身份,一方面调查屯溪茶业情况,一方面召集全体茶商,痛切指陈茶业衰败之症结,竣事之后,又到徽属其他各县及宁国、太平、广德、宣城,浙省之淳安昌化等地调查。另有,叶懋、陈为植两人到上海调查,实业部科长马克强赴汉口等地调查茶叶产销及检验情形。二是受全国经济委员会委托,商检局派遣吴觉农于1934年11月至1935年年底,多次到日本东京、静冈,印度,锡兰,爪哇,欧洲等地实地考察。这些调查员实地走访,获取了一手资料和数据,撰写了大量报告,并在此基础上提出华茶改良的系统方案,比较有代表性的成果有,俞海清《中国制茶种类概况》,傅宏镇《祁门之茶业》《平水茶业之调查》《红茶筛分法之研究》,吴觉农《华茶在国际商战中的出路》《华茶对外贸易之瞻望》《日本与台湾之茶业》《中国茶业复兴计划》等。这些调查报告梳理了各省栽培制造状况、各主要产茶区和消费国情形,为实施改良生产办法、举办试验场等提供了一手的数据和实践经验。1937年,上海实业部国产检验委员会茶叶产地检验监理处还编辑《茶报》,刊发了一批国内市场调查报告。

学者及学术机构也积极从事茶叶市场的调查。武汉大学经济学系朱祖晦的《中国中部茶叶贸易》(*Tea Trade in Central China*)是一部严谨的茶叶贸易统计著作。① 书中所选取的调查对象,是以汉口为交易中心的 4 个中西部省份,即江西、湖北、湖南、四川。调查方法采用全面调查和抽样调查结合的方式。为此,他向地方官员发放关于茶叶种植和流通等方面的调查问卷,同时向各省份茶叶种植区的茶农以及茶庄、茶栈、茶厂等派遣调查员,实地走访调查。最终,该调查获得 4 个省份种植区、田亩数、茶农数、户数、出口量和出口地等方面的一手数据。朱祖晦直陈中部茶区种植技术、金融、度量衡等方面的诸多问题,并提出了十分诚恳的改良政策和建议。

---

① T.H.Chu, *Tea Trade in Central China*, Shanghai: Kelly & Walsh, Limited, 1936.

第十一章　应对规制的效果
差异与深层分析

中日应对西方茶叶贸易质量规制的路径及其差异,也给两国产业发展带来不同的命运。中国茶叶的国际市场不仅受到印度、锡兰等地茶叶的冲击,更受到日本茶叶的挤迫。中日在美国曾一度激烈争夺市场,最终日本茶迎合了美国质量规制的要求,抢占了中国传统的绿茶市场,两国在其他国家竞争的情形也极为类似。而将茶业的情形与同时期性质相同的丝业比较,会发现中日应对西方质量规制的路径及其结果又高度趋同。在此基础上,进一步深入分析,可看到中日两国应对规制过程中角色及其文化的不同。

第一节　国际消费市场的争夺与日本扩张

长期以来,中国茶叶生产采用传统的小户副业经营、手工制作的模式。在现今,这种显得落后的生产方式,实际上体现了当时生产技术条件下的"中国智慧":充分利用农村闲散富余的家庭劳动力,在田间地头栽培茶树,利用可与炊具合一的铁锅及其他器皿制作茶叶;再通过大量的散布在茶叶产区的山客等中间商,收购并层层转卖,汇集在重要的商埠、集市交易。在这种方式之下,茶叶生产分散、种类复杂、制作工序和标准不统一,这就使得传统茶叶生产具有质量不稳定和品类多元等问题。英国以资本主义生产方式建立了一套崭新的茶叶经营模式,如大种植园种植、品种的不断试验和改良、现代化交通运输体系、全过程的机械化生产等。19世纪末,后者的巨大优势得到充分证明,中国在国际红茶市场的失败即是例证。

与此同时,英美等西方国家还提高了茶叶进口的质量门槛,这对中国式的传统茶业经营模式而言,无疑是雪上加霜。另一方面,就消费领域而言,由于生产效率和能力的不断提升,生产者能够在更短的劳动时间内创造更多价值,高质量物品越来越多地由现代机器生产;当生产者从事消费后,他们有能力支付高品质的个人消费和使用物品的费用,"他们在所有情况不变的条件下,一般地能使他们自己得到他们有任何程度需要的一切",即"资本主义过程使消费民主化了"。① 因此,就茶叶国际贸易而言,在新的模式下,不再是传统的从业者小规模、非集约化的竞争,而是能够以更低的价格、更高的效率、大批量生产出质量稳定的产品,并符合各个国家茶叶进口技术规范和标准。

日本在开港之初的产业模式与中国极其类似,同样面临茶叶生产高成本、品质不稳定等方面的问题。但日本通过同业组织的改造、实施出口检验、探索出与印度模式不同但适应本国国情的产制技术,积极组建海外直输出公司、实现质量控制内在化,并不断开展市场推广与调查,跨过"强规制"和"弱规制"的门槛,快速适应了国际茶叶市场的需求。在前文中,我们对美国出台茶叶进口法令后,中日两国对美出口茶叶数量异动方面作出对比。"强规制"的效果可以很快体现在短时间段的进口数量(包括被拒绝入关的茶叶数量)和货值等方面,而两国应对"弱规制"的情况则需要在长时段观察中才能看得明晰,因为两国茶叶质量本身的横向比较较难鉴别。故我们使用替代数据,从数量和货值等方面看中日在国际市场的竞争,此处以两国竞争最为激烈的美国市

---

① [美]约瑟夫·熊彼特:《资本主义、社会主义与民主》,吴良健译,商务印书馆2009年版,第248页。

场为例展开分析。

一、中日茶在美国市场的竞争

闭关锁国时期,日本曾通过当时唯一的对外贸易口岸长崎港少量出口茶叶,但时断时续,数量也微不足道。当时中国是全球茶叶的主产区,以先发优势占据了包括美国在内的世界消费市场。自 1859 年被迫开港、对外开放起,茶叶贸易规模迅速扩大,茶叶成为日本仅次于生丝的第二大贸易商品。茶叶输出港从长崎转移至靠近东京的横滨,1868—1900 年,85% 的茶叶通过横滨输出。日本最初将世界第一大消费市场英国列为重要出口国,1862—1865 年有 33.7% 的茶叶直接输英。但日本输出的主要为绿茶,这些茶叶经过伦敦转口贸易多输往美国东海岸的纽约等地,另有 14.1% 的茶叶输往上海、香港等港口,最终复出口到美国西海岸的旧金山等地。为节约成本、增强竞争力,从 1865 年起,出口洋商调整贸易路线,90% 左右的茶叶直接输往美国,美国成为日本绿茶最重要的销场。中国口岸开放后,传统产区安徽屯溪、浙江平水、江西九江等地的绿茶直接运往上海,85% 的茶叶运往了美国,27% 的茶叶运往英国后又转口到美国。随着日本茶叶输出量的快速增长,与中国茶叶的市场份额争夺在所难免。中日茶叶在美国的竞争经历了三个发展阶段。

第一个阶段是快速增长期(1875 年及以前)。分别被迫开港之后,中日同美国贸易的政策性禁锢随之消弭。茶叶是美国民众日常消费的重要饮料之一,而中日向为茶叶出产国,因此两国出产之茶大举进入美国市场。中国茶叶输美延续了鸦片战争之前的良好态势,并有了长足增长:1858 年输入额为30606461 磅,1873 年达到顶峰,为 44149167 磅,最大增幅为 44.2%;1858 年输入货值为 6662792 两,1873 年同样达到顶峰,为 16566624 两,增幅为148.64%(见图 11-1、图 11-2)。不考虑汇率及通货膨胀等因素,从数量判断,可以初步认为此时期中国茶叶在美国的售价整体处于提高的趋势。虽中国茶叶输美总体处于增长趋势,但在 1858—1862 年、1865 年曾出现两次下滑,之后企稳、恢复增长态势。与中国相比较,日本茶叶对美出口增长更为迅速。1865 年后,日本输美情况有了连续性的数据记录。该年输美茶叶量仅为 1216364 磅,1875 年达 19100596 磅,增长 14.7 倍;输入货值为 279637 两,1875 年为 7098831 两,增长 24.4 倍。在整个时期内,日本输美茶叶一直快速上升,未有波动状况。

第二个时段是日本侵夺中国份额期(1875—1899 年)。1876 和 1877 年是中日美国市场地位的反转之年,中国对美茶叶输出略有下滑,而日本却加大市场开拓和倾销力度。以 1876 年为例,日本茶叶输美激增至 31167197 磅,是 1875 年的 1.63 倍,将市场占有份额从 29.45% 拉升至 49.56%,同时出口额首次突破 1000 万两,美国茶叶年消费额的 53.40% 纳入日本囊中(见图 11-1、图 11-2)。不过此种现象为时较短,1878 年恢复常态,到 1900 年以前,中国茶叶输美无论是数量还是价值,基本可以维持在 50% 以上,而日本则在 40% 上下浮动。在 1864 年之前,中国茶可占据美国市场份额的 90% 以上,拥有独占市场的绝对优势,1874 年以前尚有 70% 以上的市场;在进入第二阶段后,中国茶的这一优势丧失了,市场逐渐被日本茶所侵夺。另外,该时期中日茶叶输美数量和货值的波动,步调比较吻合,这说明都同样受到美国进口政策、经济形势和环境等方面的影响,只是程度上略有区别。中日茶叶在美国市场份额的变化,很大程度上是由于华茶质量下降,而日本茶品质精进所引起的,黄遵宪在此时期就意识到这一点,他在《日本国志》云:"至明治二三年,适因中国红茶有伪造者,为美人所厌忌,而日本绿茶乘机得以销售,至明治十一年输出至二千八百余万斤之多……"[1]

第三个阶段是日本优势确立、中国陷入衰颓的时期(1900 年及以后)。进入 20 世纪后,中国茶占据优势的情形不复存在,日本茶的货值和数量先后赶

① 黄遵宪:《日本国志》,天津人民出版社 2005 年版,第 926 页。

超,中国与日本的差距越来越大,就此陷入衰颓,一蹶不振。1900 年,中国茶输美 4872741 两,日本茶输美 4797173 两,两者仍显胶着(见图 11-2)。但自此之后,中国茶输美的货值份额一路下滑,从 40% 以上跌落至 30%,甚至低于20%。从数量上看,1900 年中国茶输美 42283189 磅,日本为 33949350 磅,尚有 1000 多万磅的优势,直至 1906 年及以后日本茶输美数量才真正全面超越中国(见图 11-1)。在 1900—1906 年之前,中国茶的输美数量超过日本,甚至还有一定程度的优势,但中国的货值总额却接近甚至一度远低于日本,这说明中国茶在美国的售价低于日本茶,已经无力与日本茶直接展开竞争,只能通过削减价格来博取市场。这无异于饮鸩止渴,当对美茶叶贸易呈现严重亏损时,华茶被迫退出美国市场,反而加速巩固了日本茶的市场地位。此时期值得注意的现象是,英属印度、锡兰等地区所出产的红茶在美国市场的开拓和宣传取得成效,1906 年中日茶叶所占市场份额跌破 80%,一般维持在 70%—80% 之间,1909 年跌破 70%,至 67.35%。20 世纪 10 年代及以后,这一趋势持续加剧,甚至迫使日本加快了红茶的研制和对美销售。[1]

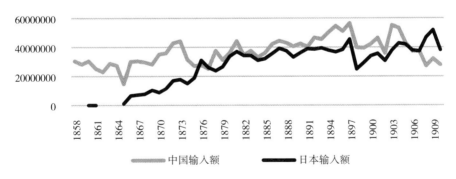

图 11-1　1858—1910 年中日茶输美数量变化趋势图[2]

①　河原林直人:《近代アジアと台湾:台湾茶業の歴史的展開》,京都:世界思想社 2003 年版,第 63—65 页。
②　農商務省農務局:《農務彙纂第二十三・茶業ニ関スル調査》,東京:東京製本合資會社 1912 年版,第 260—263 頁。

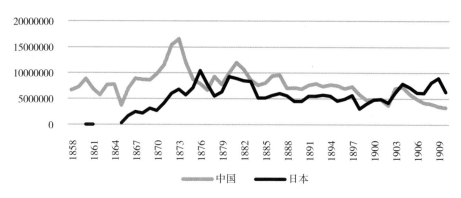

图 11-2　1858—1910 年中日茶输美货值变化趋势图①

　　1921 年得到南洋兄弟烟草公司资助到美国哥伦比亚大学留学的潘序伦，对中美茶叶贸易留心观察，他在博士论文中作出论述，认为茶叶原本是美国从中国进口的最为重要的商品，但从 19 世纪 80 年代后期开始，茶叶出口的数量、贸易额及市场份额都在逐渐下降。1895 年美国从中国进口价值 750 万美元的茶叶，20 年后进口额只剩下一半，而茶叶贸易在美国进口总额中的份额则由 36.8%下降至仅有 8.2%（见表 11-1）。②

表 11-1　1895—1913 年美国从中国（含租界）进口商品构成

年份 项目	1895	1898	1901	1903	1905	1907	1909	1911	1912	1913
茶叶进口额 （万美元）	753.4	582.7	486.4	679.5	590.3	418.2	350.1	295.2	226.1	324.8
所占百分比	36.8%	28.8%	26.5%	26.2%	21.2%	12.5%	11.9%	8.4%	7.4%	8.2%
出口合计	2054.6	2032.6	1830.5	2667.3	2788.7	3357.3	2944.3	3528	3046	3975.8

　　①　農商務省農務局：《農務彙纂第二十三・茶業ニ関スル調査》，東京：東京製本合資會社 1912 年版，第 263—268 頁。
　　②　潘序伦：《美国对华贸易史（1784—1923）》，李湖生译，立信会计出版社 2013 年版，第 40—41 页。

　　在日本茶叶较好地满足美国市场的强制性质量规制（显规制）后,19 世纪
90 年代后又不得不面临美国的柔性质量规制（隐规制）。这是因为美国消费
者饮茶的口感和嗜好发生了变化,许多地区实现从绿茶消费向红茶消费的根
本性转变。1893 年芝加哥国际博览会之后,印度、锡兰以及继之而起的爪哇,
开始在美国市场大规模广告和营销,日本茶不仅面临中国茶的竞争,还需要应
对这些红茶主产国对绿茶市场的不断倾轧。此外,还有来自中国台湾乌龙茶
的竞争,从 19 世纪 70 年代中期起,乌龙茶在美国市场也颇受欢迎。在此情形
下,日本推出两方面的应对策略,其一是想方设法试制红茶,扩大红茶的出口,
其二是改变将美国作为重点销售市场的策略,不遗余力地向其他茶叶消费国
营销日本茶,试图侵占中国茶叶市场。

二、其他国家市场的进出

　　在美国市场遭遇到柔性质量规制,即消费者热衷于消费红茶后,日本茶叶
转而向其他绿茶消费国转移市场,其最为便利的转移地是临近美国的加拿大。
在 19 世纪 90 年代以前,日本曾向加拿大输出不少数额的粗茶;粗茶在美国遭
遇强制性质量规制后,日本遂将其调到加拿大销售。但在 19 世纪 90 年代,加
拿大魁北克和安大略等地区提高了茶叶进口质量门槛,对优质茶叶的需求大
幅增加,故日本又向其出售经过质量改进的绿茶。1891 年至 1900 年,加拿大
市场占日本茶叶出口总额的 17%,而日本占加拿大茶叶市场的 40% 以上。与
此同时,日本向加拿大的茶叶出口也在不断增加,从 1886—1890 年平均每年
766.4 万磅,增加到 1896—1900 年的 9791 万磅,逼近 1000 万磅（见表 11-2）。
进入 20 世纪,加拿大茶叶消费嗜好同样转向红茶,日本茶的市场优势地位被
印度、锡兰等地所挤占。

表 11-2　1886—1905 年加拿大进口茶叶来源分布表[①]　（单位：千磅）

年份 \ 数量与比例 \ 国别	中国	日本	印度	英国	美国	总计（含其他）
1886—1890	2576(13.6)	7664(40.6)	42(0.2)	7716(40.9)	876(4.6)	18875(100)
1891—1895	3305(16.6)	8838(44.3)	219(1.1)	6903(34.6)	674(3.4)	19948(100)
1896—1900	4182(17.9)	9791(41.9)	3864(16.5)	5153(22.0)	399(1.7)	23393(100)
1901—1905	2135(8.6)	6172(24.8)	10812(43.5)	5390(21.7)	334(1.3)	24844(100)

日本在国际绿茶、红茶市场努力开拓，想方设法满足西方国家的显性或隐性的质量规制，并通过创制适应本国的生产技术以降低成本，扩大其茶叶销路。日本还针对性地研究中国出产的各类茶叶，提高自身生产制作水平，并最终侵占中国的传统茶叶销场，其中最具代表性的是黑茶。前文所述，多田元吉前往清朝考察时，就格外注重对羊楼洞等地调研，并带回砖茶的生产制作工具，在本国劝业寮中试制砖茶。日本将其生产的砖茶，交给天津的俄商鉴定，经比较测试发现，与中国福州、汉口所出产的砖茶相比，日本砖茶处于次等水平。[②] 日本茶业界并未气馁，而是进一步努力开拓，希望打开俄国市场，取代中国茶传统的优势地位。

进入 20 世纪后，日本红茶、绿茶在国际市场上面临激烈竞争，故业界开始瞄准中国黑茶的传统销售地俄国、蒙古等。20 世纪 10 年代中后期，中国已经感受到来自日本的压力，报纸提醒华茶商对日本黑茶格外注意："日本出口茶分绿红黑三种，绿者售于流寓外国之日本人，红者销于美国，黑者销于俄国，合计价值不足二十兆。现在亚洲俄国所销日本黑茶颇多，渐与华茶相匹。"[③] 日本还以中国为中介和跳板，调查俄国的质量需求和消费嗜好。1925 年 4 月，

　　① Shinya Sugiyama, *Japan's Industrialization in the World Economy: 1859–1899*, London and New York: Bloomsbury Publishing plc, 2012, p.152.
　　② 《本邦産製茶並ニ支那茶ノ見本ヲ露国ヘ逓送シ同国人需要ノ適否問合一件》，《见本関係雑件》第 1 卷，東京：日本外務省外交史料館藏，档号：B10074351700。
　　③ 《记日本茶业情形》，《申报》1907 年 9 月 12 日。

为推销茶叶并发展对俄贸易,静冈县大茶商笹野德次郎前往上海,携带茶叶样本 7 种及砖茶等,经大阪驻沪贸易所介绍与俄国茶商接洽。经过俄商质量检验,认为部分红茶会有销路,并建议其制茶工艺参照中国,将来定可与华茶竞争。笹野氏允将俄茶样本带回再加改良,并决定 1926 年 5 月制茶节再行来上海,商量对俄出口办法。① 在中国对英美等国的茶叶销售衰落后,俄国是华茶最大销售市场,日本茶商竭力与中国竞争的行为,引起了中华商业协会的高度警觉,故派调查股调查日本对俄的销售数量,并在该会会报警告华茶商人。

日本茶业界将在美国、加拿大等市场所获得经验,运用到俄国、非洲等新的销售地,在其凌厉进攻之下,曾在这些市场占据优势地位的中国,开始面临激烈竞争,并快速陷入劣势。据中国国内报道,1928 年贸易季日本茶对俄出口大幅增加,较 1926 年增长四成,大有争雄于世界市场之势。② 吴觉农对此有深刻体会,感叹道:"运销俄国及非洲的数字,真是突飞猛进,销俄在一九二六年前,几无数字可言;现在已占日茶输出国的第二位;而一九二九年尚未有茶叶输到非洲,去年(1932 年,作者注)即已到达一百七十余万磅的巨额。"③日本茶对俄输出增长迅猛,1925 年 30 余万磅,1927 年已超过 100 万磅,1929年更是超过 300 万磅;1930 年上海全埠对俄国输出绿茶为 4777700 磅,而日本绿茶则达 6154785 磅,已经赶超华茶。④ 华茶在俄国的销售境况,受到日本茶的极大打击。

第二节　茶业与丝业质量控制的趋同性分析

探讨中日两国应对西方茶叶贸易质量规制问题、分析其路径的异同,不仅

---

① 《日本大茶商来沪推广销路》,《申报》1925 年 4 月 16 日。
② 《日本茶输出顿增》,《申报》1929 年 4 月 16 日。
③ 吴觉农:《日本茶业及其对华的侵略战》,《申报》1933 年 5 月 22 日。
④ 《华茶俄销受极大打击洋行订购大批日茶》,《商业月报》1931 年第 11 卷第 10 期。

要对茶叶产业本身作纵向分析,还需要进一步扩大视野作横向分析,研究相近产业的情况,以便审视两国应对西方茶叶贸易质量规制的路径是否具有普遍意义,进而分析总结应对路径的模式特征和基本规律。

近代中日两国,最主要的出口商品是茶叶和生丝。区别在于,茶叶长期居中国出口货品第一位,生丝位居第二,在 19 世纪 90 年代随着华茶国际贸易的衰落以及上海等地缫丝业的发展,生丝的重要性开始凸显;日本在明治维新以后,生丝是第一大出口商品,茶叶位居第二,主要出口对象是美国,这种局面长期维持不变。[①] 因此,缫丝业是茶业的良好参照系:两者的重要性相当,都在两国出口商品中占据前两位;产业性质相同,其生产原料都来自农业,但又都需要现代工业的生产加工与制作;还是国际性的大宗贸易商品。观察中日两国丝业是否同样面临西方国家质量规制,以及两国怎样应对这些规制,可以从外围、横向的视角,进一步审视茶业的基本情况。

近代中日两国打开国门、融入世界贸易体系之前,法国和意大利是重要的丝织业中心,已经开始了机械化和工业化的发展进程,中日两国则沿用传统手工制法。恰在此时,世界生丝市场发生两个重大变化。一是 1840 年前后法国爆发微粒子病,迅速在欧洲蔓延,对蚕茧生产造成极大打击,法国的蚕茧产量由 1853 年的 2600 万公斤迅速下跌,到 1856 年仅有 550 万公斤,意大利亦不能置身事外。[②] 欧洲生丝生产萎缩,丝织业国家不得不另行寻觅市场,国际市场对新开放的中国、孟加拉、日本等国家的生丝有迫切需求。最先是中国的辑里丝、大蚕丝等占据伦敦生丝交易市场,太平天国期间中国生丝出口受阻,日本丝趁虚而入,因其质量较为优异,开始行销欧洲。欧洲的丝织企业多为中小

---

① 在日本所有出口货物中,生丝最为重要,从 1868 年到 19 世纪 90 年代初期,它的出口量大致增加了 4 倍,在 19 世纪 90 年代初期构成了总出口的 42%。Conrad Totman, *A History of Japan*, New York: John Wiley & Sons., p.315;[美]康拉德·托特曼:《日本史》,王毅译,上海人民出版社 2008 年版,第 308 页。

② [日]梅村又次、山本有造编:《开港与维新》,李星、杨耀录译,生活·读书·新知三联书店 1997 年版,第 215 页。

规模,机械化的程度相对较低,对生丝的品质要求比较多元化,单一工厂的需求量也不大。中国出产的生丝,恰好满足了欧洲市场的需求,故一直占据市场优势地位。相比之下,日本生丝无法与高质量的意大利丝竞争,也无法与中国、孟加拉等国家质量较低的生丝竞争,在19世纪90年代以前市场份额一直没有超过15%。国际生丝市场的另一大变化是,美国作为一个丝织业大国的崛起。南北战争以后,统一而广阔的国内市场形成,美国丝织业发展起来,机器得到改良,特别是进入19世纪80年代后,"随着织机的普及,丝织物的生产扩大,对均质而且强度高的优质丝的需求增加,在进口生丝的数量增加的同时,需要将重点向质量方向转移"[1]。换言之,美国的丝织业对生丝需求提出了"质量规制",其规制方向是生产量大、品质稳定、强度高、不易断线等。

中日两国开埠之后,生丝出口大增的同时,质量却出现与茶叶类似的情形,传统的规制手段松弛,掺假、作伪等情形较为严重,品质大幅下滑。当时中日两国生丝交易制度与茶叶别无二致,由分散在各地的丝商和丝行采购、分级、分类整理打包,运往上海等地的丝栈或横滨等地的居留地商馆,由这些贸易公司检验、定价后输出到欧洲、美国等生丝进口地。各丝行收购的生丝,多来自个体生产者,制作标准不一,且不乏弄虚作假之情形:"或将劣茧和杂草混入,或以湿气和洒水使生丝增重,或以普通丝、劣质丝混充优质丝,或以种种廉价物品塞在捆包的生丝里,或藉普通丝和劣质丝冒充名牌优质丝的商标以卖取高价……种种投机取巧、蒙混作弊行为公然行之。"[2]日本方面也如出一辙,在向海外输出的生丝中,各种粗制滥造、弄虚作假的情况比较常见,对日本的国际信用造成打击:"输出的生丝中,常常混入烟管头、铅块、天保钱等杂物以增加重量……还有让生丝受潮以增加重量的种种手法,哀哉。"[3]当时货源

① [日]梅村又次、山本有造编:《开港与维新》,李星、杨耀录译,生活·读书·新知三联书店1997年版,第216页。

② 铃木智夫:《洋务运动の研究》,东京:汲古书院1992年版,第293页。

③ 山本三郎:《製糸業近代化の研究》,群马:群马县文化事业振兴会,第11页。

较为紧俏,洋商为收购到足够多的生丝,往往根据各丝行、丝栈提供的生丝的等级,预付货款、订立收购契约,待正式交易时,再照牌号查验等级、过磅交易。但中日各丝商提供的生丝,较前期所出示样品的照牌质量要劣,有假装低货而仍挂经牌者,往往存在牌不对货、货不对价等情形。① 生丝粗细不分、匀净不一等情形,需要织造商重新拣择、分类,无法适用于机器制造,外商对中间贸易商屡有责难,如1873年法国里昂丝织业协会曾向上海外商商工会议所提出抗议,进而导致洋商和华商之间屡有纠纷。19世纪70年代,中日两国对欧洲出口因质量问题而面临着不同程度的市场下滑。另一方面,传统手工制丝方式所生产生丝的均匀度、强度等方面越来越不符合机器纺织的要求,特别是美国丝织业机械化的发展,带动了对可大量生产运输、质量稳定、且尼尔系数均匀的生丝的需求。

面对西方市场对生丝质量新的规制需求,日本采取了快速而有效的措施。早在1870年,日本就在横滨、神户等主要港口设立生丝检查所,对其出口的生丝严格检验。1883年3月,农商务省下属的农务、商务和工务三局,召集各府县代表30余名,召开蚕丝业咨询会,决定成立蚕丝业组合。1885年日本发布《蚕丝业组合准则》,共有10条,其中对桑树栽培、桑蚕养殖、蚕茧贮藏、生丝制造等方面作出严格规定,推出生丝检查法,在出产的生丝上要标明组合名称、制造者、买卖人及商标等,并在合适之地设立取缔所,派员检验生丝品质。② 这些做法跟茶业相同,目的在于革除传统生产弊病,提高出口生丝的品质,进而恢复日本生丝在国际市场的声誉。依据组合规则,日本还设立蚕丝业组合中央总部,以协调各府县组合之业务。1911年,日本发布《蚕丝业法》(法律第47号),农商务省发布《蚕丝业法施行规则》、《蚕业取缔所规定》等规则,确立同业组合、联合会、中央会议等不同层级的同业组织。桑蚕业各产业环节根据同业关系,组成了养蚕业组合、蚕种业组合、产业制丝组合、缫丝业组合、

① 《绎上海西商公所上　各领事论县茶规条书》,《申报》1873年6月10日。
② 《蠶絲業組合準則》農商務省第41号,《官報》1885年11月25日。

丝批发业组合以及生丝输出同业组合等 6 个同业组织。这些组合在桑蚕技术的改良、产量的增加和品质的改善,各环节的蚕种、蚕茧、生丝检验,以及海外市场的商品推广和市场商情调查等方面,发挥了与茶业组合性质相同的作用。

日本丝业同业联合的作用,更主要体现在推动技术变迁方面,而这又离不开质量控制技术和产业组织的改造。在国际市场上,要保证生丝质量主要有两种方式:一种是意大利等地区,由地区商会等第三方机构检查品质、确定等级、出具检查报告;二是由从事生丝贸易的公司创建品牌,丝织企业根据品牌提供的质量信号购买原材料。中国以及最初的日本出口生丝的质量等级由西方贸易公司确定,他们同时掌握生丝进口国的质量需求信息,因此便可凭借优势地位,操纵生产国的生丝贸易,生产国无法突破这种垄断,被认为是中国近代生丝、茶叶等贸易衰落的重要原因。日本生丝贸易最初同样由西方贸易公司所掌控,但从 19 世纪 80 年代中期开始,生产商的品牌逐渐取代贸易公司的品牌,在国际市场上树立了品质声誉,进而获得质量溢价;同时,进口国消费市场的信息,也被日本生丝生产厂商所掌握,生产和消费之间信息不对称的降低,也有效削减了双方的交易成本。① 日本生丝产业快速崛起,特别是适应了美国丝织厂对原材料标准化和质量稳定性的需求,抢占了中国生丝的传统市场,打击了中国传统优势产业。对日本而言,生丝出口不仅为其赚取了大量外汇,更重要的是缫丝业成为其第一个成功实现现代工业化的产业,从该产业发展中汲取经验为其他产业的发展提供了模板。

日本生丝质量控制实现内在化,首先取决于技术的变迁。宽政年间,日本上州(今群马县)等地区已在广泛采用座缫器,日本开港后的文久年间推广到冈谷(今长野县境内,诹访湖西岸)等制丝业集中地。幕府末期,制丝业内部开展技术革新,发明足踏式座缫制丝器,其所出产的生丝优于传统的座缫制

---

① Nakabayashi Masaki, "Price, Quality, and Organization: Branding in the Japanese Silk-reeling Industry." *Iss Discussion Paper*, F-160, Institute of Social Science, The University of Tokyo, (2013): 1-28.

丝。日本丝业技术进步最主要的影响,来自从法国和意大利等国家引进的制
丝技术。1870 年,日本前桥藩前桥制丝场、小野组筑地制丝场等,引进意大利
木质共撚器械,1872 年诹访深山田制丝场亦引进意式器械。日本制丝器械的
另一来源是法国,1870 年群马县富冈町采购法国缫丝器械,聘请法国技师设
计工场,1872 年富冈缫丝厂正式投产,为全国提供模范。在充分吸收意大利、
法国器械优点的基础上,结合传统的座缫手工技术,武居代次郎等人发明了诹
访式缫丝机,形成了"和洋并举"的器械制丝。此种机械在全国迅速推广,到
19 世纪末时已有器械制丝工厂两千多家,从业人员 11 万多人。与此同时,器
械制丝的产量在 1894 年超过了传统座缫的产量。与中国传统的制丝法相比,
器械制丝的产量大幅提升,产品质量也有了根本性改善,进而增强了日本生丝
在国际市场的竞争力。

在器械制丝推广期间,一些座缫丝改良组织在传递质量信息、实施质量激
励、推广器械制丝等方面起到至关重要的作用。这类组织是兼带行业协会和
企业性质的中间组织,将传统的小散乱的制丝场联合起来,形成共同的会社规
约,提供技术指导和融资支持,指导改良蚕茧的生产和生丝的制作,进而产出
制作精良、标准统一的生丝。这类组织的工作还有:设立检查机构,派出检查
人员,巡回检查组织内部下辖各会员的出品情况;对各会员提供的生丝分级定
等,运输到通商口岸销售,并根据销售情况向会社成员提供质量激励;向会员
提供国内蚕丝业最新进展、国际丝市的行情、国外丝织厂的质量需求等方面的
信息,将国外质量信息内在化以降低信息不对称所带来的经营风险。这类组
织较为出名的是上毛茧丝改良会社,其前身是 1874 年星野长太郎创办的水沼
制丝场。① 星野长太郎在 1876 年时,随新井领一郎被派遣到纽约调查市场,
试图实现生丝的直输出。但水沼制丝场产量有限,于是他联合村内座缫工场,
构筑了共同完成系统的结社。1880 年,他进一步合并群马县内的制丝结社,

---

① 上毛繭糸改良会社:《上毛繭糸改良会社》沿革誌,前橋:上毛繭糸改良会社 1891 年版。

创办上毛茧丝改良会社。该会社在完成上述任务方面不遗余力,其吸引力不断增强,1886 年加入上毛茧丝改良会社的制丝场已有 102 个,社员数 4657 名,女工 28862 人。[①]

这类会社的作用不仅是将小生产者和小生产单位结合起来扩大生产规模,更重要的是设立共同扬返所,在扬返所中创造以合作完成为特征的复缫体系。在长野诹访,与上毛茧丝改良会社相类似的是开明社,该社在 1884 年创新组织形式,建立了合作完成系统。这一系统由合作复缫、合作检验、联合运装组成,合作复缫是指在个体丝业者缫丝后由开明社组织再次缫丝,使生丝更加干燥、匀净,质量和标准整齐划一;合作检验是指由开明社对收购的生丝进行检验,根据检验结果对生产者实施质量激励;合作运装是指由开明社将最终的成品,从产地运输到商埠等交易地或者向海外直输出。合作完成系统一方面可提高个体或小规模制造商的出品质量,同时又可降低交易成本。合作完成系统中,复缫、检验、质量激励等措施的推出,不是缫丝技术的飞跃和突破,而是组织制度的创新。这一新的组织形式和制度一旦被证明能够符合美国市场对均匀生丝的质量需求,各地的缫丝业也都纷纷学习,合作完成系统很快在日本得到推广,如 1877 年在京都的西阵织造会社采取了类似的做法,创建了"西阵制"这一在国内外享有盛名的品牌。总之,经过上毛茧丝改良会社、开明社、西阵织造会社等具有行业协会和企业双重性质的机构的组织和联合,"大量分散的制丝业者和农民小生产者也被逐步引导到制丝业现代化的轨道上来"[②]。日本以组织的创造性和灵活性,破除了传统中间商——日本的仲买商和外国商馆、中国的丝栈和洋商——的垄断地位,无论是会社内的成员,还是会社外的个体制丝家,都按照会社提供的质量标准从事生产,按照会社检验的结果获得质量激励,通过联合的方式向海外输出,共同扩大了日本生丝的国际市场。

---

① 山本三郎:《製糸業近代化の研究》,群馬:群馬県文化事業振興会,第 52—56 页。
② 王翔:《中日丝绸业近代化比较研究》,河北人民出版社 2002 年版,第 550 页。

但到 19 世纪 90 年代时,美国市场的日本生丝面临两方面的问题。一是 1893—1896 年美国的经济衰退,导致美国纺织业发展的停滞。[①] 纺织工厂开始技术改造,使用捻丝机和动力织机,在节省人力成本的同时,提高了生产效率和丝织品的制造品质。新型机器要求生丝的韧性和强度等方面要再度提升,方能实现其高速、连续的规模化生产,均匀纤度的经线生丝需求量大增。二是西方投资者 19 世纪 80 年代开始在上海投资设立缫丝工厂,以蒸汽为动力,生产规模超过日本,平均每个工厂有 150—500 个缫丝釜。所以上海生产的生丝质量稳定性、纤度均匀性,都要优于日本产品,故美国从事中低端织造的公司在加捻生丝方面,开始使用上海的经丝来替代日本的经丝,日本在美国市场的销售有被中国生丝取而代之的威胁。这导致日本开明社等类型的机构及其所创建的生丝品牌,在横滨市场的质量溢价降低,甚至有消失的危险。

面对新的情况,日本丝业组织的创造性和灵活性再次凸显,其变革主要体现在:第一,合作完成系统由开明社等中间组织主导的情况必须要被大工厂生产所取代,换言之复缫等工序应在同一个工厂内部完成而不是众多中小生产商和个体者共同联合实施;第二,在开明社内部较大的生产者开始退出合作完成系统,自行组建独立的大工厂,如开明社有实力的成员片仓和小泽等 1894 年开始独立发展,规模迅速扩大;第三,开明社内中小缫丝制造商也意识到组织再造的必要性,如长尾口川上、桥爪宇之吉、横内玄卫门等同样退出,共同组建了大型的冈谷丝织公司,到 20 世纪初已配备了 1000 多釜。这些大的缫丝工厂又不断创制新的生产机器,成功生产出了质量统一、标准较高的生丝产品。从推出中间组织性质的合作社到建立独立的大工厂,其组织结构的最大变化在于两点,即质量检验内在化和独立丝牌的创立。就前者而言,质量检验不再是在生产单位外的合作社中完成的,而是在企业内设立独立的检验部门,

---

① Philip Scranton, *Figured Tapestry: Production, Markets and Power in Philadelphia Textiles, 1885-1941*, Cambridge: Cambridge University Press, 1989.

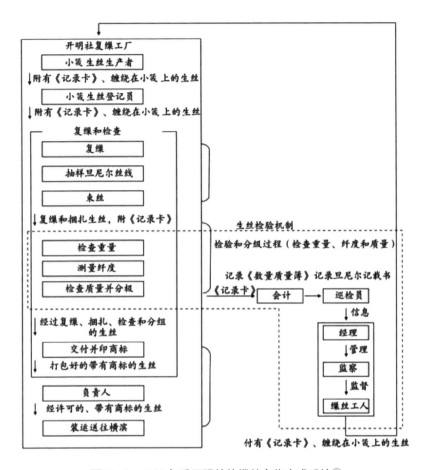

图 11-3　1884 年后开明社的缲丝合作完成系统①

从而有利于指导本工厂不断改进品质。就后者而言,独立丝牌是品级和信誉的保证,可以直接从市场上获得溢价,而不是通过合作社来获取,例如冈谷公司的"白鸡"在横滨市场上被公认为是"信州 No.1"分级的标准品牌,在纽约市场上作为"日本 No.1"。② 这次组织改变实现了对中国上海缲丝工厂的再次赶超,日本生丝在美国市场重新站稳了脚跟,其占绝对优势的市场份额一直持

---

① ［日］中林真幸:《日本近代缲丝业的质量控制与组织变迁——以长野诹访缲丝业为例》,《宏观质量研究》2015 年第 3 期。

② "Classificatioris of Raw Silks",*The American Silk Journal*,27.7(1919):147-150.

续到20世纪20年代末。

日本缫丝业不断变革组织制度,将生丝质量控制内在化,符合了美国丝织厂对原材料标准化的要求,成功挤占了华丝在美国市场的传统优势地位,达到近乎垄断的境地。而中国生丝则陷入传统缫丝方式和交易制度的路径依赖,机器缫丝变革举步维艰,这既导致华丝成本高昂,丧失了价格方面的比较优势,更致使质量下滑,各丝牌不能满足世界市场需求,丧失了品质方面的比较优势。[1] 民国学者在回顾近代华丝贸易时,痛心指陈:"中国生丝出口,品质、条纹不一,这亦是中国蚕丝在世界市场上失败的一重大原因。"[2]

无论是茶业,还是丝业,日本在面对西方或强制或柔性的质量规制时,显示出较强的灵活性和应变能力。在组织、技术等方面不但有所变革,更有创新,最终将自身的传统优势产业融入世界经济贸易体系之中。这不但为其赚取大量外汇,更探索出产业发展的路径和模式,对中国的既有优势地位发出挑战,最终取而代之。对中日两国而言,这都需要总结与深思。日本茶叶和生丝两业应对西方质量规制的路径,大致可以归纳为下图(见图11-4)。

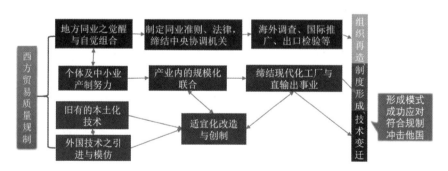

图11-4 日本茶业与丝业应对西方质量规制的路径图

在面临外来危机和压力——西方质量规制时,日本产业界为了拓展本国

---

① Lillian M.Li,*China's Silk Trade:Traditional Industry in the Modern World*,1842-1937,Cambridge:Harvard University Press,1981.

② 乐嗣炳编:《中国蚕丝》,上海世界书局1935年版,第59页。

产业在海外的发展,成功应对规制和外部竞争,能够做到上下齐心、气脉相通、形成利益共同体。首先是民间的产业自觉,初步实现联合,继而政府积极鼓励、倡导、扶助,通过行业规范、国家法令等形式约束各主体的质量行为,要求全国缔结同业组合,不同层级的产业组合相互配合,从纵向维度成立统一的全国领导机关,如中央茶业组合总部、蚕丝业组合中央总部等。建立行业协会组织,一方面可以充分发挥行业自我约束力,出口检验等外部质量控制手段多是通过行会在组织内运转;另一方面,政府可以对产业的中央总部进行扶助和引导,牵一发而动全身,起到了提纲挈领的作用。这就从纵向上将日本的产业者组织起来,正如吴觉农所分析,日本形成了"图谋茶业共同利益的集团":"由乡村而市县而中央,是有系统的极为明显的组织,是类于现在国内所提倡的合作社组织。对内尽指导改良,对外图宣传推广,由政府为之计划补助,由组合而向四面八方的作积极的活动。"①

就产业内部的横向组织而言,在开港之前,日本丝茶两业多采用中国式的小农经济模式;在接触西方资本主义制度所创设的大农场、大工厂的现代经营制度后,日本丝茶业开始将其与传统的模式相结合,通过小生产者之间的彼此联合,结成较大规模的生产合作社(松散的生产集团),彼此联合共同控制产品质量,以符合西方市场需求。一旦西方市场变化或者中国等竞争者开始变革时,日本合作社发生分化,大企业独立发展,中小企业彼此联合、组成大企业,建立与西方相近的现代企业制度,且行业集中度较高,可以共同开拓海外市场。同样,在技术领域,日本也将传统技术与西方技术相融合,探索出适应本国大规模推广和使用的器械,和洋并举,在提高劳动生产效率、降低生产成本的同时,产品的标准统一、质量稳定等方面也得到了实现。最终,日本符合了西方或柔性或强制的质量规制,实现产业转型和变革,体现出组织的灵活性和高度创新能力。

---

① 觉农:《日本茶业及其对华的侵略战》,《申报》1933 年 5 月 22 日。

近代中国对西方茶叶等方面的质量规制了解不如日本那样详尽、彻底、全面,但显然已经充分意识到这些规制对中国产业可能带来的风险和冲击,并在极力提醒产业界警醒和注意。也有论者对印度、锡兰、爪哇、日本等地的茶叶生产及其技术、制度等作了出详尽描述,让国内业者掌握最新动态。但与日本主动派员调查、学习,勇于试错、尝试改革、锐意进取的情形相比,中国产业界更相信传统模式和生产品质,不愿意作出变革,路径依赖的情形比较严重。中国业界往往将中国所出产之茶视为"天然上品",品质远超其他各国,盲目自大,对新兴产茶国的进步不甚重视。如《申报》曾称:"日本产茶之处,向以山城国为首出。惟红茶甚少,以致销场塞滞。前有西商延华人往该处制茶,所制出者味薄而色淡,远不及中国茶叶。运至横滨无人顾问,以贱值售脱。"①实际上 1881 年经过日本人悉心整顿,到 1882 年时,质量大幅提升、出产兴旺,所以西商竞相购买,仅 5 月销售新茶便有 7.4 万担、250 万元。晚清时期的盲目自信,与中国历史的长期性、发展的坚韧性、相对封闭性等因素密切相关。② 在此心态下,视自身为泱泱大国、天下共主,视日本以及西方国家等为"蕞尔小国"、"化外蛮夷"。这导致小生产方式有着顽强的生命力和一定的排他性,社会各界都不屑于开眼看世界、向其他国家学习。

在产业的纵向联合方面,晚清时期上海、汉口、福州等地的茶叶公所,以买办为中心形成的茶栈等交易机构,以及分散在各地从事收购的洋庄茶商等,都只代表各自的行业利益,由"一部分利益的商人所集合"构成,无法代表整个行业的利益对外博弈或者对全行业内各个环节进行利益协调,相反各种利益主体之间相互冲突,无法形成行业共同体,最终在国际市场上没有形成竞争合力。近代中国自始至终都没有组建类似日本中央茶业组合总部、蚕丝业组合中央总部等包括农民、制造者、流通者等不同群体的全国统一的大行业同业协

①　《日茶畅销》,《申报》1882 年 7 月 16 日。
②　朱荫贵:《国家干预经济与中日近代化:轮船招商局与三菱·日本邮船会社的比较研究》,社会科学文献出版社 2017 年版,第 187 页。

调组织,多是分地域、小行业、小群体形成利益共同体,如上海市茶输出同业公会、洋庄茶栈同业公会等。具体在质量领域,便是在生产、检验等方面始终由洋商所掌握和控制,无法实现内在化,国外的质量信息无法及时传回国内并指导生产,国内的茶叶生产是否符合西方质量规制要求,听凭洋商、买办等群体指令和操纵。工商群体及其组织无法从根本上实现统一领导、冲破垄断和操控,进而助推实现产业现代化的情况下,业界要求国家以行政力量统筹推进,如晚清张之洞直接将两湖茶向俄国直销,创设官方制茶厂和试验场、检验所等。由外商主办的检验所,则希望由官方来整顿收回,特别是在南京国民政府成立后,在"国体"的名义下,这一希望更为迫切。随之而来的问题是,随着政府对产业介入的加深,在战争等特殊时期出现了产业统制的局面,压制产业内在活力又导致效率低下、品质低劣等方面的问题。近代中国应对西方茶叶贸易规制时,官方与民间、产业链不同群体及其组织之间的利益协调与一致性的联结,是亟待解决的核心问题,但一直悬而未决,没有实质性的突破。

第三节　政府角色、集团格局与共同体文化

英国经济学家肖恩菲尔德(Shonfield Andrew Akiba)研究第二次世界大战后发达国家干预资本主义的模式和政策效果时,将其与各自国家的历史和文化相连接,出版著作《现代资本主义》(*Modern Capitalism*),开启了比较当代发达国家经济政策的先河。石油危机后,学者们沿着肖恩菲尔德开创的范式,更加系统地比较了发达国家经济政策及其背后的政治与文化等方面的互动,开创了比较政治学研究。比较政治经济学研究关注政府、利益集团与市场的跨时空比较,或者说是对宏观的国家、社会与经济关系的探讨。[1] 美国康奈尔大

---

① 朱天飚:《什么是比较政治经济学》,参见[美]查默斯·约翰逊:《通产省与日本奇迹——产业政策的成长(1925—1975)》,金毅等译,吉林出版集团有限公司2010年版,前言第2页。

学查默斯·约翰逊（Chalmers Johnson）将此方法运用于1925—1975年日本产业发展模式的研究,基于日本经济奇迹的现象提出了"日本模式"所具备的四个要素:第一,存在一个规模不大、薪金不高,而又具备高级管理才能的精英管理队伍;第二,官僚队伍拥有充足的空间可以实施创新和有效办事的政治制度;第三,完善的顺应市场经济规律的国家干预经济方式;第四,具备一个像通产省这样的导航机构。这些要素组合所体现的效果是"各种优先目标和社会对于公司合作的支持"①,即政府和民营企业共同改善了处理经济问题的种种方式方法,使市场发挥实现国家经济目标的作用。查默斯·约翰逊将分析起始点设置在1925年通产省的设立之年,在50年的时间段中观察政府、利益集团与市场的复杂关系。本研究则将研究时段迁移,重点关注中日两国开埠到中日全面战争爆发的时段,观察设立西方茶叶贸易质量规制对两国的冲击,分析西方茶叶贸易质量规制冲击之下政府、产业利益集团等所采取的策略异同,及由此对市场产生的驱动效应,进而分析总结两国的应对模式及其背后规律。

但凡近代中日两国的比较,不论是何种领域,都离不开政府的角色担当问题。朱荫贵先生强调,在日本早期现代化进程中,日本明治政府的干预和引导发挥了无法替代的决定性作用。②他以明治政府对经济活动所采用的带有强烈干预色彩和独具日本特色的"命令书"为文献基础,从政府积极干预经济的角度出发,以轮船招商局和三菱·日本邮船会社两家企业为案例分析对象,在与中国洋务运动对比的同时,阐明和论证了经济发展过程中国家政策的干预和经济政策的重要性。这一开创性的经典研究,指明了近代日本产业发展的关键——国家的干预政策,包括直接的和间接的干预。但我们要看到,日本政府近代工业化的政策演化有阶段性的特点。在早期工业化阶段,国家对企业

---

① ［美］查默斯·约翰逊:《通产省与日本奇迹——产业政策的成长（1925—1975）》,金毅等译,吉林出版集团有限公司2010年版,第350页。
② 朱荫贵:《论日本早期现代化进程中政府的干预作用》,《上海财经大学学报》2009年第4期。

不仅是直接干预,而且实施完全的国家干预和控制,甚至在重要行业创办国营企业,为民间企业提供示范。这一特性明显地体现在明治政府对战略性产业的态度和政策。战略性产业主要有两类:一类是与海军、陆军等军备有关的军事工业,如机器工业、采矿业、通信业、造船业等;另一类是与外国产品竞争的出口工业领域,如纺织业、茶业、缫丝业、航运业等。在这两类战略性产业中,政府优先发展的是第一类。因此,英国工业革命所采取的从轻工业过渡到重工业的发展过程在日本是颠倒过来的,19 世纪 50 年代兵工厂、机器厂等已经建立起来,70 年代以后棉纺业、缫丝业、茶业的工业化才被提上议事日程,政府开始设立国营性质的模范工厂。

　　19 世纪 80 年代后,日本政府意识到国家直接从事第二类战略性产业会带来效率低下等方面的问题,故调整策略,强化对第一类战略性产业的政府控制和集中经营的同时,将第二类企业私有化,以低廉的价格卖给跟政府关系密切的财阀。1880 年政府颁布的《工厂转让概则》代表着政府的工业政策从直接管控到间接保护的转变。[①] 次年日本设立农商务省,在执行将工业权让渡到私人企业的同时,依然对产业提供必要的扶持政策。有时,政府扶持并不是完全的保护,更是为了激活竞争,如 1883 年日本组建共同运输社,与三菱公司开始激烈竞争。三菱公司对此甚为忧虑,想尽一切可行之策,最终在 1885 年与共同运输社合并,组建了著名的日本邮船会社。在应对西方茶叶贸易质量规制时,政府对茶业界大仓喜八郎、丸尾文六等人希望政府干预市场的请愿给予了支持,很快便在 1884 年出台了《茶业组合准则》,以行政命令的方式将个体化的散乱小生产者组织起来,缔结了茶业指导的中央机关,给予了活动资金的扶助。在日本茶业界组织的各种恳谈会、制茶共进会等活动中,也不乏政府官员鼓动的身影。在海外质量信息传递方面,日本驻各国的领事馆发挥了情报站的功能,如 1833 年美国推出茶叶进口方案后,不到两个月日本驻美国领

---

① 　Norman E.Herbert, *Japan's Emergence as a Modern State：Political and Economic Problems of the Meiji Period*, New York：Insititue of Pacific Relations, 1940, p.117.

事高桥新吉就向时任外相的吉田清成呈送《输入不正茶禁制》,促成了9月第二次日本制茶共进会在神户的迅速召开。相比之下,晚清政府既没有承担这些角色和功能的自觉,也没有这方面的视野、眼光和能力。

更重要的是,日本政府的这种角色担当,还受到各界的充分重视和密切配合。正如聂宝璋所言,社会各阶层对符合时代潮流的基本国策达成共识,全国上下大致保持统一的认知,不管规划在贯彻之中是否遭逢某些挫折和困难。①日本近代茶业通过诸种变革措施,较好地适应了西方的质量规制要求,从根本上来说是政府和产业界共同努力的结果。1879年日本召开第一次制茶共进会时,劝农局官员即提出"官民协同一心":"方今商务万国竞争,有如此大敌,如此要事,岂得以日本产茶为天之所授,国之特产,而安坐逸居以图之乎?期所以保此天授,享此特产者在吾民手段。何谓手段?官民协同一心,以实验征实效,自培养制造以至贸易,苟有利益则急起以图,精进不已,务使货美价廉无复馀术,则庶几其可也。"②

日本茶业界破除西方商馆垄断、实现质量控制内在化最重要的一步是直输出公司的组建,在19世纪80年代中期以前,日本茶业界主要以地方町村为中心组建了一些小规模的直输出公司,如狭山会社、积信社、有信社等。这些公司规模小、存续时间短,鲜有能彻底实现直输出者,无法冲破外国商馆垄断。19世纪80年代中后期以降,日本产业界强化了府县领域内的联合,组建了三重县制茶会社、山城制茶会社、京都制茶会社、大阪制茶会社、静冈制茶直输会社、神户制茶会社等公司,这些公司还尝试在更大范围内实现联合,并在1889年举办集会,希望政府出面组建日本制茶会社。日本制茶会社的组建过程一波三折,最终没有成功,但业界通过1889年的全国茶业有志者大会以及一系列请愿,向政府表明了联合的决心,而政府也加大了对茶业界的扶持力度,鼓

---

① 聂宝璋:《序一》,朱荫贵:《国家干预经济与中日近代化:轮船招商局与三菱·日本邮船会社的比较研究》,社会科学文献出版社2017年版,第Ⅳ—Ⅴ页。

② 黄遵宪:《日本国志》,天津人民出版社2005年版,第927页。

励日本茶的海外开拓。在这个过程中,各界充分意识到直输出事业的发展,有四个方面的益处:第一,直接了解消费国对茶叶品质和品种的需求,将其迅速传回国内,可以缓解信息不对称问题;第二,充分利用直输出所获得信息,指导本国生产,可实现质量控制的内在化;第三,打通生产和销售,缩短交易环节和销售手续,减少掺假作伪;第四,解决居留地内的赝品茶和伪劣茶问题,破除外国商馆的利益垄断,在国际市场建立日本的品质声誉,通过质量改进取得销售溢价。

最终,19世纪末横滨的日本制茶株式会社、神户的日本制茶输出会社等大型公司的组建,有力推动了海外直输出事业的发展,质量控制的内在化满足了西方的质量规制。缫丝业也有类似的情形。19世纪下半叶,美国需要大量品质稳定、标准统一的生丝,以满足本国丝织业的需求。1878年以向美国市场直输出为目的而设立的碓冰社等,是群马县座缫制丝法的改良组织。① 碓冰社意在矫正粗制滥造的弊病,坚实市场信誉,扩大销售市场。在这种类型组织内部形成了前文所述的共同完成系统,即在制丝家的工场内对农民等个体手工业者出产的生丝,实施共同再缫、共同品质检查等,确保制造时的品质。1900年以后,碓冰社所属的合作单位,通过彼此联合成立更大规模的器械制丝工场,器械制丝的产量和质量全面超过传统制丝法,满足了美国市场的需求。

反观晚清在面临西方质量规制所带来的产业危机时的情形,要么是知识界徒有呼吁,产业界没有实际行动;要么是程雨亭一类地方官员意识到被西方规制的潜在后果,开始自觉应对,在所管辖的范围内查禁伪劣茶。民国初期温州设立的永嘉茶叶检查处也是如此,虽然开始对茶叶进行质量检查,但仅在局部实施,不能从总体上改善茶叶品质。换言之,近代中国的茶叶质量改良,在种植、采制、运输和检验等环节,始终无法较好地实现日本式的纵向整合和横

---

① 碓冰社:《碓冰社五十年史》,群马:碓冰社1927年版,第12—13页。

向联合,造就整体统一、共谋利益、占领国际市场的局面。丝业亦是如此,仅就近代出口检验制度和机构的建立而言,在其中充满了争论,早期美国丝商团体、生丝出口洋行之间彼此攻讦,中国丝商受制于人,只得保持中立;南京国民政府成立后,随着时代主题的转换,各方激辩生丝检验事业公办与私办、外办与内办等问题。① 中国在组织上没有形成统一的共同体,更没有形成坚强的团体合力。

因此,近代日本产业满足西方质量规制(无论规制主体是政府还是市场)最主要的策略是横向、纵向的组织联合,并根据不同的形势和环境,适时调整组织形式,灵活程度较高,体现出集团主义的特征。日本词典将集团主义解释为:"在个人和集体的关系中,以群体为中心的思想,即个人与集体有心理上的团结感,并将群体的目标和利益置于个人之上。"②在政治、宗教、经济等领域,集团主义的内涵各不相同。本研究主要是在经济和行为方式层面使用该词,所谓集团主义是为共同目标的实现,将集团置于个人之上,个人依附集团寻找归属感,内部相互团结协作、步调一致的总体原则和实践方式。

这种集团主义不同于西方式的个人主义,是与中国集体主义相近的或者说是融合了西方个人主义与中国集体主义的一种新型关系。但日本的集团主义,与中国的集体主义有所不同。其一,就群体中的个人而言,日本的集团主义强调个人充分发挥才能,以达到集体的共同目标,并不排斥个人主义;中国的集体主义强调集体目标,个人利益要服从集体,甚至为了集体可以牺牲个人。其二,就群体的范围而言,日本的集团更具有公共的性质,小到一个具体的集团,大到整个民族和国家;中国的集体表现为公共性、在内质上更注重内部性,即注重小集体、小团体和内部利益,在一定程度上缺乏公共精神。这是因为两国传统的文化基因有所不同。在日本传统社会中,以地域为中心形成

---

① 宋时磊:《检权之争:上海万国生丝检验所始末》,《中国经济史研究》2017年第6期。
② 《コトバンク」ブリタニカ国际百科事典》,网址:https://kotobank.jp/word/集団主義—77196,2018-12-5。

了共同体文化,其特征为注重地域性、非血缘性和利益性。① 明治以前,日本的村落与成员之间,不是宗族和姻亲聚居关系,而是生产组合的共同体,内部团结协作、共同生产;纵向关系上,则强调村落和成员对领主的服务和无条件服从,注重秩序和等级。在前近代社会,日本城市以町为基本单位的经济生产和社会活动,最主要的组织是一种特有的制度——宗家(家元)制度。这种制度不太强调血缘和亲情,更注重同业属性,带有三重功能:其一职业学校和技术交流,其二结社和俱乐部的功能,其三作为同业公会的功能。② 农村的村聚落组织方式和城市町人家元制度的生产方式,与资本主义企业的组织原理较为接近。明治维新后,这种传统的社会结构和生产方式演变为内部强调个人对企业(集团)奉献,外部强调同业之间的协作,形成了集团利益的坚强共同体。当面临美国等国家的威胁和入侵后,共同体的意识不断扩大,国家和民族作为一种新型集团成为更大范围的共同体。在弗朗西斯·福山看来,日本与其他东亚国家一样,亦是以儒教为基轴的文化,但以非血缘为基础,具有异质的集团形成原理,这在亚洲是例外,也是能促进产业发展的原因。③ 因此,面临西方国家的质量规制,危机当前的日本产业界产生了上下一体、再造产业的共同想法,反复强调"气脉相通",这种气脉不仅是信息交流方面,更是内在精神的团结互助、共同开拓、应对外部竞争,强调共同利益和大团体利益。

　　日本强调集团共同利益的文化特征,在一定程度上与民族主义有非常密

---

　　① 郭庆科:《中日集体主义传统差异的跨文化心理分析》,《山东师范大学学报》(社会科学版)1999 年第 3 期。

　　② 尚会鹏:《中国人と日本人—社会集団·行为样式と文化心理の比较研究一》,谷中信一訳,《日本女子大学紀要.文学部》2007 年第 56 号。茶道家元制度始自千宗旦及其儿子们,他们改变了大名茶而构建出家元制度的町人茶。在家元制度约束的町人茶中,只有家元宗师才有颁发资格证的特权,这是町茶人为了巩固自己经济地位而采取的策略。[日]桑田忠亲:《茶道六百年》,李炜译,北京出版集团公司、北京十月文艺出版社 2018 年版,第 188—192 页。

　　③ Francis Fukuyama, Trust: The Social Virtues and The Creation of Prosperity, New York: The Free Press, 1996, p.189.

切的关系。或者说,日本茶叶应对西方质量规制所采取的路径,体现出比较鲜明的民族国家的特征。美国学者本尼迪克特·安德森(Benedict Anderson)在其经典名著《想象的共同体》中,研究了民族主义如何于18世纪末在社会心理层面上被创造出来,并在深浅不一的自觉或非自觉状态下变得模式化,被运用和移植到政治、经济等各个领域,从美洲到欧洲并向亚洲及殖民地国家迅速扩散。可以说,在传统的东亚文化体系中,日本传统的集团主义和共同体观与民族主义观念较为接近,其接触西方文化最彻底,故成为亚洲最早诞生民族主义观念的国家之一。中国的传统文化以比较稳固的血缘关系形成以家族为中心的经济生活方式,以"家"为中心构成认同共同体。在中日传统文化中,虽然都强调"家",但中国文化中家与国之间的关系,属于"洋葱式"结构,以自身家为中心,逐层对外拓展,对离家越近的圈层认同度越高,越远的圈层认同度越低。加拿大学者在1940年对中国社会经济中的这种现象也有着较为深刻的分析,他认为:"现代以前的中国,是由无数像细胞一样的半自治团体组成的,这些国民宗族团体都以土地为生,承受着好逸恶劳的官员有限的管控,这样的社会可以产生文化意识,甚至排外情绪,但却不能产生民族意识。"[1]1947年,费孝通先生对此问题有了更为深入的思考,他在《乡土中国》中将中国的这种社会结构概括为"差序格局",用"丢石头形成同心圆波纹"形容之,或者说中国社会的网络像个蜘蛛网,每个网络都以"己"为中心,各个网络的中心不同。在差序格局中,从"己"出发如水的波纹,一圈圈往外推出去,离"己"愈远,彼此之间越疏远、共同利益也愈稀薄,即"公共"、"共同"的成分愈来愈淡化。在这种格局中,每个个体或者团体强调的不是个人主义,而是自我主义,一切价值判断奉行以"己"为中心的利益。这就不难理解近代中国面对西方质量规制的危机时,各自的行业组织往往只是强调自身的利益,相互冲突和博弈,难以形成日本式的上下一体、气脉相通的产业格局。

---

[1] Norman E.Herbert, *Japan's Emergence as a Modern State*: *Political and Economic Problems of the Meiji Period*, New York: Insititue of Pacific Relations, 1940, p.115.

日本文化中,家与国之间的关系,属于"蜂窝式"的关系,自身的家是整个蜂巢的一部分,一个个相对独立的蜂窝共同构成了坚实的蜂巢,在整个蜂巢内部各个成员分工明确、配合紧密。1928 年,戴季陶在《日本论》中分析日本明治维新成功力量的来源时提出,历史上日本民族统一的发展能力已经确实具备,日本维新成功的最大元素在于"民族的统一思想、统一信仰、统一力量"①。在蜂窝式结构中,个体对于团体的心理感受被日本精神分析专家土居健郎用一个非常典型的日本词汇"甘え"来描述,其意思可翻译为"依赖"或者"撒娇",即类似儿童(个体)对于母亲(团体)撒娇的特殊依赖感情和模式。故人们通常认为日本作为一个集团很强,但每个个体则较弱,所谓"一个日本人是条虫,一群日本人是一条龙"。这种俗语背后所体现的是日本深层社会文化心理结构与日本明显的依赖情感相一致,正如土居健郎的研究所表明的那样:"日本人比较容易认同,所以日本人善于在结成集团时发挥各自的才能。"②土居健郎将各个集团比喻成一排平房子,认为这些方式仅仅是并列起来,彼此没有交叉的活动。这种观点忽视了这些集团之间彼此的横向联系,正如本研究所提到的日本各制茶直输出会社一般,它们作为整个日本开拓海外贸易、满足西方质量规制的"蜂巢"的一部分,彼此不是松散的独立的关系,而是紧密相连的蜂房。我们可将日本的产业和社会组织模式称为"集团格局",以与费孝通先生的"差序格局"相对应。日本式的"集团格局"与西洋社会的"团体格局"有所区别。根据费孝通的观点,西方的团体格局类似于捆在一起的木柴或稻草,由若干人组成一个个的团体,团体之间界限分明,与水的波纹浑然交织的情况截然不同。日本蜂巢式的集团格局兼具差序格局和团体格局两种属性,一方面彼此交织、为共同的利益而奋争,冲破了分散的水纹,以紧密衔接的蜂窝形成合力,另一方面又界限相对分明,个体没有完全消融于集体之中,还在发挥各自才能为整体而奉献。这或许是为何明治维新后,日本能够迅速形

---

① 戴季陶、蒋百里:《日本论 日本人》,上海古籍出版社 2013 年版,第 43 页。
② 土居健郎:《甘えの構造》,東京:弘文堂 2001 年版。

成国家和民族意识,以共同体的精神应对西方质量规制,甚至是打破西方国家强加的不平等条约,实现快速转型和走向现代化的关键因素。

本研究所称的日本的这种蜂巢式集团格局,体现在思想方面,又与"乘船意识"较为接近,这是深深植根于岛国地理所形成的特有文化。北京大学尚会鹏曾有一段比较形象的描述,现摘录之:

> 让我们设想有一艘叫"日本号"的小船,船上乘坐着一群叫"大和民族"的人。四周是波涛汹涌、浩瀚无垠的海洋。台风袭来,他们齐心协力,拼命抗争,以免遭灭顶之灾,离群索居,又有孤苦伶丁之感。由于生存空间小,人们面对面,身接身,相互照应,强调协调一致,同舟共济。如有人破坏和谐,无异于在这条船上凿洞,使全船的人葬身海底。久处这样的环境,船上的人便产生了一种"乘船意识"。①

无论是岛国环境所孕育出的"乘船意识",还是蜂窝式社会结构体现的集团格局,日本人的群体性意识总是处在一定的"场"内。② 在共同的场域内,日本人会形成一种群体意识,学者大冈信曾对这种意识有所概括:"所谓群体意识,说的不是一个人两个人,而是指好多人集中在一起,齐心谈论一个什么问题,一起为之兴奋,或者一起干一件事时的心理状态⋯⋯如果考察一下日本历史,就会发现,在日本文化很多方面都是以群体意识为基础。"③

将日本作为一个整体,放在不同国家和民族的文化框架中分析,研究日本社会和文化根本性特征的"日本人论",是第二次世界大战后学界研究的热点。最早起源于美国学者对于美军如何处置战败后日本需求的回应,其最具

---

① 尚会鹏:《日本人的"岛国意识"》,《当代亚太》1996 年第 6 期。

② 青木保:《"日本文化論"の变容》,东京:中央公論新社 1990 年版,第 89—96 页。

③ [日]大冈信:《群体意识》,[日]井上靖等:《日本人与日本文化》,周世荣译,中国社会科学出版社 1991 年版,第 9—12 页。

影响力的成果是本尼迪克特的《菊与刀》，书中将日本作为精神力的代表，以与美国的物质力相对比。该著作虽然没有直接提出集团主义（集体主义）的概念，却引发学者对日本文化研究的兴趣，井上俊、伊藤公雄 2010 年编辑的《日本的社会与文化》，比较系统地介绍了 25 本名著。学界对"日本人论"研究的兴趣，不仅是源于日本明治维新以后快速崛起及其给世界造成的灾难性后果，更是由于战后日本经济快速恢复并创造了新的"经济奇迹"，对美国造成严重威胁。美国哈佛大学傅高义（Ezra Vogel）1979 年出版的《日本第一：对美国的教训》，进一步引发了研究日本社会和文化的热潮。在这些研究中，集体主义被认为是日本的典型特征，如日裔美国管理学家威廉·大内（William G.Ouchi）认为，日本最令西方人难以理解的可能是强烈的集体主义价值观倾向，这种集体主义是节约和高效率的集体主义。[1] 但也有一些日本学者对这些研究不以为然，认为日本集体主义特征并不明显，或者说个人主义与西方国家没有明显区别。一项根据日本、中国和韩国数据的统计分析表明，日本人的集体主义意识和韩国人一样强烈，但没有中国人那么强烈。[2] 最为激烈反驳日本集体主义群体特征的是东京大学的高野阳太郎。为评估主流观点的有效性，即日本人的"国民性"比美国人的集体性更强，他与日本大学缨坂英子等人进行了 10 个实证研究，发现日本大学生比美国大学生更加个人主义，表明日本人过去的集体行为可以解释为对需要日本国内合作的国际形势的普遍反映，而这种形势最近发生了巨大变化。[3] 2008 年编辑出版的《集体主义的错觉：日本人论的误解及其由来》一书中，高野阳太郎收集了不同学者的心理学、语言学、经济学、教育学等方面的实证研究，发现日本人并不比欧美人更具

---

① ［美］威廉·大内：《Z 理论》，朱雁斌译，机械工业出版社 2016 年版，第 40—42 页。

② 高橋美保、森田慎一郎、石津和子：《集団主義とコミュニティ感覚がメンタルヘルスに及ぼす影響：日·中·韓の国際比較を通して一》，《東京大学大学院教育学研究科紀要》2011 年总第 50 期。

③ 高野陽太郎、纓坂英子：《"日本人の集団主義"と"アメリカ人の個人主義"通説の再検討》，《心理学研究》1997 年第 68 号第 4 期。

集体主义倾向。①"日本人是集体主义的"这种看法,不是日本人自己一开始就有的,而是欧美人,特别是美国人提出的,日本人也接受了。同时还发现,提出这种主张的欧美人,未必对日本人有足够的认知和经验。这一认知偏差是由于歪曲人类思维的心理偏见造成的,从根本上说是以西方为中心的东方主义表征。

高野阳太郎的研究属于共时性历史比较研究,缺乏长时段的历时性的意识和视角。如他认为从昭和初期到第二次世界大战结束这段时期,为了对抗来自外部的威胁,增强团结、集体主义行动的倾向,不仅仅是日本人,在人类集团中也常见,被称为"世界上最个人主义"的美国人也不例外。本研究将研究时间段扩展到开港之后至第二次世界大战之前,以茶业为主、兼及丝业,分析日本应对西方贸易质量规制的路径,可以看出在此期间日本的集体主义和共同体意识仍然十分鲜明。再结合日本在战争中的表现以及第二次世界大战后日本商品在国际市场的开拓和行销,会发现日本社会和文化的深层结构未有根本性改变。在分析日本的集体主义时,本研究直接使用日文中的集团主义(集团主義),没有使用集体主义,这是试图将其与中国的团体格局式的集体主义相区别,以辨析日本集团的特征。两者在范围大小、公与私、政府与社会团体之间关系方面,有着较为明显的异质性。高野阳太郎的研究结果能否成立尚待时间观察,但其所表达的文化变迁方面的观点值得借鉴。在产业发展中,学习借鉴日本式的集团格局,避免各团体之间的利益博弈和冲突,实现政府角色定位,缔结政府与社会团体、团体与个人等上下一致、紧密协同、气脉相通的共同体的做法,是值得中国政府和各行业充分借鉴的。

---

① 高野陽太郎:《"集団主義"という錯覚:日本人論の思い違いとその由来》,東京:新曜社2008年版,第360頁。

结　语

本著作以东西方茶叶贸易为研究切入点,以中日两国应对西方质量规制路径比较为研究内容,旨在达到三个方面的研究目标:一是英、美、俄等西方国家针对茶叶贸易出台质量法令和标准的过程,即从质量问题出现—社会运动倡议—国家法令的演化过程是怎样的;二是西方设定质量准入门槛后,中日两国出口贸易受到冲击的情况;三是中日两国应对策略的不同,以及背后所蕴含的制度和文化因素。研究成果使用了中、日、英、俄等国相关文献资料,对这三个目标作出研究。主要内容和观点可概括为以下五个方面。

第一,本著作提出"质量门槛"、"强制性质量规制"、"柔性质量规制"等概念,并将其贯穿整个研究过程。近代西方国家为应对伪劣茶进口、保护本国消费者健康,推出了一整套法令、标准,建立了专门的茶叶管理机构和进口检验制度。其他国家追随西方国家的脚步,纷纷推出了茶叶进口的标准和规范,强化海关入口的专业化检验。这设置了茶叶国际贸易的市场准入条件和壁垒,对各茶叶供应国的产品提出更高的质量要求,我们可以将其称为"质量门槛"。我们认为质量门槛是当今国际贸易中技术性贸易壁垒的前身,或者说是技术性贸易壁垒的1.0版本。这种强制性的市场进入门槛,本研究将其称为"强制性质量规制"("显规制");而西方国家消费者对于茶叶种类、口感、色泽等方面的消费需求,本研究将其称为"柔性质量规制"("潜规制"、

"隐规制")。

第二,从中国茶叶贸易史被忽视却十分重要的质量视角开展系统研究。在以往的茶叶外贸研究中,讨论的问题多是品种结构、数量、价格等,尤其是贸易繁荣与衰落方面的研究成果较多,讨论也比较充分。对于中国茶叶对外贸易的速兴速衰问题,目前研究主要有四种观点:一是认为洋商控制运输权和消费市场,对华商和中国茶市进行把控,是导致华茶贸易衰退的根本原因,诠释话语多为掠夺、操纵、压榨等;二是认为印度、锡兰、日本等新兴产茶国崛起并与中国激烈竞争,市场环境从卖方市场转为买方市场,是导致华茶衰落的外部原因;三是中国茶叶种植、加工、包装、运输等落后以及茶税盘剥严重,导致茶叶质量下降、价格较高,竞争优势丧失是华茶衰落的重要原因;四是认为从税收、中间商、公会等制度的变迁与均衡等方面才能真正理解华茶衰落的内在原因。这些研究一定程度上注意到了质量问题,但多着眼于中国内部,却忽视了两个重要的外部因素:其一,西方对进口茶叶标准的设定和质量需求的提升,对中国出口茶叶的质量提出了更高要求,进而产生深刻影响;其二,不仅仅中国出口的茶叶存在质量问题,与中国同为重要茶叶出口国的日本,也一度面临非常严重的质量困境。因此,本著作主要从外部冲击以及横向比较的角度,切入近代茶叶外贸兴衰问题的研究之中,补足之前研究视角的缺憾。

第三,在"冲击—回应"的总体框架和逻辑下,探讨中日应对西方规制中所呈现的同业组织、制度供给、技术变迁、贸易模式、信息获取等五个方面的异同。

1.缔结同业组织方面。日本茶业界希望彼此联合应对西方质量规制,为响应民间需求,明治政府在1884年发布了《茶业组合准则》,迅速成立了从中央到府县、郡区、町村的同业组合,推出了众多政策以约束业者。中国从晚清开始,构建一套分行业的多元化的行会组织,这为茶商集体质量维权、维持市场秩序提供了组织基础,但是,这些茶商组织又存在诸多弊端。民国时期政府曾一度借鉴两种资源,试图改造传统茶业组织,但没有缔结成一体化的组织。

2.制度供给方面。中国在晚清就提出出口检验的设想,却一直未付诸实施,到南京国民政府成立后才确定了检验规则和法定程序,实施强制检验,在各种博弈和争议中检验制度逐步完善;在美国设定质量门槛后,日本茶业界在《茶业组合准则》中以副约的形式追加"不正制茶检查法",并从 1886 年起在横滨、神户、长崎三个主要港口实施出口检验,取得了较好的检验效果。

3.产制技术变迁方面。日本推出面向海外市场需求的技术传习制度,竭尽全力提高红茶、砖茶出口质量,并在充分吸收印度、中国技术的基础上,对茶叶品种、种植、采摘技术进行改进。特别是在制茶机械方面,经历了从手工时代、半机械化制茶时代到全机械化制茶时代三个阶段,其中半机械化制茶器械的发明独具特色,体现出实用性、独创性、渐进性、适用性和总体性等方面的特点,是日本近代化过程中吸收外来技术并有所创建的一个侧面和缩影。制茶机械除节省人工、提高效率、降低成本等优势外,更重要的是实现制茶的标准化、出品质量的稳定性以及提高卫生与纯净度等,是符合西方质量规制的基础性手段。与之相比,中国近代制茶机械化程度发展缓慢、创新不足,甚至对机器的使用曾一度颇有微词。

4.海外直接贸易方面。海外直接贸易在日本被称为"直输出",是指打破洋商的输出垄断,发展本国的海外直营贸易。这是打破质量信息不对称、将质量信息内在化的重要手段。日本不遗余力地设立再制茶工厂,在海外直接开设批发和零售机构,其目的在于一方面可以掌握海外消费市场的茶叶需求,可以根据西方等主要国家的茶叶规制标准生产,以降低贸易时的风险;另一方面,则实现相对标准化的全天候、大规模生产,避免传统茶叶商号粗制茶生产季节性过强的弊端,更可节省成本、提高生产效率。经过多次失败和艰苦努力,日本在 20 世纪取得了再制茶和直输出事业的繁荣。中国民间也组建了一些贸易公司,但大多规模小、资本少、抗风险能力较弱,而政府组建的中国茶叶公司一度促进了茶叶输出,却因高度国营的体制出现众多弊端。

5.质量信息获取方面。日本通过从事茶叶贸易商社的调查和收集、民间的经济情报服务机构及其出版物、领事及其报告系统、政府农商部门或者是行业协会和制茶会社专门的派员调查、个人搜集整理和撰写的海外茶叶市场报告等途径,搜集了海外市场质量大量信息,为业者改善出品提供了一手资料。日本还积极通过国际博览会,鼓吹日本茶的纯净和安全;在国内又举办各种赛会和共进会,对提高茶叶品质的成果予以奖励,全国交流、推广,促进技术扩散。中国在获取质量信息方面,也有一些相应的措施,特别是参与国际赛会,对国际茶叶市场和形势有了较为切近的观察。

第四,注重在比较中呈现质量规制和应对路径的相互影响和借鉴,在影响中比较质量规制和应对路径的相同和差异之处。本著作在西方茶叶贸易质量规制、中日应对规制两个方面都充分运用比较的研究方法,但重在呈现其中的横向借鉴和"冲击与回应"。其一,就西方茶叶贸易质量规制而言,本著作分析了英国出台纯净食品法案对茶叶规制的历程;在英国的影响下,美国出台了专门的茶叶进口法案,规制的手段和措施更加具体和明晰,在比较中呈现影响及其差异性。俄国对进口茶叶质量的规制,受英美影响较多,但通过比较发现,俄国同样对进口环节的规制越来越重视。这也就客观说明"质量门槛"在不同国家,是客观存在的,只是门槛的高度和设置方法等方面有所区别。其二,中日应对西方茶叶贸易规制方面,在出口检验、产制技术、海外调查等方面有诸多不同,但在比较中会发现日本又对中国的应对举措产生一定程度的影响。日本输出港的自我检验被国民政府充分借鉴,甚至检验的设备都从日本进口;比较中还发现,日本一直是同业组织实施检验,中国却是向来强调政府承担主体责任,为何会呈现这些差异,本著作进行了深入探讨。

最后,在逐渐深入的比较研究中总结出蜂巢状的"集团格局"概念并分析日本的共同体文化。费孝通先生在《乡土中国》中,系统阐述了差序格局、团体格局。而本著作从茶叶贸易质量规制小切口入手,经过层层分析,上升到对政府角色、产业组织等方面的探讨,并最终提炼出日本式的"集团格局",这是一种介于差序格局、团体格局的中间状态。本研究以"蜂巢"来比喻之,以与

"丢石头形成同心圆波纹"的中国式差序格局、捆木柴式基于个体单元的西方式团体格局相区别。分析认为,日本式的集团格局,避免各团体之间的利益博弈和冲突,实现政府角色定位恰当,缔结政府与产业团体、团体与个人等上下一致、紧密协同、气脉相通的共同体,这种共同体文化值得进一步深入研究和充分借鉴。

参考文献

一、中文文献

(一) 档案、史料集与报纸

1. 上海市档案馆藏上海茶业会馆档案。

2.《中国茶典》编委会:《中国茶典》,贵州人民出版社 1995 年版。

3. 广州市地方志编纂委员会办公室等编译:《近代广州口岸经济社会概况:粤海关报告汇集》,暨南大学出版社 1995 年版。

4. 湖北省志贸易志编辑室编:《湖北近代经济贸易史料选辑(1840 — 1949)》第 1 辑,湖北省志贸易志编辑室 1984 年版。

5. 江苏省商业厅、中国第二历史档案馆编:《中华民国商业档案资料汇编》,中国商业出版社 1991 年版。

6. 孔昭明主编:《台湾文献史料丛刊》第 9 辑,大通书局 1987 年版。

7. 李必樟译编:《上海近代贸易经济发展概况:1854 — 1898 年英国驻上海领事贸易报告汇编》,上海社会科学院出版社 1993 年版。

8. 李少军编:《晚清日本驻华领事报告编译》6 卷本,社会科学文献出版社 2016 年版。

9. 李文治编:《中国近代农业史资料》第 1 辑,生活·读书·新知三联书店 1957 年版。

10. 梁廷枏等撰:《粤海关志》卷 28,文海出版社 1975 年版。

11. 马士:《东印度公司对华贸易编年史(1635—1834年)》第1、2卷,区宗华译,中山大学出版社1991年版。

12. 马士:《中华帝国对外关系史》,张汇文等译,商务印书馆1963年版。

13. 彭泽益编:《中国近代手工业史资料(1840—1949)》第2卷,生活·读书·新知三联书店1957年版。

14. 全国政协文史资料委员会编:《旧中国的工商金融》,安徽人民出版社2000年版。

15. 阮浩耕、沈冬梅、于子良编:《中国古代茶叶全书》,浙江摄影出版社1999年版。

16. 上海图书馆编:《中国与世博:历史记录(1851—1940)》,上海科学技术文献出版社2002年版。

17. 汪敬虞编:《中国近代工业史资料》第2辑,科学出版社1957年版。

18. 王强主编:《近代农业调查资料》,凤凰出版社2014年版。

19. 吴弘明翻译:《津海关年报档案汇编(1865—1888)》,天津社会科学院历史所、天津市档案馆1993年版。

20. 吴松弟整理:《美国哈佛大学图书馆藏未刊中国旧海关史料》第208册,广西师范大学出版社2014年版。

21. 严中平:《中国近代经济史统计资料选辑》,中国社会科学出版社2012年版。

22. 姚贤镐编:《中国近代对外贸易史资料1840—1895》,中华书局1962年版。

23. [英]约·罗伯茨编:《十九世纪西方人眼中的中国》,蒋重跃、刘林海译,时事出版社1999年版。

24. 张西平主编,顾钧、杨慧玲整理:《中国丛报(1832.5—1851.12)》,广西师范大学出版社2008年版。

25. 郑培凯、朱自振主编:《中国历代茶书汇编》,商务印书馆(香港)有限公司2014年版。

26. 中国近代经济史资料丛刊编辑委员会主编:《中国海关与缅藏问题》,中华书局1983年版。

27. 中国农业百科全书总编辑委员会茶业卷编辑委员会、中国农业百科全书编辑部编:《中国农业百科全书　茶业卷》,农业出版社1988年版。

28. 中国人民政治协商会议福建省委员会文史资料编辑室:《福建文史资料选辑》第5辑,福建人民出版社1981年版。

29. 中华人民共和国杭州海关译编:《近代浙江通商口岸经济社会概况——浙海关、瓯海关、杭州关贸易报告集成》,浙江人民出版社2002年版。

30.《北洋官报》

31.《茶报》

32.《晨报》

33.《萃报》

34.《东方杂志》

35.《工商半月刊》

36.《国际贸易导报》

37.《国际贸易情报》

38.《湖北商务报》

39.《汇报》

40.《集成报》

41.《江宁实业杂志》

42.《江苏省政府公报》

43.《教会新报》

44.《金陵学报》

45.《贸易月刊》

46.《民族杂志》

47.《南洋商报》

48.《农矿月刊》

49.《农商公报》

50.《农学报》

51.《全国商会联合会报》

52.《商务报》(北京)

53.《商业月报》

54.《社会杂志》

55.《申报》

56.《时报》

57.《实业公报》

58.《实业杂志》

59.《万国公报》

60.《万国商业月报》

61.《梧州经济策进会月刊》

62.《香港华商总会月刊》

63.《湘报》

64.《新农业季刊》

65.《新商业》

66.《新闻报》

67.《行政院公报》

68.《益世报》(天津版)

69.《浙江公报》

70.《浙江农业》

71.《中国实业杂志》

72.《中华国货月报》

73.《中华农学会报》

74.《中华农学会丛刊》

75.《中华全国商会联合会会报》

76.《中外经济周刊》

77.《中央日报》

（二）专书与专著

1. Ibbeston:《茶业论》,胡大望节译,上海新会学社 1936 年版。

2.[英]艾瑞丝·麦克法兰、艾伦·麦克法兰:《绿色黄金:茶叶的故事》,杨淑玲、沈桂凤译,汕头大学出版社 2006 年版。

3.[美]本尼迪克特·安德森:《想象的共同体:民族主义的起源与散布》,吴叡人译,上海人民出版社 2003 年版。

4. 北京日本学研究中心编:《日本学论丛》VIII,经济科学出版社 1996 年版。

5.[美]比·威尔逊:《美味欺诈:食品造假与打假的历史》,周继岚译,生活·读书·新知三联书店 2010 年版。

6. 蔡鸿生:《俄罗斯馆纪事》,中华书局 2006 年版。

7. 蔡维屏编:《茶业》,财政部贸易委员会、外销物资增产推销委员会 1943 年版。

8. 曾纪泽:《使西日记》,湖南人民出版社 1981 年版。

9.[美]查默斯·约翰逊:《通产省与日本奇迹——产业政策的成长(1925—1975)》,金毅等译,吉林出版集团有限公司 2010 年版。

10. 陈椽:《茶叶检验》,上海新农出版社 1951 年版。

11. 陈椽：《中国茶叶外销史》，碧山岩出版社 1993 年版。

12. 陈慈玉：《近代中国茶业的发展与世界市场》，"中央研究院"经济研究所 1982 年版。

13. 陈慈玉：《近代中国茶业之发展》，中国人民大学出版社 2013 年版。

14. 陈慈玉：《生津解渴中国茶叶的全球化》，商务印书馆 2017 年版。

15. 陈杰：《幕府时代江户幕府》，陕西人民出版社 2013 年版。

16. 陈琪主编：《中国参与巴那马太平洋博览会记实》，商务印书馆 1917 年版。

17. 陈占彪编：《清末民初万国博览会亲历记》，商务印书馆 2010 年版。

18. 陈祖槼、朱自振编：《中国茶叶历史资料选辑》，农业出版社 1981 年版。

19. 程虹：《宏观质量管理》，湖北人民出版社 2009 年版。

20. 程麟荪、张之香：《张福运与近代中国海关》，上海社会科学院出版社 2007 年版。

21. 程天绶：《种茶法》，商务印书馆 1931 年版。

22. 戴季陶、蒋百里：《日本论 日本人》，上海古籍出版社 2013 年版。

23. 戴龙孙：《茶》，正中书局 1946 年版。

24. [美]戴维·考特莱特：《上瘾五百年：瘾品与现代世界的形成》，薛绚译，上海人民出版社 2005 年版。

25. 范增平：《台湾茶业发展史》，台北市茶商同业公会 1992 年版。

26. 工商部：《历年输出各国茶类统计表》，中国工商部 1929 年编印。

27. [德]贡德·弗兰克：《白银资本：重视经济全球化中的东方》，刘北成译，中央编译出版社 2005 年版。

28. 郭蕴深：《中俄茶叶贸易史》，黑龙江教育出版社 1995 年版。

29. 郝春文：《英藏敦煌社会历史文献释录》第 2 卷，社会科学文献出版社 2001 年版。

30. [美]郝延平：《中国近代商业革命》，陈潮、陈任译，上海人民出版社 1991 年版。

31. 何炳贤：《中国的国际贸易》，《民国丛书》第 1 编第 38 册，上海书店 1989 年影印版。

32. 洪振强：《民族主义与近代中国博览会事业（1851—1937）》，社会科学文献出版社 2017 年版。

33. 湖北省社会科学界联合会、武汉大学合编：《万里"茶道与一带一路"五峰学术会议专辑》，湖北人民出版社 2017 年版。

34. 黄遵宪：《日本国志》，天津人民出版社 2005 年版。

35. ［澳］霍尔:《茶》,王恩冕等译,中国海关出版社 2003 年版。

36. 贾桢等:《筹办夷务始末(咸丰朝)》卷 66,故宫博物院影印本 1930 年版。

37. 简兆麟:《红茶恨水》,湖南文艺出版社 1997 年版。

38. 蒋兆成:《明清杭嘉湖社会经济史研究》,杭州大学出版社 1994 年版。

39. 金陵大学农学院商业经济系:《湖北羊楼洞老青茶之生产制造及运销》,金陵大学农业经济系 1936 年版。

40. 经济部资源委员会、经济部中央农业实验所:《湖南安化茶业调查》,经济部资源委员会、经济部中央农业实验所 1939 年版。

41. ［日］井上靖等:《日本人与日本文化》,周世荣译,中国社会科学出版社 1991 年版。

42. ［美］康拉德·托特曼:《日本史》,王毅译,上海人民出版社 2008 年版。

43. 乐嗣炳编:《中国蚕丝》,上海世界书局 1935 年版。

44. 李圭:《环游地球新录》,湖南人民出版社 1980 年版。

45. 李少军:《近代中日论集》,商务印书馆 2010 年版。

46. 梁碧莹:《龙与鹰:中美交往的历史考察》,广东人民出版社 2004 年版。

47. 梁嘉彬:《广东十三行考》,广东人民出版社 1999 年版。

48. 林观潮:《临济宗黄檗派与日本黄檗宗》,中国财富出版社 2013 年版。

49. 林满红:《茶、糖、樟脑业与台湾之社会经济变迁(1860—1895)》,联经出版事业股份有限公司 1997 年版。

50. 林玉茹:《清代台湾港口的空间结构》,知书房 1996 年版。

51. 刘鉴唐、张力主编:《中英关系系年要录(公元 13 世纪—1760 年)》第 1 卷,四川省社会科学院出版社 1989 年版。

52. 陆溁编:《乙巳年调查印锡茶务日记》,南洋印刷厂铅排本 1909 年版。

53. ［美］罗威廉:《汉口:一个中国城市的商业和社会(1796—1889)》,江溶、鲁西奇译,中国人民大学出版社 2005 年版。

54. ［日］梅村又次、山本有造编:《开港与维新》,李星、杨耀录译,生活·读书·新知三联书店 1997 年版。

55. ［美］梅维恒、［瑞典］郝也麟:《茶的世界史》,高文海译,商务印书馆(香港)有限公司 2013 年版。

56. ［英］莫克塞姆:《茶:嗜好、开拓与帝国》,毕小青译,读书·生活·新知三联书店 2010 年版。

57. ［日］纳米山止、九久土言耳:《新解茶、茶道与茶文化》,中国文史出版社 2005

年版。

58. 南京金陵大学农业经济系:《江西宁州红茶之生产制造及运销》,金陵大学农业经济系 1936 年版。

59. 钱承绪主编:《华茶的对外贸易》,民益书局 1941 年版。

60. 钱文选:《环球日记》,商务印书馆 1920 年版。

61. 全国经济委员会编:《全国经济委员会报告汇编》第 13 集第 25 册,文海出版社有限公司 1998 年版。

62. 全国经济委员会农业处编:《茶业技术讨论会汇编》,全国经济委员会农业处 1936 年版。

63. 全汉升:《中国行会制度史》,新生命书局 1933 年版。

64. 容闳:《西学东渐记》,徐凤石、恽铁憔译,湖南人民出版社 1981 年版。

65. [日]桑田忠亲:《茶道六百年》,李炜译,北京出版集团公司、北京十月文艺出版社 2018 年版。

66. [日]山口启二:《锁国与开国》,呼斯勒、林思敏、任铁华译,内蒙古人民出版社 2004 年版。

67. 上海出入境检验检疫局:《上海商品检验检疫发展史》,上海古籍出版社 2012 年版。

68. 上海大学法学院、上海政法管理干部学院编:《大清律例》,张荣铮等点校,天津古籍出版社 1993 年版。

69. 上海东亚同文书院:《中国经济全书》,两湖都署藏,1908 年版。

70. 上海商业储蓄银行调查部:《皖赣红茶运销委员会第一年工作报告》,皖赣红茶运销委员会编 1936 年版。

71. 上海市商会商务科编、上海市商会:《茶业》,上海市商会 1935 年版。

72. 上海中山学社编:《近代中国》第 11 辑,上海社会科学院出版社 2001 年版。

73. 尚会鹏:《中国人与日本人:社会集团、行为方式和文化心理的比较研究》,北京大学出版社 1998 年版。

74. 实业部商业司通商科、实业部总务司编辑科:《茶叶国外商情调查报告汇编》,实业部总务司编辑科 1931 年版。

75. 舒大刚主编:《宋集珍本丛刊》第 4 册,线装书局 2004 年版。

76. [日]水野幸吉:《汉口——中央支那事情》,湖北嘤求学社译,上海昌明公司 1908 年版。

77. 宋时磊:《唐代茶史研究》,中国社会科学出版社 2017 年版。

78. 宋时磊:《质惠天下》,中国质检出版社、中国标准出版社 2017 年版。

79. 滕军:《中日茶文化交流史》,人民出版社 2004 年版。

80. [日]田中正俊等著、武汉大学历史系鸦片战争研究组编:《外国学者论鸦片战争与林则徐》上册,福建人民出版社 1989 年版。

81. 仝冰雪:《世博会中国留影(1851—1940)》,上海社会科学院出版社 2010 年版。

82. 屠坤华:《1915 万国博览会游记》,商务印书馆 1916 年版。

83. 王冰:《中国的茶和丝》,文通书局 1948 年版。

84. 王力:《近代驻华日本领事贸易报告研究(1881—1943)》,中国社会科学出版社 2013 年版。

85. 王彦夫:《清季外交史料》卷 24,文海出版社 1984 年版。

86. 王翔:《中日丝绸业近代化比较研究》,河北人民出版社 2002 年版。

87. 王彦威、王亮辑编,李育民等点校整理:《清季外交史料》第 4 册,湖南师范大学出版社 2015 年版。

88. 王泽洪、周德文编著:《宏观质量管理》,中国标准出版社 2013 年版。

89. [美]威廉·大内:《Z 理论》,朱雁斌译,机械工业出版社 2016 年版。

90. [美]威廉·乌克斯:《茶叶全书》,中国茶叶研究社社员译,中国茶叶研究社 1949 年版。

91. 魏本权:《农村合作运动与小农经济变迁:以长江中下游地区为中心(1928—1949)》,人民出版社 2012 年版。

92. 魏天安:《宋代行会制度史》,东方出版社 1997 年版。

93. 魏秀春:《英国食品安全立法与监管史研究:1860—2000》,中国社会科学出版社 2013 年版。

94. 魏源:《海国图志》,山东画报出版社 2004 年版。

95. [德]乌维·维瑟尔:《欧洲法律史:从古希腊到〈里斯本条约〉》,刘国良译,中央编译出版社 2016 年版。

96. 吴剑杰编著:《张之洞年谱长编》,上海交通大学出版社 2009 年版。

97. 吴觉农、范和钧:《中国茶业问题》,商务印书馆 1937 年版。

98. 吴觉农、胡浩川:《中国茶业复兴与计划》,商务印书馆 1935 年版。

99. 吴觉农:《华茶对外贸易之瞻望》,实业部上海商品检验局农作物检验组 1934 年版。

100. 吴觉农编:《皖浙新安江流域之茶业》,农村复兴委员会 1934 年版。

101. 武汉市国家历史文化名城保护委员会编:《中俄万里茶道与汉口(中、俄、英文版)》,武汉出版社 2015 年版。

102. [美]西敏司:《甜与权力:糖在近代历史上的地位》,商务印书馆 2010 年版。

103.《徐兆玮日记》,黄山书社 2013 年版。

104. 许涤新、吴承明主编:《中国资本主义发展史》,人民出版社 1990 年版。

105. 严中平主编:《中国近代经济史(1840—1894)》,人民出版社 2001 年版。

106. 杨端六、侯厚培等编:《六十五年来中国国际贸易统计》,国立中央研究院社会科学研究所 1931 年版。

107. [俄]伊万·索科洛夫编著:《俄罗斯的中国茶时代:1790—1919 年俄罗斯茶叶和茶叶贸易》,黄敬东译,武汉出版社 2016 年版。

108. 尤季华:《中国出口贸易》,上海商务印书馆 1933 年版。

109. 俞燮:《安徽省委赴日考察茶务日记》,1915 年版,上海图书馆藏。

110. [美]约瑟夫·熊彼特:《资本主义、社会主义与民主》,商务印书馆 2009 年版。

111. 苑义书、孙华峰、李秉新主编:《张之洞全集》,河北人民出版社 1998 年版。

112. 詹罗九主编:《茶叶经营管理》,农业出版社 1992 年版。

113. 张锡麟:《槊园文钞》卷下,民国二十一年(1932)刻本。

114. 张仲炘等:《湖北通志》,京华书局 1967 年版。

115. 赵尔巽等撰:《清史稿》,中华书局 1976 年版。

116. 赵烈编著:《中国茶业问题》,上海大东书局 1931 年版。

117. 浙江省商务管理局:《浙江之茶》,杭州文化印书局 1936 年版。

118. 郑会欣:《国民政府战时统制经济与贸易研究(1937—1945)》,上海社会科学院出版社有限公司 2009 年版。

119. 中国茶叶学会编:《吴觉农选集》,上海科学技术出版社 1987 年版。

120. 中国社会科学院语言研究所词典编辑室编:《现代汉语词典》,商务印书馆 2012 年版。

121. 中华书局编辑部、李书源整理:《筹办夷务始末(同治朝)》第 1 册,中华书局 2008 年版。

122. 中央银行经济研究处编:《中华对外贸易之回顾与前瞻》,上海商务印书馆 1935 年版。

123. 仲伟民:《茶叶与鸦片:十九世纪经济全球化中的中国》,生活·读书·新知三联书店 2010 年版。

124. 周重林、太俊林:《茶叶战争:茶叶与天朝的兴衰》,华中科技大学出版社 2015 年版。

125. 朱荫贵:《国家干预经济与中日近代化:轮船招商局与三菱·日本邮船会社的比较研究》,社会科学文献出版社 2017 年版。

126. 庄晚芳编著:《中国茶史散论》,科学出版社 1988 年版。

127. 庄维民:《中间商与中国近代交易制度的变迁——近代行栈与行栈制度研究》,中华书局 2012 年版。

(三)期刊与学位论文

1. 蔡鸿生:《"商队茶"考释》,《历史研究》1982 年第 6 期。

2. 陈钧:《十九世纪沙俄对两湖茶叶的掠夺》,《江汉论坛》1981 年第 3 期。

3. 陈涛:《华茶销售衰败与祁红统制运销中的官商权势纷争》,《安徽史学》2011 年第 2 期。

4. 陈昕洲:《从直接管理向间接管理转变——我国古代政府质量管理体制的变迁研究》,武汉大学 2016 年博士学位论文。

5. 陈一石:《清末的边茶股份有限公司》,《思想战线》1987 年第 2 期。

6. 陈占彪:《论清末民初中国对万国博览会的三种认知》,《社会科学研究》2010 年第 5 期。

7. 陈祖棨:《中国茶叶史略》,《金陵学报》1940 年第 1—2 期。

8. 程虹、陈昕洲:《我国古代政府质量管理体制发展历程研究》,《华中师范大学学报》(人文社会科学版)2016 年第 2 期。

9. 戴鞍钢:《近代中国植茶业的盛衰》,《史学月刊》1989 年第 1 期。

10. 董科:《明治初期日本对中国茶业技术吸收之研究》,浙江大学 2007 年硕士学位论文。

11. 樊汇川、石云里:《清末民初的境外茶业考察及其影响》,《中国农史》2018 年第 2 期。

12. 范金民:《清代江南会馆公所的功能性质》,《清史研究》1999 年第 2 期。

13. 冯自由:《巴拿马太平洋万国大赛会游记》,《中华民国参与巴拿马太平洋博览会监督处事务报告》1915 年第 2 期。

14. 高春平:《晋商与中俄恰克图茶叶贸易——纪念伟大的茶叶之路》,《全球史评论》2010 年第 1 辑。

15. 郭庆科:《中日集体主义传统差异的跨文化心理分析》,《山东师范大学学报》(社会科学版)1999 年第 3 期。

16. 郭卫东:《丝绸、茶叶、棉花:中国外贸商品的历史性易代——兼论丝绸之路衰落与变迁的内在原因》,《北京大学学报》(哲学社会科学版)2014年第4期。

17. 韩会朝、徐康宁:《中国产品出口"质量门槛"假说及其检验》,《中国工业经济》2014年第4期。

18. 郝祥满:《晚清时期日本对华茶国际市场的侵夺》,《安徽师范大学学报》(人文社会科学版)2019年第5期。

19. 何炳贤:《国际贸易导报》1933年第5卷第3期。

20. 胡赤军:《近代中国与西方的茶叶贸易》,《东北师大学报》1994年第1期。

21. 黄逸峰:《关于旧中国买办阶级的研究》,《历史研究》1964年第3期。

22. 姜修宪:《制度变迁与中国近代茶叶对外贸易——基于福州港的个案考察》,《中国社会经济史研究》2008年第2期。

23. 靳佳萍:《近代日本人笔下的中国茶叶贸易——以天津为例》,《福建茶叶》2016年第6期。

24. 赖江坤:《探究近代福建伪劣茶整治政策和茶叶出口检验制度》,《红河学院学报》2018年第3期。

25. 李刚、李薇:《论历史上三条茶马古道的联系及历史地位》,《西北大学学报》(哲学社会科学版)2011年第4期。

26. 李灵玢:《论张之洞与汉口茶贸》,《江汉论坛》2012第9期。

27. 李明倩:《英国航海法的历史变迁》,《河南教育学院学报》(哲学社会科学版)2011年第2期。

28. 李新宽:《17世纪末至18世纪中叶英国消费社会的出现》,《世界历史》2011年第5期。

29. 梁碧莹:《民初中国实业界赴美的一次经济活动——中国与巴拿马太平洋万国博览会》,《近代史研究》1998年第1期。

30. 林柏耀:《晚清"假茶"问题再探(1870—1911)》,《学术探索》2019年第6期。

31. 林满红:《台湾与东北间的贸易(1932—1941)》,《中央研究院近代史研究所集刊》1996年总第24期下。

32. 林齐模:《近代中国茶叶国际贸易的衰减——以对英国出口为中心》,《历史研究》2003年第6期。

33. 林野:《台湾茶业兴衰史略》,《世界热带农业信息》1996年第11期。

34. 刘礼堂、宋时磊:《信息不对称与近代华茶国际贸易的衰落——基于汉口港的个案考察》,《历史研究》2016年第1期。

35. 刘新成:《文明互动:从文明史到全球史》,《历史研究》2013年第1期。

36. 刘勇：《荷兰东印度公司中国委员会与中荷茶叶贸易》，《厦门大学学报》（哲学社会科学版）2013 年第 4 期。

37. 刘勇：《清代一口通商时期西方贸易公司在华茶叶采购探析——以荷兰东印度公司为例》，《中国经济史研究》2017 年第 1 期。

38. 刘勇：《中国茶叶与近代荷兰饮茶习俗》，《历史研究》2013 年第 1 期。

39. 刘章才：《"近代游历印度第一人"黄楙材眼中的印度茶业》，《茶博览》2019 年第 8 期。

40. 马敏：《有关中国与巴拿马太平洋万国博览会的几点补充》，《近代史研究》1999 年第 4 期。

41. 苗燕民：《技术性贸易壁垒的起源发展与对策》，《国际贸易论坛》2000 年第 4 期。

42. 潘毅：《清代前期英国东印度公司对华贸易大班与行商的关系》，《凯里学院学报》2015 年第 2 期。

43. 潘忠义：《国立茶叶试验场参观记》，《中华农学会报》1923 年第 37 期。

44. 彭雨新、江溶：《十九世纪汉口商业行会的发展及其积极意义》，《中国经济史研究》1994 年第 4 期。

45. 任放：《论印度茶的崛起对晚清汉口茶叶市场的冲击》，《武汉大学学报》（人文科学版）2001 年第 4 期。

46. 石涛、董晓汾、卫宇：《19 世纪上半叶中美茶叶贸易中假茶问题研究》，《山西大学学报》（哲学社会科学版）2018 年第 6 期。

47. 宋时磊、刘再起：《晚清中俄茶叶贸易路线的历史变迁——以汉口为中心的考察》，《农业考古》2019 年第 2 期。

48. 宋时磊：《检权之争：上海万国生丝检验所始末》，《中国经济史研究》2017 年第 6 期。

49. 宋时磊：《近代中英茶叶贸易的质量问题及其治理》，《全球史评论》2016 年第 2 辑。

50. 宋时磊：《唐代饮茶风习与经济贸易的流变》，《魏晋南北朝隋唐史资料》2016 年第 2 辑。

51. 宋时磊：《中国古代质量管理研究进展综述》，《宏观质量研究》2015 年第 2 期。

52. 宋时磊：《中国台湾茶叶国际贸易及其茶文化的历史变迁》，《台湾农业探索》2015 年第 1 期。

53. 陶德臣：《近代日本茶产与市场——兼论对中国茶业的影响》，《农业考古》1998

年第 2 期。

54. 陶德臣:《略论中国历史上的假茶及其治理》,《农业考古》2015 年第 2 期。

55. 陶德臣:《日据时代台湾茶业的经济结构与贸易》,《中国农史》1995 年第 1 期。

56. 陶德臣:《伪劣茶与近代中国茶业的历史命运》,《中国农史》1997 年第 3 期。

57. 陶德臣:《印度茶业的崛起及对中国茶业的影响与打击——19 世纪末至 20 世纪上半叶》,《中国农史》2007 年第 1 期。

58. 陶德臣:《中国古代的茶商和茶叶商帮》,《农业考古》1999 年第 4 期。

59. 陶德臣:《中国近现代茶学教育的诞生和发展》,《古今农业》2020 年第 2 期。

60. 陶德臣:《中国首个茶业海外考察团的派遣》,《农业考古》2017 年第 5 期。

61. 汪敬虞:《中国近代茶叶的对外贸易和茶业的现代化问题》,《近代史研究》1987 年第 6 期。

62. 王洪军:《唐代的茶叶生产——唐代茶业史研究之一》,《齐鲁学刊》1987 年第 6 期。

63. 王力:《明治初期日本对中国商业的调查》,《历史教学》2012 年第 22 期。

64. 王文元:《半月来的中国经济生活:空怀改革心愿的茶业协会》,《现世界》1936 年第 1 卷第 6 期。

65. 卫宇:《19 世纪中美茶叶贸易中的假茶问题研究》,山西大学 2015 年硕士学位论文。

66. 魏天安:《宋代的"行滥"》,《史学月刊》1984 年第 1 期。

67. 吴慧:《会馆、公所、行会:清代商人组织述要》,《中国经济史研究》1999 年第 3 期。

68. 吴乾兑、陈匡时:《林译〈澳门月报〉及其它》,《中国近代史研究》1980 年第 3 期。

69. 萧国亮:《清代广州行商制度研究》,《清史研究》2007 年第 1 期。

70. 萧致治、徐方平:《中英早期茶叶贸易——写于马戛尔尼使华 200 周年之际》,《历史研究》1994 年第 3 期。

71. 谢天祯:《中国最早之机器制茶考》,《福建茶叶》1983 年第 2 期。

72. 熊月之:《研究模式移用与学术自我主张》,《近代史研究》2016 年第 5 期。

73. 姚永培:《概述"九·一八事变"后日本侵占我国东北茶叶市场的史实》,《北方文物》1990 年第 2 期。

74. 叶扬文、谢仙娇:《历代整饬杂假茶叶》,《福建茶叶》2006 年第 4 期。

75. 叶作舟:《日本的茶道》,《茶叶研究》1945 年第 3 卷第 4—6 期。

76. [美]伊丽莎白·桑德:《美国进步时代对中国的启示:三种代理模式》,陈永杰译,《公共行政评论》2010 年第 3 期。

77. 余继忠、陈小法:《晚清中国制茶技术对日本的影响》,《茶叶》2003 年第 2 期。

78. 俞海清:《六十年来华茶对外贸易之趋势》,《社会月刊》1930 年第 2 卷第 3 期。

79. 俞燮:《考察日本茶叶种植制造报告书》,《安徽实业杂志》1917 年第 8 期。

80. 袁欣:《1868—1936 年中国茶叶贸易衰弱的数量分析》,《中国社会经济史研究》2005 年第 1 期。

81. 张珊珊:《近代汉口港与其腹地经济关系变迁(1862—1936)——以主要出口商品为中心》,复旦大学 2007 年博士学位论文。

82. 张燕清:《英国东印度公司对华茶叶贸易方式探析》,《中国社会经济史研究》2006 年第 3 期。

83. 张跃、董烈刚、陈红兵:《中间商与近代中国对外贸易制度——以近代华茶对外贸易为例》,《财经研究》2014 年第 7 期。

84. 张跃:《利益共同体与中国近代茶叶对外贸易衰落——基于上海茶叶市场的考察》,《中国经济史研究》2014 年第 4 期。

85. 赵伟洪:《略论中国历史上的假茶及其治理》,《农业考古》2015 年第 2 期。

86. 郑发龙:《1936 年祁红运销纷争探微》,《安徽史学》2000 年第 4 期。

87. 郑会欣:《从官商合办到国家垄断:中国茶叶公司的成立及经营活动》,《历史研究》2007 年第 6 期。

88. [日]中林真幸:《日本近代缫丝业的质量控制与组织变迁——以长野诹访缫丝业为例》,刘星滟、沈珺译,《宏观质量研究》2015 年第 3 期。

89. 朱从兵:《设想与努力:1890 年代挽救华茶之制度建构》,《中国农史》2009 年第 1 期。

90. 朱荫贵:《论日本早期现代化进程中政府的干预作用》,《上海财经大学学报》2009 年第 4 期。

二、日文文献

(一) 档案、史料集与数字文献

1. 大藏省印刷局编《官报》

2. 茶業組合中央会議所編《茶業彙報》(第 1—34 輯)

3. 茶業組合中央会議所編《中央茶業組合本部報告》

4. 中支建設資料整備委員会編《編訳彙報》

5. 日本外務省編《通商報告》

6. 明治文献資料刊行会編《明治前期産業発達史資料》

7. 外務省外交史料館档案,《茶関係雑件附珈琲、「ココア」》第 1—6 卷,《米国ニ於テ本邦茶検査一件附茶検査規則並標準茶ニ関スル件》第 1—2 卷,《亜米利加ニ於ケル本邦製茶ノ販路拡張一件附加奈陀》第 1—3 卷,《器械関係雑件》第 1—4 卷。

8. 国立公文書館デジタルアーカイブ,https://www.digital.archives.go.jp/.

9. 国立国会図書館デジタルコレクション,https://dl.ndl.go.jp/? lang=en.

10. 亚洲历史资料中心,https://www.jacar.go.jp/chinese/.

(二) 专书与专著

1. 安達披早吉編:《京都府茶業史》,京都:京都府茶業組合聯合会議所 1935 年版。

2. 八代国治等編:《国史大辞典》第 3 さーと,東京:吉川弘文館 1925 年版。

3. 不動史跡調査会編:《不動郷土誌》,佐賀:不動史跡調査會 1932 年版。

4. 布目潮渢:《中国喫茶文化史》,東京岩波書店 2001 年版。

5. 茶業組合中央会議所編:《茶業組合中央会議所統計年報　昭和 13 年度》,東京:茶業組合中央会議所 1940 年版。

6. 茶業組合中央会議所編:《日本茶業史》,東京:茶業組合中央会議所 1914 年版。

7. 茶業組合中央会議所編:《日本茶貿易概観》,東京:茶業組合中央會議所 1936 年版。

8. 大石貞男:《日本茶業發達史》,東京:農山漁村文化協會 1983 年版。

9. 大石貞男:《静岡県茶産地史》,東京:農山漁村文化協会 2004 年版。

10. 碓氷社:《碓氷社五十年史》,群馬:碓氷社 1927 年版。

11. 岡崎哲二:《江戸の市場経済:歴史制度分析からみた株仲間》,東京:講談社 1999 年版。

12. 高野陽太郎:《"集団主義"という錯覚:日本人論の思い違いとその由来》,東京:新曜社 2008 年版。

13. 河原林直人:《近代アジアと台湾:台湾茶業の歴史的展開》,京都:世界思想社 2003 年版。

14. 横浜市編:《横浜市史》第 3 卷上,横浜:横浜市 1961 年版。

15. 胡秉樞:《茶務僉載》,東京:内务省勧農局 1877 年版。

16. 角山栄:《茶の世界史—緑茶の文化と紅茶の社会》,東京:中央公論社 1980 年版。

17. 静岡县茶業組合所編:《模範茶業者談會記事》,静岡:静岡县茶業組合所 1914 年版。

18. 静岡県編集:《静岡県史　通史編　近現代一》,静岡:静岡県 1989 年版。

19. 静岡県茶業組合聯合会議所編:《静岡県茶業史》,静岡:静岡県茶業組合連合会議所 1926 年版。

20. 静岡県茶業組合聯合会議所編:《静岡県茶業史》続篇,静岡:静岡県茶業組合聯合会議所 1937 年版。

21. 静岡県立農事試験場茶業部、静岡県茶業組合聯合会議所:《茶業全書》,静岡:静岡県茶業組合聯合会議所 1915 年版。

22. 静岡新聞社編:《静岡県政の百年:その歩みと群像》,静岡:静岡新聞社 1978 年版。

23. ユネスコアジア文化研究セター編:《御雇外国人》,東京:小学館 1975 年版。

24. 鈴木智夫:《洋務運動の研究》,東京:汲古書院 1992 年版。

25. 門脇禎二:《日本古代共同体の研究》,東京:東京大学出版会 1971 年版。

26. 内務省勧農局、大蔵省商務局:《共進会報告:製茶部茶事集談》,東京:有鄰堂 1879 年版。

27. 農林省農務局:《明治前期勧農事蹟輯録》,東京:大日本農会 1939 年版。

28. 農商務省:《巴奈馬太平洋万国博覧会参同事務報告》,東京:農商務省 1917 年版。

29. 農商務省編:《第三次輸出重要品要覧　農産ノ部(茶)》,東京:農商務省 1909 年版。

30. 農商務省工務局編:《同業組合及重要輸出品取締関係法規》,東京:農商務省工務局 1925 年版。

31. 農商務省農務局:《農務彙纂第二十三・茶業ニ関スル調査》,東京:東京製本合資會社 1912 年版。

32. 青木保:《"日本文化論"の变容》,東京:中央公論新社 1990 年版。

33. 犬田充:《集団主義の構造—日本的集団主義の性質と効用》,東京:産業能率大学出版部 1977 年版。

34. 勧農局編:《勧農局沿革録》,東京:農務局 1881 年版。

35. 日本茶輸出百年史編纂委員会編:《日本茶輸出百年史》,東京:日本茶輸出組合 1959 年版。

36. 日本茶輸出組合編:《日本茶輸出組合統計年報》第 1 卷,静岡:日本茶輸出組合 1941 年版。

37. 日本茶輸出組合編:《日本茶輸出組合統計年報　昭和 16 年度》,静岡:日本茶輸出組合 1942 年版。

38. 日本近現代史辞典編集委員会編:《日本近現代史辞典》,東京:東洋経済新報社 1979 年版。

39. 山本三郎:《製糸業近代化の研究》,群馬:群馬県文化事業振興会 1975 年版。

40. 上海東亞同文書院調査:《支那経済全書》第 2 輯,東京:東亞同文會 1907 年版。

41. 上毛繭糸改良会社:《上毛繭糸改良会社》沿革誌,前橋:上毛繭糸改良会社 1891 年版。

42. 石澤靖治:《日本人論・日本論の系譜》,東京:丸善ライブラリー 1997 年版。

43. 寺本益英:《戰前期日本茶葉史研究》,東京:有斐閣株式会社 1999 年版。

44. 松井清編:《近代日本貿易史》第 1—3 卷,東京:有斐閣株式会社 1959—63 年版。

45. 藤本保雄編:《大日本法律規則全書・続編》,東京:柳影堂 1884 年版。

46. 田中忠夫:《支那の産業と金融》,大阪:大阪屋号書店 1921 年版。

47. 土居健郎:《甘えの構造》,東京:弘文堂 2001 年版。

48. 外務省記録局編:《明治十四年　通商彙編》1,東京:外務省記録局 1886 年版。

49. 外務省通商局編纂:《通商彙纂》,東京:不二出版 1997 年版。

50. 原口清、海野福寿:《静岡県の歴史:近代・現代編》,静岡:静岡新聞社 1979 年版。

51. 沼津市史編さん委員会、沼津市教育委員会編:《沼津市史　通史編　近代》,沼津:沼津市 2007 年版。

52. 中江政庸編纂:《鼇頭大日本諸罰則現行法律全書》續編,東京:梶田喜蔵出版 1885 年版。

53. 中里一郎編:《博覧会協会桑港万国博覧会事務報告》,東京:博覧会協会 1916 年版。

54. 重野安繹:《大日本维新史》,東京:善隣訳書館、静思館 1899 年版。

（三）期刊与学位论文

1. 白戸伸一:《明治前期における同業者組織化政策——〈同業組合準則〉をめぐって》,明治大学大学院編:《明治大学大学院紀要　商学篇》1980 年総第 17 巻。

2. 長瀬勝彦、ナガセカツヒコ:《日本の組織における集団主義的意思決定》,《駒大経営研究》2001 年第 32 巻第 3 号。

3. 富澤一弘:《明治前期に於ける生糸直輸出の位置》,《高崎経済大学論集》2002 年第 45 巻第 1 号。

4. 岡崎哲二、谷山英祐、中林真幸:《日本の初期経済発展における共同体関係の役割:文献展望》,CIRJE-J-133,2005。

5. 高崎譲治:《中国明清代の国家財政の歳入と歳出の考察:農業税・塩税・茶税・商業税を中心として》,《いわき紀要》1994 年第 22 号。

6. 高橋美保、森田慎一郎、石津和子:《集団主義とコミュニティ感覚がメンタルヘルスに及ぼす影響:日・中・韓の国際比較を通して一》,《東京大学大学院教育学研究科紀要》2011 年総第 50 期。

7. 高野陽太郎、纓坂英子:《"日本人の集団主義"と"アメリカ人の個人主義"通説の再檢討》,《心理学研究》1997 年第 68 巻第 4 期。

8. 藤田貞一郎:《近代日本同業組合史論序説》,《国連大学人間と社会の開発プログラム研究報告》1981 年第 64 号。

9. 藤原正篤:《日本人と「集団主義」―「学校集団主義」に着目して―》,早稲田大学文化構想学部現代人間論系岡部ゼミ・ゼミ論文 2018 年。

10. 西尾敏彦:《摘採作業の効率化に貢献、内田三平の茶摘みばさみ》,《農業共済新聞》2003 年 6 月 2 週号。

11. 西尾敏彦:《製茶機で作業を省力化、世紀を越え活躍する高林謙三の発明》,《農業共済新聞》2003 年 5 月 2 週号。

12. 小羽田誠治:《東西茶貿易の勃興期における茶葉の種類と流通の構造》,《宮城学院女子大学研究論文集》2012 年総第 112 期。

13. 原康記:《明治期長崎港における製茶輸出組織の変遷について》,《九州産業大学商經論叢》1996 年総第 37 巻第 1 期。

14. 遠山嘉博:《19 世紀後半におけるオーストラリアの博覧会への日本の参加》,《追手門経済論集》2005 年第 2 期。

15. 赵思倩:《清代後期の浙江平水茶葉輸出とアメリカの粗悪不正茶輸入禁止条

例》,《文化交涉東アジア文化研究科院生論集》,関西大学大学院東アジア文化研究科出版 2015 年。

16. 趙思倩:《1883 年アメリカにおける緑茶の偽装問題と新聞記事》,《東アジア文化交渉研究》第 10 号,関西大学大学院東アジア文化研究科 2017 年。

17 趙思倩:《19 世紀英米における中国偽装緑茶の研究》,関西大学博士論文 2019 年甲第 741 号。

18. 中林真幸:《大規模製糸工場の成立とアメリカ市場—合資岡谷製糸会社における経営発展と商標の確立—》,《社会経済史学》2001 年第 66 巻 6 号。

三、英文文献

(一) 档案、史料集、法规与报纸

1. China, Imperial Maritime Custom: Annual Trade and the Trade Returns of the Various Treaty Ports, 1864–1920.(《海关报告》)

2. Irish University Press Area Studies Series, *British Parliamentrary Papers*: *China* (42Vols.), Shannon: Irish University Press, 1971–1972.

3. Oriental and Indian Office Collections, preserved in the British Library.

4. Chinese Repository(《中国丛报》)

5. The North-China Herald and Supreme Court & Consular Gazette、1870–1941(《北华捷报及最高法庭与领事馆杂志》)

6. Hansard(英国议会议事录), https://hansard.parliament.uk/.

7. U.S.Congress(美国国会), https://www.congress.gov/.

8. Justia US Supreme Court Center(美国最高法院中心), https://supreme.justia.com/.

9. Australian Government, The Federal Register of Legislation(澳大利亚联邦立法网), https://www.legislation.gov.au.

(二) 专书与专著

1. Arthur Hill Hassall, *Food: Its Adulterations, and The Methods for Their Detection*, London: Longmans, Green, and CO., 1876.

2. Arthur Hill Hassall, *Food and Its Adulteration*, London: Longman, Brown, Green, and Longmans, 1855.

3. Arthur Hill Hassall, *Adulterations Detected; or, Plain Instructions for the Discovery of Frauds in Food and Medicine*, London: Longman, Brown, Green, Longmans, and Roberts, 1857.

4. Baildon Samuel, *The Tea Industry in India. A Review of Finance and Labour and a Guide for Capitalists and Assistants*, London: W. H. Allen & CO., 13 Waterloo Place. S. W., 1882.

5. Basil Lubbock, *The Opium Clippers*, Glasgow: Brown, Son & Ferguson Ltd., 1933.

6. Bee Wilson, *Swindled: The Dark History of Food Fraud from Poisoned Candy to Counterfeit Coffee*, Princeton: Princeton University Press, 2008.

7. Bennett Alan Weinberg, Bonnie K. Bealer: *The World of Caffeine, The Science and Culture of the World's Most Popular Drug*, New York and London: Routledge, 2002.

8. Clifford M. Foust, *Muscovite and Mandarin: Russia's Trade with China and its Setting, 1727–1805*, Chapel Hill: University of North Carolina Press, 1969.

9. Canada. Parliament. House of Commons, *Votes and Proceedings of the House of Commons of the Dominion of Canada, Session 1897*, Ottawa: The Queen's Most Excellent Majesty, 1897.

10. Caoimhín MacMaoláin, *EU Food Law: Protecting Consumers and Health in a Common Market*, Oxford: Hart Publishing, 2007.

11. China Maritime Customs, *Tea*, 1888.

12. Christiaan J. A. Jörg, *Porcelain and the Dutch China Trade*, The Hague: M. Nijhoff, 1982.

13. Christine Boisrobert, Aleksandra Stjepanovic, Sangsuk Oh, Huub Lelieveld, *Ensuring Global Food Safety: Exploring Global Harmonization*, London: Academic Press, 2010.

14. Conrad Totman, *A History of Japan*, Malden: Blackwell Publishing, 2000.

15. D. Forbes, *Some Considerations on the Present Satate of Scotland*, Edinburgh: W. Sands, A. Murray, and J. Cochran, 1744.

16. David Davies, *The Case of Labourers in Husbandry: Stated and Considered*, London: R. Cruttwell, for G. G. and J. Robinson, Pater-Noster-Row, 1795.

17. Davids Jules, *American Diplomatic and Public Papers: The United States and China*, Wilmington: Scholary Resources, 1979.

18. Department of Commerce and Labor Bureau of Statistics, *Monthly Consular Reports* (Vol.LXXV) , Washington: Washington Government Printing Office, 1904.

19. Department of Economics, Trinity College Dublin, *Student Economic Review*, Potters Bar: Brunswick Press Ltd. , 2015.

20. Dept. of State, *Commercial Relations of the United States with Foreign Countries* (*1886–1887*) , Washington: Government Printing Office, 1888.

21. Disraeli Isaac, *Curiosities of Literature*, London, 1798.

22. Donald F.Lach, *Asia in the Making of Europe*, Volume I, Chicago: University of Chicago Press, 2010.

23. Drummond J.C. , and Anne Wilbraham, *The Englishman's Food: A History of Five Centuries of English Diet*, London: Jonathan Cape, 1958.

24. Earl H.Pritchard, *The Crucial Years of Early Anglo-Chinese Relations*, *1750–1800*, Cambridge: Cambridge University Press, 2000.

25. Edith A.Browne, *Tea*, London: A.&C.Black, Ltd. , 1912.

26. Ellen Henrietta Richards, *Food Materials and Their Adulteration*, Boston: Whitcomb & Barrows, 1911.

27. Francis Fukuyama, *Trust: The Social Virtues and The Creation of Prosperity*, New York: The Free Press, 1996.

28. Frank Trentmann, *The Oxford Handbook of the History of Consumption*, Oxford: Oxford University Press, 2016.

29. Fredrick Accum, *A Treatise on Adulteration of Food*, *and Culinary Poisons*, London: Longman, Hurst, Rees, Orme and Brown, 1820.

30. Gaspard Bauhin, *Theatri Botanici*, Basel, 1623.

31. Great Britain Parliament House of Lords, *Report from the Select Committee of the House of Lords Appointed to Enquire Into the Present State of The Affairs of The East-India Company*, London: The Honourable Court of Directors, 1830.

32. Great Britain.Board of Trade, *Colonial Import Duties: Return Relating to the Rates of Import Duties Levied*, London: His Majesty's Stationery Office, 1905.

33. Great Britain.Foreign Office, *Diplomatic and Consular Reports on Trade And Finance. China.Report For the Year 1891 on the Trade of Wenchow*, *Annual Series No.1010*, London: Harrison and Sons, 1892.

34. Great Britain.Foreign Office, *Commercial Reports by Her Majesty's Consuls in Japan*,

London：Harrison and Sons，1877.

35. Great Britain.Parliament，*Report from the Select Committee of the House of Commons on the Affairs of the East India Comp*any，（*China Trade*——，London：The House of Commons，1830.

36. H.B.Morse，*The Chronicles of the East India Company Trading to China 1635–1834*，London and New York：Routledge Press，2000.

37. Hanway Jonas，*Letters on the Importance of the Rising Generation of the Laboring Part of our Fellow-subjects*，London：Printed for A.Millar and T.Cadell，1767.

38. Helen La Grange，*Clipper Ships of America and Great Britain，1833 – 1869*，New York：G.P.Putnam's Sons，1936.

39. Hoh-cheung Mui and H.Lorna Mui，*The Management of Monopoly：A Study of the English East India Company's Conduct of Its Tea Trade，1784–1833*，Vancouver：University of British Columbia Press，1984.

40. Isabella Bird，*The Yangtze Valley and Beyond：An Account of Journeys in China, Chiefly in the Province of Sze Chuan and Among the Man-tze of the Somo Territory*，Cambridge：Cambridge University Press，2008.

41. Jan de Vries，*The Industrious Revolution：Consumer Behavior and the Household Economy，1650 to the Present*，Cambridge：Cambridge University Press，2008.

42. Jane Pettigrew and Bruce Richardson，*A Social History of Tea*，London：National Trust Enterprises Ltd.，2002.

43. Joel Schapira，David Schapira，Karl Schapira，*The Book of Coffee and Tea：A Guide to the Appreciation of Fine Coffees，Teas and Herbal Beverages*，New York：St. Martin's Press，1975.

44. John Burnett，*Liquid Pleasures：A Social History of Drinks in Modern Britain*，New York：Routledge，2012.

45. John Burnett，*Plenty and Want：A Social History of Diet in England from 1815 to the Present Day*，London：Scolar Press，1979.

46. John Coakley Lettsom，*Natural History of the Tea Tree*，London，1799.

47. John Crawfurd，*The Chinese Monopoly Examined*，London：James Ridgway，1830.

48. John E. Van Sant，*Pacific Pioneers：Japanese Journeys to America and Hawaii，1850–80*，Urbana：University of Illinois Press，2000.

49. John H.Blake，*Tea Hints for Retailers*，Denver：The Williamson-Haffner Engraving

Company, 1903.

50. John MacGregor, *Commercial Statistics: A Digest of the Productive Resources, Commercial Legislation, Customs Tariffs, of all Nations* (Vol. V), London: Whittaker and Co., 1850.

51. John Woulfe Flanagan, *The Portuguese in the East. The Stanhope Prize Essay for 1874*, Oxford: J. Vincent, 90, High Street, 1874.

52. Jonathan Swift, *The Works of Jonathan Swift* (Vol. XI), London: Archibald Constable and Co. Edinburgh, 1824.

53. Joseph M. Walsh, *Tea: Its History and Mystery*, Philadelphia: Published by the author, 1892.

54. Kenneth Pomeranz, *The Great Divergence: China, Europe, and the Making of the Modern World Economy*, Princeton: Princeton University Press, 2002.

55. Kevin C. Murphy, *The American Merchant Experience in Nineteenth Century Japan*, London and New York: Routledge, 2013.

56. Lillian M. Li, *China's Silk Trade: Traditional Industry in the Modern World, 1842– 1937*, Cambridge: Harvard University Press, 1981.

57. Madeleine Jarr, *Chinoiserie: Chinese Influence on European Decorative Arts in the 17th–18th Centuries*, New York: Sotheby Publishers, 1981.

58. McKendrick, John Brewer and J. H. Plumb eds., *The Birth of a Consumer Society: The Commercialization of Eighteenth Century England*, Bloomington: Indiana University Press, 1982.

59. Mokyr Joel, *The Enlightened Economy: An Economic History of Britain 1700–1850*, New Haven: Yale University Press, 2010.

60. Nagle T. Thomas, John Hogan, Joseph Zale, *The Strategy and Tactics of Pricing: A Guide to Growing More Profitably*, New York and London: Routledge, 2016.

61. Nakabayahi Masaki, *The Role of Traditional Factors in Japanese Industrialisation 1880–1920*, Oxford: Oxford University Press, 2006.

62. Norman E. Herbert, *Japan's Emergence as a Modern State: Political and Economic Problems of the Meiji Period*, New York: Institute of Pacific Relations, 1940.

63. Palmer Edward, *The Trial of Edward Palmer, Grocer, Red Lion Street, Whitechapel, Who was Convicted in the Penalty of Eight Hundred and Forty Pounds, for Having in His Possession a Quantity of Sloe Leaves and Whitethorn Leaves, Fabricated into an Imitation of Tea*, London: John Fairburn, 1818.

64. Paul Chrystal, *Tea: A Very British Beverage*, Stroud: Amberely Publishing, 2014.

65. Peter Cunningham, *A Handbook for London: Past and Present* (Vol. 2), London: J. Murray, 1849.

66. Philip Scranton, *Figured Tapestry: Production, Markets and Power in Philadelphia Textiles, 1885-1941*, Cambridge: Cambridge University Press, 1989.

67. R. M. Hartwell, *The Causes of the Industrial Revolution in England*, London: Routledge, 1967.

68. Ray Tricker and Bruce Sherring-Lucas, *ISO 9001: 2000 In Brief*, New York: Routledge Taylor & Francis Group, 2014.

69. Read Donald, *The Age of Urban Democracy: England 1868－1914*, London: Longman, 1994.

70. Richard Twining, *Observations on the Tea and Window Act and on the Tea Trade*, London: printed for T.Cadell, 1785.

71. Samuel Pepys, *The Diary of Samuel Pepys* (Vol. 11), London: Bell & Hyman, 1970-1983.

72. Samuel Baildon, *The Tea Industry in India: A Review of Finance and Labour, and a Guide for Capitalists and Assistants*, London: W. H. Allen & Co., 13 Waterloo Place. S. W., 1882.

73. Samuel Ball, *An Account of Cultivation and Manufacture of Tea in China*, London: Longman, Brown, Green, and Longmans, Spottiswoode and Shaw, 1848.

74. Schultz H. W., *Food Law Handbook*, Westport: The AVI Publishing Company, Inc., 1981.

75. Sheila Marriner, *Rathbones of Liverpool*, 1845－73, Liverpool: Liverpool University Press, 1961.

76. Shinya Sugiyama, *Japan's Industrialization in the World Economy 1859－1899*, London and New York: Bloomsbury Publishing Plc, 2012.

77. Shu-lun Pan, *The Trade of the United Stated With China*, New York: China Trade Bureau, 1924.

78. Smith Edward, *Report On the Food of the Poorer Labouring Classes in England*, Lonon: Op.cit, 1863.

79. Susanna Soojung Lim, *China and Japan in the Russian Imagination, 1685-1922: To the Ends of the Orient*, London and New York: Routledge, 2013.

80. T.Volker, *Porcelain and the Dutch East India Company*: *As Recorded in the Dagh-registers of Batavia Castle*, *those of Hirado and Deshima and other Contemporary Papers 1602-1682*, Leiden: E.J.Brill, 1971.

81. T.H.Chu, *Tea Trade in Central China*, Shanghai: Kelly & Walsh, Limited, 1936.

82. Thomas Rugge eds., *Mercurius Politicus Redivivus* (*1659-72*), London: British Museum, 1659.

83. Unknown author, *Prominent Americans Interested in Japan and Prominent Japanese in America*, New York: Supplement to the January Number of "*Japan and America*", 1903.

84. W.Scott Tebb, *Tea and the Effects of Tea Drinking*, London: T.Cornell & Sons, Commercial, Law and General Printings, 1905.

85. William Harrison Ukers, *All About Tea*, New York: Tea and Coffee Trade Journal Company, 1935.

86. William Milburn, *Oriental Commerce*, London: Black, Parry & Co., 1813.

87. William Scott Tebb, *Tea and the Effect of Tea Drinking*, London: T. Cornell & Sons, 1905.

88. William T. Rowe, *Hankow*: *Commerce and Society in a Chinese City*, *1796-1889*, Stanford: Stanford University Press, 1984.

89. Yong Liu, *The Dutch East India Company's Tea Trade with China 1757-1781*, Leiden: Brill, 2007.

（三）期刊与学位论文

1. Fairchilds Cissie, "Review: Consumption in Early Modern Europe. A Review Article." *Comparative Studies in Society and History*, 35.4(1993): 850-858.

2. Fewsmith Joseph, "From guild to interest group: The transformation of public and private in late Qing China." *Comparative Studies in Society and History* 25.4(1983): 617-640.

3. Hart, F.L., "A history of the adulteration of food before 1906." *Food*, *Drug*, *Cosmetic Law Journal* 7(1952): 5-22.

4. Hoh-Cheung and Lorna H.Mui, "Smuggling and the British Tea Trade before 1784." *The American Historical Review*, 74.1(1968): 44-73.

5. Hoh-Cheung and Lorna H.Mui, "The Commutation Act and the Tea Trade in Britain 1784-1793." *Economic History Review*(1963): 234-253.

6. Huber, J. Richard, "Effect on Prices of Japan's Entry into World Commerce after

1858." *Journal of Political Economy* 79.3(1971):614-628.

7. Kwass Michael, "Ordering the World of Goods:Consumer Revolution and the Classification of Objects in Eighteenth-Century France." *Representations*, 82(2003):87-116.

8. Ma Debin, "Between Cottage and Factory:The Evolution of Chinese and Japanese Silk-Reeling Industries in the Latter Half of the Nineteenth Century." *Journal of the Asia Pacific Economy* 10.2(2005):195-213.

9. Nakabayashi Masaki, "Price, Quality, and Organization:Branding in the Japanese silk-reeling industry." *Iss Discussion Paper*, F-160, Institute of Social Science, The University of Tokyo, (2013):1-28.

10. Patricia Dewitt, "A Brief History of Tea:The Rise and Fall of the Tea Importation Act." *Harvard University's DASH repository*, 2000 Third Year Paper.

11. R.Gardella, *Fukien's Tea Industry and Trade in Ch'ing and Republican China*, Ph.D. Thesis, University of Washington, 1976.

12. Schweikardt Christoph, "More than Just a Propagandist for Tea:Religious Argument and Advice on a Healthy Life in the Work of the Dutch Physician Cornelis Bontekoe (1647-1685)." *Medical History* 47.3(2003):357-368.

13. Simon Yang-chien Tsai, *Trading for Tea:A Study of the English East India Company's Tea Trade with China and the Related Financial Issues 1760-1833*, Doctoral Dissertation, University of Leicester, 2003.

14. T.J.Lindsay, "The Hankow Steamer Tea Races." *Journal of the Royal Asiatic Society Hong Kong Branch*, 8(1968):44-55.

15. W.D.Bigelow, "The Development of Pure Food Legislation." *Science*, 172.7(1898): 505-513.

16. Yingnan Xu, " Industrialization and the Chinese Hand-Reeled Silk Industry (1880-1930)." *Penn History Review*, 19.1(2011):27-46.

四、俄文文献

（一）档案

俄罗斯国家历史档案馆资源

（二）期刊

1. Жолобова, Г. А, "Правовое регулирование торгово-промышленных отношений в пореформенной России 1881", *Актуальные проблемы российского права*, (2007)：21–28.

2. Россия, Министерство финансов. Отчет по операции обандероливания чаев за 1889–1897 гг.–СПб., 1898, с.

3. Рский Чай：Как Подделке Создали Славу «БОГАТЫРСКОГО НАПИТКА», http://regionavtica.ru/articles/koporskij_chaj_kak_poddelke_sozdali_slavu_bogatyrskogo_napitka.html.

4. Усатова Лариса Николаевна, " Роль экспертизы в системе регулирования чайной торговли в 19 – начале 20 в. в.", *Таможенное дело и социально-экономические науки*, Владивостокский фил. Российской таможенной акад, 2014, с.175–182.

后　记

　　本书是我 2016 年申请的国家社科基金青年项目"近代中日应对西方茶叶贸易质量规制的路径比较研究"的成果。自项目获批、顺利结项到最终出版,前后历经 6 年的时间。项目申报时,按照国家社科基金的衡量标准,我尚处在青年的尾巴;等到成果呈现时,我则已届孔夫子所称的"不惑"之年了。值此之际,回望整个过程,感慨良多。

　　2015 年初,我准备申请国家留学基金管理委员会的访问学者项目,需要事先取得国外学者的邀请函。为此,联系了与我研究领域相关的一些欧美学者,或杳无音信,或出于某些原因被婉拒。就在陷入焦灼状态的时候,我读到了东京大学社会科学研究所中林真幸教授的一些研究论文。他主要从事日本近代缫丝业的研究,涉及生丝贸易中的价格、质量以及技术、组织和制度变迁等。我的研究与其颇为相似,因我一直从事茶叶贸易相关研究,商品虽不同,关注的议题和方向是一致的。我的信件很快得到了中林教授的回应,经过其所在单位的审查后,我收到了他发出的邀请函。2015 年 5 月,我顺利获得基金委的留学资格;2016 年年初,我已经入境日本开启一段全新的研究历程。没有留学基金委的访学资助以及中林教授的邀请函,或许就不会有这个研究项目。这是在书籍即将出版时,尤其需要感谢的。

　　不能忘记,在东京大学访学、申请项目的时光。在文京区社会科学研究所学习期间,我认识了薛轶群、尹晓亮、王美平、毛振华、任海军、张雨、段江丽、廖纪元等人,跟他们交往,极大地安抚了在异域文化中我悬浮的内心,也留下了难忘的记忆。如今,他们多数已经回国,都在为各自的事业和家庭忙碌,彼此见面的机会不是很多,但每每看到他们取得的业绩,都替他们高兴。特别难忘的是,2016年春节在白金台的研修室,尹晓亮和我都在努力撰写国家社科基金的申请书,彼此交换意见、加油鼓劲;半年后两人名字都出现在项目立项名单时,同样还是在相同房间,我们分享了难以言表的喜悦。同时,在访学期间,中林真幸、丸川知雄、伊藤亚圣、丹羽靖等人,给予我切实的指导和帮助。访学是一个难得的学术修养和知识储备契机,我十分珍惜,在那一年产出了不少研究成果;还从东京大学的综合图书馆、经济学部资料室、东洋文化研究所资料室、社会科学研究所资料室获取了大量文献资料,这些机构的工作人员向我提供了极大的查阅便利。

本研究之所以从质量规制的视角展开,还得益于我在武汉大学质量发展战略研究院的工作经历。我博士期间主要从事唐代茶史研究,2013年到质量院后,一直思索怎样在博士研究的基础上与质量院的研究方向相结合,即研究茶叶贸易历史中的质量问题。随着对经济和贸易理论和知识了解的增多和加深,我意识到必须将研究视野从唐代迁移到清代尤其是鸦片战争以降,因此时期茶叶贸易中的质量问题非常典型和突出,而以往的研究更多关注数量问题。当然,这也是一个非常艰难的选择,这意味着我需要从中古史转向近代史,因为断代研究往往畛域分明,跨度比较大。一旦破釜沉舟,则泥牛入海,在沉浸其中后,我发现其中可作研究的空间还是非常广阔的,一路走下去,便有了这部著作。在此,感谢质量院的程虹院长、宋琼副院长,李唐等诸位老师,以及曾帮我分担工作的朱悦老师,在质量院的时光是一段难得的人生体验。

不能忘记和需要感谢的还有很多。首先感谢的是国家社科基金的资助,项目申请时的外审专家、会评专家以及结项评审专家的意见。从申请到结项,整个过程都是匿名的,直至今日我都不清楚评审的各位专家是谁。他们的评审工作无疑是高度专业、审慎负责且公平公允的,我希望有机会把这本著作呈奉给他们,以示感激。其次,要感谢我的导师刘礼堂教授和涂险峰教授,感谢他们一直以来对我学习和事业乃至生活的关心。滨下武志、仲伟民、刘礼堂三位教授在百忙中为本书写推荐语,特别是滨下武志先生帮忙逐一审校全书的日文、英文文献,指出了一些错漏之处。滨下先生年事已高,他这认真、细致的研究态度,令我动容、汗颜,并从中学习甚多。再次,本书的部分内容曾在《历史研究》、《世界历史》、《中国经济史研究》、《史学集刊》、《经济社会史评论》、《东疆学刊》、《思想战线》、《全球史评论》、《华南师范大学学报》(社会科学版)、《山东师范大学学报》(社会科学版)、《农业考古》等杂志发表,感谢这些期刊和各位老师给予的刊发机会,特别是人民出版社的崔继新等老师为本书的出版做了大量工作。最后,特别感谢我的爱人、双方父母的牺牲和奉献,我撰写书稿的日日夜夜,就是他们为家庭奉献的分分秒秒。还有我们家里那两个宝贝,我陪她们的时间实在太少太少。

在研究过程中,中国社会科学院沈冬梅、上海社会科学院宋钻友、江西社会科学院施由明、武汉大学刘再起、李圣杰等老师提供了文献及外语等方面的支持,邓新蓉老师以及陈佳、应典、邝海韬、冯新悦、刘精敏、刘梦灵、沈瑞欣等同学也协助做了校核工作。

在书籍即将付梓之际,内心仍有颇多不安。本研究所覆盖的时间和空间跨度颇大,档案文献涉及的外语语种有英文、日文、俄文等,我花费很大气力去研读这些文献并据此展开研究,但终归学识和水平有限,难免会有错漏。恳请方家不吝赐教,帮助我不断提高完善。

2024 年 3 月 10 日于武汉大学

责任编辑：崔继新　雷梦芹
封面设计：汪　莹
版式设计：东昌文化

图书在版编目(CIP)数据

近代中日应对西方茶叶贸易质量规制的路径研究/宋时磊 著. —北京：
　人民出版社,2024.12
ISBN 978 - 7 - 01 - 025059 - 5

Ⅰ.①近… Ⅱ.①宋… Ⅲ.①茶叶-出口贸易-贸易史-研究-中国、日本-近代
　Ⅳ.①F752.658.2

中国版本图书馆 CIP 数据核字(2022)第 171251 号

近代中日应对西方茶叶贸易质量规制的路径研究

JINDAI ZHONGRI YINGDUI XIFANG CHAYE MAOYI
ZHILIANG GUIZHI DE LUJING YANJIU

宋时磊　著

人 民 出 版 社 出版发行
(100706　北京市东城区隆福寺街 99 号)

中煤(北京)印务有限公司印刷　新华书店经销

2024 年 12 月第 1 版　2024 年 12 月北京第 1 次印刷
开本:710 毫米×1000 毫米 1/16　印张:25.75
字数:371 千字

ISBN 978 - 7 - 01 - 025059 - 5　定价:138.00 元

邮购地址 100706　北京市东城区隆福寺街 99 号
人民东方图书销售中心　电话 (010)65250042　65289539